PUBLIC RISK THEORY

公共风险论

刘尚希　著

人民出版社

序

习近平总书记在 2016 年哲学社会科学工作座谈会上强调："要按照立足中国、借鉴国外，挖掘历史、把握当代，关怀人类、面向未来的思路，着力构建中国特色哲学社会科学，在指导思想、学科体系、学术体系、话语体系等方面充分体现中国特色、中国风格、中国气派。"这为中国特色社会科学繁荣发展指明了根本方向。中国特色、中国风格、中国气派体现在中国改革开放的伟大进程当中。改革开放以来的四十年是中国历史发展光辉灿烂的四十年，是向中华民族伟大复兴砥砺奋进的四十年。从人类文明发展的角度来看，中国改革开放以来的四十年是世界历史发展中的重大事件，是值得浓墨重彩、大书特书的四十年。这四十年，中国一跃成为全球第二大经济体，创造了人类社会发展的奇迹；这四十年，中国日益走近世界舞台中央，成为全球治理的重要主体。

从财政角度看，中国特色社会主义财政改革充分体现了"民本"思想，坚持改革为了人民、改革依靠人民。财政改革把满足人民群众日益增长的各层次需求、满足人民对美好生活的向往、化解人民群众面临的各类公共风险作为改革的出发点。例如，四十年前，在历史的十字路口，我国面临着"文化大革命"带来的严重局面。中国面临着被"开除球籍"的危险。当时最大的问题是"短缺"，包括物质经济的"短缺"和各方面的"短缺"。解决问题的根本办法是通过改革调动各方面的积极性。在这种背景下，财政改革成为经济改革的突破口。财政"放权让利"，一方面通过扩大地方配置资源的权力，调动各级地方政府的积极性，释放创新空间；另一方面，通过调整国民收入分配格局，促进多元化市场主体形成。再如，二十年前，随着社会主义市场经济体体制改革的不断深化，经济社会主体和城乡关系发生了深刻的变化，生产要素、人口流动日益频繁。原财政体制难以适应新的所有制关系和社会变革的要求。正是在这一背景下，财政改革大力度推进，改革重点转向财政支出领域，通过财政改革推动社会改革。在这一时期正式提出了加快建立公共财政框架的目标任务，强调财政要突出公共性、公平性、公益性和法治性。财政改革坚持"以民为本"，着力化解面临的各种公共风险，推动经济发展和社会全面进步。不同发展阶段的不确定性、公共风险是不一样的，财政要解决的问题、应对的风险也不一样，这些因素推动了财政的改革和发展。

现在，中国特色社会主义进入了新时代，我国社会主要矛盾发生了变化，已经转化为人民日益增长的美好生活需要和不平衡不充分的发展之间的矛盾。现代财政的新使命是解决发展不平衡、不充分的问题，实际上就是解决新时代面临的公共风险。党的十九大报告强调，要"更加自觉地防范各种风险，坚决战胜一切在政治、经济、文化、社会等领域和自然界出现的困难和挑战"，全面建成小康社会要坚决打好"防范化解重大风险"等攻坚战，要"增强驾驭风险本领，健全各方面风险防控机制，善于处理各种复杂矛盾，勇于战胜前进道路上的各种艰难险阻，牢牢把握工作主动权"。显然，研究风险防范理论和实践问题对于全面建成小康社会和实现全面建成社会主义现代化强国的目标任务，具有十分重要的意义。

财政是国家治理的基础，是各种利益的交汇点，往往牵一发而动全身，具有四两拨千斤的功效。财政改革也具有杠杆效应，这一点往往是我们先前理解财政改革时所忽略的。世界的本质是不确定性，而财政改革的目的就是应对各种不确定性，防范和化解公共风险。财政改革的杠杆效应和功能体现在两个方面：一是财政改革作为总体改革的组成部分，预防和化解经济社会运行过程中内生的公共风险；二是财政改革可以化解总体改革过程中产生的公共风险，为总体改革承担成本，并巩固改革的成果。对于人民群众来说，不同层次的需求并不是先后的关系，而是同时存在的，但在不同的情况下，重要性和需求的具体内容可能存在差别。因此，在不同的阶段会形成不同的需求，产生不同的风险组合，这些需求和风险推动着财政改革。各个维度的财政改革交叉融合，推动着中国财政改革波浪式前进。

改革开放以来，中国财政经历了波澜壮阔的改革进程，积累了丰富的宝贵经验。与此同时，理论界也进行了深入的思考和探索，寻求构建符合中国特色的财政理论体系。作为财政科研工作者，中国财政科学研究院刘尚希研究员紧密结合中国财政改革发展实践，坚持进行理论思考，笔耕不辍，形成了大量理论研究成果，特别是提出并不断完善以"公共风险论"为核心的财政基础理论。这些研究成果对揭示财政的运行逻辑，阐述财政本质和解释为什么财政是国家治理的基础和重要支柱，都有很强的理论指导性和实践说服力。

党的十九大报告指出："中国特色社会主义进入新时代，意味着中国特色社会主义道路、理论、制度、文化不断发展，拓展了发展中国家走向现代化的途径，给世界上那些既希望加快发展又希望保持自身独立性的国家和民族提供了全新选择，为解决人类问题贡献了中国智慧和中国方案"。可以说，刘尚希研究员"公共风险论"不仅对中国的改革和发展具有积极意义，也为人类命运共同体应对全球公共风险贡献了中国学者的智慧。

魏礼群

2018 年 2 月

目 录
Contents

—— 第 三 篇 ——
论财政是国家治理的基础和重要支柱

—— 第 四 篇 ——
论财政政策

第一篇
论不确定性与公共风险

论公共风险

阅读提示：《论公共风险》一文提出了"人类社会的演进已经进入一个新的社会：风险社会"这一命题，而"面对风险社会的来临"需要有"足够的理论准备和相应的制度安排"。本文对公共风险的产生和形成、公共风险与制度的产生及其变迁等进行了阐述，指出："规避公共风险的过程也就是制度变迁的过程"，而"公共风险总是自发地引致隐形制度，并构成人们心目中天经地义的行动规则，在人类理性的作用下，有些隐形的制度就会转化显形的制度"。

一、引言

现代社会是一个到处充满风险的社会。个人、企业、政府，每一天都面临着各种各样的风险。除了来自自然界的风险（如地震、干旱、洪涝、台风、流行病等等）以外，社会经济运行过程中产生的风险日益成为我们生存与发展的最大威胁。这些年世界各地接二连三爆发的金融危机，似乎在提醒我们，人类社会的演进已经进入一个新的历史阶段：风险社会。

风险社会至少有以下特征：

（一）各种各样的风险无处不在、无时不有，任何经济主体，包括个人、企业、政府，都无法回避。风险由一种偶然现象已经变为一种经常的普遍现象。交通的快速发展，致使交通事故日益上升为人类的头号杀手；经济的快速成长，总是伴随着失业、破产，而且频率越来越快；农业种植技术的迅猛发展，使食物产量成倍增长，但营养成分却在减少，面临着新的营养不良。诸如此类，风险已经藏于人们经济生活的各个角落。

（二）经济运行过程中的风险对人类社会生存与发展的威胁已经大大超过来自自然界的风险。1997年的东南亚金融危机导致快速成长起来的东南亚国家的经济严重衰退，这是任何一种自然灾害所无法比拟的。

（三）风险累积速度加快，传染性增大。分工的日益细化，使社会再生产过程中的产业链条越来越长，每一个环节面对的不确定性都在增加，风险局部累积的速度在加快。以计算机为基础的通讯技术（特别是网络技术）的发展，在提高效率的同时，却使社会经济运行的稳定性大大降低，某一个环节的问题，足可以导致整个系统的瘫痪。局部性风险演化为全局性风险的速度在加快，甚至用"突发"二字来形容也不过分。至今还在产生影响的涉及许多国家和地区的东南亚金融危机，就是首先从泰国爆发，然后传到印尼、菲律宾、韩国，由亚洲然后传到俄罗斯以及拉美许多国家。

面对风险社会的来临，我们缺乏足够的理论准备和相应的制度安排。面对各种各样的风险，哪些由个人来承担，哪些由企业来承担，哪些应由政府来承担？各自应当负起什么样的责任？在这方面，现在我们还无法提供圆满的理论说明。从风险的角度来说，市场化改革的过程，就是试图通过制度选择来逐步明晰风险、分散风险的过程，使社会经济运行中的风险通过市场机制来动态地化解，从而防止风险累积，以达到降低整个社会经济系统的风险的目的。在体制转轨的过程中，原来完全由政府承担的风险，有的变为主要由个人来承担，如就业、医疗费用、接受高等教育等；有的逐步变为由企业来承担，如产品积压、经营亏损以至破产关门等，政府只承担有限责任。这些都可看作是分散风险、建立风险防范机制的步骤。但总体来说，各经济主体承担相应风险的理论图景是不清晰的，以致在改革过程中时常出现各种错位。财政的极度弱化，尤其是中央财政能力的急剧下降，就是对风险过程认识不足所造成的。西方经济理论从市场角度对微观主体承担的风险提供了比较全面的理论解释，如风险决策理论、风险管理理论等，对于正在建立市场经济的我国而言，都有重要的借鉴意义。但对于政府承担的风险，则还没有建立起相应的理论来说明，在我国更是一个空白。因此，在我国经济市场化的过程中，政府面临着哪些风险？应该承担什么样的风险？如何去承担风险？这是迫切需要我们研究的重大课题。

那么，从一个什么角度来研究政府承担的风险呢？我们知道，风险是指遭受损失（损害）的一种可能性。对个人而言，是指收入、财产、精神以及生命遭受损失（损害）的可能性。对企业来说，是指收入、资产（有形和无形）遭受损失以至破产的可能性。如果比照下一个定义，对政府来讲，风险就是指政府收入、财产遭受损失的可能性。如此一来，财政减收、增支、财政赤字扩大、债务增加等等，就都可视为政府的一种"损失"。显然，按照研究企业风险的思路来研究政府承担的风险，把政府仅仅视为类似于企业这样的经济主体是不恰当的。因为政府拥有政治强制力，任何时候都不会落到没有钱花的地步，政府财政永远也不会破产，当然也就谈不到风险了。在经济分析中，把政府当作一个经济主体是可以的，但政府同时又是一个公共主体。政府属于公共权力机构，它无独立于人民利益以外的自身利益可言，当然也就无所谓"损失"。因此，对作为公共主体的政府来说，风险是指对社会公众造成损害的可能性，或者说是对整个社会经济发展造成损害的可能性。这样的风险就是公共风险，政府财政则为化解公共风险提供财力支撑，即对公共风险进行干预。1998年财政赤字和债务规模的大幅度扩张，就是政府为防范经济波动风险而采取的措施。

二、公共风险的产生与形成

（一）公共风险的定义

从风险的来源分析，有来自自然界的风险；有来自人为的风险，小的如偷盗、抢劫、破坏、操作失误引起事故，大的如索罗斯这类国际炒家的恶性炒作，这类风险也叫作社会风险；还有来自经济运行过程中的风险，如价格变化、利率调整、经济波动、环境恶化等等。从这些风险的属性及其化解、防范方式来看，可划分为两大类：私人风险（或个体风险）和公共风险。前者是指产生"私人"影响，可以由个人和企业承担的风险；后者是指产生"群体（或社会）"影响，个人和企业无法承担的风险，也就是只能由政府来承担的风险。在这里，我们假定政府是理性的，政治运行是基本稳定的。因此，我们没有把政治问题所引发的风险包括在分析范围之内。

私人风险的分散、转移及化解和防范是通过分散的市场机制来实现的。如保险市场为家庭提供财产、医疗、意外伤害等方面的保险。企业则通过科学决策、加强管理、改善服务来减少和防范风险。在市场制度下，风险与收益对称。要想获得收益，则必须承担风险，这是市场经济的铁律。也正是风险的存在，才导致了企业之间的竞争，使资源配置的效率大大提高。但有些风险是无法通过市场机制来化解和防范的，如贫穷，就无法由市场来提供保险。再如"三角债"，当成为一种大量的普遍现象时，意味着信用陷入危机，单靠企业无能为力，市场调节已经不能发挥作用。类似于这种市场无法化解的风险，就表现为公共风险，只能由政府出面来集中解决。

（二）公共风险的形成

公共风险作为一种独立的风险形态，不是凭空产生的，而是由私人风险转化而来，或者说是私人风险异化的结果。

我们假设一个没有政府的社会，个人（家庭）和企业是这个社会的消费者和生产者，那么，一旦出现风险，不论是自然风险、社会风险，还是经济风险，都只能是由分散的个人和企业来承担。风险的发生是不确定的，风险在时间和空间上的分布也是不确定的，对个人和企业来说，风险一旦变为现实所造成的损失有两种情况：一种情况是损失不关联，只是对某一个人或某一个企业造成损失，风险事件的发生是独立的，在甲发生，并不意味着在乙也必然发生，不产生连带性影响。另一种情况是损失相关联，甲的损失会引起乙的损失，而乙又引起丙的损失，以至群体成员都先后遭受损失；或者是一部分群体成员同时遭受损失，以致对未直接遭受损失的其他群体成员也产生了不利的影响。后一种情况下的风险，从其风险归属来看，也属于私人风险，因为它给个人和企业造成了风险损失。但更重要的是，这种私人风险同时造成了"社会性"后果，因而这种风险天然地就带上了"公共性"色彩，转化为公共风险。如果没有社会公共机构（政府）出面，而任由社会成员采取"各人自扫门前雪"的办法来处置这种风险，那么，这种风险就会对整个社会造成极大的损害，甚至可以导致这个社会消亡。旧社会瘟疫的流行造成了许多村落不复存在；1998 年我国出现的特大洪涝灾害，若是没有政府出面，恐怕许多县市也将从地图上消失。这告诉我们，风险一旦转化为公共形态，就有了自己独立的运动形态，并由此必然产生一个社会公共机构（政府）来化解和防范这种风险。这既是一个逻辑的过程，也是一个历史的过程。

随着技术的改进和社会的进步，人类防范风险的能力大大提高，许多公共风险降低到最低限度，甚至不再是公共风险，如过去长期危害社会的麻风、天花、霍乱，在医疗技术很低的情况下，是很可怕的一种"公共风险"，但现代医疗技术已经完全控制了这种风险。再如战争，现在已经不是那种随时都可能爆发的公共风险。但与此同时，也带来了许多新的公共风险。当汽车还是奢侈品的时候，尽管时有事故发生，但属于私人事务；而在汽车日益普及化的今天，交通混乱所带来的风险就是一种公共风险，故世界各国的交通管理都是由政府来承担的。货币也是如此，早期的纸币都是由私人银行（钱庄）发行的，现在之所以都归政府控制，就是因为纸币的广泛使用产生了公共风险。诸如此类的事实表明，公共风险呈不断扩大的趋势。也正是因为公共风险的扩大，才促使政府规模不断扩张，财政规模也相应增大。

从前面的分析中，我们不难看出，公共风险具有以下特征：一是关联性。公共风险在发生过程中，对个人和企业来说，是相互关联的，因而具有"传染性"。如癌症是很可怕的一种疾病，但不会传染，完全是个人风险。而艾滋病则不同，传染很快，危害社会，构成公共风险。"三角债"也是如此。二是不可分割性。公共风险对每一个人和企业来说，是必然的，不可逃避。如通货膨胀，在未来一个时段的哪个时间发生是不确定的，但只要发生，每个社会成员都不可避免地要遭受损失，尽管其损失的大小可能不一样。三是隐蔽性。公共风险很难正面识别，往往累积到了快要爆发的程度才被发现。如分配两极分化所引发的公共风险是在人类历史上各种破坏性后果反复出现之后才被社会所认识。因此,公共风险的防范在历史进化过程中往往表现为亡羊补牢的事后行为,现在亦是如此。

(三) 公共风险产生和扩张的原因

在一个鲁滨逊式的社会是无所谓公共风险的,因为所有风险都由他一个人来承担。对他而言,私人风险和公共风险是合二为一的。这就是说,只有在起码是 2 人以上构成的一个"集体"社会,风险才会呈现出"公共性"特征。因此,公共风险的产生是和"社会性"联系在一起的。一个社会面临的风险来自两个方面的不确定性:自然环境的不确定性和社会发展过程内部的不确定性。自然界各种风险至今威胁着人类社会的生存与发展。但真正的威胁却来自社会经济运行过程内部的不确定性及由此导致的各种危机。首先是各种自然的分工与差别,使互动过程中的社会成员之间难以沟通、协调,构成各种社会矛盾和冲突的自然基础。如男女之间、种族之间、地域之间以及每个人天然禀赋的差别等等,使社会运行变得扑朔迷离,使人类对自身社会的认识比对自然的认识更加困难。其次是社会分工使个别的生产过程社会化,劳动产品变成了社会产品,社会成员之间的相互依赖,使彼此协作变得须臾不可离开,不确定性由此产生。一旦协作过程中的某个环节出了问题,整个社会经济的运行就会失常。经济危机即是由这种不确定性导致的一种公共风险。

公共风险的扩大则是由社会分工的发展所带来的。社会分工由劳动分工发展到哈耶克所说的"知识分工"[①],使社会对知识的依赖性不断增大。知识的分工使知识的生产成几何级数增长,而知识的增长又加快了知识的分工,使社会成员之间、生产环节之间的依存性比以前更大,由此产生的不确定性也就更大。作为知识物化形态的技术的进步,使社会日益被技术所主宰。如电脑的普及,使当今社会变成了"数字化生存"[②]的时代。电脑带来了高效率,

---

① 邓正来:《自由与秩序——哈耶克社会理论的研究》,江西教育出版社 1998 年版。

② [美] 尼古拉斯·尼葛洛庞帝:《数字化生存》,胡泳译,海南出版社 1997 年版。

同时也给整个社会、给我们每一个人带来了更大的风险。1997 年香港新机场货运系统电脑发生故障，导致大量货物滞留，给许多相关企业和消费者造成了未曾预料的损失。假如不是机场，而是美国或俄罗斯的核武库电脑控制系统失灵而引发导弹发射，那么造成的就不单是财产损失，而是整个人类的灭顶之灾。这并非是杞人忧天。再如克隆技术作为生物基因工程领域的最高成就，带给社会的也不仅仅是喜悦，而是一种新的风险。社会的日益技术化，在使经济运行过程的不确定性大大增加的同时，也使社会发展的方向面临着更多的不确定性。

社会经济的市场化发展方式，使分工和技术所引致的经济运行内部的不确定性达到了前所未有的程度，由此导致的公共风险也是无与伦比的。市场经济是高度货币化的经济。货币本来是一种交易的手段，但在货币化的经济中已经变为一种目的。一旦成为一种目的，便使货币赋予了生命，变成了一种独立的运动。这时，货币与整个经济脱节的可能性就产生了。经济的高度货币化带来了经济的金融化。资本市场如股票市场、债券市场、期货市场的发展，为资源的优化配置确实起到了一种催化剂的作用，加快了要素的流动与重组，提高了资源的利用率和有效性。但资本自身一旦成为商品，成为交易的对象，便变为一个自我繁殖系统而不断膨胀，各种金融衍生工具的不断创新就说明了这种膨胀的势头。这种建立在"虚假"基础上的交易规模的迅速扩大，促使整个经济泡沫化。按照美国人的估算，目前全世界贸易总额不到每天金融交易的 1%[①]。不言而喻，泡沫一破，便是一场危机。金融化的经济不可能没有泡沫，而有泡沫就难以避免危机。这是经济发展到这个阶段所形成的一种内在逻辑。

此外还应该指出，分工和技术的发展作为造成公共风险扩大的基本因素，与制度选择是密切相关的。换句话说，分工和技术的发展总是在选择的一定制度下实现的，不同的制度选择会塑造出不同的公共风险形成机制。如计划经济体制条件下，与一个人的社会差不多，几乎无私人风险可言，所有的风险都是

---

① [美] 林顿·拉鲁什：《当前全球货币金融体系面临着崩溃的巨大危险——大多数获诺贝尔奖的经济学家是庸医》，郑刚编译，《经济研究参考》1999 年第 7 期。

公共风险。家庭是企业（集体）的附属物，而企业（集体）又是各级政府的附属物，通过这种附属关系链条，私人风险就一层一层无障碍地转化为公共风险。这一点在城镇尤其明显。企业是国家的，个人也是国家的，一切都由国家包起来。这种制度安排导致个人经济行为缺乏内在的风险责任约束，也是个人风险意识无从产生，从而致使资源的有效利用和使用缺乏内在动力。在这种体制条件下，尽管分工和技术发展造成的不确定性并不明显，但由此造成的资源破坏和极大浪费，使整个社会生存与发展的不确定性成倍放大，公共风险进一步加大。我国改革开放之前长期面临的食品短缺就充分说明了这一点。因此，在集权体制下往往形成一种风险快速累积机制，导致公共风险迅速扩大。而在市场经济体制下，风险是动态化解和分散承担的，虽然市场运行失调衍生出的公共风险呈扩大的趋势，但由于风险明晰、责任清楚，不会造成集权体制下的那种风险快速累积，因而更有利于社会经济系统的稳定。

（四）公共风险的一般构成与范围

人类社会发展到今天，在各个不同的历史时期面临的公共风险是不同。不难想象，自然经济社会与市场经济社会面临的公共风险，无论是内容还是形式，必然会有很大的差别。在这里，主要就市场经济社会面临的公共风险作一概观性描述。

市场就像一个游戏场所，凡是参与者就得遵守游戏规则，对自己的行为负责，自担风险。如果说市场经济就是风险经济，那么，正是私人风险的明晰才使市场有效运转。假如像传统的计划经济一样，没有明晰的私人风险，那就不会产生竞争，也就不会有市场经济。可以说，市场经济和私人风险明晰是同义语。在社会分工不断细化的情况下，个人风险意识的内在化，使市场机制成为人类社会进化过程中的一种风险化解机制。

在市场经济社会，只有市场机制化解不了的风险，才会转化为公共风险。进一步说，市场机制化解风险的能力越强，公共风险就可以减少。在这个意义上，市场机制也是防范公共风险（扩大）的一种机制。在这里，市场机制实际上成为一种判别准则，即市场能化解的风险是私人风险，而市场机制不能化解的风险则是公共风险。若以此为依据来界定，那么以下内容属于公共风险：外来侵略和内部战争；公共伦理和社会道德衰落，缺乏基本的社会信用；法律机制不健全，公共秩序陷于混乱；失业与贫穷；市场垄断；公共设施与服务的短缺；环境污染；经济波动。

诸如此类的风险均是市场不能化解的风险。所谓市场不能化解的风险是指个人和企业在主观和客观上都不愿意也无法承担的风险。如外来侵略，是私人客观上无法去承担的风险，也是任何一个社会都存在的公共风险；再如公共设施，是私人在某种市场条件下无力承担的风险，因为风险无法明晰。这与市场经济水平和市场机制的完善程度相关。从风险成本的角度来说，公共风险的边际成本太高，对私人而言趋向于无穷大，是分散化的市场所不能容纳的。有的公共风险是绝对的，只能是由政府来承担；而有的公共风险是相对的，可以根据市场状况和政府的某种目标来决定是否界定为私人风险。如公园、道路、桥梁等一些公共工程的建设，既可以完全由政府来承担风险成本，也可以让私人参与来分担风险成本，假如风险界定不存在困难的话。随着市场经济的不断发展和市场机制的不断完善，有些公共风险也可转化为私人风险，这是随之变化的。这从发达国家与发展中国家在这个方面的差别可以看出来这一点。在发展中国家，许多被界定为公共风险，由政府来承担风险成本的社会基础设施，而在发达国家却被界定为私人风险，由个人或企业来承担其风险成本。所以，从发展中国家的角度观察，随着市场发育水平的提高，只能由政府来干的事情有些可以逐步交给市场去完成，也就是由公共风险逐步转化为私人风险。

对于我国这样的转轨国家，公共风险一方面随着工业化水平的提高而不断增大，另一方面随着市场化体制的建立而相对缩小。前者从分工和技术的角度决定公共风险增大的必然趋势，后者却是从制度变迁的角度决定公共风险与过去相比将会相对缩小。工业化水平的提高，分工细化使交易的复杂化程度增加，买与卖脱节的可能性加大。相反，市场机制的完善会使市场机制的自我调节能力提高，从制度上防止了私人风险向公共风险的转化。因此，可以这样说，我国的市场化改革是防范和化解公共风险——落后就要挨打，就有被开除"球籍"的危险——累积的一项战略性安排。

三、公共风险与制度的产生及其变迁

如果把我们的视野从市场经济社会扩大到历史长河之中，那么就会发现，各种制度，包括市场制度在内，都是公共风险的产物。

（一）公共风险与组织、制度及国家

现代社会是组织化程度很高的社会。作为社会细胞的家庭是最基本的组织，而国家则是社会最高形式的组织，在这两端之间还存在着各式各样的具有不同功能的组织。恩格斯在著名的《家庭、私有制和国家的起源》一文中，从家庭的起源出发，阐述了国家和公共权力的形成。罗纳德·科斯（Ronald H.Coase）在他 1937 年发表的论文《企业的性质》中，从交易费用的角度对企业这种组织和制度的产生作了说明。诸如此类的探索加深了人类对自身社会的认识。但从公共风险的角度来看，对组织的形成和制度的产生则可以提供一个更一般的解释。家庭制度的演变最终在一夫一妻这种形式上稳定下来，之所以"是一个伟大的历史的进步"，不仅是因为它同奴隶制和私有财富一起，开辟了一个一直继续到今天的时代，更重要的是它防止了因群婚杂交而导致人种退化以至消亡的风险。在这里，家庭成为人类本身进化过程中的一种风险防范机制。或者说是物种退化的风险——群婚杂交所导致的各种不良后果的反复出现——推动了家庭制度的演变。国家的产生也是如此。恩格斯在《家庭、私有制和国家的起源》中的一段话，说明国家本身也是一种风险防范机制，或者说是公共风险——社会内部矛盾和冲突——导致了国家的产生。"国家是社会在一定发展阶段上的产物；国家是表示：这个社会陷入了不可解决的自我矛盾，分裂为不可调和的对立面而又无力摆脱这些对立面。而为了……不致在无谓的斗争中把自己和社会消灭，就需要一种表面上驾于社会之上的力量，这种力量应当缓和冲突，把冲突保持在'秩序'的范围之内；这种从社会中产生但又自居于社会之上并且日益同社会脱离的力量，就是国家。"由此不难得出一个结论：公共风险是人类社会进化的原动力。

从历史的角度来看，也清楚地证明了这一点。在人类的童年时期，食物的来源完全依赖于大自然，食物来源的不确定性以及自然环境的各种变化对生存都构成巨大威胁，求生存的本能在进化过程中迫使分散的个体无意识地联合起来，形成一个个社会——群落，以共同对付不确定的自然风险，由此促成了原始的组织和社会。这个时期的组织往往是规模很小，而且很不稳定，在寻找食物的迁徙过程中，甚至一次突发的灾害就可导致整个社会的毁灭。进入野蛮时期，随着狩猎经济向农业经济（动物驯养和谷物种植）的转变，食物来源扩大且更加稳定，原始部落和氏族社会的规模也相应扩大。这个阶段的社会组织性增强，但其制度是原始共有制，所有的风险都是公共风险，所有的资源也都是共同所有，因而也没有产生凌驾于社会之上的公共权力。这个过程很像生命的进化过程，在单细胞阶段，生命已经产生，可调节生命活动的中枢神经并不存在。经过漫长的岁月，偶然的、易变的组织在各种自然风险的作用下逐渐变成了稳定的组织，且范围不断扩大。组织规模的扩大增强了抵御自然风险的能力，这个自发过程的结果反过来促进了社会组织的进一步发育。但与此同时，各种来自组织内部的矛盾和冲突也不断增加，并威胁着社会的生存与发展。这时，产生于组织内部的公共风险——各种矛盾和冲突，替代自然界的风险成为人类进化过程中的主要威胁，如果不能及时化解这种风险，那么呈现出组织性的人类社会就面临着自我毁灭的危险。为避免这种结局，公共权力作为一种自然的结果就由此产生了，从而出现了国家。如果把国家本身视为一项制度的话，那么，国家的出现则是人类历史上的第一次制度大变迁。因此，从人类社会发展的历史过程来观察，组织、制度以及国家都是在进化过程中的一种自发的无意识结果——化解、防范公共风险的一种机制。这说明，组织、制度并不是某个人的精密设计和发明，而是在人类面临的公共风险的自然作用下而产生的。反之，如果没有公共风险，组织就成为多余，人们遵循共同的行为准则——各种制度——就没有必要，当然也就不会有行使公共权力的国家的出现。

（二）公共风险与制度变迁

制度是指各种规则即由此形成的秩序。只要是对人们的行动有约束力的规则都构成制度，如政治结构、行政命令、操作规程、法律法规以及各种习俗、习惯、宗教、文化传统以及伦理道德等。马克思主义者是从阶级的角度来阐述制度变迁的，而且主要是从社会制度这个层次来把握的，认为阶级斗争是基本的推动力。而西方学者多是从成本—收益的角度来解释的，交易费用的概念成为普遍流行的一种范式，认为制度变迁的动力是为了减少交易费用。自从罗纳德·科斯创立产权理论以来，这种分析方法被广泛运用。实际上，这是一种"原子论"的方法，而且总是假定经济人理性的存在，其局限性是十分明显的。道格拉斯·C.诺思（Douglass C. North）在分析意识形态的作用时就明确指出了这一点（诺思，1994）。针对市场内部上述方法是有用的，可一旦超出市场决策领域基本上就无用武之地。企业被看作是降低交易费用的一种制度变迁或是经济组织形式的一种替换。从市场的角度来观察无疑有其合理性，但人类社会进程中的各种制度变迁是不可能都用成本—收益分析方法来衡量和评判的。如伦理道德对人们行为的影响是很难用成本—收益方法来解释的，义务献血对个人来说明显是成本大于收益。因此，要对制度变迁寻求一个更合理的解释，必须超出"商人思路"，从社会整体来考察。

从制度对行为影响的方式来观察，制度可分为两类：一是显形制度，表现为命令与服从的等级关系，对行为影响呈现出外在的强制性特征；二是隐形制度，表现为一种平等的关系，对行为影响呈现出内在的自觉性特征。

从哈耶克（Friedrich August von Hayek）的文化进化论思路来分析，显形制度的变迁直接表现为一种理性活动，是人为的作用，改革、改良以至暴力都可成为制度变迁的方式。而隐形制度表现为互动过程中非理性的结果，是长期历史积淀形成的，并内化到人们行为之中而变为一种自觉的行动，公共伦理以及法律均是如此。尽管有人会对某些伦理条规和法律规定提出异议并加以反对，但谁也不会反对公共伦理和法律本身。这类制度的变迁是一个缓慢的自生自发过程，很难人为加以改变，而且往往是不可选择的。过去我们选择了社会主义制度，但却无法选择历史留给我们的遗产——中国的伦理道德和文化传统。我们在改革的过程中，可以借鉴国外的成功经验，但对于伦理道德和文化传统则是无法借鉴的，更不能用外科手术的方法来加以移植。如果说隐形的制度是土壤，那么，显形的制度则是根植于土壤之中的一棵大树。正是隐形制度的不可选择性，使人类社会的演进保持着稳定性，而不至于发生某种突变而导致人类社会的紊乱和退化。这构成了化解和防范公共风险的第一种机制。隐形制度发挥基础性的作用，显形制度只有在这个基础上才能发挥应有的功能。显形制度使社会运行保持在某种可选择的秩序之中，不至于使社会陷于混乱之中而停滞不前。这便构成化解和防范公共风险的第二种机制。

在上述两种机制的综合作用下，保证了社会进化过程中的稳定、秩序与和谐。我国有句众所周知的民谚：没有规矩，无以成方圆。翻译成学术语言，规矩就是制度，方圆就是秩序，没有制度，就没有秩序，没有秩序的社会就会走向消亡。这就是一个社会的公共风险。在这里，需要同满足需要的手段总是一同产生，防范公共风险的需要推动着制度的变迁。

历史地看，公共风险总是自发地引致隐形制度，并构成人们心目中天经地义的行动规则，在人类理性的作用下，有些隐形的制度就会转化显形的制度。氏族群落组织演变为国家的过程就是如此。此外，像孝道、婚姻、货币、市场在历史上一度表现为一种"惯例"，而在现代社会却表现为显形制度，对公共风险的防范体现出某种强制性特征。尽管隐形制度和显形制度有不同的变迁方式，但变迁的原动力都是公共风险。每一项制度变革与其说是人们在追求自我利益过程中达成的某种协议，倒不如说是人们在规避公共风险——负面利益——的过程中达成的某种契约。若把公共风险比作地基，把利益比作竖立在其上的高楼，那么，高楼的存在，要以地基不塌陷为前提。货币制度的历史演变过程就很清楚地表明了这一点。货币从某种偶然的商品，发展到大家公认的金、银，以至现代社会的纸币和电子货币，以及由此带来的货币管理的变化，这整个过程都是在公共风险的推动下实现的。货币一旦出现及由此而产生的路径依赖性，就使每个交易参与者面临的公共风险——例如货币数量对交易价格的影响——因此而形成，而且随着交易总规模的扩大而不断加大。对个人而言，货币带来了交易的便利，但以货币的稳定为前提，否则，给交易者带来的可能就不是利益，而是损失。这说明，从逻辑上看，首先是公共风险而不是个人利益在推动制度变迁。进一步的推论是：个人利益是在社会集体地规避公共风险的条件下实现的。

规避公共风险的过程也就是制度变迁的过程。这既可以表现在宏观层次，如前面提到的货币制度就是在宏观层面上来化解公共风险，最终体现为政府的行为；也可反映在微观层次，如企业制度就是在微观层面上来化解公共风险。企业制度是在面对分工和技术发展的条件下不确定性增加的一种防范机制，通过企业这种组织形式，不仅是减少了交易费用，更重要的是减少交易中的不确定性，从而减少了风险。通过企业制度使私人承担风险的能力提高，减少了社会风险累积，阻止了公共风险的过快扩张。在这个意义上，市场机制成为整个社会的风险分散机制，它使每个市场参与者在资源配置的过程中都承担相应的风险责任，并使风险和利益对称，从而造就了竞争和效率。

（三）公共风险与财政

公共风险与社会是相伴而生的。社会之所以不仅能生存，而且还能不断发展，关键在于其制度结构。前面已经谈到，制度是公共风险的产物。那么，不言而喻，一定的制度结构总具有与其对应的削减公共风险的能力。社会的前进过程很像飞机的飞行过程，飞机能够飞行在于其特定的组织结构，它具有克服地心引力和空气阻力的功能。社会的发展也是通过其制度结构克服公共风险所造成的各种阻力而实现的。

社会的制度结构是一个系统，由多种制度组合而成。不同的制度在这个系统中对公共风险的防范具有不同的作用。如伦理道德实现对人行为的基本规范，产生社会基本秩序，防范社会互动过程中所产生的紊乱。再如市场制度实现对人经济行为的规范，产生经济秩序，防范交易过程中的无序。各种制度从不同的侧面来防范公共风险，起着保护社会稳定和发展的作用。财政作为化解公共风险的一种手段，与其他制度一样，对防范公共风险起着不可或缺的作用。但财政在整个制度结构中具有特殊的地位，这表现在以下两个方面：

一是财政承担制度成本。无论是显形制度，还是隐形制度，其形成和运行都是有成本的，这种成本属于社会成本或外部成本，是不可能由私人来承担的。公共伦理和法律、宗教习惯甚至包括一些民俗，都需要国家去维护，或提供正常运行的环境。至于显形制度的运转，如企业制度、行政制度，更是需要国家去维护。而国家本身作为最大的一项制度，以财政为经济基础，须臾不能离开财政的支撑。公共风险导致了制度结构的产生，那么，这种制度成本亦可看作是防范公共风险的代价。

二是财政承担最终风险。一个社会，有各种各样的公共风险，有些可以通过相应的制度来化解，如乡规民约、公共伦理对化解一些内部矛盾和冲突有很好的效果，但不少还得诉诸公共权力机构。再如邻里乡亲互帮互助的传统，对应付自然灾害发挥着积极作用，但最终还是离不开国家的帮助。这从过去到现在都是如此。在现代社会，健康的金融体系和健全的金融监管对化解金融风险——现代社会最不可忽视的一种公共风险——十分重要，但后盾还是得靠财政来保证。在市场经济社会，市场制度是防范个人自由导致公共风险累积的一种有效制度。进入市场、风险自担，这种行动准则可化解因个人行为而引发的公共风险，如社会失衡。对比我国股票市场建立之初的情况，就不难理解市场制度的这种作用。在刚刚开放股票市场之际，我国的市场制度还很不健全，自担风险的理念还未建立起来，以致一度出现股市下跌，股民游行找政府的怪现象。在当时老百姓的观念中，赔本的风险应当由政府来承担。这就是市场制度不健全情况下出现的公共风险。假如市场制度是健全的，那么由个人投资失败所引发的上述公共风险就完全可以化解而不再存在。在市场经济社会，市场制度成为一种基准，即市场机制化解不了的风险，才是公共风险，确切地说是"剩余"的公共风险，也就是财政承担的最终风险。而被化解掉的公共风险，即通过市场制度化解的公共风险，只有当市场制度被破坏时才能显现出来。像自然规律一样，只有当规律被违反时才感觉到规律的存在。也正是在这个意义上，市场制度与其他制度一样，是公共风险的产物。正因为市场制度化解公共风险的能力有限，故需要财政来弥补。就此而言，在整个制度结构中，财政处于边际位置，是防范公共风险的最后一道防线，即财政总是最后兜底。换句话说，财政是公共风险的最终承担者。这就是财政的本质。

在此应当指出，财政最终承担的公共风险与制度结构有紧密的联系。财政总是兜底的，但最后兜多少，则与整个制度结构密切相关。在一定的社会经济发展阶段，公共风险的规模和范围是相对固定的，假如制度结构合理，风险责任明确，使公共风险都能在相应的层次化解掉，那么，"剩余"的风险就相对减少，财政的压力就可相对减轻。反之，在制度结构滞后于社会经济发展阶段的情况下，风险不能明晰，不能在相应的层次化解，那么，转移到财政身上的风险就会增加，财政最终承担的公共风险就会相对增大。这在我国市场化改革的过程中，风险向财政转移的情况并不少见。如国有企业风险责任不明晰，财政实际上是承担无限责任；再如政府部门之间职责不清，风险责任难以明确，致使财政承担的风险大大增加。因此，要减少财政最终承担的风险，根本途径在于完善制度结构，实现风险责任明晰化。

（此文发表于《财政研究》1999 年第 9 期，作者：刘尚希）

论追求"确定性"

　　阅读提示:《论追求"确定性"》阐述了世界观由"确定性"到"不确定性"的变迁。文章认为,人类面对的是一个不确定的世界。确定性不过是特定时空条件下的一种例外,不确定性才是世界的本质。有史以来,人类一向从两个交互影响的基本面——自然与社会来追求确定性。在应对来自大自然的各种不确定性中产生了科学与技术,而在应对来自社会内部的不确定性过程中产生了制度及其带来的秩序。人类在追求确定性的过程中,也同时在引致新的不确定性。无论是科技还是制度,本身都在"制造"新的不确定性,带来更大的公共风险,公共危机发生的频率在加快。应对不确定性的世界,唯有不断提升公共风险理性水平才是应对之策。"公共风险理性为集体成员提供一种社会化的预警机制,通过集体行动,最终'沉淀'为各种不同层次的制度,以防范和化解公共风险"。

　　人,不论干什么,都是在追求确定性。成功、幸福、爱情、金钱、权力、地位等等,没有人不希望拥有。拥有的,也就意味着是确定的。雇员追求的是稳定的岗位,避免的是难以预料的失业;商人追求的是确定的利润,规避的是市场风险;政治家追求的是确定的统治权,规避的是失去权力的风险;学者追求的是确定的发现,排除各种可能的错误,如此等等。尽管社会不同主体所追求的具体目标各不相同,但极度抽象言之,都可以归结为一个概念:确定性。就人的天性而言,"确定性"是人人喜欢的东西,而对"不确定性"却是唯恐避之不及。冒险家喜欢不确定性的过程,但也总是希望得到一个确定的结果。

确定性，是人类得以存在的支柱。信心、信用、信仰、信任，是维系一个社会正常运转的基石，它们是确定性的化身。而它们一旦沾上了不确定性，社会就会失序，甚至崩溃。

然而，我们面对的是一个不确定的世界，在无穷的变化之中充满了无数的不确定性及其带来的风险、危机和灾难。号称具有预知、预测功能的科学理论，包括经济学在内，都无法告诉我们风险、危机和灾难何时何地会发生。经济危机、社会冲突、环境灾难、自然灾害、战争、恐怖主义等等，往往等到临近才知晓。当今世界，以所谓科学的名义预测未来的人，比算命先生还多。偶尔有猜中的，就像轮盘赌中押注的人。但无论怎样，我们都无法逃脱这个不确定的世界，这个充满了风险的世界。这意味着，我们只能是在不确定性中去追求确定性，只能是在风险中去规避风险。

那我们该如何去认识、理解和研究这个世界呢？就像笛卡尔所说的：一定不要相信仅从例证和传统说法中学到的东西，这是最好的经验。尽管这种唯理主义所指与当时神学至上的历史背景相关，但在今天仍有现实意义。既然这是一个不确定的世界，那么，过去、现在与未来，就不可能是在一条直线上，我们无法用现有的经验、知识和理论去推断未来的状态。未来世界的逻辑可能与现在、过去根本不同。我们需要新的世界观。也许，只有具备了不确定性思维，才能应对不确定性；只有具备了风险的观念，才能防范风险。

一、世界观的变迁：从"确定性"到"不确定性"

不少人相信，人的一生是命中注定的。冥冥之中似乎有一股力量，就像自然规律，在操纵人的命运，决定人生的悲欢离合、磨难与幸福、失败与成功，福禄寿的多寡与个人的主观努力无关。但也有不少人相信，命运掌握在自己的手里，只要努力奋斗，勤勉有加，可以达到所希望的目标，实现自己的理想。前一种看法是宿命论的，找人算命看前程的人持有这种观念；后一种看法是非宿命论的，认为主观努力可以改变人生。改换成学术语言来说，宿命论是一种确定性的世界观，世界的一切，包括人自身都已经事先被安排好了，人为的力量无法改变。这与牛顿奠定的科学认知观是一致的。20 世纪之前的科学观念都是宿命论的，认为世界就像一座精密的钟表，造物主上好了发条，之后的一切都是确定无疑的，科学家的任务是发现规律、利用规律。这种世界观还有其他的表述：这种世界是机械的、可分及可还原的、连续而无突变的、可以预测的、观察者与被观察对象是无关的、主观与客观是分离的，等等。非宿命论与此相反，则是一种不确定性的世界观，认为世界的变化具有随机性、突变性、非决定性、多主体性及其相互作用的非线性、观察对象与观察者的不可分离性、偶然事件的锁定性。"上帝已经死了"，世界不会有命中注定的确定结果。20 世纪之后的科学观念已经转向后者，认为世界本身就是不确定的，我们曾经发现的确定性，或者说规律，只是一种特例，不具有超越时空的普遍性质，造物主并未事先安排好这个世界。

对人生的看法与自然科学研究毕竟是两码事，但都是一种世界观。科学领域的世界观发生了颠覆性的变化，意味着人类的思维方式在进行革命，这对从事学术研究的人们来说，是不能不关注的大事。"科学""科学方法""科学精神""科学态度"等当今"神圣"词汇的内涵，也意味着都要重新加以定义。如果说，自然科学的研究对象从原来以为是确定的变成了不确定，那么，社会科学的研究对象是否依然可以按照经典力学的科学认知观，坚持认为仍是确定性的，有规律可循？是否依然可以按照过时的科学观念，继续模仿牛顿时代的科学方法来研究经济社会的发展？这是摆在我们面前的一个重大问题。

世界观是关于世界的基本看法。近三百多年以来，在科技文明之光的照耀下，日渐形成了一种确定性的世界观。因果论、决定论、可计算性、可预测性、规律性、必然性等等，都是确定性世界观中的词汇。这是一种宿命论的认识，但却是近代科学的结晶。这种科学宿命论打开了认识大自然的一扇门，转化为巨大的生产力，使人类改造自然的能力达到了历史上前所未有的高度。巨大的科技成就反过来强化了这种宿命论科学观，并演化为一种弥漫于整个知识界的普适方法。从牛顿经典力学到现代经济学，以至于整个社会科学，都是在这样一种世界观指导下来观察和研究问题的。

然而，世界是不确定的。不论是自然界，还是人类社会，都是如此。原来以为，"上帝是不会掷骰子的"（God does not play dice with the universe），爱因斯坦的这句名言被量子力学给打破了。量子力学发现，上帝经常玩弄骰子，上帝创造的这个世界本质上是不确定的。德国科学家维纳·海森堡（Werner Heisenberg）在 1926 年提出了"不确定性原理"。理论物理学家史蒂芬·霍金，在他的《时间简史》一书中指出："海森堡不确定性原理是世界的一个基本的不可回避的性质"①。美国数学家克莱因（Morris Kline）也在其《数学：确定性的丧失》一书中指出"数学不再是一门精确性的学科"，"数学曾经被认为是精确论证的顶峰、真理的化身，是关于宇宙设计的真理，现在则认为这是一个错误的观点"②。所谓的规律、决定论、可预测性，也就是存在的确定性，都只是在特定时空条件下才存在。明天的太阳依然会从东方升起，从西方落下去。这在我们可见的物理世界中和有限时间内是可以预见的，日食、月食等自然现象的发生甚至可以精确预测到哪年哪月的几时几分。但我们却无法预测地震在何时发生、明年的农业收成会怎么样、下个月的股指是多少个点，甚至无法断定明天股指是涨还是落。经济社会现象中的非决定论是显而易见的，因果关系也只是我们的大脑对先后发生事物之间联系的一种猜测。面对不确定的世界，我们只能说存在某种可能性，却无法得出一个精确的结果。

现代自然科学已经终结了近代科学观基础上形成的确定性世界观，使人类对自然世界的认知达到了一个全新的高度：确定性不过是特定时空条件下的一种例外，不确定性才是世界的本质。传统的非此即彼、主体客体分离、决定论逻辑、理性的精确性等等都需要在不确定性世界观的指导下反思重构。

在确定性世界观指导下形成的确定性知识系统现在已经无法适应原本就是不确定的世界。尤其是对人类自身社会的认识，世界观的转换更为迫切。2008年全球金融危机事实上已经宣告，以确定性为假设前提的传统经济学和其他社会科学已无法给我们提供新的知识来应对越来越不确定的全球经济和国际社会。

---

① ［英］史蒂芬·霍金：《时间简史》，吴忠超、许明贤译，湖南科学技术出版社 2003 年版。
② ［美］M.克莱因：《数学：确定性的丧失》，李宏魁译，湖南科学技术出版社 1997 年版。

二、追求"确定性"是人类的心理本能

在这个不确定的世界，人类总是在不断地追求"确定性"。偏安于小小地球的人类，幻想着永恒的存在，在观念中构建了一个确定的世界。追求存在的确定性是人类的永恒终极目标。无论从个体来说，还是就群体而言，莫不如此。从秦始皇追求长生不老术，到对"万岁"的集体呼喊；从柏拉图对爱的理解（对永恒、不朽的渴望），至现代社会对永续发展的追求，都是在寻求个体存在、集体存在、秩序存在、文明存在的确定性。心理本能从动物性的生理本能转化而来，融合了感性、理性与灵性。感性是反射，理性是思考，灵性是觉悟。在追求确定性的过程中，个体本能与社会本能会同时产生。

追求确定性是由人类的自我保护天性和最基本的心理需求所决定的。没有确定的环境、没有安定的内心、没有可期待实现的希望，人就会无法生存，更谈不上发展，更不用说人类文明的进步。所谓人类行为中的各种冒险举动，其实也是在追求存在的确定性，不过是不同层次的东西罢了，如更大的权力、更多的财富、更高的声誉、更巩固的地位、更广阔的疆域、更强大的国力等等。在不确定性世界中，人类总是需要构筑一个确定性世界，即便是观念上的，以此来保护和激励自身。这个确定性世界可以是个人的、国家的以至整个人类的。当前对全球气候变暖的国际大讨论，就是反映出地球人对生存环境的确定性的一种担忧。一个国家追求发展，以图崛起，也是如此。在不同的层面上，都需要一个由各种知识、观念支撑的确定性世界的存在。

不确定性是一切恐惧的基本来源。回想 2003 年的"非典"（即 SARS）危机，不难体会到这一点。在"非典"病毒借助于空气肆意横行的不确定性环境中，每一个生命个体都可能被那种致命的病毒感染，生命的存在显得极其脆弱。要不是现代医学知识部分地化解了不确定性，社会的集体恐惧将会更大。有人统计发现，"非典"的死亡率甚至不如交通事故的死

亡率[①]，为什么在"非典"时期的社会恐惧却如此之大呢？原因在于不确定性程度的区别。当现有的知识系统能给我们提供一个确定性的图景时，社会恐惧就会大大降低，甚至消失，尽管不确定性依然存在；反之，当现有的知识系统无法给予解释并提供帮助时，恐惧就会产生并放大，原有的秩序就会消失。科学与宗教是两个不同的知识系统，但在解释不确定性世界并帮助人类战胜恐惧的过程中，却发挥着互补的作用。

越是面对不确定的东西，人就会越发感到害怕。如各种恐怖故事或恐怖电影中的妖魔鬼怪，都是不确定性的化身。其实，它们都是人类经受各种各样的恐惧——如瘟疫、地震、风暴、洪水、干旱等各种自然灾祸和战争、屠杀、社会动荡、经济危机等社会灾难——之后积淀下来的集体心理阴影，再以文学的形式再现出来。现代电影以现代科技手段造出的不少灾难片、惊悚片、鬼怪片，都不过是让现代人体验人类曾经的恐惧，同时也是在不断地提醒和警示，告诉已经习惯于现有知识系统构筑的确定性世界的人类，不确定性的世界并没有被我们人类所改变，风险和危机永远是一把悬在人类头顶上的达摩克利斯之剑。

害怕和恐惧尽管并不令人喜欢（在艺术世界除外），但当它以公共的形式存在时，却可以促成另外一种结果：团结与合作，产生集体行动。面对恐怖主义，各国惊人地团结一致，共同应对；面对战争的威胁，尤其是足以毁灭人类自身的核战争，各国高举和平大旗，反对战争；面对国际金融危机，各国纷纷出台各种应急措施，放弃了经济意识形态的分歧，各国协调合作大大加强，如此等等。这是国际社会以集体的力量在化解不确定性带来的恐惧，追求地球人集体存在的确定性。对一个国家来说，更是如此。不期而至的灾难、危机，往往是集体情感升华的催发剂，也是改变集体思维的转折点，更是孕育集体行动的温床。

---

① 杨甫德：《面对"非典"信心很重要》，2003 年 6 月 17 日，见 http://news.sina.com.cn/c/2003–06–17/09381179158.shtml。

三、科技与制度：追求"确定性"而形成的结果

人类有史以来的所有活动，归结为一点，都是在追求确定性。人类的认识活动，包括对自然、社会和人自身的认识，都是试图从不确定性世界中发现确定性——即在特定时空条件下存在的规律或规则。人类的实践活动，包括改造自然、社会和人自身的实践活动，也都是利用特定条件下存在的规律或规则，寻求人类自我存在的确定性。这个追求确定性的过程，是同时从两个基本面展开的：自然与社会，但又交互影响。在应对来自于大自然的各种不确定性过程中，渐渐地产生了科学与技术，而应对来自于社会内部的不确定性过程中，产生了制度及其带来的秩序。科技与制度成为人类追求确定性的两大有力工具，并以此支撑起了人类自身的确定性世界。

在漫长的人类进化过程中，其生存条件是极其不确定的，要靠不停地迁徙，才能维持生存，就像动物的迁徙过程一样。人类之所以能定居下来，是发现了通过人工种植和饲养可以获得食物，畜牧业和种植业由此产生，完全靠天吃饭——狩猎、采集野果——的状况有所改变。古人认识到了一年四季和节气的变化规律，顺势而为，一定程度上化解了农耕中的不确定性及其由此带来的风险，以农耕为基础的人类文明也就逐渐形成。而现代农业科技的发展，人类更多地理解和掌握了农作物生长的条件和规律，在吃饭问题上对"天"的依赖性大大减弱。人类吃饭问题的确定性增强了。越是发达国家，其确定性程度越大，不确定性程度越小；相反，越是不发达国家，其确定性程度越小，而不确定性程度越大。这反映出人类在追求确定性过程中的全球不平衡。毫无疑问，在吃饭的问题上，美国人面临的不确定性比非洲人要小得多。

人类是大自然的不确定性进化过程中的一部分。面对各种突如其来的灾难，人们一方面感到害怕，另一方面却感到好奇。正是这种好奇心，造就了人类的理性，使人学会了思考：如何去应对不确定性。不断探寻大自然的奥秘，人类积累了大量关于大自然的各种知识，发现了大自然的许多规律。这些知识和规律，使人类部分地化解了来自于大自然的诸多不确定性。在古人的眼中，

"天有不测风云"，这是对大自然不确定性的一种无奈描述。现代气象学的发展，加上人造卫星等先进观测手段，天上不可测的风云变成基本可测，天气预报的准确性越来越高。对各种日食、月食的准确预报、人类飞天梦想的实现、导弹的精确命中，等等，这都是人类运用科学技术手段所带来的确定性。物理学、化学、生物学等现代自然科学的发展，使人类掌握了越来越多的自然规律，从而造出了高楼大厦、发明了电灯电话、创造了海陆空各种交通工具、形成了通讯信息网络、生产出各种生活用品。诸如此类的科技文明成果都是人类在认识了大自然的基础上，掌握了其中的规律性，使不确定性转化为一定条件下的确定性实现的。科学技术的神奇魔力，创造了一个人化的确定性世界。

科技的力量，使人类不仅仅是适应自然，而且还可以去利用自然、改造自然。以蒸汽机被广泛使用为标志的工业革命，使人类改造自然的能力加速提升，自然"被人化"的痕迹越来越深。承载着众多生命的地球，唯独被人类的活动打下了深深的烙印。至今为止，科技文明这个大厦依然建立在"确定性"这个基础之上。追求确定性，带来了科技文明，也引发出理性主义的滥觞和人类的自我膨胀。正如 19 世纪德国哲学家费希特（Johann Gottlieb Fichte）在其《人类的使命》一书中所宣称的："我要做自然的主人，自然应该是我的仆人，我要根据我的力量来影响自然，而决不该由自然来影响我。"[1]这是人类对自然认知的狭隘，把特殊性当成了一般性，把一定条件下存在的确定性当成了世界的一般本质。其实，人类科技文明发展到今天，也给人类带来了越来越多的不确定性，对人类自身的威胁比任何时代都要多。一项科学发现和技术发明，都会给人类带来某种好处，而危害却要靠漫长时间才能验证，从几年到几十年甚至上百年。一些科技发明带来的危害已经日渐显现，已经被禁止或被限制使用，如含铅汽油、剧毒农药、化肥、添加剂，但更多的是处于不确定性之中，如转基因食品、克隆技术、合成药物等。人类科技文明的现有基础——确定性，已经被颠覆了，正在被"不确定性"这个更宏大、更一般的基础所取代。

---

① [英] 汉默顿：《伟大的思想——塑造人类文明的力量》，罗卫平译，贵州人民出版社 2004 年版。

如果说在人类科技文明不发达的时候，大自然的不确定性许多是人类没有认识到上帝造物时的规律而造成的"误解"，那么，在今天，人类已经认识到，上帝造物时根本没有什么规律，是一个随机的过程。这意味着，牛顿时代开拓的科技文明之路已经走到了尽头，人类追求确定性应选择一个新的起点。

与科技文明并行的是制度文明。而制度文明是应对社会内部的不确定性，追求集体存在的确定性的产物，并在逻辑上构成科技文明发展的前提。科技文明构建了人类之于自然的确定性世界，而制度文明却构建了人类之于自身社会的确定性世界，这包括了组织、规则、秩序、结构。恰恰是后者成为整个人类文明的基础。没有制度，就没有秩序，人类社会就会是一盘散沙，将在高度不确定性中自我毁灭。

较之于人与自然的关系，人与人的关系中产生的不确定性更为复杂、更难认识清楚。由此也使制度文明的进化比科技文明更曲折、更艰难，也充满了更多的不确定性。正是在这个意义上，制度是难以靠人类的理性来直接构建的，具有某种"自然进化"的属性，无法靠逻辑推理去预测未来的制度样式。从起点来看，制度是人类设计出来的；而从一个过程来看，制度是人类社会内部非线性相互作用的产物，是无法设计的。具体的法律可以修改，但是否需要法律却不由人类理性来决定。而隐性的制度，如伦理道德、风俗习惯，甚至连人为的修改都难以做到。新制度的产生和旧制度废除，并不因理性而改变，都是社会一定时期的不确定性放大以至超越某一个临界点而导致的。人类的历史进程实际上也是人类自身无法预测的，就像任何一个人无法预测自己的前程命运一样。

人类社会内部的不确定性会衍生出制度——从分散个体的"原子人"状态转变为具有公共意志的"集体人"行为是靠制度来完成的，但无法知道会产生出什么样的制度。在三十年前的人们，恐怕谁也没有预测到中国会搞市场经济。三十年之后，中国是否依然会搞现有样式的市场经济，这同样是难以预见的。这好比生命的繁衍，我们凭经验观察可以知道阴阳结合会产出后代，但无法知道会产出什么样的后代。人类追求自身集体存在的确定性，制度产生于这个过程，但却无法由人类理性来直接决定。"我的身体"一部分可以由大脑产生的理性、意识来指挥，如手脚的活动，但"我的身体"的大部分却不由"我"来控制，如肠胃的蠕动、血液的流动、心脏的跳动、细胞的生与死等等。制度就是人类社会这个有机体身上不由理性直接控制的那部分。从简单到复杂的制度进化，是与社会这个有机体的进化成长相伴随的。社会有机体越是复杂，越是充满了不确定性，制度也就由简单变得复杂，就像动物的大脑和神经系统，也是随着动物的进化而变得复杂的。

人类是以两种方式同时存在的：一是个体，二是群体。任何一个人，既是一个生物的个体，同时也总是归属于某一个群体，像老虎一样独来独往于"社会丛林"的人是不存在的，因为在任何时候任何地方他都无法生存。应对大自然的不确定性，要靠集体行动的力量，而要把分散的个体力量凝聚为集体力量，其起源是一个不亚于生命在地球上诞生的过程，充满了复杂性和不确定性。制度是其最终成功的关键，它使人与人之间关系的不确定性演变为一种相对确定的社会结构，人类也就得以生存并不断进化。

家庭制度的出现，类似于生命形成过程中细胞的产生，成为人类得以集体进化的微观基础。而氏族或国家制度的出现，则是人类集体存在获得确定性的基本形式，使人类社会变成了一个"活"的复杂有机体。正如霍布斯（Thomas Hobbes）在《利维坦》中所描述的：国家不过是由人造出来的"人"而已，统治权是其灵魂，灵魂带来了生命和活动。国家的各个部分依据约定结合在一起，这个约定就是律法。假如没有国家这个"集体人"的诞生，地球上的人类可能早就灭绝了，即使能幸存下来，恐怕与我们现在看到的猴子也没有什么两样。一是因为无法形成集体的力量，分散的个体只能是其他动物的嘴中食物；二是因为如果没有一种共同的、让大家畏惧的公共权力，人类相互为敌，最后在自我冲突中毁灭。这两种不确定性，最终由于国家制度的产生而转化为一种历史的确定性。

国家的发展正是在这个确定性基础上实现的。但具体到地球上的各个国家，则其具体形式是不同的，历史上的国家与现代的国家也是不同的，这就形成了人类社会制度的多样化。天下没有相同的两片树叶，地球上也找不到相同的两个国家。这与大自然的生态进化是类似的。东半球、西半球，南半球、北半球，其生态各不相同，其位于相应区域的国家制度也千差万别。这说明，人类集体存在的确定性有多种实现形式，彼此难以模仿。国家制度的地域性特征显然是进化的结果，这决定了任何国家的发展——获得集体存在的更大确定性——都不能以他国为样板来临摹。若违背了这一点，无论任何国家，其在地球上存在的确定性就会大大降低。

四、不确定性、公共风险与风险理性

人类在不断地创造历史，但却不能决定历史的进程。河水总会向低处流，可它不能决定河流的走向。具有普遍性质的不确定性使人类在在追求确定性的过程中遇到很多限制，理性时常会失灵。

然而，人类文明的进步却离不开理性的力量。追求确定性，这本身就是人类理性的一种集中表现。理性是一种智慧，是一种构建确定性世界的能力，并以抽象思维、逻辑推理、规划设计为基本要素。数学、物理学、化学等知识给我们描绘的都是一个确定性世界，也只有在这个世界里，理性才能发挥作用。通过理性构建的确定性世界，给生活在不确定性世界的人类提供了一个庇护所，就像我们居住的房子。相比原始人，房子给我们提供了一个相对确定的世界，避免了外界很多的不确定性，如野兽的攻击、天气的变化、歹人的袭击等等。试想，如果没有房子带给我们的庇护，我们将面临多少不确定性带给我们的风险。

房子是看得见的，但还有看不见却能感觉到的抽象的房子：公共风险理性。这既是一个概念，同时也是集体存在的庇护所，是人类运用理性构建在我们每一个人心灵上的房子，以避免不确定性世界随时带给我们的集体伤害。制度就是这所看不见的房子的化身。国家就是地球上不同族群的房子，保护着它的每一个成员。国家内部的各种制度，就是这所大房子内的各个房间，对整体与局部、组织与个人等各个层次的主体行为进行协调与管理，以形成一种社会秩序，避免相互为敌，彼此伤害。不确定性世界是黑暗的，也是无序的，人类难以生存；而确定性世界是明亮的，有序的，人类的家园。理性就是这个确定性世界的太阳，照亮并滋养这个世界中的万物。

理性的预见功能在确定性世界可以做到很精确，但在不确定性世界只能是指出某种"可能性"，甚至连"可能性"都无法预见，因为逻辑推理失灵，无法得出一个精确的结果。正是在这个意义上，理性是有限的。但理性与不确定性结合在一起，可以孕育出"风险理性"，在不确定性逻辑的引导下，形成一种新的思维产物：忧患意识和风险理念，进而形成应对各种不确定性的行动能力。

从理性到风险理性，是人类追求确定性的一个转折点，是人类理性的一种进化。面对不确定的世界，理性是以确定性为出发点和归宿的，在许多场合是失效的；而风险理性则以不确定性为出发点，以确定性为归宿，具有更强的适应性。虽然二者都具有构建确定性世界的能力，但其认知基础不同，或者说世界观不同。尤其在经济、社会领域，风险理性所显现的价值更为显著。人和动物的区别是，动物只对发生在眼前的危险采取措施，而人不仅会躲避眼前的危险，而且对远离自己的危险也会采取防范措施。因为人通过抽象思维产生想象和推理，也会产生惧怕的心理，而动物却不会。就像听鬼故事一样，听的时候津津有味，听完之后却感到害怕。正如挪威哲学教授拉斯·史文德森（Lars Svendsen）在《恐惧的哲学》中所说的：一只兔子不会害怕远方的老虎，但人会。有什么样的观念，就会有什么样的行为表现，而观念却是通过不同的理性思考抽象出来的。老虎吃人，只是个别事实，是一种可能性。但通过抽象思维，这种个别的事例转化为一种普遍的观念——老虎是危险的动物，从而形成风险理性。只要"想"到老虎，通过风险理性思考转换而来的心理恐惧就会使人警觉，从而事前规避可能的伤害——风险，不会像动物一样，事到临头才逃跑。只有"风险理性"才会产生风险意识，进而产生规避风险的事前行为。

这种事前的避险行为是理性预见功能在不确定性领域的延伸，形成风险理性，转化为一种预警功能。如果认为确定性是世界的普遍性质，那么，这个世界就不会有风险，顶多只有认识错误而带来的风险。只要认识了更多的所谓自然规律、经济规律和社会发展规律，由于认识不足而带来的风险就会趋于减少，甚至消失。按照这样的认识，风险是可以消除的，风险理性也就不会产生。可事实恰恰相反，无论是大自然本身，还是人与自然的关系、人与人的关系，都处于不确定性状态。人类文明的进步在加速，同时不确定性也在同步扩大，已经进入到一个风险社会的新时代。对于一个生活在父母制造的确定性世界的孩子来说，不但不会有风险意识，甚至连危险临近都没有惧怕的感觉。这样的孩子丧失了内在的自我保护机制，一旦离开父母制造的确定性世界便无法生存。一个国家若也是像这样的孩子，被一时的和平景象和盛世繁华所障目，则国家危矣。正是风险理性，形成了一种无可替代的内在预警机制。

在社会进化过程中，这种风险理性一经产生就会被一代代继承下来，逐渐转换为一种个人的和集体的心理本能，社会对风险感知的敏感性同时也不断增强。例如，对违背伦理道德的事情，人们的判断并不需要像做数学题那样有太多的思考，已变成了一种本能的反应。好比驾驶汽车，初学阶段要靠"理性的思考"——如何启动、怎样换挡、何时刹车，而到了熟练阶段，这些动作则无须思考，变成了一种凭本能反应的操作。

风险理性是基于人类进化过程中应对各种不确定性的经验积累而形成。从个体和集体的角度来看，这种经验积累是不同的，因而形成了个体风险理性和公共风险理性。前者产生个体行为，如应对市场不确定性可能带来的损失，就是个体风险理性规避市场风险的行为；后者产生集体行为，如 2008 年底我国实施积极财政政策和宽松货币政策应对国际金融危机带来的冲击，就是公共风险理性规避公共风险的行为。这是风险理性在个体和集体，或者说微观与宏观两个层面发挥作用的表现。如果说，在个体意义上，理性和风险理性还有区别，那么，在集体意义上，公共理性和公共风险理性实际上是同义的不同表达，公共理性天然就是公共风险理性。拿数学家和企业家来说，前者是理性的代表，却不一定具有风险理性；后者是风险理性的代表，与各种风险打交道，总是在不断地评估、权衡和选择风险。而公共理性本身就是公共风险的产物，若是没有公共风险，则公共理性就是多余的了。从公共理性产生的那一天起，就是和公共风险相伴随的。

公共风险理性，为集体成员提供一种社会化的预警机制，通过集体行动，最终"沉淀"为各种不同层次的制度，以防范和化解公共风险。例如：国防制度是预防异国可能的侵略；宪法是预防公权对私权的侵害，避免公共权力的异化；刑法制度是预防社会成员之间可能的相互侵害；经济制度是预防财产权利被随意剥夺的可能性，其中包括私人财产和公共财产；交通规则是预防交通工具无序运行带来的彼此伤害；国家财政制度是预防公共领域的失灵，避免"公地悲剧"所带来的灾难。诸如此类的制度都是公共风险理性催生出来的集体自我保护机制。人不能直接控制心跳的快慢，但恐惧却会使心跳加快，全身所有器官都处于自我保护的应急状态。公共风险理性的作用与此类似。

从公共风险的角度来观察，所有制度都是历史上某一个时段的公共风险理性预设的，是用来预防公共风险的。而新的公共风险又被公共风险理性所感知，从而催生出新的制度安排，推动制度变迁。如经济交易过程中的公共风险，导致了货币制度的产生；而货币广泛使用，成为财富代表的时候，财富存在的不确定性又产生了新的公共风险——通货膨胀，催生了中央银行制度，以此来管理货币。货币在全球流动，又产生了新的公共风险——货币危机，这需要一种全球性的货币管理制度，以监管全球的货币流动。商品市场交易中的公共风险带来了经济法律制度的完善，如物权法、合同法；而随着市场的发展，要素市场，尤其是金融市场不断发展，金融衍生工具的日益复杂化，带来更多新的公共风险，催生出金融监管制度。尽管每一项制度的形成都经历了一个复杂的混沌过程，但总是离不开公共风险。

在每一项制度的背后，实际上都有公共风险的身影。不然，该项制度就不会产生，更不会存在。任何制度（包括显性的制度和隐性的制度）之所以产生并存在，皆是缘于公共风险。制度一旦存在，其背后的公共风险就会化解于无形，形成一种相对确定的环境。在这种环境中，我们只是感觉到制度的存在，而难以感觉到公共风险。可一旦制度被废除，结构解体、秩序消失，其背后的公共风险就会显现出来。试想一下无政府主义的环境，就不难想见其景象。战后的伊拉克、阿富汗，地震后的海地，经济自由主义下的美国金融，等等，都给我们提供了思考这个问题的例证。

公共风险是不确定性给集体成员带来损害的可能性。作为一个概念，或者观念，其作用是形成公共风险理性，把个体意志凝聚为公共意志，团结起来，实现共同行动。集体行动的结果是带来某种确定性。公共风险本身是不确定性导致的，但其功能指向是确定性。作为一个事实陈述，公共风险是一种社会引力。通过公共风险理性它使社会产生向心力、凝聚力、内聚力；产生社会共识、共同价值观和公共权力；形成制度、规则、秩序和结构；推动不同层次的制度变迁、社会进化。假如一个社会只有个体的利益追逐，而没有公共风险带来的约束，则整个社会就会解体，好比地球等行星与太阳之间只有斥力，而没有引力一样，整个太阳系也就不复存在。过度的个体权利诉求构成社会内部的斥力，公共风险则是约束这种斥力的社会引力，在两种力的共同作用下，社会才得以存在，即产生集体存在的确定性。20 世纪 30 年代，面对日本的侵略，中华民族面临生死存亡的关键时刻，一种强烈的危机意识，带来了全国人民的大团结，放弃了党派之争、阶级之斗，个人有钱出钱，有力出力，甚至不惜牺牲生命，经过 8 年的艰苦奋战，中华民族才得以依然屹立于世界民族之林。这个历史事件就是公共风险理性发挥作用的一个有力证明。爱国之心这种情感，是历史上的公共风险和公共危机通过公共风险理性酝酿出来的，并在文化传承中转化为一种本能。

公共风险的上述作用是隐性地存在的，通常以国家利益或公共利益的面目表现出来。历史上的皇权制度，实际上也是公共风险推动的结果。有一个一统天下的皇帝带来的秩序较之于群雄割据、相互征战的社会无序状态，前者自然是人心所向的共同选择。从历史的角度来观察，我们只能是从"可见"的制度"化石"（政治架构、文化传承、价值观念等）来了解当时曾经发生了什么样的公共风险和公共危机。对于现实，我们也只能是通过思想实验来感受公共风险的作用。公共风险的隐蔽性、累积性和爆发性特征，使它通常是以各种公共危机来表现其作用的。历史和现实中的各种公共危机，是各种新制度形成的土壤。经济危机会产生新的制度，如 1929—1933 年的资本主义世界经济危机，导致了社会保障制度、最低工资制度、福利制度及其许多新法的产生。经济危机迅速改变了市场万能论的认识，政府干预成为一种正式的制度安排。同样，政治危机、社会危机都会促使制度创新，推动制度变迁。

公共危机给社会带来的代价是巨大的。如要避免危机，就要研究公共风险的产生、演变和化解。不了解公共风险，公共危机就无法避免。但从现实来看，对公共风险的研究几乎是一个空白。这反映出公共风险理性的发育明显滞后。而从微观领域来看，个体风险理性得到了高度发展。从 1921 年奈特（Frank Knight）发表《风险、不确定性和利润》以来，无论是风险管理的理论、技巧，还是风险管理的实践，都发生了巨大的变化。特别是丘奎特（Choquet）对不确定性的数学描述，为应付微观领域的不确定性问题提供了重要工具，迈德勒（Schmeidler）以此为基础，将不确定性引入金融市场的研究。资产定价理论、投资组合理论、风险度量理论、决策理论等相关知识门类的不断扩展，以及从各类保险市场的形成，到金融衍生工具的不断创新，都充分体现了个体风险理性的发展。个体风险理性与公共风险理性的这种不对称发展，这本身就会产生不确定性，导致公共风险扩散。个体风险理性充分发达，而公共风险理性发育滞后，则意味着个体行为超越了公共约束，其带来的负外部性就会扩大社会公共风险。这好比是一个人一条腿长，一条腿短，其跌倒的风险就大大增加。

整体看，人类公共风险理性还处于相当幼稚的阶段。集体遗忘的速度很快，侥幸的集体心理总是战胜了风险预警的集体心理。这就是公共危机为什么总是在历史的银幕上不断重演的重要原因。至今为止，公共风险理性还没有成体系的学科或理论来体现，而只有一些经验的碎片。而现代社会的风险，日益趋向宏观化，整体的不确定性越来越大，公共风险呈现为扩散的状态，在经济、社会、政治和自然环境诸方面都不例外。

人类在追求确定性的过程中，也同时在引致新的不确定性。无论是科技、还是制度，本身都在"制造"更多的不确定性，带来更大的公共风险，公共危机发生的频率在加快。为何走到了事情的反面，是值得我们深思的。也许，是人类理性的进化出了问题，尤其是公共风险理性发育迟缓是其重要原因。

参考文献

1.[英] 史蒂芬·霍金：《时间简史》，吴忠超、许明贤译，湖南科学技术出版社 2003年版。

2.［美］M.克莱因：《数学：确定性的丧失》，李宏魁译，湖南科学技术出版社 2003 年版。

3.刘尚希：《论公共风险》，《财政研究》1999 年第 9 期。

4.张雄：《哲学理性概念与经济理性概念辨析》，《江海学刊》1999 年第 6 期。

5.王逸舟：《复杂性与不确定性》，见 http://www.gongfa.com/fuzawangyz.htm。

6.［英］汉默顿：《伟大的思想——塑造人类文明的力量》，罗卫平译，贵州人民出版社 2004 年版。

（此文发表于《学习与探索》2010 年第 4 期，作者：刘尚希）

论改革与发展的不确定性

阅读提示:《论改革与发展的不确定性》一文提出"不确定性"是人类对世界本质的新认识,认为"我们之所以要有强烈的忧患意识、风险意识和危机意识,根源就在于改革发展本身就是一个不确定性的过程",指出"改革需要的不是确定性的'工程思维',而是不确定性的'社会思维'"。从公共风险进一步深入到"不确定性",表明公共风险理论进一步深化,公共风险理论的逻辑支撑更为严密和坚实。

我国改革发展中的不确定性在各个方面的体现,涉及政治、经济、文化、军事、自然、意识形态的各个方面。中国作为一个大国,不确定性带来的公共风险在某一领域一旦演变成危机,势必引起其他领域内的连锁反应,对整个改革发展造成冲击,甚至全面倒退。国外的一些教训,如俄罗斯改革造成的国力衰退、东南亚金融危机造成的经济衰落、阿根廷发展失误引发的社会动荡等等,都可以成为我们学习的案例。我们之所以要有强烈的忧患意识、风险意识和危机意识,根源就在于改革发展本身就一个不确定性的过程,并不是只要高举了改革发展的大旗,改革发展就会自然成功。

改革也好,发展也好,既需要"大无畏"的精神,更需要谨小慎微,一招不慎,就可能丧失改革发展的成果。历史上的种种失误已经滞延了民族复兴的进程,在现有的国际政治经济格局下,我们再经不起改革发展失误所带来的时间损失,再也耽误不起了。可依据确定性思维对改革发展盲目乐观,这本身就是最大的风险，对改革发展构成严重威胁。因此，重新审视改革发展的不确定性，十分必要。

一、不确定性：人类对世界本质的新认识

人类对世界的认识，经历了一个从简单到复杂、从肤浅到深刻、从低级到高级的过程。自然科学告别牛顿时代，标志着确定性世界观的终结，代之而起的是不确定性的新认知观。德国科学家维纳·海森堡在 1926 年最先打破了传统科学理论的宿命观念，提出了"不确定性原理"。继爱因斯坦之后最杰出的理论物理学家史蒂芬·霍金（Stephen William Hawking），在他的《时间简史》一书中指出："海森堡不确定性原理是世界的一个基本的不可回避的性质。"[1]克莱因也在其《数学：确定性的丧失》一书中指出"数学不再是一门精确性的学科"，"数学曾经被认为是精确论证的顶峰、真理的化身，是关于宇宙设计的真理，现在则认为这是一个错误的观点"[2]。1986年在英国皇家学会为纪念牛顿《自然哲学之数学原理》一书出版 300 周年纪念大会上，著名流体力学权威詹姆士·莱特希尔（James Lighthil）发表了一份"道歉宣言"，他说："今天，我们深深意识到，我们的前辈对牛顿力学惊人成就的崇拜，促使我们认为世界具有可预见性。的确，我们在 1960 年以前大多倾向相信这种说法，但现在我们知道这是错误的。我们曾经误导了公众，向他们宣传说，满足牛顿运动定律的系统是决定论的，可在 1960 年后这已经被证明不是真的，为此我们愿意向公众道歉"[3]。确定性只是我们认识到的这个世界的一种特例，就像直线只是曲线的特例一样，不确定性才是世界的本质。

自然科学研究思维的这种革命性变化，对社会科学的研究，尤其是对一直梦想变成"硬科学"的经济学研究来说，无疑会产生巨大的影响。经济学

---

① ［英］史蒂芬·霍金：《时间简史》，吴忠超、许明贤译，湖南科学技术出版社 2003 年版。

② ［美］M. 克莱因：《数学：确定性的丧失》，李宏魁译，湖南科学技术出版社 2003 年版。

③ 转引自付立：《认识内在的随机性》，《学习时报》2005 年 1 月 31 日。

的研究对象比自然科学的研究对象更具有不确定性，更难找到规律，不确定性思维可能比确定性思维更适合于经济学的研究。经济学家们一直在模仿自然科学的思维和方法，面对自然科学领域确定性世界观的终结，当前在经济学研究中被认为是最前沿的分析方法或许在自然科学看来已经落伍了。深刻认识人类经济社会活动的不确定性，对更好地把握我国改革、发展的实践进程大有裨益。

从人类社会发展总体而言，世界的不确定性深刻地体现在各个方面。除了经济领域常见的市场变化、经济波动、金融动荡、贸易争端之外，还有政权更迭、制度变革、自然灾害、各种人畜疫病、工业与环境事故等等均是不确定的。国际社会的各种冲突，如战争、制裁、恐怖主义等，以及人们日常生活中所能感受到的各种情形——吃、穿、住、行的选择，也是"不确定性"远远多于"确定性"，只是传统的思维让我们意识不到罢了。经济的全球化和人类追求的技术进步，深刻加剧了我们这个世界的不确定性，正如社会学家乌尔里希·贝克（Ulrich Beck）所描述的那样，人类社会已经进入到"风险社会"的新阶段。一度使人类充满自信的科学与技术，在面对越来越多的风险和危机时，愈益感到束手无策，显示出人类在不确定性面前的无助。这告诉我们，对已经取得高度文明成就的人类来说，以确定性为逻辑前提的决定论知识系统已无法应对普遍存在的不确定性，既定的科学思维模式需要彻底、全面反思。对于在研究方法上日益向自然科学靠拢的社会科学而言，更需要摆脱已经习惯了的思维定式，因为社会科学研究领域面对的几乎都是"不确定性问题"，经济学更不例外。跳出关于"客观规律"的探求与纷争，遵循不确定性的思维，也许能给我们带来一片新的天地，甚至是以前不曾认知的世界。只有充分认识了不确定性，我们才能应对不确定性以及由此引致的公共风险和公共危机。

二、如何理解我国改革发展中的不确定性

不确定性是世界的基本性质，确定性只是不确定性世界在时空上的

特例①。这种新的认识使未来科学研究以及我们的经济理论将不可避免地发生根本性的变化。在人类走向文明的历史路途中，我们人类遭遇的种种冲突与曲折均源于世界本身的各种不确定性，同时，也正是种种不确定性所引致的公共风险与公共危机推动着人类社会的进化与进步——观念、组织、制度、规则以及国家的形成与变迁。人类的认知能力不断提高，似乎减少了我们身处其中的这个世界的不确定性，但同时也遭遇越来越多的不确定性问题。中国的改革发展是人类社会迄今为止最重要的变化与进步，无疑也将不可避免地要面对种种不确定性及其风险，包括路径的不确定性、过程的不确定性和结果的不确定性等等。在此，我们必须有一个清醒的基本判断，即以往依据"确定性"所建立的各种前提性假设，都必须重新思考。我们常说，在全球化背景下，中国的改革发展既面临着各种机遇，处于战略机遇期，也面临着各种挑战。其实，机遇也好，挑战也罢，都是不确定的，有利因素和不利因素不是固定不变的，在不确定性的过程中，它们是相互转化的，也可能是单向转化的，有利因素变得更多或者不利因素变得更多，关键是看我们如何认识和把握。

不确定性是一个中性的范畴，不带有"好"与"坏"的价值判断。一方面，正是世界发展过程的不确定性给中国的发展、中华民族的复兴提供了机会。如果世界发展格局的走向就像地球的运动轨迹那样确定，发达国家永远是发达状态，落后国家一直是落后状态，那我们就没有任何崛起的机会了。世界的发展不存在科学宿命论。谁也不能预测世界未来的强国是谁。但另一方面，也正是这种不确定性，给中国才带来了真正的挑战。一百多年来，追求强国富民、民族复兴的梦想从未中断过，但各种内外因素交织形成的不确定性使中国未曾走向富强，直到最近的二十多年，取得了令世人瞩目的经济成就，中国在世界上的地位才开始逐渐被改变。民族复兴之路还很长，必须密切关注来自国内外的各种不确定性因素对中国改革发展带来的冲击，加强和深化不确定性问题的研究，并将其纳入中国未来改革发展的不确定性风险管理序列之中。只有认识了

---

① 但在当今流行的认识中恰恰对此弄反了，把"确定性"当成了世界的普遍性质，而把"不确定性"当成了一种特殊情形。

不确定性，才能应对不确定性。

对于有着特殊历史背景与国情的中国来说，当前关于改革发展不确定性的基本判断是：中国的改革发展所面临国际环境越来越多变，国际竞争越来越激烈，安全形势越来越复杂；国内经济、社会领域和自然领域的矛盾越来越突出，越来越多元；各种不确定因素涉及自然、经济、社会和国际等方面。从总体上看，这些不确定性因素相互交叉，容易造成"不确定性叠加"从而遭遇完全陌生的公共风险和公共危机。事实上，历史已经进入一个"风险社会"的新阶段。我们的目标已经明确，但我们面对的问题以及解决这些问题达成目标的方式却是不确定的。具体来说，发展、改革、稳定的方式实际上都处于不确定的状态，传统的方式已经不适应了，新的方式的探索会遇到很多我们意想不到的情况。面对以上错综复杂的形势，没有任何所谓先验的或现成的路径可以依赖，我们必须在新的历史时期摆脱思维惯性与传统模式，从一个更宏观、更富有创新思维的视角去探寻和应对不确定性带给我们的挑战。

（一）改革的不确定性

顾名思义，改革就是改变与革新。从经济与政治领域来说，就是指当某一种体制、制度、规则、框架在实际运行过程中，不能达到理想的预期效果，或出现违背初衷的负面效应时，对其进行的调整或转换。改革本无先例可循，改革的过程实质上就是试验、试错的过程。回归到中国实践，改革已成为全社会的共识，改革成为推动发展的驱动力。改革与发展之间的辩证关系，正如小平同志所说，"发展才是硬道理"，改革的终极目标无疑是实现更快更好的发展。在这里，我们姑且不论中国多年改革取得了何种成效，单从各种需要解决的社会矛盾不但没有迎刃而解，反而越发尖锐与紧迫来看，有必要对改革进行一次深层次的反思。

诚然，中国的诸项改革在酝酿、出台与实施之前，其初衷都是为了化解亟待解决的现实问题，但改革的对象是一个非线性的"复杂系统"，政治、经济与社会交互影响，即使是经济领域的改革也不会是纯粹的"经济改革"，与意识形态、公众评价以及专家解读都有密切的关联。以 GDP 来衡量，中国以往的改革总体上是成功的。但这并不意味着现有的改革路径在时间的方向上可以一直延续下去。成功总是一个"过去时"，不代表未来。未来是不确定的，未来的改革路径、改革过程和改革结果等等都是不确定的，谁也无法预知。同样，在空间意义上，一个地方、一个行业、一个企业所取得的局部成功，并不能复制、扩展到全局，因为空间环境同样也是不确定的，否则，就会出现"橘逾淮而北则为枳"①。改革的影响因素是不确定的，改革的实施路径是无法照搬的，改革的判断标准不是一成不变的，改革的实践效果是不可预测的。用确定性的思维框架来套改革中充满不确定性的现实，就会使改革走偏，甚至改出一个我们根本就不想要的东西来。中国的改革到底如何深化，仅仅靠决心、勇气是远远不够的，需要更深层次的研究。如果说，"大胆地试"是从前改革的特征，需要的更多是决心和勇气，那么，在改革的新阶段，需要的更多是"深入地研究"，用新的理论来指导改革。

1."不确定性"给改革带来的现实矛盾

从经济体制改革来说，我国前阶段的经济体制改革虽然取得了不小的进展，但是其推进的速度、力度、深度和协调度远远不够。速度不够是指有些改革进展缓慢，推进之艰难超出预计，以至于改革处于"胶着"状态；力度不够是指对于计划经济体制的核心部分，如行政垄断行业等，攻坚的力度不够，尤其是对既得利益集团的阻挠和干扰缺乏突破力，有的地方甚至出现了体制复归现象；深度不够是指有些改革尚属浅层次，农村土地制度、国企产权制度、政府职能转换、社会分配制度等，都存在一些深层次问题有待突破；协调度不够是指在不同领域、不同地区、不同行业之间的改革缺乏整体协调与平衡，整个社会缺乏改革的协调机制。

这就是中国改革所面临的现实。追根溯源，在这些矛盾的背后其实都体现着现实世界不确定性的本质：在速度问题上，如何寻找一个最佳的改革推进速度，是逐步推进，还是快速推进，这存在一个全盘考虑的风险与不确定性；在力度方面，改革如果是充当一视同仁、铁面无私的"包公"，全面整改所有行

---

① 《晏子春秋·内篇杂下》。

业，那么关系到国计民生的一些传统垄断性行业将会出现怎样一种局面，着实难以预料；在深度方面，是彻底打破现有的制度框架、组织结构、利益分配格局、企业管理模式，还是在向纵深行进的过程中，逐步进行微调，也存在很大的不确定性；在改革协调方面，由于不同的区域、城乡之间存在很大差异性，改革既不能"齐步走"，也不能"各自走"，而理想的协调模式又难以发现，在不确定性面前，中国的改革面临种种需要破解的难题。

2. 以不确定性思维推进市场化改革

中国的改革是从传统的计划经济体制转向社会主义市场经济体制。社会主义市场经济体制是一个全新的概念，需要我们对之借鉴、理解、深化与创新。在改革推进与理论创新的过程中，面对不确定性带来的难题与困惑，我们势必需要对以往的改革模式进行反思。"十一五"规划中已明确指出：中国经济体制改革要抓住关键时期，使改革向纵深推进。这意味着，传统的改革路径和改革方式并不一定依然适应，需要进行新的探索。

改革的路径依赖，与其说是一种社会现象，倒不如说是"确定性思维"泛化导致的一种后果。这种思维的突出特征是把改革视为一个"工程"看待，以工程设计的思维来设计改革。我们知道，无论多么复杂的工程，都必须以"确定性"为前提，地基的地质构造、工程结构、使用的材料等等都必须通过精确计算而确定下来，然后按照施工蓝图精确施工，允许有一定的误差，但不允许有不确定性存在，否则工程就会垮塌。这种思维蔓延到改革过程之中，就出现了"系统工程""离市场经济还有多远""离公共财政还有多远"的概念和说法，作为一个比喻未尝不可，但以为改革就像工程施工，先设计一个蓝图，然后按部就班地施工就万事大吉了。果真那么简单，那么，我们就可以准确地预期"改革工程"完工的日期了。事实上，这是不可能的。我们可以对改革设计出一个蓝图，但绝不可能设计出一个改革的"施工图"或"路线图"来。因为许多未知的因素靠我们现有的确定性知识系统是无法驾驭的。社会是一个复杂系统，制度、组织、成员等社会"硬件"和观念、意识、价值等社会"软件"都处于互动状态，现有的确定性知识系统还无法对社会的演进过程进行精确的计算。因此，改革需要的不是确定性的"工程思维"，而是不确定性的"社会思维"。

市场化是中国改革的方向，这已经是共识。但到底是一个什么样子的市场化，以及建成一个什么样子的市场经济体制，这恐怕难以预测。每一个人心目中所想的和所要的那个市场经济都是不同的，因为这涉及每一个人未来的利益。市场化改革是一个不确定性的过程，所以从本质上讲，改革只能是以公共风险为导向，"摸着石头过河"，不可能以工程施工的方式来推进和深化改革。只有在公共风险导向下，改革、推动改革以及如何改革的共识才能真正形成，才能引领未来，才能使改革向纵深推进。

依据不确定性可能引致的公共风险，就可以对改革的路径、改革的过程以及改革的结果进行分析和判断。改革本身源于公共风险——传统体制下的低效率、贫穷，[①]推及一般意义上，改革成功与否的最终标准是：公共风险是降低了还是扩大了[②]。改革路径的选择、改革过程的快慢以及改革结果的可接受性，都可以从公共风险来衡量。凡是有助于降低公共风险的改革，就可以判定为"正确"的改革，凡是可能引致新的公共风险或进一步扩大公共风险的改革，就可以判定为"错误"的改革。现阶段的市场化改革需要重点抓住以下几个方面，因为这几个方面显露出的公共风险最为明显，对全面、协调和可持续发展的牵制最大。一是推进微观经济主体改革，重点是对国有企业、国有商业银行和国有事业单位改革；二是推进要素市场的改革，在"十一五"期间，重点是资源、资本、土地、劳动力、技术和管理市场改革，克服"要素双轨制"问题；三是推进政府自身改革，其核心点是转换政府职能，扩大行政透明度；四是推

---

① 之所以把低效率、贫穷判定为公共风险，因为它危及国家、民族的命运，也威胁执政党的地位和政权的稳定。

② 2016 年 2 月 23 日，在中央全面深化改革领导小组第二十一次会议上，习近平同志提出改革的评价新标准："把是否促进经济社会发展，是否给人民群众带来实实在在的获得感，作为改革成效的评价标准。"这与小平同志提出的"三个有利于"是一脉相承的，是针对全面深化改革的新认识，是改革评价标准的新发展。本文这里提出的改革评价标准是学术意义上的，并不矛盾。如果不能促进经济社会发展，不能给人民群众带来实实在在的获得感，那就意味着公共风险扩大了，也就表明改革没成效。在不同时期，公共风险的具体表现是不同的。

进社会管理和政治体制，继续推动民主化进程，实现社会化与公共化的良好协调。

（二）发展的不确定性

发展是一个民族生存与持续的永恒主题，对于长期被贫穷落后的阴影所笼罩的中国来说，发展的任务显得尤为紧迫。对于发展问题的认识不能简单地从静态的、平面的角度去理解，发展应是一个动态的、立体的、内涵丰富的过程，在不同的历史阶段，发展会有不同的模式。从根本上讲，这与某一历史时期所面临的某种特殊的不确定性有内在关联。发展体现出的是一个国家的综合实力与竞争力。发展是多元要素的组合，其外延涉及经济、社会、人文、自然、军事等各个方面。发展本身就是无数不确定性因素的集合。中国在从传统的农业社会向工业社会、信息社会过渡的过程中，由于国情、意识形态、利益格局的制约，数十年高速发展的背后，存在许多涉及全局性的严重隐患。出口导向、粗放式增长、以"物"为中心等这些具有依赖性的因素，将会放大中国经济全面、协调和可持续发展过程中的不确定性。

面对发展路径选择，在《中共中央关于制定国民经济和社会发展第十一个五年规划的建议》中指出：要以科学发展观统领经济社会发展全局，把经济社会发展切实转入全面协调可持续发展的轨道。必须保持经济平稳较快发展，必须加快转变经济增长方式，必须提高自主创新能力，这无疑是对中国未来发展道路的明确指引。

中国的经济发展，其目标应是向工业化与信息化迈进。但中国目前所处的环境与二战后的新兴工业化国家又有很大差异，"大国经济"如何转型是摆在我们面前的一大难题。总体上看，发展路径摸索的不确定性增加了，进入工业化中后期我们面临着诸多带有中国特殊性的困难。新的发展路径要求我们以内需为导向，转换经济增长方式，以人为本。这种路径转换不可能是一条笔直的高速路，或许根本没有现成的道路可循，需要我们开拓出一条新路来。无论是老牌工业化国家，还是新兴工业化国家，都无法为我们提供这方面的直接经验。这些转型过程中的不确定因素，是巨大的公共风险，成为我们必须正视的挑战。不确定性就其本意而言，是人们事先无法预测的，在不确定性与公共风险面前，如果没有事先的理论准备和防范机制，则可能导致发展路径转换的失败，从而引致公共危机。

改革开放以来，中国经济的快速增长，直接依托于一种有特色的增长模式：政府与市场共同推动，尤其是各级地方政府之间的竞争与市场竞争的"叠加"给经济注入了强大动力。政府竞争以 GDP 为导向，带来了所谓的"低成本优势"，尤其是低地价、低工资；市场竞争以社会需求为导向，带来了供给能力的快速扩张，形成了出口依赖型、技术依赖型和原材料依赖型的所谓"世界制造中心"。这种增长模式的利弊在不同的阶段是不同的，进入现阶段，能源、资源、环境、利益诉求的制约性日益增强，其弊端也越来越大。尤其是融入全球化所内生的不确定性，使这种增长模式难以持续。国际市场是一国政府无法驾驭的，能源和原材料市场、产品市场、技术市场的全球规模虽在不断扩大，但贸易的自由化程度并没有随之扩大，相反各种贸易壁垒有增无减。中国成为世界制造中心与英国在工业革命时期成为世界制造中心的情形已不可相提并论，其本质的差异在于"不确定性"所带来的深刻影响。政府近几年提出的诸如科学发展观、构建设节约型社会、建设创新型国家等等，实质上都是应对未来不确定性的战略思路。节能降耗、自主创新以及环境保护等战略措施的施行，并不是为了解决过去的历史老账，而是为了应对未来不确定性可能导致的公共风险和公共危机——经济社会发展不可持续。因此，寻求一个适合中国国情的新的发展模式，着眼点不是过去，也不是现在——这都已经是确定的，而是未来——这是不确定的。

中国今后经济社会发展的过程，实际上也就是寻找新的发展模式的过程。不言而喻，这个过程本身是不确定的。

三、中国改革发展中不确定性因素的剖析

改革发展的不确定性，是由多种不确定性因素集合而成的。从大类来看，这些不确定性因素来自于四个方面：大自然、经济领域、社会领域和国际环

境。其中任何一方面的不确定性因素对改革发展都有重大的影响，下面对此做一个简要描述。

（一）来自于大自然的不确定性

与人类社会的早期相比，对大自然我们已经了解了很多，但要清醒地看到，我们未知的还要更多。人类对大自然的认识与把握也许还只是停留在一些"确定性的特例"表象之上，对更具一般性的不确定性的认识还未真正起步，其中蕴含的巨大风险与破坏力，是人类的想象力所不能及的，即使是物理、化学这些严密的自然科学，有时也只能望洋兴叹。由于环境污染加剧所造成的地球温室效应正在加速发展，正如英国环境首席科学家皮尔斯·福特所说："这意味着有关全球气温变暖的预测必须重新评估，如果二氧化碳的年平均增长率持续上升，情况就会变得很糟，我们的处境将是灾难性的"[1]。美国经典灾难电影《后天》所表现的那种场面正是现代科学所无法把握的"不确定性"带来的巨大灾难。海啸、地震、泥石流、洪水、干旱等自然灾难给人类带来了巨大损失，而全球气候的不确定性变化则从根本威胁人类的生存环境。这同时意味着，对于二氧化氮排放已经处于世界前列的中国来说，减排的国际义务压力在增大，形成中国进一步工业化的硬约束。

同时，我国是一个自然灾害频发的国家，有几亿人次每年不同程度地遭遇各种各样的自然灾害，每年有上千万人成为自然灾害的受害者。据统计，2006年8月全国共12829.3万人受灾，紧急转移安置311.9万人，因灾死亡661人，失踪168人；倒塌房屋25.8万间；因灾直接经济损失613.9亿元[2]。频发的严重自然灾害会使经济运行和社会生活变得更加不确定，不排除引发经济危机和社会危机的可能性。在社会经济的快速发展阶段，人与自然间脆弱的平衡屡屡被打破，发达国家在100多年里陆续出现的环境问题，在中国20多年里集中出

---

[1] 《大气中二氧化碳浓度提高正在加速》，《科技日报》2004年10月15日，http://database.cpst.net.cn/popul/views/artic/41015091544.html。

[2] 《民政部通报8月份全国自然灾害救助工作情况》，2006年9月7日，见http://www.mca.gov.cn/news/content/recent/20069795635.html。

现，环境危机的频率将会越来越高。与此相关的流行病也成为影响人类生存的一大杀手。SARS、口蹄疫、疯牛病、艾滋病、禽流感等，这些严重疫病可能会引致全球经济衰退。

大自然的种种不确定性都会叠加到经济、社会过程中去，从而成为改革发展不确定性的重要来源。

（二）来自于经济领域的不确定性

不确定性是转轨经济的一个基本特征。经济转轨的核心是经济增长方式的转换，即从粗放式增长到集约式增长的转换。这种转换的不确定性第一体现在动力问题上。如果政府与市场能在协同的基础上形成合力，就会形成转换的巨大动力。但政府与市场的关系处于复杂的不确定性状态之中，角色的准确"归位"十分困难，政府与市场造成"内耗"的可能性是存在的，因而造成转换动力不足，甚至失去动力的可能性难以排除。转换经济增长方式离不开自主创新。而创新是具有显著不确定性特征的活动，无论是原始创新、集成创新、还是引进消化吸收再创新，其创新过程、创新速度、创新结果都难以预料。

第二，体制转换成本不断加大，中国有句古语"行百里者半九十"，改革进入深层次的难度会陡增，其间的组织成本、协调成本、制度构建和维护成本等等改革成本都会迅速提高，如果不能通过发展来消解，那么体制转换就会滞后，甚至不能实现。从这里看出，改革与发展本身实际上互为不确定性因素。

第三，发生在中国的这场转轨与世界经济会产生强烈的互动，这种相互作用的力度、范围、方向都难以预测。中国经济"大进大出"的这种格局与世界经济的摩擦愈演愈烈，能维持多久不可预测。若不可持续，则建立在这种格局基础之上的中国经济的快速增长有可能突然"失速"。

第四，进入工业化中后期，随着人均收入的上升，要素成本也随之上升，会导致目前增长方式下的减速效应。也正因为这一点，经济界有人主张不能过快地给工人涨工资，以免妨碍经济增长。若长期维持低工资局面，消费需求不足，增长最终也得滑落。这个度如何把握难以确定。

第五，人口与人力资源的约束加重。我国是人口大国，人口压力能成为人力资源优势，则未来经济发展就会产生源源不竭的动力；若不能，人口压力就会变成未来经济发展的巨大阻力。人力资源体现在劳动力素质高低。而我们面对的现实是高素质劳动力极其短缺。农村劳动力87%是初中以下水平。城市技工短缺，尤其是高级技工严重短缺。2004年在40个城市调查显示，我国技师和高级技师占全部技术工人的比例不到4%，而企业需求的比例是14%以上。具体看，企业对高级技师、技师、高级工、中级和初级工的需求人数与求职应聘人数之比分别是2.4∶1、2.1∶1、1.8∶1、1.5∶1和1.5∶1，供求之间存在相当大差距①。全国高级技工人数仅占技工总数的3.5%，与发达国家占40%的比例相差甚远。全国仅数控机床操作工就短缺60万人。不难想象，在劳动力素质低下的基础上，经济增长方式的转换、产业结构的升级以及自主创新能力的增强将无法实现。可见，"人"成为我国经济发展过程中最大的不确定性因素。

上面列举式的分析表明，未来经济发展中的不确定性因素不是在减少，而是在增加。

（三）来自于社会领域的不确定性

当今社会处于日新月异的变化过程中，社会呈现出日益多元化的趋势，包括利益格局多元化、行为观念多元化、生活方式多元化，人作为社会活动的主体所扮演的角色也呈现出多元化。在中国经济转轨的同时，中国社会也在进行转轨，要做到和谐转轨，关键是让社会大众而不是少数人能够享受到改革发展的成果。要逐步做到共同富裕，社会平等，使社会大众的基本权利都能得到维护，如教育权、健康权、就业权，这就要求我们必须逐步缩小城乡、区域的分配差距等。这本身就是一个十分复杂的过程，其中蕴含的不确定性体现在诸多方面。

---

① 劳动和社会保障部课题组：《关于技工短缺的调研报告》，《经济参考报》2004年9月8日，http://news.xinhuanet.com/fortune/2004-09/08/content_1957487.htm。

首先，新兴行业的出现、传统产业的没落、社会分工的细化、教育程度不同而带来的收入分配的差异、新社会阶层的出现，都使得个体行为在利益的驱动下产生不同以往的复杂性与不确定性。其次，随着社会信息化程度的提高，由于信息不对称、信息泛滥、信息污染所带来的信息风险，也将增加社会的不确定性因素。第三，在城市化和工业化过程中，大量农民的社会角色的转换与现行制度之间产生冲突的可能性加大，这种角色转换放大社会运行过程中的不确定性。第四，执政党作为一个权力实体，在它行使职能时，与公众的关系亦变得微妙而模糊。最后，物质利益关系的全面渗透，不可避免地带来信仰危机，娱乐业与媒体业的兴起，用"短、平、快"的刺激与喧哗替代了理想的支撑与精神的皈依，信仰贫瘠所引致的社会风险是潜在的，且这种风险的颠覆力极强。

（四）来自于国际环境的不确定性

中国的发展离不开世界。任何政治经济实体都不可能脱离国际环境而快速发展，中国正在以惊人的速度和平崛起，并日益成为推动世界经济快速增长的巨大引擎。虽然和平、发展与合作仍旧是国际政治环境的主题，但中国这一在发达国家眼中堪称为意识形态异端的超级大国，其发展已超乎了西方国家的想象与预测。因此，他们试图用中国威胁论、崩溃论制约中国的发展，这就给我们的国际环境带来了极大的不确定性。

全球化正在成为世界发展的主要驱动力。现在看来，加入 WTO 对我国的影响并不像我们最初预料的那样会体现在几个主要的产业上，世贸组织的影响将通过其规则影响我国经济和社会发展的深层次结构。在全球化的进程中，新贸易保护主义将会极大地影响中国融入世界经济体系。

外交风险同样是我们必须面对的不确定性。这主要体现在台湾问题导致中美之间出现直接的军事对抗形势，台湾问题的复杂性正在于美国对亚洲事务的介入，换句话说，台湾问题是美国全球战略的一部分，在未来相当长一个时期内，美国不会放弃对台湾问题的干预，这大大增加了解决台湾问题的难度。大陆与台湾之间的摩擦将长期存在，并会不断对经济、社会发展造成或大或小的冲击。

四、不确定性与公共风险

不确定性与公共风险[①] 是两个既相近，又存在差异的概念。不确定性对于未来事件的结果不产生唯一性影响；而公共风险一旦形成，便会伴随危机。从前文的论述中不难看出，中国在改革与发展过程中所面临的众多不确定性因素正呈现逐步扩大的趋势，改革与发展失误概率也将增大，公共风险趋于发散的状态。

公共风险之所以在目前呈现出扩大趋势，直接原因是在经济转轨的过程中所暴露出来的制度性缺陷。从计划经济转向市场经济，是全面而深刻的社会变革，既是一种经济体制的变革，更是一种思维逻辑的变革，这种变革没有任何现存模式可以套用。因此，在摸索的过程中，新旧制度并存导致制度结构的整体功能下降，使从前不曾显现的公共风险在转轨过程中显现出来并与新的公共风险"叠加"到一起，从而使整个公共风险逐步扩大。这主要体现为如下几个方面：

(一) 经济衰退的风险

前面分析的不确定性因素都可能引致经济衰退。而应对不确定性的"利器"就是健全的制度，但体制转轨中面临的恰恰就是制度缺陷的普遍存在。当前的经济不平衡在加剧，这个局面，以前谁也不曾预知。究其原因，体制环境、政策引导是主因。可以说，是制度的种种缺陷造成了经济的严重不平衡。解决问题的办法还得靠改革的深化，以形成新的制度环境，进而改变各级政府行为和企业行为的方式和动机。现有的制度环境是培养"经济机会主义"的温床，从地方政府到企业，实行的都是一种机会主义战略，追求短期效用，把各种风险转移给未来。

能否通过改革来矫正制度的缺陷，从而缓解经济不平衡状况，实际上也是不确定的。因为改革需要"共识"，而"共识"只有在公共风险即将转变为公共危机的状态下才可能形成。经济衰退的风险能否避免，取决于社会公共理性

[①] 关于"公共风险"的具体界定与分析，请参阅拙作《论公共风险》，《财政研究》1998 年第 9 期。

对公共风险的态度和敏感性。对未来的悲观判断也许能带来乐观的未来结果。

例如不合理产业结构的形成很大程度上是投资者的"错误"所致，而投资者的错误却与决策体制和国民经济体制相关，亦即投资决策者不承担风险责任和没有充分的行业信息。许多投资项目建成投产以后才发现产品没有市场，造成积压，尤其是重复建设，导致了生产能力的大量过剩。经济衰退风险并不一定是经济运行的自发作用结果，更大程度上是由于制度不能及时化解风险而引致的风险累积，是长期以来投资体制的缺陷造成的。投资错误产生的风险当时没有显现出来，但却通过产业结构的固化积淀而累积下来，达到一定的临界值，便转化为经济衰退的风险。从这里可看出，公共风险具有很大的隐蔽性。

（二）社会分化的风险

社会在转型过程中，流动速率提高是社会发展的结果，并与社会分化在一定意义上为正相关关系，在社会流动的过程中，社会分化的风险扩大。原有身份等级权利的滞留导致了权利不平等，如城市对农村剩余劳动力的歧视，部分城市已有的户籍制度改革大都有利于社会中上层（高学历、高收入、高职称人员）等，从而导致了非政府主导的水平流动的再分化，并引发社会阶层分离的公共风险。其中最典型的是数量庞大的社会弱势群体，对他们而言，从就业市场的角度看，他们往往被排除在正式职业以外而具有高度的流动性；从收入的角度看，他们处在社会结构的"底层"，处于经济社会发展过程之外；从制度体系观察，他们由于缺少制度保障而被边缘化，其权利经常受到损害；从社会组织来看，他们缺乏组织资源和团体资源可利用，表现出分散化、个体化特征。转型社会中的弱势群体，事实上处于"重度"社会边缘化状态。另外，非政府主导下的农村劳动力大规模流动对中国城市化的影响、城市下岗职工缺乏新的劳动技能而失业或走向非正规就业、大量低学历青年向消费性服务业转移等等，都隐含着种种不确定性引发的社会维度的公共风险。

（三）社会失序的风险

在改革开放取得举世公认的巨大成就的同时，毋庸讳言，我国的社会运行也出现了一些严重的矛盾和问题，突出表现在改革发展不确定性引发的社会失序、心理失衡。不确定性与社会失序是正相关的，不确定性程度越高，社会失序就会越严重。由于产业结构调整、社会保障体系、教育卫生、收入分配、"三农"等方面暴露出来的问题，使得社会矛盾与冲突日益加剧，诸如拖欠农民工工资、歧视农民工就业、农民工子女就学等问题。由于城乡之间、区域之间、产业之间等占有资源的不同，造成不同人群之间收入和福利差距越来越大，利益关系愈来愈复杂，社会的内聚力逐步减弱。社会失序会造成社会动荡，阻碍改革发展的步伐。因此，如何处理改革发展和稳定的关系，如何用一种新的改革发展思维来统一和提高中央和地方各级领导的认识，已经成为摆在政府和理论研究者面前的一个重大课题。

（四）改革开放"误入歧途"的风险

我国当前的整个改革是以市场化为导向的，其目标就是建立起社会主义市场经济体制，这种导向现在已经成为一种社会共识。但在改革开放的整体推进过程中，目前明确了的只是改革开放的大体方向，其目标模式并未被界定，由于改革开放本身的不确定性，使得我们无法对改革"彼岸"的图景有一个清晰描绘。这样一来，我们就很容易落入一个"循环改革"的危险境地而不知，即改革开放有误入歧途的风险。目前理论界与实践部门都在谈改革，但也许我们在不知不觉中改出了一个我们不想要的市场经济体制，或称"坏的市场经济"。

改革开放的不确定性，需要我们找到指导改革并应对不确定性的有效方法。实际上，长期引导我们改革开放的并不是所谓的理论，而是现实中的公共风险以及由此可能导致的公共危机，我们在探索中前进的每一步改革都是公共风险引导的结果。因此，要避免误入歧途，要对改革开放有强烈的风险意识，并以改革开放中的公共风险来衡量和判断我们前进的方向、进程和成果。以一个想象的或临摹的"市场经济体制"作为标准来衡量与判断现实中的改革开放，那将是极其危险的。市场化改革只具有"工具价值"，我们能建成一个什么样的市场经济体制，事先谁也不能预知，只能是在公共风险的引导下，一步一个脚印前进，才可能实现中华民族复兴的伟大目标，也就是规避了民族的公共风险与公共危机，成为全球化竞争中的胜利者。

五、简短的结论与建议

自然与社会充满了不确定性，这种不确定性将会给社会成员带来公共风险与公共危机。公共风险与市场机制的规则不相吻合，只能按照集体行动的逻辑，以政府为主导来防范和化解，也就是要由政府来承担起相应的责任。

旧的观念必须加以革新，对以科学宿命论为特征的传统世界认知观进行改造，有助于我们与时俱进地更新观念，提高对经济社会发展不确定性的认识，树立强烈的忧患与风险意识。

观念是指导人类行为最深层的、也是最容易固化的因素。改革发展总是要求人们观念的革新，而一旦人们的观念发生改变，对生产力的促进作用是巨大的。树立新观念，充分认识"不确定性是世界的基本性质"，是防范与化解公共风险的理论前提。这种新思维、新观念对指导我国当前的改革开放实践至关重要，它关乎改革发展的兴衰成败。

如何努力减少我国当前改革开放发展过程中的种种不确定性因素，科学发展观为我们提供了总体的应对之策。但最终要落实到制度上，这样才可能减少不确定性，防范、化解公共风险。制度既是不确定性引发的公共风险导致的，也是防范和化解公共风险的手段和工具。加快制度创新，对于防范和化解公共风险具有极端重要性。与发展进程相比较，制度变革显得滞后了。这种滞后放大了不确定性，从而扩散了公共风险。

对于各级政府部门而言，加快制度创新的核心就是打破既有的"风险大锅饭"[①]体制，强化各级政府、各个部门、企业以及个人的避险动机，从体制上尽快形成"利益与风险对称"的机制。没有这种体制"大锅饭"的彻底打破，中国的改革就永远只能进行一半：有利益的激励，而无风险的约束。这就好比

---

① 关于这个问题更详细的论述，请参见拙作《中国财政风险的制度特征："风险大锅饭"》，《管理世界》2004 年第 5 期。

一辆只有油门而无刹车的汽车在路上狂奔,其风险是不言而喻的。各级政府之间、政府与各企业之间、不同届别的政府之间的风险责任应当明确界定,形成规范的风险责任分担机制。

此外,建立健全公共风险的预警系统和应急反应机制,在"风险社会"来临之际尤其显得迫切。公共风险的预警系统与应急反应机制属于国家危机管理系统,包括平时监控、实时分析、数据计量、危情报告等内容。从理论上讲,公共风险的应急反应机制至少应包括目标系统、应急决策系统、应急动员系统和应急反馈系统等。在应对自然灾害、安全事故、疫病控制等突发公共事件方面,有了很大的改进,但应对经济领域,特别是金融风险与金融危机的应急机制建设,还需要加快步伐。应急反应机制的建设是一个复杂的过程,涉及方方面面,难以一蹴而就。不论公共风险的预警与应急反应机制建设得如何,只要在决策中总是能够考虑到这些因素,就会增强对改革发展的不确定性控制,从而提高抗击公共风险的能力。就此而言,风险观念要先行。

参考文献

1.[美] M. 克莱因:《数学:确定性的丧失》,李宏魁译,湖南科学技术出版社 2001 年版。

2. 自付立:《认识内在的随机性》,《学习时报》2005 年 1 月 31 日。

3.[英] 史蒂芬·霍金:《时间简史》,吴忠超、许明贤译,湖南科学技术出版社 2003 年版,

4. 刘尚希:《论公共风险》,《财政研究》1998 年第 9 期。

5. 薛晓源、周战超主编:《全球化与风险社会》,社会科学文献出版社 2005 年版。

6. 刘尚希:《中国财政风险的制度特征:"风险大锅饭"》,《管理世界》2004 年第 5 期。

(此文刊于财科院《研究报告》2006 年 10 月 17 日,作者:刘尚希)

公共化与社会化的逻辑

　　阅读提示:《公共化与社会化的逻辑》一文运用公共风险理论对人类公共化和社会化的逻辑进行了阐述,认为:公共化和社会化是人类发展的两个侧面。文章提出:在公共风险的推动下的公共化过程,是公共权力、法律、制度和各种公共组织形成、演进的过程,这个过程的逻辑结论是所有人的自由发展是每一个人自由发展的条件,而在个体自利动机推动下的社会化过程,是分工、交换、产权的演进过程,同时也是人的社会化过程,这个过程的逻辑结论是每一个人的自由发展是所有人自由发展的条件。这两个过程是内在统一的,在交互影响的过程中推动人类文明螺旋式上升。运用公共风险理论对公共化和社会化的逻辑及其关系进行分析,揭示了人类文明发展和进步的动力,实际上是为财政研究对象将"物"转换到"人"奠定了理论基础。

　　公共化和社会化是人类发展的两个侧面。从历史的角度来看,公共化和社会化是同时并进的,从逻辑的角度来看,公共化和社会化是互为条件,互为因果,彼此渗透的。在公共风险的推动下,公共化过程也是公共权力、法律、制度和各种公共组织形成、演进的过程,这个过程的逻辑结论是:所有人的自由发展是每一个人自由发展的条件。而在个体自利动机推动下的社会化过程,是分工、交换、产权的演进过程,同时也是人的社会化过程,这个过程的逻辑结论是:每一个人的自由发展是所有人自由发展的条件。这两个过程是相互补充的,在交互影响的过程中推动人类文明螺旋式上升。

　　本文的雏形产生于 20 世纪 90 年代中期,在对"公共风险"没有概念的情况下，对公共化和社会化的区分一直陷于迷雾之中。初稿写于 2007 年初，后断断续续修改成型。

一、引言

"公共"一词的使用频率越来越高，遍及整个社会科学领域，如公共财政、公共经济、公共产品、公共服务、公共政策、公共管理、公共行政、公共职能、公共领域、公共事务、公共需要、公共文化、公共权力、公共理性以及公共哲学等等。历史地看，"公共"或具有"公共性"的东西都是"公共化"的结果。当前国家财政的改革强调"公共化"导向，实际上就隐含着"公共财政"是"公共化"的一种结果。由此看来，"公共化"分析就变成了理解与"公共"联系在一起的所有事物的一把钥匙。而在过去的学术话语中，"社会""社会性"和"社会化"是主导词汇，这是与马克思和恩格斯的思想相联系的。马克思从劳动的私人性和社会性的矛盾出发，揭示了商品生产的内在矛盾和资本主义的基本矛盾，并最终得出结论：私有制与社会化大生产的矛盾必然导致资本主义被社会主义所取代。"社会化"作为马恩思想中的一个重要范畴，是他们分析社会发展历史趋势的基本工具，也是证明资本主义必然被社会主义取代的逻辑支撑点。现在，对"社会化"这个概念的使用频率在下降，而"公共化"的使用频率在上升。这种现象究竟是同义的不同表达，还是暗示着我国学术思想的一种变化？若两者是不同的概念，那么，"公共化"在现代社会的语境中究竟是什么内涵，它与"社会化"的联系与区别又是什么？这些恐怕是与"公共"沾边的所有学科都需要回答的基本问题。

在本文的分析中，"公共化"和"社会化"无疑的是被视为两个不同的范畴，尽管它们之间有不可割断的联系。二者内设的问题也是不同的：前者回答的问题是为什么会产生群体（集体）① 行动，作为群体行动的结果，道德、文

---

① 与"群体"相近的词还有"集体""共同体""集团""联合体""整体"等，在本文的分析中，是当作与"个体"相对应的同义词来使用的。

化、法律、制度、规则等"公共品"存在的价值是什么，或者说为什么而存在；后者即"社会化"回答的问题是为什么个体之间的联系越来越紧密，"生物的人"为什么会变成"社会的人"，分工的结果是什么。从人类社会发展的历史过程来看，"公共化"与"社会化"是同时存在的两个过程，存在不同的逻辑起点、动力机制、表现形态和历史目的。下面拟在提出一个分析框架的基础上，逐步展开讨论。

二、假设与分析框架

从生物或动物的视角来看，人类无疑是地球上会思考、有情感的一个动物种群，与地球上其他的动物种群是并存的。就此而言，人类是以"群体"的形式而存在的。从我们每一个人的角度来观察，人类是一个个分散并存的生物个体，每一个生物个体有自己独特的遗传基因、性格、思维和习惯，以及各自的生存和发展道路。在这个意义上，人类是以"个体"的方式存在的。这样，我们就可以假设，从人类诞生的那一天开始，人类就是以"群体"和"个体"的方式同时存在着和发展着，直到现在和将来。虽然"群体"和"个体"的内涵随着人类发展的历史而改变，从"数量群体"进化为"有机群体"，从"生物个体"进化为"社会个体"，但二者并存进化的状况不曾改变。这样，人类的发展和人类的活动实际上是以两条路径同时演进的：一条以群体为逻辑起点，一条以个体为逻辑起点。第一个逻辑起点产生的是公共化过程，第二个逻辑起点产生的是社会化过程。或者说，公共化总是和"群体"及其行为、结果相联系的，而社会化总是和"个体"及其行为、结果相联系的，二者服从于两条不同的演进逻辑。

公共化的出发点是着眼于群体的安全和利益，因而总是和公共风险有内在关联。在生产力水平很低，改造自然的能力很弱的条件下，人与自然的矛盾是主要的，因为来自自然的各种灾害，以及其他动物种群对人类的侵害，构成威胁着人类群体安全的公共风险。历史上许多文明的突然消失，就足以证明产生于大自然的公共风险对人类群体安全的影响程度。但随着人类改造自然的能力逐步提高和人口的增长，人与自然的矛盾逐渐退居次要位置，而人与人之间的矛盾成为主要矛盾，人类群体内部的各种冲突成为人类群体安全的主要威胁。这种产生于人类群体内部的公共风险——人类群体内部的各种冲突致使人类自我毁灭的可能性——导致了国家的产生，国家也就成为凌驾于个体之上防范和化解上述公共风险的内生工具。霍布斯、恩格斯和卢梭等思想家用不同的表述方式都对此有过深刻的论述。公共风险引致公共化的过程，衍生出公共权力、法律、制度、规则、组织以及伦理道德和文化。同时，这个公共化的过程也使人类群体由人类早期的"数量群体"逐步演进为"有机群体"，就像生命的进化过程，从单细胞的堆砌，到形成肌肉组织、骨骼、心脏和大脑。这时，人类群体进化为一个有机的整体，国家成为这个有机体的大脑，以公共理性来履行公共权力，捍卫这个有机整体的安全，并协调有机体内部的各种活动，化解各种冲突和矛盾，形成人类社会的内部秩序。静态地看，这种秩序状态是理性设计的结果，表现为主观努力的产物。但动态观察，尤其是从进化的观点来看，这种秩序状态不是理性的设计，而是像哈耶克所说的"自发扩展"的产物。这个自发扩展的动力来自于各种公共风险给人类群体的整体压力和威胁。各种组织、规则和制度以及文化伦理，无一不是为防范和化解公共风险，以捍卫群体安全而历史地形成的。公共风险是那只人类群体后面的老虎，构成公共化的历史动力，而公共化的结果（或目的）就是防范和化解公共风险，为个体的自由全面发展提供条件，表现为公共化的各种人类活动、规则、组织，包括国家自身，都是化解公共风险的历史产物。在这个意义上，公共风险是因，而公共化过程则是果。

在人类群体演进的同时，人类个体也在另一条逻辑路径上同时演进，这就是社会化的过程。社会化是以人类个体为逻辑起点，在劳动分工、生产分工和知识分工的过程中，个体之间的联系变得日益紧密和相互依赖的历史过程。无论是"生物个体"，还是"社会个体"，都是具有生命的"细胞"，正如《自私的基因》一书中所描述那样，有自发的自利动机。这种动机来自于保全自身的需要，因为"个体"环境自它诞生的那一刻起就处于不确定性状态，种种不确定性产生的风险随时都可能把它毁灭。应对不确定性产生的自利动机逐渐地内化为"个体"的一种本能。人类个体自利的本能渐渐地外化为逐利的行为和活动，并在和环境的相互作用中，外化的行为和活动也逐渐地以个体理性的形式而表现出来。动物的自利行为一直出于本能的状态，表现为一种条件反射；而人类个体自从区别于动物之后，自利行为由本能发展为一种理性的算计。当劳动成为自利动机的主要手段之后，分工就开始萌芽了。通过无数的劳动实践，发现分工更有利于自利动机实现的时候，分工就会由偶然的行为变成经常和普遍的行为，并逐渐地固定下来。从原始的自然分工，到三次社会大分工和现代社会的复杂分工，都是在人类个体逐利动机的推动下实现的。分工提高了劳动效率，有了更多的剩余产品，从而产生了私有制和交换。从第一次交换中尝到甜头以后，交换便从偶然的活动，变为经常的、普遍的活动。交换更好地满足了人类个体的逐利动机，从而反过来又推动了分工的深化。

分工促进了社会生产力的发展，使人类群体防范和化解风险能力不断提高，个体自利的动机带来了整体的发展。但另一方面，人类个体在分工中不断地被分化，历史上的三次社会大分工，造就了农民、牧民、手工业者和商人，奠定了部门分工的基础。不同部门的分工形成了阶级、阶层，并在此基础上发展出形形色色的利益集团。随着分工的深化，人与人之间的矛盾也不断加深，利益日渐多元化和多层化，个体利益的保护也就成为迫切需要同时解决的问题。从自然占有，到劳动产品的占有，再到剩余价值的占有，原始的产权制度也逐渐发展为以宪政为基础的现代产权制度。产权制度是在分工与交换的相互推进的历史过程中形成的，反过来又成为推动分工与交换不断深化的保障机制。作为社会化的高级形态，现代市场经济就是在个体逐利的推动下，以分工、交换与产权构成的一种逻辑结构为基础历史地演进而来。

分工的深化使劳动过程、生产过程趋向集中和规模化，尤其是随着劳动手段日渐被机器所替代，社会化大生产也日渐形成。与自给自足的小生产不同，劳动者之间的联系被专业化的协作过程建立起来。一条流水线的正常运转，离不开劳动者之间的相互配合和协作。社会分工的细化使这种状况不仅存在于工厂的生产过程，而是扩散到社会生活的各个方面，尤其网络技术的飞速发展和广泛使用，社会日渐"网络化"，人类个体是这张大网上的一个个网结，人类个体之间的联系变得日益紧密和相互依赖，全球化更是加深了这种状况。与劳动和生产过程的社会化相伴随，人类个体行为、价值观念也随之社会化，"生物个体"也就随之蝶化为"社会个体"。

社会化的过程是一个同化的过程和一体化的过程，同时也是一个多元化的过程。社会化不但没有消灭个体差异，相反地更激化了个体差异的表现强度，并使自利的内涵从经济上的个体保全上升到个体价值的实现，以求更高程度的个体发展，马斯洛的层次需求理论揭示的就是社会化过程中个体自利动机的升华。社会化程度越高，多元化程度也越高。因为个体越是被同化，个体价值就越要体现，追求自我价值实现的愿望就会越强烈，这就造成了以市场竞争为基础的社会不同层面的多种竞争。这种多元化的力量会使分工更细化、专业化程度更高，反过来又刺激了社会化的加深。

通过上面的分析，我们不难发现，公共化和社会化是人类发展的两个侧面。从历史的角度来看，公共化和社会化是同时并进的，从逻辑的角度来看，公共化和社会化是互为条件，互为因果，彼此渗透的。在公共风险的推动下，公共化过程也是公共权力、法律、制度和各种公共组织形成、演进的过程，这个过程的逻辑结论是：所有人的自由发展是每一个人自由发展的条件。而在个体自利动机推动下的社会化过程，是分工、交换、产权的演进过程，同时也是人的社会化过程，这个过程的逻辑结论是：每一个人的自由发展是所有人自由发展的条件。这两个过程是相互补充的，在交互影响的过程中推动人类文明螺旋式上升。

表1　"公共化"与"社会化"的逻辑

	公共化	社会化
逻辑起点	群体	个体
动力机制	公共风险	个体逐利
演进方式	组织与规则	分工与合作
高级形态	民主政治	市场社会
理性样式	公共理性	个体理性
保障机制	公共权力	个体权利

三、公共化与社会化的界定

（一）公共化的定义

在日常话语、理论研究以及社会实践中，人们对较多使用的"公共"及其相关概念都有约定俗成的解释，这些理解都在一定程度和一定层面上对"公共"及与其相关的客体做出了描述。但由于角度和所关注问题的不同，这些理解有很大歧义。要明确界定"公共化"的定义，需要首先对"公共"的定义进行语义学分析。

（二）公共的汉语解释

1. "公"与"共"的定义

《现代汉语词典》[①] 对"公"的定义大体有六个方面：一是属于国家或集体的（跟"私"相对）；二是共同的、大家承认的；三是属于国际间的；四是使公开；五是公平、公正；六是公事、公务。按照上述定义，至少可以明确："公"是以人类群体为出发点、个体以平等参与的民主方式公开解决公共事务的一种活动状态。

《现代汉语词典》对"共"的定义大体有三个方面：一是相同的、共同具有的；二是共同具有或承受；三是在一起、一齐。按照上述定义，至少可以明确："共"必须以个体的群化为条件，目的是解决个体无力解决的问题。

2. "公共"与"公共化"的定义

在辨析了"公"与"共"的定义之后，我们可以对"公共"的定义做一考察。《现代汉语词典》对"公共"给出了如下解释：属于社会的或公有公用的。在这里，社会泛指由于共同物质条件而互相联系起来的人群。词典对"公共"的定义较为模糊，但通过对"公"与"共"的理解，不难看出，所谓"公共"，

---

① 中国社会科学院语言研究所词典编辑室：《现代汉语词典（修订本）》，商务印书馆1998年版。

是相对于人类群体而言的，具有解决个体无法解决的共同事务的属性。

"化"在汉语中经常被加在名词或形容词之后构成动词，表示转变成某种性质或状态。在这里，"公共化"也就意味着人类需要采取集体行动来解决公共事务的过程，并由政府来代表群体意志，这个过程进入现代社会则以民主、公平与公正为特征。

(三)"公共"的英语解释

从英文的角度来研究"公共"(public) 的含义，也许能够在西方的语境下对其内涵的理解得到一些启示。《朗文当代高级英语词典》[1] 对"public"给出了六个方面的解释：(1) Connected with all the ordinary people in a country, who are not members of the government or do not have important jobs；(2) Available for anyone to use；(3) Connected with the government and with the services it provides for people；(4) Known about by most people；(5) Intended for anyone to know, see or hear；(6) A public place usually has a lot of people in it。大体可以看出，在西方文化中"公共"含有大众、公用、政府服务、众所周知、公开、公共场所等含义，它反映的是与社会成员相关联，但并不指向个体而指向社会整体（群体）的事务或活动。

从上面的考察可以看出，不论"公共化"的定义如何下，它总是相对于"群体"这个整体系统而言的，即公共化的主体是群体，而不是个人，否则，公共化就是多余的了。从系统论的角度来看，公共化也就是系统化、结构化，形成不同于要素之和的系统功能。

(四) 社会化的定义

所谓"社会"，泛指的是由于共同物质条件而互相联系起来的人群[2]，而"社

---

[1] 英国培生教育出版有限公司：《朗文当代高级英语词典》，外语教学与研究出版社 2004 年版。

[2] 中国社会科学院语言研究所词典编辑室：《现代汉语词典（修订本）》，商务印书馆 1998 年版。

会化"，则表示的是这种联系在质与量上的加深。在马克思的理论中，"社会"是与自然相对立的概念，也是与分散的个人相对立的概念，无论是哪一层含义，都是指人与人的关系。"社会化"就是指由自然的变成人类社会所特有的，由分散的、彼此独立的变成集中的、相互联系的一种状态。在这里，社会化总是相对"人类个体"而言的，离开个体，则无所谓社会化。

就与自然相对立的含义来说，人作为生物体本身是属于自然的，因此，人与自然相对立的东西，不可能是人本身，而是这种个体以外的东西，即人与人的关系。这种关系是多方面的，其中一部分仍然是自然的、与动物相同的或相似的关系，例如血缘关系，而大部分人与人之间的关系则是人类所特有的，例如生产关系或经济关系、政治关系、民族关系、国家关系等。从这层意义上来说，所谓"社会化"指的就是从自然的变成人类所特有的，这包括两个方面：一是生产的社会化，包括生产资料的使用、生产过程和生产目的的社会化。人类正是通过劳动和生产使自己越来越远离动物性。人类劳动与生产从原始的采集、狩猎、捕鱼发展到农业、畜牧业、家庭手工业和机器工业，这本身就是一个社会化的过程。生产的社会化使人类越来越脱离动物界，人类文明由此不断进发。生产社会化程度越低，意味着生产的个体性越强，受自然制约越大，其自然属性就越强；反之，生产的自然属性就越弱，在这种生产状态下，人类个体之间的联系就越来越广泛和普遍。因此，生产的社会化程度是反映人类脱离动物性程度的重要指标。另一方面是人的行为规范、价值观念的社会化，使"生物人"变成具有相互联系的"社会人"。如果说前者是经济学意义上的社会化，则后者是社会学意义上的社会化。

就与分散个体相对立的涵义来说，社会化是分工直接导致的。正是社会分工造成了劳动私人性与社会性的矛盾，解决这个矛盾的唯一办法就是交换。正是通过交换，私人劳动才转化成为社会劳动。为交换而生产，也就意味着商品生产的出现，这既是商品生产的起因，也是个体社会化的起点。只要存在分工，一切商品的生产，对于生产者个体来说，一开始就是社会性的生产。从这个意义上讲，个体的社会化是通过分工，也就是通过生产的社会化实现的。生产越是"社会化"，商品交换的程度就越高，个体社会化的程度也越深。马克思在论述商品的使用价值时，明确地指出："要生产商品，他不仅要生产使用价值，而且要为别人生产使用价值，即生产社会的使用价值"。马克思甚至直接把分工同"生产的社会性"看作一回事，他认为分工的发展就是生产的社会性的发展。并指出："交换的需要和产品向纯交换价值的转化，是同分工，也就是同生产的社会性按同一程度发展的"①。

可见，劳动的社会化是个体社会化的实现途径，而劳动的社会化则是劳动分工的结果。劳动分工的不断深化，推动着生产社会化，进而推动人类个体社会化的进程。但这个过程只是把分散的个体变成了相互联系和彼此依存的个体，也就是具有社会关系的个体。在逻辑上，社会化过程并不能使自利的个体嬗变为具有共同意志的人类群体。人类群体的形成却是公共风险使然，并以氏族公社或国家的出现为标志，尽管公共风险与分工有密切的联系。

四、公共化与社会化的现代结构

（一）公共化的现代结构

1. 公共化的主体是人类群体

公共化以人类群体为主体，即所有的"公共"范畴，都是针对人类群体而非个体表述的。所谓人类群体，并不是个体的简单堆砌。群体是由具有共同需要的个体组成的一个有机整体，在现代社会通常以"人民"这个集合概念来表达。从费尔巴哈到马克思，都意识到了人是以"类"的方式存在的②，这个"类"就是群体的另一种表述。群体的进化与个体的进化尽管是同时并行的，但各有不同的进化机制。这就好比人的进化和人的细胞进化具有不同的进化机制一样。群体是公共化的逻辑起点，也是公共问题的思维路径，这是研究"公共问

---

① 《马克思恩格斯全集》第46卷上，人民出版社1979年版。

② 马克思曾说过："人不仅仅是自然存在物，而且是人的自然存在物，也就是说，为自身而存在着存在物，因而是类存在物"。见《马克思恩格斯全集》第42卷，人民出版社1979年版，第169页。

题"的逻辑源头，与从"个体"出发的社会化理论研究是根本不同的。

2. 公共化过程以公共风险为动力

人们因为一些共同事务联结起来，产生了"公共"范畴。这些"公共事务"，本质上是公共风险。公共风险本身的演变与扩展，又进一步加深了人类群体的公共化程度。所谓"公共风险"，即能够产生"群体（或社会）影响"，又无法由社会个体承担的风险，它具有如下三个特征：首先，内在关联性。公共风险在发生过程中，对所有社会个体，如企业和家庭来说，是相互关联、相互影响的，因而具有"传染性"。其次，不可分割性。公共风险对每一个企业和家庭来说，是必然的，不可逃避的，遭受损害的几率是相同的。第三，隐蔽性。公共风险很难正面识别，往往累积到了快要爆发的程度才被发现、才引起重视①。

汉娜·阿伦特（Hannah Arendt）曾经说过："一切人类活动都要受到如下事实的制约：即人必须共同生活在一起"，同时，"人们是在匮乏和需要的驱使下才共同生活在一起的"②。这里的"匮乏和需要"，就是早期人类群体所面临的公共风险。也就是说，只有公共风险，才会产生一种新的力量，即把分散的个体力量凝聚起来，卢梭所阐述的那种"社会契约"才会形成，公共意志和集体（群体）行动才会产生。当然，随着人类社会的生产力与生产关系的不断变迁，公共风险的内容也在不断变化，但是公共风险过去是、现在是、将来也是公共化过程的唯一动力。

3. 公共化过程以公共权力为依托

权力是指一种强制力量或支配力量，体现公共意志，因而是公共的。它来自于对天赋的个体权利保护的需要，因为各种各样的公共风险会侵害个体权利，但又凌驾于社会个体之上，因而权力是属于群体的，或是人民的，而不为个体所拥有。一切政治的关系最终都归结为权力与权利的关系，即对公共权力

① 见本书前文《论公共风险》。

② Hannah Arendt, *The Human Condition*, Garden City& New York: Doubleday Anchor Books, 1959.

的制衡和对个体权利的保护。权力的"公共性"可以归结为它的目的——防范与化解公共风险的任务，维护所有社会个体的公共利益。

人类是个体与整体的统一，人类社会的存在，是无数个体结合成一个整体的过程。公共权力不是伴随着国家的产生而产生的，它也不会随着国家的最终消亡而消亡，只要有人类群体存在，公共权力就是永恒的，只是在不同的人类文明发展阶段有不同的表现形式。有乐队存在，就一定会有指挥。为了达到服务群体、应对公共风险的目的，利用公共权力是一个方便和科学的办法，只有使用公共权力，汇聚集体的力量，才能最大程度地节约风险应对的成本，减少对个体的可能危害。作为手段的公共权力来自于公共目的的要求。公共权力的主体，在原始社会还不能采取国家或政府的形式；随着剩余产品的出现与扩大，国家取代了原始公社的形式，并逐渐形成了接受公众委托、拥有公共权力、服务公共意志、防范与化解公共风险的公共部门。

4. 公共化过程以民主为形式

民主形式无非是权利本位的逻辑延伸，是公共权力对个体差异的包容和认可，也是对个体权利的尊崇。凡是出于公共目的的任何事务，社会个体都有参与或自由发表意见的权利。

从现代社会来看，民主是公共化的政治基础。从历史角度来看，民主是公共化的结果，是长期公共化的历史沉淀物。对处于不同发展阶段的国家来说，在有些国家，民主已经成为公共化的政治基础，而在有些国家，民主政治还是一个追求的目标，还依赖于公共化的推进来实现。从根本上讲，公共化的过程就是一个民主化的过程，因为公共目的的对象物——公共风险的防范和化解，依赖于个体智慧的群化、个体力量的群化和个体意志的群化，也就是平常所说的集中民智、调动群众的积极性并汇成一股劲。而这个过程是离不开民主这种形式的。民主是一种实践活动，既是公共风险推动的结果——民主的反面，即独裁就是一种公共风险，也是防范和化解公共风险在现代社会所必须采取的形式。只有公众广泛参与到公共决策与监督之中，并对之形成影响，公共化过程才可能健康有序，人类文明，包括个体文明和群体文明的进步才有坚实的政治基础。

与民主紧密相联系的是公开与透明。这既是民主化的要求，也是防止公共权力异化而制造新的公共风险的制度保障。民主本身就蕴含着这样一种自然的要求，即凡是出现于公共场合、纳入公共视野的东西都能够为每个人所了解、看见和听见，具有最广泛的公开性。"事物……脱离其黑暗的、隐蔽的存在形态"是进入"公共领域"的前提条件[1]，可见，公开透明是公共权力主体行使公共权力的前提，是保证政府合法行政的基本原则。在公开与透明的要求下，政府被要求只从事防范与化解公共风险的工作，剩下那些"无关的东西"自动地变成了"私人事务"。这样，政府的行为就受到了实时的约束，公共化的公共目的也就有了切实保证。

5. 公共化过程以公共理性为指引

人是理性的动物。与个体理性不同，公共理性是基于人类群体而言的，是指对公共风险状态的判断、推理、预期等理性活动，是形成公共意志的基础。公共理性既是人类长期应对公共风险过程中因"条件反射"进化而成的一种结果——集体思维，也是现代社会防范与化解新的公共风险的历史性前提。

公共理性体现的是个体的理性能力与道德能力的有机总和，是群体存在与发展的理性基础。公共理性的成熟，就像一个人的成长过程，需要经历不同的历史阶段。一般地，人类群体从公共风险恐惧到公共风险意识，再发展到公共风险理性，以至于最后形成一种公共风险文化，必须经历漫长的历史变迁，并与人类文明的进步而相伴随。虽说现代人类文明已经进入一个以物质文明为核心的高级阶段，但人类群体的公共理性还并未达到成熟的阶段。

（二）社会化的现代结构

社会化既是劳动、产品和生产的社会化，也是人类个体的观念、思想、价值、意志、思维的社会化，这是理解人类文明演进和人类个体发展的基本线索。

---

[1] ［美］汉娜·阿伦特：《公共领域和私人领域》，载汪晖、陈燕谷主编：《文化与公共性》，生活·读书·新知三联书店 2005 年版。

1. 社会化以人类个体为主体

社会化以人类个体为主体，即所有的"社会化"问题，都是针对人类个体而非群体来表达的，人类个体成为社会化研究的逻辑起点。

所谓人类个体，并不是对现实生活中相互区分的每个人的简单描述，而是有着深刻的理论内涵。在不同的历史阶段，人类个体有不同的含义。例如，在原始社会人类个体多数处于被奴役的状态。人类文明发展到今天，人类个体应是有独立人格的人，也就是人的自由性和创造性，具有独立思考、独立选择的权利，在个体自主性基础上具有对社会共同体负责的精神。在这样的"个体"基础之上，社会化才能避免社会达尔文主义，社会化过程才会与公平、正义相容。个体是社会化的逻辑起点，也是社会问题的思维路径，即社会问题的解决必须立足于对个体意志、行为、反应、影响的研究，这与对以"群体"为逻辑基础的公共理论研究不同的地方。

2. 社会化以个体逐利为动力

在人的独立、自由得到尊重，在人格、尊严、机会等方面的平等得到肯定之后，所有的社会个体就会成为具有独立利益、独立目标、独立价值追求的主体。在利益动机的驱动下，人们追求自己的物质利益，获取财富，并实现主体自身的价值[1]。

逐利行为推动了分工，而分工导致了社会化生产方式的产生，给个体逐利提供了新的方式和途径。与自给自足的生产方式相比，社会化的生产方式使个体的逐利行为不再是孤立的、分散的，而是相互联系的，并以某种组织的形式出现。现代企业即是一种分工合作的新型逐利行为。而市场给个体逐利提供了一个平台，只要逐利者遵守规则，就可以进入这个平台而有机会获取更多的利益。这一方面给逐利的个体带来了更大的利益满足，另一方面同时创造了一种新的生产力——分工协作形成的"集体力"，整个社会的效率也得到提高。

个体逐利动机是以人类个体为研究对象进行社会化考察的自然结论，并构

---

[1]　李钢：《市场经济的伦理基础》，《人民论坛》1998 年第 11 期。

成社会化演进的动力。否认这一点，也就否认了分工，以生产社会化为核心的整个社会化过程就将不复存在。显然，这与历史显示的情况是相悖的，个体逐利动机存在也是一个历史的结论。

3. 社会化以产权为保障

从历史来看，产权是一切个体权利的基础。社会化以个体逐利为动力，明晰与保护私人产权也就成为应运而生的事情，因为产权是逐利的保护器。只要承认个体逐利的合理性，私人产权的合理存在也就是顺理成章的。这里讲的产权，不是指与他人无关的一个人对物的权利，而是一种相对于其他人来说，某一个体具有的特定权利，即人与人之间的权利关系。用德姆赛茨（Harold Demsetz）的定义就是："产权就是使一个人或其他人受益或受损的权利"。

如果个体财产在获取渠道、方式上是正义的，持有获取的财产也就是正义的，财产权利应当受到尊重和保障。儒家学说认识到，"有恒产者有恒心，无恒产者无恒心"[①]。只有财产权利受到公共权力的尊重和保障，个体预期才会形成，个体行为才会稳定，这样，社会的基础秩序才能稳固地建立起来。通过产权保障使社会个体有"恒产""恒心"，整个社会系统就会趋于稳态结构，社会生机与活力才可能呈现。

4. 社会化以分工为基础

没有分工，就没有社会化。在马克思看来，社会分工同生产的社会性是一回事，他认为分工的发展就是生产的社会性的发展。无论是交换的需要，还是产品向纯交换价值的转化，都是同分工，即生产的社会性按同一程度发展的。这样，在个体逐利动机引导下的生产社会化，实际上就表现为经济生活中以分工为基础的专业化。

专业化分工是现代社会的一个基本特征。劳动分工经历了自然经济与市场经济两种状态，市场经济是比自然经济分工精细得多的经济形态；从分工的内容来说，劳动分工包含产业分工与知识分工两种状态，知识分工是比产业分工具有更大影响力和更复杂的分工形态；从分工的地域来说，劳动分工日益国际

---

① 《孟子·滕文公上》。

化，其地域边界从社区发展到城市、省、国家，乃至全球，国际分工日益凸现。正是分工的深化，才使社会化过程变得复杂化，增加了社会化的不确定性和风险。正是在这一点上，社会化和公共化才产生了更紧密的逻辑联系，从而对二者认识上的混淆也从这里开始。

5.社会化以个体理性为指引

独立人格、个性突出、理性分辨与判断能力，是形成个体理性的基础。对于理性的定义，美国经济学家罗伯特·奥曼（Robert J. Aumann）认为："如果个体在既定的信息下最大化其效用，他就是理性的"；1998 年诺贝尔经济学奖得主阿马蒂亚·森（Amartya Sen）说："经济学理性的涵义有两种：一是个体追求某种工具价值的最大化；二是个体决策过程在逻辑上的无矛盾"；纳什则把理性理解为"作为内在一致性"的理性，经济上的个体理性就在于个体自身利益的最大化。

个体理性以个体自身利益的算计为基础，但并不排除有利他的考虑，如个体社会责任感的存在，是个体理性趋于成熟的一个重要标志。个体理性的成熟，会使社会化过程更有效率和更加有序。

五、公共化的历史演进过程

在初步明确了"公共化"的涵义之后，本部分将从历史变迁的视角研究公共化的起源与发展，这包括了公共化的条件、动力、根源、内容与演变。

（一）人类的群体存在

上文在分析公共化本质的过程中提到了，公共化的主体是人类群体，公共化是一种群体行动的逻辑。那么，要想了解公共化的源头，就必须从人类群体的出现谈起。就人类本身而言，我们很难准确地给人类群体的出现时间做出界定，实际上，自从劳动催生了现代意义上的"人"以来，人类就在群体的方式下生存。进一步地，如果我们再向前追溯，在人类产生之前的动物界，就已经有了"群化"的痕迹。

1. 动物的群化

动物的群化是指多个动物个体形成一个有机整体的规律，表现为动物统一体。动物的"群化"是在漫长的生物进化过程中基于种族繁衍、相互扶助、共同抵御族群风险等原因而出现的生物习性。从某种意义上，可以说自从地球上有了生命，生物体"群化"的进程就开始了。

当然，动物的群化是在较低水平上发展的。其具有如下几个特征：一是邻近原则，即只有地理上相互靠近的动物个体才能形成一个有内聚力的整体；二是相似原则，即只有同种动物或彼此种属相似动物才有可能形成整体；三是连续原则，即动物群落表现为按一定规则连续分布的同种动物个体；四是封闭原则，即生物群落一旦形成，便具有较强烈的封闭与自我保护意识[①]。

2. 人类的群体生存方式

生产劳动推动了从猿到人的生物进化，真正意义上的人类出现了。在产生之后的早期发展阶段，人类同样结群而居，目的也是为了种族繁衍、相互扶助、共同抵御来自大自然的公共风险。当然，随着人类的不断发展与进步，人们结成群体的状态、方式与内容已经有了很大的改变，但是，人类永远也无法摆脱群体生活的存在方式。

人类的群体生存在更高级、更复杂的水平上发展着。它表现在两个方面：一方面是群体的组织形式日益灵活；另一方面是群体的实践内容日益丰富。之所以说人类群体的组织形式更加灵活，是指随着现代通讯技术与交通工具的快速发展，人类的群体组织逐渐摆脱了动物群化中的邻近原则和连续原则，人们有条件在更松散的形式上集合起来，也有条件把起先由于受到地理条件限制而难以联合的个体组织起来；之所以说人类群体的实践内容更加丰富，是指虽然形式上群体的联系松散化了，但是在内容上，群体的紧密程度却在不断加深，即人们在实质上是越来越依赖于群体的存在与其作用的发挥。

相似原则与封闭原则仍然是现代人类结成群体的必要条件。相似原则是人类个体形成整体的基础，只有人们在某些方面具有相似性或同一性，如面临共

① 林玉莲：《环境心理学》，中国建筑工业出版社 2005 年版。

同的公共风险等，人们才会在特定的目标下组织起来；封闭原则是基于人类群体自我保护的需要而产生的。任何一个人类群体都不会是漫无边界的，而是必须有它确定的界限，并以此与其他群体相区别。一旦某一群体形成之后，群体的发展会以个体的向心力为基础并具有自我加强性。

（二）公共风险在公共化中的决定性

上文已经述及，公共化以公共风险为动力，也就是说，公共风险是推动公共化前进和发展的力量。这种动力体现在两个层次上：一方面，公共风险促成了人类群体的形成；另一方面，公共风险推动了人类群体公共化的发展。无论从质的方面还是量的方面，公共风险都是公共化产生与发展的决定性要素。

1. 公共风险决定了人类群体的形成

在人类的童年时期，食物的来源完全依赖于大自然，食物来源的不确定性以及自然环境的各种变化（地震、洪水、海洋灾害和气象灾害等等）对生存都构成巨大威胁，求生存的本能在进化过程中迫使分散的个体无意识地联合起来，形成一个个社会——群落，以共同对付不确定的自然风险，由此促成了原始的组织和社会。

原始的群落往往是规模很小且不稳定的，在寻找食物的迁徙过程中，甚至一次突发的灾害就可导致整个社会的毁灭。进入野蛮时期，随着狩猎向农耕的转变，食物来源扩大且更加稳定，原始部落和氏族社会的规模也相应扩大，这一阶段的集体组织性增强了，人类个体结群的方式也逐渐稳定了下来①。

人们结成群体的原因在于防范与化解公共风险，这也是群体公共化中唯一的"公共事务"。因为只有公共风险才与个体的共同利益有内在关联性，它的防范与化解直接关系到群体的存在与发展，因而成为群体唯一的公共事务，而那些与公共风险无关的东西就自动地变成了一桩桩私人事务，由个体分散解决。

公共风险是群体的唯一公共事务，并不意味着私人事务是不重要的或无关

① 见前文《论公共风险》。

痛痒的，相反，许多重要的事务都只能在私人的空间内存在，因此，汉娜·阿伦特把"公共"的东西描述为"宏伟"而不"迷人"的。之所以防范与化解公共风险成为群体中的"宏伟"事件，正是由于它不能容纳其余对群体无关紧要的事务。

2. 公共风险决定了群体公共化的程度

在群体延续和公共化不断发展的历程中，还存在一个对公共化程度的量进行考察的问题，也就是说，要对公共化程度是否加深、在多大程度上加深进行研究。

公共风险的状态和内容决定了公共化的水平与程度，公共风险与群体公共化程度呈正相关关系。公共风险到底处于收敛还是发散，其来源是社会矛盾还是人与自然的冲突，是源自国际社会还是国内，这些方面实际上决定着公共化的水平。

从较长的人类历史发展时期来看，公共风险产生后，是呈扩张状态发展的，由此导致公共化程度不断加深。一个社会面临的公共风险来自两个方面的不确定性：自然环境的不确定性和社会发展过程内部的不确定性。自然界的各种风险至今还威胁着人类社会的生存与发展，而更多的公共风险则来自社会经济运行过程内部的不确定性及由此导致的危机，公共风险的扩大是由社会分工的发展所带来的，系统性风险已日益成为现代科技发展的最大隐患。

（三）不确定性是公共风险的来源

既然公共风险是公共化的原动力，那么对公共化的源流研究就要求我们对公共风险进行更深入的探讨，本部分与下一部分将从来源、内容、变迁三个角度对公共风险的运动加以阐述。

不确定性是人类对世界本质的新认识，它是世界的基本性质，确定性只是不确定性世界在时空上的特例。人类社会对世界的认识，经历了一个从简单到复杂、从肤浅到深刻、从低级到高级的过程，自然科学告别牛顿时代，标志着确定性世界观的终结，代之而起的是不确定性的新认知观。从人类社会发展总体而言，世界的不确定性深刻地体现在各个方面。除了经济领域的金融风波、市场变化、经济波动外，政治领域的治乱兴衰、朝野纷争，还有冲突、战争、灾难、疫病、工业与环境事故等均是不确定的。人类面对风险的束手无策，正是不确定性未被人们认识的结果。

不确定性是一个中性的范畴，不带有"好"与"坏"的价值判断。它与公共风险是两个既相近，又存在差异的概念。不确定性对于未来事件的结果不产生唯一影响；而公共风险一旦形成，便会伴随危机。但是，从本质上讲，任何公共风险都源于世界的不确定性。正是这种不确定的属性蕴含着风险形成的可能，并进而转化为危机。当然，世界的这种不确定性被人们认识、理解之后，人类的主观活动就会更具有适应性，并逐渐形成公共风险意识，增强群体抗击公共风险的能力。

（四）公共风险的内容及其变迁

人类社会发展到今天，在各个不同的历史时期，面临的公共风险是不同的。自然经济社会与市场经济社会面临的公共风险，无论是内容还是形式，都必然会有很大的差异。然而，按照发生公共风险的不同领域归类，大致可以把公共风险的内容分为三种。

1. 自然领域的公共风险及其变迁

早期自然领域的公共风险具有"单纯"性，即公共风险的内容不因"人"的出现与作用而发生变化（虽然"人"出现之前那些风险不是严格意义上的"公共风险"），它主要包括一些大的自然灾害：海啸、地震、泥石流、洪水、干旱等。

随着人类生产力的迅速提高，特别是工业革命以来，人类认识自然与改造自然的能力不断增强。这时，"单纯"自然领域的公共风险固然存在，但人类的行为加重了自然界本身具有的风险：一方面，人类为了改善生产生活而破坏了自然环境和自然规律，从而引发了包括"温室效应"、食品污染、沙尘暴、赤潮、转基因食品、化学物质扩散、废气、放射性物质、病原体以及有毒物质对人类健康的伤害等方面的问题；另一方面，人的流动大大加速了自然灾害的转移和扩散，如某些动植物的跨国移动对接受国生物圈造成的破坏等。

2.经济领域的公共风险及其变迁

在不同的经济发展阶段，经济领域会存在不同的公共风险，这些风险种类大致包括金融风险、贸易风险、失业风险、通胀风险、衰退风险等等。在自然经济阶段，由于自给自足与较少的贸易行为，经济领域的公共风险主要表现为脆弱的生产力，对自然的依赖性很大。在计划经济时代，由于经济权力的高度集中，因"计划能力"的不足易在实践中造成的公共风险主要是经济效率低下，以及经济社会发展缓慢，在内部表现为人民生活长期得不到改善，外部表现为国家竞争力的弱化。市场经济大大促进了生产力的发展，人类在这一体制下创造了丰富的物质文明，但与此同时，经济危机和金融危机也随之伴生，高度金融化的经济也变得更加脆弱，越来越不平衡和不稳定，经济领域公共风险的广度和深度超出之前的任何时候。通货膨胀（紧缩）、经济萧条等问题也长期困扰市场经济国家，成为现代经济发展中抹不去的阴影。

随着分工的深化，投入产出的链条越来越长，经济部门、行业以及经济区域之间的相互依赖程度也随之加深，由经济过程本身内生出来的这种公共风险呈现为扩散的趋势。

3.社会领域的公共风险及其变迁

这里所谓的"社会领域"，是从宏观的意义上表述的，它是政治、文化、意识形态等诸多方面的总和。社会总是处于不断的变化之中，多元化是其演变的趋势。这种多元化，包括了利益格局、行为观念、生活方式、个体角色等方面。社会领域的公共风险，集中地表现为分化与失序两种类型。

按照社会学的观点，社会分化是指社会结构系统不断分解成新的社会要素，各种社会关系分化重组最终形成新的结构的过程。它不仅包括社会异质性增加，还包括社会不平等程度的变化。我国的社会分化，具有一定的特殊性，不仅包括领域的分化和区域的分化，还有阶层分化、组织分化、利益分化和观念分化等内容[①]。社会分化不断积聚，就有可能引发社会失序，因为社会

---

① 文军、朱士群：《社会分化与整合及其对中国社会稳定的影响》，《理论与现代化》2000年第12期。

中各种利益集团的变动和重组，不可避免地对社会稳定产生着下列影响：一是动摇传统社会结构的超稳定性；二是引起社会地位的重新排序；三是分化瓦解原有的社会规范和社会交换规则；四是分化的不均衡性导致新的结构性失衡和冲突。

一般地说，公共风险的总体变化趋势是扩散的，虽然随着人类认识能力的不断提高，应对风险的方式和手段也在不断进步，但人类自身的活动同样在以更快的速度制造出新的公共风险。各种新的流行病的出现就是一个有力的证明。在联系日益紧密的现代社会，公共风险所蕴含的能量在急剧扩大，一旦转化为现实危机，给人类造成的损害将会远远大于过去，而且持续的时间将会更长，甚至是灭顶之灾。

（五）公共风险的应对依赖于制度创新

从制度本身来研究制度的定义，很难找出一个统一的或是大家认可的答案。"制度"一词，在中国思想史上久已有之，《商君书》中就曾有过这样的叙述："凡将立国，制度不可不察也，治法不可不慎也，国务不可不谨也，事本不可不抟也。制度时，则国俗可化而民从制；治法明，则官无邪；国务壹，则民应用；事本抟，则民喜农而乐战"①。按《辞海》解，制度的第一含义便是指要求成员共同遵守的、按一定程序办事的规程。汉语中"制"有节制、限制的意思，"度"有尺度、标准的意思。这两个字结合起来，表明制度是节制人们行为的尺度标准。在一般意义上，我们所指的制度就是以某种明确的形式确定、由行为人所在组织进行监督和用强制力保证实施的行为规范。纵观人类历史长河，我们不难发现，各种制度都是公共风险的产物。同时，组织、制度的变迁，又对防范与化解公共风险起到关键作用。

对于人类社会在进化过程中形成组织、制度的原因，从公共风险的角度来看，不妨对家庭和国家这两种处于社会最低和最高形式的组织加以考察。之所以说一夫一妻制的家庭制度是一个伟大的历史进步，不仅是因为它同奴隶制和

---

① 《商君书·壹言第八》。

私有财富一起，开辟了一个一直延续至今的时代，更重要的是它防止了因群婚而导致人种退化以至毁灭的风险。在这里，家庭成为人类本身进化过程中的一种风险防范机制；国家的产生也是如此，恩格斯曾说："国家是社会在一定发展阶段上的产物；国家是表示：这个社会陷入了不可解决的自我矛盾，分裂为不可调和的对立面而又无力摆脱这些对立面。而为了……不致在无谓的斗争中把自己和社会消灭，就需要一种表面上驾于社会之上的力量，这种力量应当缓和冲突，把冲突保持在'秩序'的范围之内；这种从社会中产生但又自居于社会之上并且日益同社会脱离的力量，就是国家"。可见，正是"组织内部矛盾和冲突"带来的公共风险导致了国家的产生。因此，从人类社会发展的历史过程来观察，组织、制度以及国家都是在进化过程中的一种自发的无意识结果——防范与化解公共风险的一种机制[1]。

显性制度和隐性制度是制度的两种形态，前者使人类社会的演进保持着稳定性，后者使社会运行保持在某种可选择的秩序之中，不至于使社会陷于混乱而停滞不前。尽管正式制度与非正式制度有不同的变迁方式，但变迁的原动力都是公共风险，变迁的整个过程都是在公共风险的推动下实现的。制度变迁的过程也就是防范与化解公共风险的过程。这既可以表现在宏观层次，如政府行为；也可以表现在微观层次，如企业行为等。

（六）人类对公共化的认识过程

人类群体的公共化程度是随着公共风险的演变不断提升的，但对公共化这一过程的认识却没有如公共风险那样长的历史。按照认识论的规律，人类对公共化的认识，将经历一个从公共风险到公共理性，再到公共文化的过程。在这一过程中，人们逐渐对公共化的本质有所把握，并最终将其化为人们的思想、观念和行动。

人们最先感受到的是公共风险，这是公共化的现象。如果说 2003 年 SARS 的突然爆发使国人真切体会到群体所面临公共风险时的恐惧的话，那么

---

① 见前文《论公共风险》。

2004 年以来发生的一系列事件，如电力恐慌、石油短缺、禽流感以及印度洋海啸则给了人们更切实的感受。通过对这些公共风险的反思与分析，逐渐形成一种群体的公共理性，并以追求群体的安全和利益为目的。

公共理性形成之后，会逐渐渗透在人们生活的所有层面，同时，这种理性的影响甚至能够决定一个社会的整体发展方向，这时，公共文化形成了。从概念上说，公共文化就是人类在社会历史发展过程中所创造的物质财富和精神财富的总和，特指公共的精神财富。这种公共的精神财富，发展到现代社会就包含了民主、自由、平等、博爱、公平、正义等思想，这些思想一旦掌握了多数的社会个体，特定的公共文化就形成了。

群体公共化的进程是不会停滞的，公共风险源于世界的不确定性，而不确定性又是世界的固有本质，这样，公共风险推动着公共化的演变和发展。与此同时，人们对公共化的认识也将不断深入，并最终在文化这一精神层次上实现对公共化的真正理解。

六、社会化的演进逻辑

社会是人类存在的方式之一，人类个体是它的基本单位，社会化描述的是由分工带来的个体之间日趋紧密的联结过程。考察社会化水平的发展，不能不从社会化的逻辑起点、方式、动力演变、形态、主体意识等方面进行研究。

（一）个体存在及其发展动力

人首先是作为个体存在的，"自我实现"的目标将每一个特定的人类个体与其他个体区别开来。对于个体存在的人，他所具有的理性、伦理、道德、个人价值等属性，不同的学科有不同的阐述，西方经济学中的"经济人"假设是最富有影响的。

"经济人"假设最早源于亚当·斯密在 1776 年出版的《国富论》。斯密认为"利己性"是经济人的本性，"利己心"是每个人从事经济活动的动机。之后，约翰·斯图亚特·穆勒（John Stuart Mill）在 1836 年发表的《论政治经济学的定义》一文中指出，"经济人"有两大特征：一是自私；二是完全理性。"经济人"就是会计算、有创造性、能寻求自身利益的最大化的人，由此，"经济人"的利己本性发展为最大化原则。当然，从理论基础来说，完全理性的"经济人"并不真正存在于现实生活之中，人类个体的行为有着其深刻的复杂性，但是，"人的行为永远都是在约束条件下的最优行为[1]"，这一点却是确定无疑的。

"经济人"是对在理论经济学体系中充当分析基点的个人行为的一种假设性表述，是在理论层次上提炼出来的一种经济活动中以自身利益追求为核心理念的抽象人格。物质生活是人类生活的第一个重要方面，因而个体对自身利益最大化的追求首先表现为个体逐利行为，并因此而衍生出其他个体行为。但是，按照严格的自利行为特征来说，经济人绝不会自觉地把行为限制在互利的界限之内，更不会自觉地把个人利益置于他人利益之下或自觉遵守道德和制度规范。因此，有效的制度安排和合理的制度结构既能为个人提供利益激励和比较充分的自由选择空间，也能够为人们建立比较有效的利益约束和行为规范，从而在人类个体之间架起一座沟通的桥梁，这对于弥补个人理性的不足是极端重要的。

（二）个体发展的方式

在个体逐利和自我实现这一抽象人格的驱使下，如何能更快、更有效率地积累物质财富，成为个体发展中面临的关键问题。从人类历史发展的长河来看，劳动分工是实现上述目标的有力工具和必然选择。埃米尔·涂尔干对分工做了如下描述："它增加了生产的能力和工人的技艺，所以它成了社会精神和物质发展的必要条件，成了文明的源泉"[2]。亚当·斯密则说："劳动生产力上最大的增进，以及运用劳动时所表现的更大的熟练，技巧和判断力，似乎都是分工的结果"[3]。马克思指出："一个民族的生产力发展的水平，最明显地表现在该民族分工的发展程度上"[4]。个体获利水平和财富积累数量的增加表现为社会经济

---

[1]　张宇燕：《经济发展与制度选择——对制度的经济分析》，中国人民大学出版社 1992 年版。

[2]　[法]埃米尔·涂尔干：《社会分工论》，渠东译，生活·读书·新知三联书店 2000 年版。

[3]　[英]亚当·斯密：《国富论》，郭大力、王亚南译，商务印书馆 1981 年版。

[4]　《马克思恩格斯选集》第 1 卷，人民出版社 1972 年版。

的发展，而分工和专业化所导致的生产方式变革无疑是经济发展的主要特征。

生产的分工和专业化是一个事物的两个方面。专业化就是一个人或组织减少其生产活动中不同职能的操作种类；或者说，将生产活动集中于较少的不同职能的操作上。分工就是两个或两个以上的个人或组织将原来一个人或组织生产活动中所包含的不同职能的操作分开进行。分工越是发展，一个人或组织的生产活动越集中于更少的不同的职能操作上。从理论上分析，分工和专业化的经济性，或者说分工和专业化给人们带来的利益，大致有提高生产效率和节约资源的直接经济性和为生产方式的其他创新提供条件的间接经济性两种，它们都促进了生产力的发展和个体获利的增加①。

（三）专业化的形式变迁

从形式上讲，劳动的专业化包含了产业分工与知识专业化两种状态，知识专业化是比产业分工具有更大影响力和更复杂属性的专业化形态。

在知识经济时代到来以前，传统的劳动专业化配置的是"给定"的资源，那个时代的典型特征是以劳动和资本为主要的生产要素，"劳动专业化"是人们关注的核心问题。恩格斯在《家庭、私有制和国家的起源》一书中论及了人类历史上的三次社会大分工，即游牧部落从其余的野蛮人群中分离出来；手工业和农业的分离；商人阶级的出现。这三次劳动的专业化发生于人类野蛮时代的中后期，经过这三次大分工，人类进入了文明时代。传统的劳动专业化提高了人类的生产力水平，极大地推动了人类社会的进步。

从广义上讲，知识专业化也是劳动专业化的一种，社会科学的产生，包括哲学、逻辑学、政治学的产生都是社会专业化分工越来越细的结果。但是，知识专业化与传统的劳动专业化截然不同，哈耶克曾说："知识分工至少是与劳动分工同等重要的问题，甚至是经济学中的中心问题"。在真实世界里，任何人都不可能知道所有的事件及事件发生的原因，每个人所拥有的知识占全社会

---

① 盛洪：《分工与交易——一个一般理论及其对中国非专业化问题的应用分析》，上海三联书店、上海人民出版社 2006 年版。

知识总量的微不足道的一部分，或者说个体不可能掌握完全的信息，这即是类似于劳动专业化的"知识专业化"。如何运用知识，即让分散的知识如何有效协调的问题，是"知识专业化"背景下经济学的核心问题。随着现代科学技术知识的快速发展与累积，知识在经济社会发展中的地位越来越重要，直至代替资本而成为经济社会中起主导作用的生产要素：一方面，知识专业化大大加快了人类文明进程，为生产力的迅速提高奠定了重要基础；另一方面，"知识分裂"也产生了学科之间的系统风险，它们之间的信息不对称成为迫切需要解决的问题。

（四）市场经济与劳动分工

市场伴随交换产生，是随着分工逐渐发展的，劳动分工需要市场，但市场经济却没有从一开始就取得统治地位。从早期偶然的、局限的市场到后来经常的、扩大的市场，体现着社会分工的深入和劳动生产力的不断提高，可见，市场受分工水平的限制。但是，另一方面，分工亦受到市场范围的限制。亚当·斯密认为，市场的扩张十分重要，它使经济关系网络进一步专业化成为可能，并容纳了分工的深入。分工的深入使生产、分配、消费等各个环节的联系更加紧密，并产生了大量专门化的组织以及知识，这些专门化组织除了满足人们的多种需求外，还相互支持，分担或减少了风险，是市场机制的自动稳定器，如商业保险与股份公司等。

从劳动分工的发展历史上讲，它经历了低级阶段，即自然经济的劳动分工与高级阶段，即市场经济的劳动分工两种状态，后者是比前者分工精细得多的经济形态。在自然经济条件下，各个经济实体分散地实现自给自足，他们之间很少有物质交换发生，"个体彼此间或许只存在地域的联系，利益的同一性并不能使他们彼此间形成共同关系，并进而形成全国性的联系"，这时的劳动分工水平是比较低下的[①]；市场经济则与自然经济完全不同。市场经济通过细致的社会分工使生产出现了集中化与分散化同时并存的二重化现象，一方面是经

---

① 《马克思恩格斯选集》第 1 卷，人民出版社 1995 年版。

济个体从事的劳动越来越专业，另一方面是经济个体间越来越形成了一种休戚与共的紧密联系，整个社会由于劳动分工形成了一个扁平化的网络，分工越发展，网络越紧密。分工与社会化按同一程度发展，不仅是社会生产力发展的结果，也是生产力发展的主要途径，因此，市场经济创造出了比自然经济多得多的社会财富，大生产最终取代了传统的小生产。

需要特别指出的是，在人类的经济形态由自然经济过渡进入市场经济之后，市场经济不仅是分工的产物，还成为推动分工进一步发展的重要力量，即劳动分工在市场经济中具有内在的自我加强性。在市场体制下，劳动分工日益成为一种绝对的行为规范，否则就会被淘汰。

（五）社会化程度的不断加深

对于社会化产生、发展的研究必须立足于人的个体，因为这不仅是社会化的物质起点，也是社会化的终极目标。人的一般本性是在社会实践中变化、发展形成的，马克思说："一切唯心主义者（包括文艺复兴时期的）和旧唯物主义者他们没有注意到这些人使自己和动物区别开来的第一个历史行动并不在于他有思想，而是在于他们开始生产自己所必需的生活资料。他们不懂得劳动实践是人性生成的动力源泉，不懂得人是劳动的产物，也没有看到'人即使不像亚里士多德所说的那样，天生是政治动物，无论如何也是天生的社会动物'，人在其现实性上，是一切社会关系的总和。社会关系实际上决定着一个人能够发展到什么程度"[1]。

可见，研究人的社会性与社会化的发展对研究社会问题、公共问题有着本质意义。由于劳动专业化的不断发展，人的社会化程度也在日益提高，在人类社会进入近代史以前，已经经历了漫长的分工和专业化的发展，达到了某种分工和专业化的水平。但在之前，分工和专业化的发展是异常缓慢的，在相当长的时间里没有什么明显变化，以至被人们认为是停滞的，这一时期社会化的发展也是缓慢的；在进入近代以后，分工和专业化突飞猛进，甚至可以说，分工

---

① 参见《马克思恩格斯全集》第1、3、23、42、46卷。

和专业化的发展就是近代经济史的主要特征①。现代劳动分工已经把人类个体紧密地纳入社会化的范围之内，并且这种趋势还将随着个体的逐利动机不断继续下去。

随着社会化程度的不断加深，人类逐渐形成了个体理性，它成为个体应对社会化这一历史进程的指引。这时的个体理性，已经融合了"自然秩序"和"社会秩序"的双重内涵，成为成熟的市场经济微观主体的价值导向。

七、公共化与社会化的逻辑关联

弄清楚公共化和社会化的逻辑路径，有助于我们把握二者的区别与联系，进而更清晰地认清公共化与社会化的内容、范围和边界，这对于不同的活动主体、不同的主体行为及其解释都具有前提性意义。

（一）公共化与社会化的区别

1. 逻辑起点不同

公共化的逻辑起点是人类群体，而社会化的逻辑起点是人类个体，这也就是说，一切"公共"的问题，都是围绕着群体的意识、行动与要求展开的；而所有"社会"的问题，则要基于个体的意识、行动与要求。逻辑起点的不同，为我们思考"公共化"与"社会化"的关系，提供了理论上的界分。

在理论研究中，并未真正厘清"公共化"与"社会化"这两个概念在逻辑基础上的差异。流行的公共产品理论用"排除法"的手段将公共产品在逻辑上依附于私人产品，即"市场不能做的，就是政府需要做的"。这种思维逻辑无异于说，公共产品决定于私人产品，公共支出的范围决定于私人产品存在的范围。实际上，只要我们对"公共"与"社会"的逻辑基础稍加分析就可以看出，"公共产品"实际上与"私人产品"有着天然的差别，"泛市场分析"的方法并

---

① 盛洪：《分工与交易——一个一般理论及其对中国非专业化问题的应用分析》，上海三联书店、上海人民出版社 2006 年版。

不能延伸到公共领域，"社会化"范畴内的"私人产品"概念，并不能成为"公共化"范畴内的"公共产品"概念的基础。换言之，基于市场分析方法论述的"公共产品"的内涵与外延，在逻辑上是不能成立的，其概念本身也是模糊不清的①。

不同的逻辑起点，自然地决定了公共化和社会化有不同的演变路径，对处于其中的各类主体行为自然也会产生不同的影响，形成不同的认识和观念总结。公共化和社会化铸就了不同的人类思维和不同的实践活动。

2.终极目标不同

公共化的终极目标是群体安全，而社会化的终极目标是自我实现。

群体安全是公共化的最终目标，也只有群体安全才能赋予公共化以逻辑合理性的意义。一个群体当前行为的方向和强度，是群体的内部动力、内部特征和当时所处的群体可感知的环境力量相互作用的结果，这一结果的目标，就是为了求得群体安全。事实上，群体安全已经成为一种社会文化，所谓一个群体的安全文化，是群体的价值观、态度、能力和行为方式的综合产物，它决定于安全管理的目标、保卫安全的行动作风和工作熟练程度。安全文化通常表现为三种力量：信念的自导力、道德的自律力和心理的自激力，群体安全是社会发展的基础与保障，也是群体价值观、道德准则和行为规范的一种融合。

马斯洛理论认为，自我实现是人本质所具有的最高需求，个体存在于现实生活的意义就在于追求自我实现。生理上的需要、安全上的需要、感情上的需要、尊重的需要和自我实现的需要是人类个体需要自低至高的五个层次。当然，谈个体的需要，不能抛开特定的社会条件、人的发展以及人的实践，对于个体而言，逐利是实现自我需要的物质基础和实践保证，因此，虽然人类个体社会化的终极目标在于求得自我实现，但是我们同时必须承认，社会化的直接目标在于个体逐利。

虽然纯粹意义上的自我实现对于每一个人来说都是不可能的，但是人类个体仍在向这个目标努力，因为越接近这一目标，人的存在便越有意义。

———————————

① 见后文《公共支出范围：分析与界定》。

（二）公共化与社会化的联系

公共化与社会化是同时产生、互为条件的。从人类历史的起源考察，自从有了人类活动，公共化与社会化就同时开始发展了。在它们发展、演化的过程中，两者还相互促动、相互制约。

1. 公共化与社会化同时产生

承认人类以个体和群体两种方式存在，并且两者处于并列关系，就必须承认公共化与社会化同时产生。

实际上，人不仅生活在社会领域中，而且生活在公共领域中，也就是说，从劳动促成了真正的人类以后，人类就有了两方面的行为：一方面，作为个体的人，在不断地追逐利益与求得自我实现；另一方面，作为群体的人，又必须面对群体所需要解决的公共风险。人来源于动物界这一事实已经决定人永远不能完全摆脱兽性，如果说人作为个体与群体同时并存这种状态与动物有相似之处的话，那么"社会化"与"公共化"早在人类产生之前的动物界里就已经存在了，这种追逐个体利益与寻求群体安全的特征并不为人类所独有。因此，我们在考察"人"的公共化与社会化时，当然容易发现，这两者是同时作为人类行为的特征而在人类产生之初就已经具备的。

从整体上看，经过漫长的发展过程，人的社会化程度已经很高，但从个体看，人首先还是自然人，人个体的社会化，是个体主观追求所致的结果，这种结果反过来造成了个体对社会和他人的依赖。与此同时，人的公共化也演进到了与社会化同样的水平，但无论公共化的内容如何改变，其本质都是要防范与化解公共风险。人的公共化，是自然和社会变迁对群体的必然要求和影响，是群体的自我保护。

2. 社会化对公共化有重要影响

社会化的程度越高，公共化的外延就越大。换言之，社会分工越发展，群体的公共化水平就越高。之所以如此，是因为社会化直接对公共化的发展动力——公共风险产生影响，公共风险扩张的原因就在于社会化的进步。虽然自然领域的公共风险比社会领域的公共风险历史要长久，但群体面临更多的威胁还是来自于社会运行过程内部的不确定性及由此导致的各种风险和危机。生产专业化带来的系统性风险是社会领域公共风险的主要方面，它是随分工深化、社会化程度提高而不断积累的，这在实践中使公共化的外延持续扩大。

在一个社会特定的制度下，随着该社会的社会化程度不断提高，分工带来的"系统性"风险在各类公共风险的中日益突出。分工越来越复杂，在一个链条或一个系统中，某一个或某几个要素如果出现问题，会给整个系统涉及的要素造成损害。而在社会分工程度不高的社会中，局部的问题不会影响到系统本身的功能，不会造成传染性的影响。这从我国处于二元状态的城市社会和农村社会的对照中就可以看得很清楚。例如水的供应，在农村并未构成公共化的内容，因为水还未成为商品，没有纳入以分工为基础的专业化生产过程；而在城市，水成为商品，已经完全进入到社会大生产过程之中，某一个水厂出现问题，如停水和被污染，就会成为重大的公共事故，影响到整个城市社会。社会化不断发展，由公共化进程催生的制度就需要不断完善。现代社会的"系统性"风险要求制度不断提高系统的可靠性和容错率，具备跨部门整合社会资源和保证分工有效性的能力。而当社会分工从劳动分工发展到哈耶克所说的"知识分工"后，社会对知识的依赖性就大大加深了。知识的分工使知识的生产呈几何级数增长，而知识的增长又加快了知识分工，使社会成员之间、生产环节之间的依存性比以前更强，由此产生的不确定性和公共风险也就更大[1]。

3. 公共化对社会化产生约束

既然群体对个体是一种哲学意义上的否定，那么在实践中必然表现为公共化对社会化的约束，即凡是公共化的东西都对个体行为形成约束力。

公共化对社会化不能抽象地形成约束，它总是表现为公共风险、制度等内容对个体行为的某种制约。

个体基于逐利和自我实现的目的而采取行动，必须考虑到群体的整体利益，否则，由于个体的不当行为给群体带来公共风险以至公共危机时，群体的风险和危机也必将影响到个体，并对所有个体造成损害。因此，社会化一方面

---

① 见前文《论公共风险》。

需要公共化的保护，另一方面也必须接受公共化的制约。制度的起源和发展也是类似的道理，制度作为防范与化解公共风险和公共危机的产物，它的产生与它对个体的约束力同时出现，这种对个体的约束力也正是制度的生命力。

公共化对社会化形成的约束，在现代社会，必须建立在民主的基础之上。也就是说，公共风险的识别与防范、公共危机的应对和制度的确立、执行，都要求个体承担相应的义务，这种义务的产生，必须要有民主化的程序，而不能是对个体的随意、主观的强迫。

公共化的程度不断加深，它对个体社会化进程的约束也在不断加深。无论是公共风险和公共危机的扩大导致个体对社会化进程的选择更加理性、更加科学，还是社会制度的日趋健全和完善对个体形成更全面和更深刻的约束，都是公共化对社会化约束的深化。这种深化的约束，与特定的社会、经济、自然环境和生产发展水平分是不开的，此外，还要受到社会意识和文化的综合制约。随着公共化进程的有序展开，个体也将在更趋理性的基础上推进社会化进程。

公共化与社会化的逻辑起点虽然不同，它们各自具有各自的属性和演变路径。但是，另一方面，两者它们互为条件，相辅相成，从两个方向共同推动着人类社会的变迁与进化。

例如在市场经济社会，由于广泛的分工，使人类个体之间的联系变得日益紧密，但另一方面，由于更激烈的各种竞争，也使人类个体之间变得越来越相互"疏远"，出现了所谓"熟悉的陌生"这样一种矛盾的现象。在没有公共风险的状态下，人类个体之间是一种"紧密的疏远"状态，而当公共风险来临时，如外来侵略、公共灾难，人类群体及其行为就会呈现出来。

（此文发表于《学习与探索》2008 年第 5 期，作者：刘尚希）

以公共风险为导向的改革

阅读提示：《以公共风险为导向的改革》一文提出了从公共风险角度判断改革的学术新标准：是否有利于防范和化解公共风险，如果是，则改革是正当的；如果不是，则改革不具有正当性。这个方法既可以用来对整个改革进行判断，也能用来对局部的某一项改革进行分析。将公共风险与改革联系起来，并提出判断改革的学术标准，是公共风险理论进一步的深化研究，标志着公共风险不仅是一种静态的概念，而且是一个动态的概念，具有很强的解释力和生命力。这与邓小平同志的"三个有利于"、习近平同志的"两个是否"并不矛盾，本文是基于学术角度于 2005 年提出的。

改革是一个复杂的系统工程，但不能用"工程思维"来思考改革，因为我们不知道改革的"彼岸"在哪里，因而也不知道还要走多远，更是画不出一条改革的"路线图"；我们想要建立的那种理想的体制模式到底将会是什么模样，谁也无法预知，因而我们无法设计出一个"施工图"像盖房子一样按部就班地来实施我们今天的改革。无论从历史来观察，还是从逻辑来推演，引导改革的只能是公共风险。公共风险既是我们改革的动力和压力，也是判断改革方向和正当性的基本准则。本文是基于 2005 年上半年在一次关于改革形势分析会上的发言而形成的。

一、从方法论说起——如何来思考改革

我国当前的整个改革是以市场化为导向的，其目标就是建立起社会主义市场经济体制；与此相关的公共领域的改革是以公共化为导向的，如公共财政、公共管理等，其目标就是建立一个关于公共事务的有效决策机制。在改革开放的初期，我们对此并不清楚，或者说在整个社会没有达成共识。经过十多年的摸索，直至邓小平 1992 年南方谈话之后，市场化改革的这个方向才得以真正明确；与此相连的公共化改革也才得以确定。对于改革的方向，现在已经成为一种社会共识，似乎是没什么可说的了，没有人会反对市场化导向的改革。

事实上，"改革"已经成为当今中国的另一种社会意识形态，只要高举改革的旗帜，就几乎无人敢唱反调。但问题是，我们仅仅是明确了改革方向，"目的地"在哪儿，还要走多远？对此恐怕很难说清楚。这也就是说，我们通过改革所要建立的社会主义市场经济体制到底是个什么样子？能不能设计出一个"施工图"像盖房子一样按部就班地来实施我们今天的改革？如果回答是肯定的，那我们就可以把今天的改革事业当成一个"工程"来对待，并用"工程思维"来判断我们的改革是否偏离了方向，就可以知道我们改革的进程如何，以及还需要走多远和怎么走，甚至可以宣布，在某年某月可以建成社会主义市场经济体制的大厦。如果回答是否定的，则意味着市场化导向的改革只是给了我们一个大体的方向，以及沿着这个方向进行改革的一般原则，如产权明晰（无论公共产权，还是私人产权）、利益与风险对称、竞争环境要公平、政府行为要规范等等。除此以外，没有更多的信息来判断我们改革的进程。改革的"彼岸"并没有一个清晰的图景，或者说改革的目标模式所提供的信息是不充分的，这就产生了一系列问题：我们的市场化改革已经走了多远，有没有偏离市场化改革的方向？我们还有多长的路要走？我们凭什么来对此做出判断？如果不能判断，则就会引出另一个问题，即改革的方向是否出了偏差我们也无法判断。这样一来，我们就很容易落入到一个危险的境地：陷入"循环改革"而不知。大家都在喊改革，也许不知不觉中就改回去了，或者误入歧途，改出了

一个我们不想要的市场经济体制，或如吴敬琏先生所说所的"坏的市场经济"。这是一个改革逻辑上的悖论。

那我们有什么办法来避免这种情况的发生呢？在学术界，通常是以国外的市场经济为"标杆"来判断的，譬如美国的市场经济如何，我们的市场经济还差多远，总是有意或无意地拿西方发达国家来做我们改革的"模板"。看看别人是怎么搞市场经济的，也许能给我们一些启示，进行比较研究确有必要，但改革中的"拿来主义"是行不通的。过去临摹苏联的体制，事实证明是失败的；今天临摹美国的体制也不会成功。历史和逻辑都可以证明，模仿他国，此路不通。还有什么办法呢？要避免落入"循环改革"的陷阱之中，及时纠正改革中出现的偏差，我感觉，泛泛地谈论一般性的原则是没用的，必须从一个新的角度来考虑，以寻求一个新的判断准则。

这就让我想起来我们为什么要改革呢？是理论上证明了计划经济有重大缺陷？恰恰相反，当时的理论解释认为计划经济有许多的优越性，即使用现在的理论来证明，只要信息充分，计划经济与市场经济是等价的。其实，引导我们改革的不是理论，而是现实中的公共风险以及由此可能导致的公共危机。"落后就要挨打"，这是中国近代史留给我们的最深刻的记忆。20世纪80年代中期，上海的《世界经济导报》发起了一场关于中国"球籍"的大讨论，其大意是如果中国不加快发展，中华民族不但难以自立于世界民族之林，甚至有被开除"球籍"的危险。"球籍"是什么？那就是我们全体国民所面临的公共风险（即潜在的公共危机）。没有这样的公共风险，改革开放能在中国的大地上展开吗，能形成改革开放的共识吗？这是不言而喻的。

事实上，我们在探索中前进的一步步改革都是公共风险引导的结果。没有公共风险，从根本上讲，整个改革就是多余的，更不要说改革的动力和改革的共识。尽管这在社会的"公共显意识"（如政府的文件、流行的理论）中并未充分反映出来，但却是实实在在存在的，或者说是作为社会的一种"公共潜意识"而存在的。2003年的"非典"带给我们的震撼可以说是公共风险引导改革的一个有力证明。如果我们再进一步观察，不难发现，公共风险既是我们改革的压力和动力，同时也是我们进行改革的目标指向。我们改革的目的是什么？是为了建立一个市场经济体制，为改革而改革？显然不是，那就是：防范和化解公共风险（潜在公共危机），实现中华民族的伟大复兴。[1] 建立市场经济体制只是我们达到这个目的一个手段或工具。市场化改革只有"工具价值"，不是我们追求的目的，防范公共风险，以避免公共危机才是我们集体行动所追求的终极价值之所在。

那么，现在的改革到底应该怎么走？用什么方式来判断改革是否出现了偏差？在这里我们可以从公共风险中引申出一种新的判断标准：是否有利于防范和化解公共风险。如果是，则改革是正当的；如果不是，则改革不具有正当性。这个方法既可以用来对整个改革进行判断，也能用来对局部的某一项改革进行分析。循着这个思路，我们不难对当前的改革做出新的分析和判断。总之，改革只是手段，不能从改革本身来判断改革的正当性；市场化只是一个方向，也是一个手段，也无法从市场化本身得出有意义的结论，只有从与公共风险的联系中才能看出各项改革的真正意义所在。以市场为导向来推进各项改革，相对于计划经济而言是有意义的，正如 GDP 的增长对于贫穷而言具有意义一样。但当改革进入一个新阶段，尤其是市场化改革已经明确，并已经成为社会共识的情况下，继续以"市场化"来引导各项改革，则有可能落入到我们前面所提到的改革陷阱之中。因此，在改革方向已经明确的条件下，改革的导向不应是作为手段的市场，而是公共风险。只有这样，才可能避免为改革而改革，为市场化而市场化。

对社会大众而言，只有公共风险才是绝对的公共利益，其他均可归结为个体的利益，或者说，除了防范公共风险是公共利益，其他的都是非公共利益。站在这个角度来看，以公共风险为导向的改革实质上是以公共利益为导向的改革，只有服从于这个公共利益，改革才不会出现偏差，才能真正体现我们改革的终极价值。

---

[1] 习近平同志在 2014 年新年贺词中指出：我们推进改革的根本目的，是要让国家变得更加富强、让社会变得更加公平正义、让人民生活更加美好。也就是防范化解了穷弱不公的公共风险。

二、当前面临的主要公共风险

以公共风险为导向来推进宏观改革，那就要搞清楚当前面临的主要公共风险，这样改革才能有的放矢，真正起到防范和化解公共风险的作用。当前面临的公共风险，主要有以下几个方面：

（一）市场竞争的逆向淘汰。一般地说，市场竞争的结果是优胜劣汰。但凡事不能想当然，历史上曾经有"劣币驱逐良币"的现象，现在的市场竞争也出现了类似的现象。最主要的是市场竞争环境不公平，首先是内外资企业的不平等，外资企业税负轻，而内资企业税负重，这必将淘汰一些高效率的内资企业，而保留下低效率的外资企业。公有制企业和非公有制企业之间也有类似的情况，前者占有了大量的资源，而产出效率并不高；而相对有效率的非公有制企业，却很难得到资源，例如贷款。在这种不公平的竞争环境下，竞争的结果就是逆向淘汰，即低效率的淘汰高效率的；无效率的淘汰有效率的。不管这种逆向淘汰是什么程度，但只要存在，那就是一种公共风险，将会恶化资源配置，从而降低国家的竞争力。

（二）收入分配的逆向调节。这表现在多个层面，对个人收入分配的逆向调节尤其突出，个人所得税主要由工薪阶层交纳就是一个有力的证据。城乡之间的收入分配、区域之间的收入分配存在同样的问题，并已存在多年。尽管本届政府已经意识到这个问题，并着手解决，如加大对欠发达地区转移支付的力度、公共支出的增量向农村倾斜等等，但由体制造成的问题非一日之功所能解决。如果整个社会造成了一种"马太效应"，穷的越穷，富的越富，"让一部分人先富起来"变成了"只是一部分人富起来"，势必导致社会的分化，加剧整个社会的利益失衡，最终使社会失序，经济、社会的发展都将难以持续。

（三）政府间关系隐性复归。我国之所以有今天的伟大经济成就，与"行政性分权"的改革是分不开的。正是这样的改革充分调动了地方的积极性，改善了资源的配置，提高了产出水平。但这种改革的成果在现行的审批体制下和转移支付不断加强的趋势下，地方的自主权在缩小，地方对中央的依赖性在增强。解决基层问题的时候，中央政府成了主角，而地方政府反而却成了配角。无论是大是小的问题，已经到了没有中央批示就难以解决的地步。这预示着政府间关系在复归，各种各样的风险也在向中央转移，向中央集中和积聚。

（四）经济、社会发展失衡。经济快速增长，而社会发展严重滞后。上不起学、看不起病的人不是在减少，而是在增加。究其原因，这不是由市场分配差距扩大造成的，而是社会事业发展长期受到资源配置的约束所致。义务教育、公共卫生长期投入不足，尽管现在大有改善，但至今也没有满足其基本的需要，在农村尤其如此。长期来的"以 GDP 增长为纲"的指导思想以及由此形成资源配置的倾斜是导致这种公共风险存在的根本原因。要化解这种公共风险还需长期不懈的努力。

（五）资源、环境的压力不断增大。我国现有的人均 GDP 仅为发达国家的十几分之一，还需要大力发展，而中国人多物薄，人口占世界的 1/5，而耕地、水、能源、各种矿产等，按照人均来计算，都处于世界的末位。如石油，是世界平均水平的 1/10，若达到美国现有的消费水准，每年需要 50 亿吨以上，把全世界的石油给中国也不够。一方面，经济快速增长，另一方面，资源和环境的承载力已日益趋向极限。中央提出发展循环经济，构建节约型社会是防范和化解这种公共风险的战略性措施，但实施的难度也是可想而知的。

（六）"风险大锅饭"的制度性存在。改革开放打破了利益大锅饭，而风险大锅饭却依然存在。有利益的普遍激励，而无风险责任的严格约束。企业的风险（包括金融企业）向政府转移、政府各部门的风险向财政转移、下一级政府的风险向上转移、本届政府的风险向下一届政府转移，最终的结果必然是由中央政府财政最后来兜底。一旦出现兜不了底的情况，那就如防洪堤坝决口，一场公共危机将难以避免。如何对付这种公共风险，现在似乎还没有找到有效的对策。

要化解上述公共风险，没有改革是不行的，而且需要深层次的改革，如政府公共收入制度的改革、公共支出结构的改革、政府职能的改革、政府间关系的改革、宏观调控体制的改革等等。正是公共风险凸现了这些改革的必要性和紧迫性，否则改革就无从谈起。以公共风险为导向来推动这些改革，就是说，改革既要依据公共风险来逐步实施，也要以化解公共风险的程度来衡量其有效性，绝不能就改革来论改革。

（此文发表于《中国改革》2005 年第 8 期，作者：刘尚希）

从整体观和风险观系统认识降成本

阅读提示：《从整体观和风险观系统认识降成本》一文认为现在人类社会已经进入"风险社会"，全球经济及我国的经济也进入"风险经济"状态，这也是经济新常态的一个基本特征。但我们的制度变迁无疑是慢于风险产生的速度，这时整个经济社会的不确定性就会放大，行为方式也会转变，这就会导致成本快速上升。要降低整个社会的公共风险水平，那就要加快改革，加快制度的创新，推进制度变迁，使制度和风险之间形成一种良好的匹配，充分发挥制度及时防范化解风险的功能，避免风险累积和集聚。当经济社会的不确定性程度总体下降的时候，即公共风险呈收敛状态时，那么经济社会整体的成本水平才能够下降。本文将企业运行成本与公共风险理论联系起来，找到了问题的根源，同时提出了解决问题的根本途径。

"三去一降一补"是供给侧结构性改革的重要内容，其中的"一降"是指降成本。需要政府推动降成本，自然是当前成本太高了。从去年到今年，国务院及地方都出台了降成本的政策措施。那怎么理解成本太高？为什么成本会高？这些问题搞不清楚，可能无法真正实现降成本。

一、降成本是整体性问题

过去我国的发展是低成本、低附加值，现在变成高成本，但依然是低附加值。一些地方当年的经济增加值已经低于当年的总投资，经济发展的成本越来越高。为什么从低成本变成了高成本？很显然，这个高成本不能说是税收导致的，因为这些年来都在不断减税，我国并没有整体地进行制度性加税，这只能从其他方面来解释。直观地从会计成本的角度来看，成本高就是原材料成本高、能源成本高，还有销售费用、管理成本、财务费用高，这些都构成企业的成本。严格来说，在会计核算上的成本和费用还有区别，我们不那么严格区分。

单从一个企业的角度来看，降成本是很难的，因为企业之间的成本，以及企业的各项成本之间都是相互关联的，这是一个整体性的问题。当然，企业内部成本控制则是另外一回事。其实成本问题，还是一个分配问题。比如人工成本，对企业来说是成本，对劳动者来说就是收入；原材料成本对下游企业来说是成本，对上游企业来说又是收入；融资的成本，对实体经济企业来说是财务费用，无疑地属于成本，而对金融企业来说是收入。

所以，从整体来看，降成本同时也是利益分配关系的调整。这边降了，那边就少了，比如降了工资，人工成本虽然下降了，但是劳动者的收入也会减少，这就涉及分配的比例关系。如果仅仅是从财务会计的角度去看待降成本，就很可能形成一个跷跷板，按下葫芦浮起瓢。因此，降成本要整体考虑，统筹施策，很难针对局部去降成本。

二、高成本形成的直接原因

从我国发展阶段以及经济社会发展这个整体来看，以下六个方面导致成本趋势性上升。

产能过剩、杠杆率高、库存多。"三去一降一补"的"三去"都是和成本关联在一起的：产能严重过剩意味着有大量的无效成本，无效成本不能带来增值；杠杆率很高意味着财务费用很重，成本就上去了；库存多显然导致资金周转慢，成本也上去了，这些都会带来高成本。从经济学的角度来说，由这些问题导致的成本是经济成本，是资源错配的成本。"僵尸企业"就是典型的资源错配现象，大量宝贵的社会资源消耗在这些企业里，产能不能有效发挥出来；

杠杆率高实际是资金的配置出了问题。从经济成本的角度来说，这还带来很高的机会成本。社会资源是有限的，不能用在合适的用途上，实际上就是资源错配，经济运行成本就会很高。当前企业成本高，与资源错配密切关联，与市场扭曲有深刻联系。

研发投入不足。研发的短缺会导致成本的增值效率低。试想一下，企业如果没有新技术、新产品、新工艺、新模式，长期一贯制，一方面，生产过程消耗就会很高，单位产品的原材料消耗、能源消耗、管理费用等等，都会居高不下；另一方面，成本的增值率，或者说转化率低，带来的附加值低。这样的成本是低效成本，甚至可以说是无效成本。这同时产生两个结果：企业成本高、产品附加值低。因此，企业技术进步缓慢导致的这种高成本、低利润，是研发不足的结果，是长期跟随、模仿形成路径依赖而产生的结果。

靠跟随、模仿而生存、发展的时代已经从整体上结束了。没有研发，没有创新，企业成本就会越来越高，利润越来越薄，直至被淘汰而退出市场。从现实来看，越是重视研发的企业，日子越是好过，而相反，陷入困境的企业，都是不重视研发的企业。这也证实了研发与企业成本的相关性。

人口老龄化。人口老龄化也会带来高成本。我国在不到 20 年的时间之内就进入了老龄化社会，而发达国家进入老龄化社会，一般用长达几十年至一百多年的时间。我们在还没有富起来的时候就进入老龄化社会了，而这些养老的成本是由全社会来负担的，最终是由企业来承担的。不仅如此，老龄化的另一面是适龄劳动力减少，劳动力市场发生逆转，从买方市场变为卖方市场，企业雇工不愁的时代结束了，人工荒时常发生，工价越来越贵。当这种现象变为一种普遍现象时，不只是企业雇工成本上升，而且还会衍生扩大，使各项企业成本同时上升。如人工贵导致物流成本上升、原材料成本上升、销售费用上升，等等。缺少劳动力，一切都会变得更贵。从社会加持到企业身上的成本与从市场加持到企业身上的成本，两者叠加在一起，致使企业的人工成本快速上升，并连带引发各项成本上升。

资源匮乏。我国已经成为世界第二大经济体，生产、生活所需的资源不断增扩，我国自有资源已远远满足不了发展的需要。相对于我国的生产规模和生活水平，我国已经成为一个资源匮乏的国家。当资源供应越来越依赖于国际市场时，这不能不导致资源成本上升。例如我国石油、铁矿石对外依存度超过60%，国内的资源不够，要到国际市场上去购买，这不仅决定于国际市场供求状况，还取决于国际政治格局以及国与国之间的关系。其中既有市场风险，也有国际政治风险，充满了各种不确定性。国内资源不足，国际资源争夺加剧，全球风险水平上升，整体导致资源使用成本提高。而地球上的资源许多是不可再生的，尽管技术进步为资源节约、资源替代提供了可能性，但我国生产、生活对资源的需求是快速扩增的，从长期趋势看，资源成本是上升的。国际大宗商品价格的波动，也不会改变这个趋势。

环境污染。环境污染带来的是环境成本。环境成本一部分是由社会来承担的，付出的是大众健康代价和政府治理代价，一部分是由企业来承担的，转变为企业的成本。随着环保要求越来越高，企业用于环保方面的支出会不断扩增，企业承担的环境成本也就越来越多，以达到生产不污染，或者尽可能少污染环境，降低社会成本。这就是环境成本内部化的过程。

环境成本内部化，体现在多个方面，如缴纳环保税、环境保护的研发投入、环保设备购置、更换工艺流程，等等。在其他条件不变时，这方面的成本开支多了，企业利润就减少了。有的企业因此而陷入亏损，最终退出市场；有的企业会被迫转型升级，转向清洁生产，得以生存发展。我国生态环境污染日积月累，已经形成很高的污染存量，对现有企业来说，意味着再也不能通过外部化的方式来转嫁环境成本。环境污染的存量现在不得不靠政府大量投入来治理，而环境污染的增量治理势必将由企业来承担。企业承担的环境责任越来越大，其承受的环境成本也将越来越高。

社会诚信缺失。社会诚信缺失，整个经济社会运行成本就会全面提高。比如契约意识淡薄，签了合同不履行，导致企业之间的相互拖欠增加、法律诉讼增多。经济运行是一个大系统，企业与企业之间通过投入产出链、供应链、价值链紧密地拴在一起，相互依存。其中一个企业不守契约，会影响一串企业。若企业普遍不讲诚信，则企业之间的关系将会面临不确定性程度的整体上升，风险扩大，交易成本会大大增加，由此导致企业高成本。融资成本高，就与诚信不足直接相关，这导致过度的增信措施，如抵押、担保、认证和公证，这些都不是免费的，最终都会添加到融资成本的账单上。

劳资关系同样如此，无论是资方、还是劳方，一旦双方之间契约关系因社会诚信而受到不良影响，不只是给企业带来成本，也会给收入分配、居民收入增长以及消费需求带来不确定性影响的衍生扩展。政府的诚信水平对经济社会运行的不确定性影响，具有类似于基础货币那样的乘数效应。若政府诚信水平下降，会增大公共风险，导致生产、生活成本全面提升。市场经济就是信用经济。诚信缺失，信用不足，风险上升，最终都会转化为企业成本。

三、高成本的根本原因是制度变迁滞后，降成本的关键是要降广义的制度性成本

资源错配的成本、养老的成本、资源的成本、环境的成本以及诚信缺失带来的成本等，之所以会越来越高，根本原因是制度变迁滞后。这里所说的制度变迁滞后是相对于风险而言的，制度变迁跟不上风险的衍生、扩大，而风险会转化为生产、生活的成本。前面所说的六个方面的成本，其实都是风险凝结沉淀的结果。今天的结果，是因为我们昨天没看到风险，制度没有有效跟进，风险没有及时化解，甚至风险还在衍生扩大。风险水平的整体上升，全社会的整体成本就会上升，微观主体的成本也就会水涨船高。

事实上，现在人类社会已经进入"风险社会"，全球经济及我国的经济也进入"风险经济"状态，这也是经济新常态的一个基本特征。但我们的制度变迁无疑是慢于风险产生的速度，这时整个经济社会的不确定性就会放大，行为方式也会转变，这就会导致成本快速上升。

从定价的角度来看，我们过去说的定价就是按照历史成本来定价，或者说是以历史成本为基础的。而现在的定价机制已经改变，是按照风险来定价的，或者说是以未来风险为基础的。企业的成本也不是过去的历史成本，而是转化为风险成本。何以见得呢？学会计的人都知道，会计准则里面有八项减值准备，如坏账减值准备、固定资产减值准备、存货减值准备等。也就是说，账面

价值预期贬值，导致和实际价值不符的时候，就要计提减值准备计入成本。这个成本很显然不是过去的历史成本，而是按照风险来确定的成本。在这种情况下，传统意义上的那种定价方式已经悄然改变了，我们要重新认识市场的定价机制。

按照历史成本定价与按照未来风险定价，是两种完全不同的定价机制。一旦按照风险来定价，就不是以前那种所谓的供求规律——供大于求就会降价，供小于求就会涨价，而是供求双方的风险判断，风险上升，就会是涨价，风险下降，则会是降价。比如煤炭、钢材的产能是过剩的，政府正在推动去产能，结果去年下半年出现了煤炭、钢材价格大幅度上涨，这用流行的经济学原理是无法解释的。是去产能，减少了产量，导致价格上涨，还是需求突然大增所致？这恐怕都难以自圆其说。这其中更具有决定性的因素是供求双方对风险的判断。对风险的预期比实物交易行情更能决定价格的走势。风险预期改变了行为，行为改变了供求关系，从而改变了价格。从期货与现货价格的关联中不难发现这一点。再比如现阶段的资金是相对过剩的，但是当银行给企业贷款的时候，首先要评估企业的风险状况，中小企业风险大，利率就要高，大企业风险低，利率就低。除此之外还有抵押，抵押要评估，担保还要有再担保，这就产生了交易费用，所以整个实体经济的融资成本就很高。

当定价机制不是按照历史成本，而是按照未来风险在定价的时候，风险水平全面上升，就意味着所有的生产要素都会变贵。在这种情况下，包括实体经济在内的成本就都会提高。

上述是从经济的角度来观察的。从社会的角度来看，风险社会意味着有很多的风险要内部化，比如说老龄化的风险要企业承担，就是社保缴费，导致企业的成本上升。还有环境污染的风险要内部化，也会导致企业的成本上升，不能让企业去污染，而让政府来治理。社会领域的风险都在内部化，内部化就意味着转化为企业的成本，这些都会导致成本上升。社会诚信水平下降，信用风险普遍增高，所有企业的成本都会由此而增加。

对于经济、社会各种各样风险的扩大，也就是不确定性的增加，会使整个经济的运行成本上升，会使整个实体企业的成本上升，由此进入了一个高成本的时代。

高成本的时代实际上和高风险的时代是一致的。从这个意义上讲，现在的成本不是会计学意义上的成本，而是风险的转化。在这种情况下，如果不能降低整个社会的公共风险水平，那么，高成本是无法降下来的。

而要降低整个社会的公共风险水平，那就要加快改革，加快制度的创新，推进制度变迁，使制度和风险之间形成一种良好的匹配，充分发挥制度及时防范化解风险的功能，避免风险累积和集聚。当经济社会的不确定性程度总体下降的时候，即公共风险呈收敛状态时，那么经济社会整体的成本水平才能够下降。

（此文发表于《学习时报》2017 年 9 月 8 日，作者：刘尚希）

第二篇
论公共风险、财政风险和债务风险

论财政风险

阅读提示：《论财政风险》一文首次明确提出"国家财政是全社会风险（即公共风险）的最终承担者"这一论断，指出"所谓财政风险是指财政不能提供足够的财力致使国家机器的正常运转遭受严重损害的可能性。财政风险越大，也就是国家机器的正常运转遭受严重损害的可能性越大。财政风险并不是财政部门的风险，而是整个国家及政府的风险"。本文是我国最早对公共风险与财政关系论述的文献。

当前，报纸杂志对风险问题谈论较多，诸如金融风险、市场风险等，风险意识的提高，表明人们在市场经济的洗礼中变得日益成熟起来，但与此伴随着一种认识上的或观念上的误区，认为国家财政是没有风险的，譬如把国债誉为"金边债券"，其背后的意思就是说国家财政没有风险，不存在到时偿还不了的问题。对普通投资者而言，这种认识应该说是正确的；但对政府的决策者来说，仅仅满足于此是远远不够的。下面就此谈谈我们的一些看法。

一、国家财政是全社会风险的最终承担者

一个社会的风险是多种多样的：有自然风险，如地震、风暴、旱涝等，这类风险往往是人类现有的力量难以抗拒的；有经济风险，包括投资风险、债务风险、价格风险等；有社会风险，如道德风险、法律风险等。对一单位

或个人来说，上述诸如此类的风险都可以通过各种途径转移、分散出去，如各类保险公司、担保公司以及期货市场上的套期保值就是适应这种需要而产生的。但对整个社会，对国家来说，上述风险最终会综合成为财政风险，尤其当风险范围扩大到一定程度时，表现更为明显。这几年我国出现的洪涝灾害，没有一次是与财政无关的，不同程度地都会引起财政减收增支。就拿经济风险来说，更是如此。国有企业亏损的弥补、银行呆账的核销，都离不开财政。这也就是说，投资风险、信贷风险等经济风险累积到一定的程度，就会变成财政的风险。

我们知道，财政是社会经济、政治的综合反映，所谓财政风险是指财政不能提供足够的财力致使国家机器的正常运转遭受严重损害的可能性。财政风险增大，也就是国家机器的正常运转遭受严重损害的可能性越大。从这里我们可以看出，财政风险并不是财政部门的风险，而是整个国家及政府的风险。但与单位和个人相比较，财政风险具有一定的隐蔽性。因为财政是以国家政权为依托的，可以强制地扩大收入来源，如发行货币、扩征税收等等，而一般单位和个人却不具备这种能力。只有当这种"强制性"超出了整个国民经济的承受能力的情况下，财政风险才会显现出来，并进而变为现实的财政危机。正是财政风险的这种隐蔽性特征，造成了人们对财政风险的麻木，缺乏敏感性，"年年难过年年过，年年过得还不错"，这句顺口溜就是一个很好的证明。

也许正是财政风险的隐蔽性，致使财政风险不是动态地化解，而往往是不断地累积。一旦达到某种临界点，财政风险就会像火山爆发一样，突发为财政危机，并由此演化为经济、政治的全面危机，引起社会动荡。在中外历史上，因财政问题而导致政权垮台的例子并不鲜见。历史上孙科政府的垮台，直接导火索就是由于政府债信的破产而导致的。再如苏联的解体、东欧的剧变，最终都是因财政丧失了支付能力所致。没有一个强有力的财政，就意味着没有一个强有力的政府。在财权分割、财力分散的情况下，财政承担风险的能力便会弱化。稍大的经济、社会风险都可能导致财政全面崩溃。而财政一旦出现危机，其后果是不言而喻的。

二、财权分割、财力分散是当前财政风险加剧的突出表现

财权分割肇始于改革之初的放权让利，形成于"诸侯经济"和"王爷经济"。历史地看，这并非改革之初的方向性错误，而是改革进程中整个分配机制的功能性缺陷所致。这表现在以下几个方面：

从收入方面来看，自 1980 年以来，国家财政收入一直呈下滑趋势。国家财政收入占 GDP 的比重从 1978 年的 32.1% 下降到 1995 年的 10.7%，平均每年下降一个多百分点，90 年代更呈加速下滑之势。到 1996 年，这种状况受到了一定程度的遏制，但下滑趋势还未得到根本扭转。地方收入快速增长，相比之下，中央财政实际可支配收入增长缓慢，债务依存度跳跃攀升，现在已经达到 55%。财政是政治的经济基础。国家财政，特别是中央财政的极度困难将严重削弱政府的宏观调控能力，降低政府威信，影响国家机器的正常运转。更为严重的是，各部门、各地方在预算外收入的征收过程中，因缺乏有效的制度规范及其严格的监督，名目繁多，使企业和居民不堪重负，而且滋生出各种腐败现象，严重损害了政府形象。例如 1994 年全国平均农业税负担率为 2.5%（正税、附税之和），但许多地方的农民负担却超过了 5% 的规定，有的甚至达到 10%—15%。究其根源，是国家统一的财权被部门分割，以致"三乱"恶性膨胀。所谓"头税轻、二税重，三税是个无底洞"，即是财权被分割的一种形象描述。与此同时，在这种格局下，国有资产流失和税收流失极其严重。据估算，这些年每年流失的国有资产和税收达到 1500 亿元，相当于近几年每年财政收入的 25%—30%。这不只是单纯收入的流失，更重要的是，在收入流失过程中造成了分配秩序的混乱和社会分配的严重不公。

从支出方面来看，国家财政，特别是中央财政的有限财力只够"吃饭"，严重拖拽经济发展。一是妨碍了生产力再生产的顺利进行。教育、科技、文化、卫生环境等都是实现生产力再生的基本条件，同时也是构成社会生产力的基本因素。由于财政投入的严重不足，影响了这些社会事业的发展，如国民素质的提高、科学技术的进步就受到了很大的限制，从长远来看，将大大削弱经

济发展的后劲。二是影响经济的稳定，财力不足使中央的宏观调控、结构调整缺乏力度，国民经济快速、稳定、健康发展失去保障，国债规模的迅猛扩张又增大了这种不稳定性。此外，日益膨胀的预算外资金乱滥用的情况非常严重。1994 年，社会集团消费额达到 5164 亿元，占到全社会消费总额的 21.25%，其中至少 1/5 是用于公款吃喝玩乐的。1995 年全国查处的挪用滥支的预算外资金达到 102 亿元。就投资而言，源于财权分割而致使各部门、各地方的预算外资金投入往往从本部门利益出发，分散且规模不经济，而且造成了新的重复建设，不但不能集中有限的财力来加强国民经济中的薄弱环节，反而使不合理的经济结构雪上加霜。

古人云：“利出一空（孔）者，其国无敌；利出二空者，国半利；利出十空者，其国不守。”[1]财权分割破坏了国家预算的完整性、统一性，使得财政风险加剧，甚至进而威胁到社会稳定。财政总是和“政”联系在一起的，财政出了问题，并不是个简单的经济问题，往往是政治、社会状况的一种综合反映。

三、“准国债”筹资无统一规划，规模失控，使财政风险大大增加

所谓“准国债”是指部政府部门、政府机构所发生的由政府来担保的债券，如行业主管部门、政策性银行发行的债券等。从我国的情况来看，行业性的经济组织，如铁道、煤炭、石油、石化等，它们发行的债券，实际上也属于“准国债”的范畴，因为这些行业不论发生什么情况都不可能破产，一旦偿债出现困难，政府不可避免地负有连带责任，以政府投入的资本只承担有限责任实际上是不可能的。

在国家集中性的资金非常有限，而社会资金比较充裕的情况下，为了加快社会基础设施建设，强化基础工业，由政府部门或政府机构独自适当发行一些债券来筹集资金是可行的，这样也减轻了财政集中性筹资的压力，同时在某种意义上也分散了社会的注意力，减少了政府发行债券的社会压力。但有一个重

---

[1] 《商君书·靳令》。

要前提，即在观念上要意识到政府非财政部门发生的债务也是政府的债务，必须统筹规划、严格控制。如果表面地认为这是企业的事情，与政府无关，那就大错特错了。然而，现实的情况恰恰就走进了这个"误区"。近几年来，一些行业主管部门和国有单位纷纷发行债券，诸如铁道债券、电力债券、三责债券、银行债券等等，并且发行利率都高于同期发行的国债。这实际上是政府自我竞争，大大增加了政府筹资的总成本。更重要的是，这容易使人们对政府的债务规模产生错觉，淡化了社会各界对政府债务的风险意识。据粗略估算，目前"准国债"总余额达到 5000 多亿元。其中政策性银行金融债券余额 2000 多亿元，行业主管部门发行的企业债券余额 3000 亿元。若按这个口径来计算，1996 年政府债务余额占 GDP 的比重将超过 10%，政府年度债务发行额占 GDP 的比重就不再是我们平时说的 2.9%的概念，实际超过了公认的国际警戒线。这是相当危险的。

之所以导致这种状况，究其主要原因是政府缺少统筹规划，或者设有规划，但流于形式，更谈不上约束力。从投资者的角度来看，"准国债"是国家担保的，和"金边证券"没有什么两样，而且收益率更高，因而争相购买。这无形中助长了"准国债"的盲目发行，扭曲了利率结构，扰乱了金融市场秩序。一种流行的说法是通过对各举债主体的信用等级的评定来规范债券市场的举债行为。但这对"准国债"实际上是无用的，因为不可能由此割断"准国债"对国家财政的风险依存性。一条可行的路子是加强政府筹资的统一规划，让负有风险连带责任的国家财政参与政府筹资规划的制定，更多地通过财政举债转拨的方式来进行，以避免多头举债带来混乱。

四、国有企业无活力，尤其是国有单位投资的失控、失误和低效使财政风险成倍放大

国有企业能否良性发展，关系到社会稳定和经济发展全局，也是检验我国经济改革成败的标志。现实的问题是，在财政陷入困境的同时，国有企业也陷入了高负债、低效益的困境，从根本上制约了财政状况的好转，使财政风险成

倍放大。

国有企业的大面积亏损，一方面，使财源日益枯萎，削弱了财政收入的增长后劲，另一方面，使国家财政承受的亏损补贴进一步扩大。尽管从账面来看，财政用于企业的亏损补贴从1991年的510亿元下降到1995年的327亿元，但实际上是转化给了银行，再通过银行转化给了财政。银行不良资产增加，不只是减少了银行上缴利润，而且成为财政的沉重包袱。银行危机最终都会变成财政危机。

国有企业陷入困境，不只是直接使财政减收增支，而且还会引发许多社会问题，实际上成为财政的负担，如失业问题就会产生沉重的支出压力。企业破产、停工或部分停工直接导致失业增加。企业效益低下，难以提供更多的新的就业机会。这一增一减，将直接促使失业率上升。1995年城镇失业人数达到520万人，失业率为2.9%，1996年则进一步提高，估计不会低于5%。若考虑"在职失业者"，失业率将会成倍扩大。失业者生活无着落，只能是靠政府来救济。

同时，我们还应该看到，国有企业天天在叫资金紧张，但大量社会游资却主要来自国有单位。1995年，全社会固定资产投资为20019亿元，其中国有单位投资10898亿元，占全部投资的近55%。国有投资中，预算内投资为544亿元，占国有投资总额的5%；贷款投资2578亿元，所占比重为近24%；自筹投资和其他投资达到7038亿元，所占比重约为65%。除预算内投资有较为严格的用向安排外，国有单位的投资大多用于修建豪华别墅、高档酒楼以及或明或暗地用于炒股票、期货等方面。据分析推算，国有单位投资中约有1/3的资金成为"社会游资"，投入到泡沫经济中去了，严重威胁着宏观经济的稳定。国有单位大量投资处于严重的宏观失控状态，随意性极大，不仅进一步扭曲了经济结构，而且加大了宏观经济的不稳定性。不言而喻，这使财政风险剧增。

五、利用外资失控，有可能使财政风险演变为国家主权风险

所谓外资，是指相对于本国资本的外国资本，主要来自于外债、直接投资

和其他投资三个方面。

自 1980 年诞生第一家中外合资企业以来，外商直接投资迅猛扩增。1996 年达到 400 亿美元，年均增长率达到 46%，其中 1992、1993 年的增长率分别达到 155.4% 和 146.6%。在发展中国家中，我国吸收的国外直接投资居第一位；从全球来看，我国吸收外国直接投资目前仅次于美国。就外债而言，我国外债从无到有，也是不断扩大。从年度新借外债来看，1985 年 83.3 亿美元、1988 年 142 亿美元、1993 年 273.7 亿美元、1994 年 343.3 亿美元、1995 年接近 400 亿美元。从外债余额来看，1985 年 158 亿美元、1990 年超过 500 亿美元、1994 年突破 1000 亿美元大关，成为发展中国家中继巴西、墨西哥之后的第三大债务国。

外资的流入对我国经济发展起了重要作用。可以说，没有外资的流入，我国经济发展就不可能这么快，但同时我们要清醒地看到，在利用外资的过程中，我们犯了"食洋不化"的毛病，而且日益严重。外资管理条块分割，各自为政，缺乏全国统一的规划和战略。一说到外债，各部门争相出去借款，很少考虑偿还的问题；一说到直接投资，各地方就频频招商引资，很少考虑消化吸收能力。初步统计，1985—1993 年期间，中央各部委举借外债所占的比重达到 72.8%，最高的 1985 年甚至达到 88.8%。其中，中国银行是第一大借款单位，占 32.4%，中国国际信托投资公司在 80 年代初期、中期占 15%—20%，铁道部、交通部、能源部三部约占 20%—30%，1992 年后，财政部和外经贸部约占 18%—26%。这种多头对外的格局，必然引致盲目性，对我国经济的稳定、发展是非常不利的。

外资是一个国家的外部资源，它只能是起补充作用，如果涌入过多，就会给国内宏观经济带来消极的影响，如 1994 年高达两位数的通货膨胀，不能说与外资流入失控没有关系。外商直接投资布局、结构不合理，用于社会基础设施不到 10%，项目规模小（一般不到 200 万美元）、技术含量低（大部分是劳动密集型企业）。而且，外商投资企业严重亏损，据统计，1988—1990 年，1/3 以上的三资企业是亏损的。目前这种状况仍没有多大改变，亏损面仍高达 35%，有的地方甚至高达 50% 以上。毫无疑问，这进一步加剧了产业结构的扭曲。

外资可以促进一个国家的经济起飞，但也可以引发债务危机，并导致产业受制于人。这样的例子并不少见，巴西、墨西哥已给世人留下了深刻的教训。我国现在还没有出现债务危机，可并不表明没有风险，尤其在无统一规划，多头对外的情况下，其潜在的巨大风险确实令人担忧。而一旦发生债务危机，国家财政就成为最后的偿还者。不仅如此，这种由外资引起的财政风险往往会演变成为国家主权风险。这从 20 世纪 80 年代的全球债务危机中可以看得一清二楚。在 80 年代全球债务危机期间，国际货币基金组织向重债国提出了各种有损主权的政策，如放松或废除外汇和进口控制；实行严厉的紧缩政策，取消价格管制；对外国投资和国际贸易实行全方位的开放等。如墨西哥金融危机期间，美国迫使墨西哥石油公司私有化，以便美国控制。前车之鉴，不可不防。

六、国有银行问题有可能成为国家财政风险总爆发的直接导火索

在国际金融日益动荡的今天，全球银行危机愈发严重。据国际货币基金组织的材料，1980—1996 年，银行体系曾经出现问题的国家达 133 个之多。到目前为止，银行体系仍有问题的国家有 65 个，其中受黄牌警告有重大问题的 5 个国家是：日本、巴西、中国、俄罗斯和印度尼西亚。现在日本的银行呆账及倒闭问题，闹得沸沸扬扬，其问题之严重，影响面之大出乎人们的意料，引起全世界的关注。中国的银行问题如何呢？一位对东亚问题颇有研究的英国经济学家分析道：中国的银行问题比官方公布的要严重十倍。这当然不足为凭证，但我国银行问题是十分严重。

改革开放以来，银行的作用扩大了，这是有目共睹的。1979—1994 年，金融机构贷款余额增长了 20 倍，年均增长 22.73％；同期 GDP 名义值只增长 11 倍，年均增长 17.03％。1995 年金融机构资产达到 6.4 万元，但大量资金体外循环，据统计达到 2/3，中央银行的宏观调控对这部分资金的影响不大。1992 年、1993 年出现的房地产热以及由此引发的泡沫经济，就与大量体外循

环的资金密切相关，成为扰乱金融秩序、导致金融风险剧增的重要原因。而体内循环的那一块资金又有相当一部分变成为挂账、欠账、呆账、死账。一是企业亏损在银行挂账。1992—1995 年四年中，工业企业累计亏损 2600 亿元，财政退税和企业扭愤亏弥补一部分，剩下的由银行挂账。二是坏账、呆账吞噬一块。由于企业长期亏损，无力归还债务，造成信贷资金回收无望，形成呆账。三是企业"三角债"使部分信贷资金处于呆滞状态。截至 1995 年 11 月末，全国工业企业应收账款净额达到 7833 亿元，仅是 1995 年新形成的拖欠就有 1500 亿元。这种状况在信贷资金上反映出来就表现为金融机构的不良资产大幅度增加。正是由于金融机构不良资产的大量增加，银行资金的周转速度由 1991 年的 1.25 次下降到 1994 年的 1.08 次，加上企业大量欠息，整个金融系统面临亏损的边缘。至现在，上述这种状况仍没有多大改变。因此，金融风险引起了全社会的关注。八届人大五次会议上要求金融部门把防范金融风险作为大事来抓，并要求银行不良资产比重每年降低 2 个百分点。

虽说现在对金融风险引起了重视，但金融风险并没有减少，相反还在扩大之中，转化为财政风险的可能性依然很大。首先，国有银行资本金严重不足，这离不开财政。1995 年人民银行资产负债率达到 97.4%，所有者权益为 2.6%，仅 624 亿元。这表明整个银行信用体系比较脆弱，这种风险随时都会转嫁到财政的头上。其次，目前各种银行挂账、待核销的坏账数额巨大，靠金融机构自身是消化不了的，迟早都会转化为财政的负担。更严重的是，这个数额还在增长，等到银行支撑不了之时，也就是财政风险总爆发之日。三是在监控能力不足的情况下，金融衍生工具的过快发展会使原有的金融风险加倍放大，1996 年的"3·27 事件"就是一个典型的例子。1994 年 12 月，美国加州橙郡就因从事不动产抵押证券投资损失 15 亿元美元，结果导致当地政府破产。当市场的风险大到足以影响社会稳定时，就会转化为财政的风险，而不论当事人是个人还是机构，是民营还是国有。财政总是最后兜底，这是由财政的性质所决定的。因为财政是全社会的财政，是全社会风险的最终承担者。

七、几点建议

（一）大力增强全社会的财政风险意识

提到财政风险，可能有人会说："笑话，别危言耸听了，财政哪里会有风险?"但前面的分析明明白白地告诉我们，财政风险是实实在在的，绝非危言耸听。只有重视财政风险，才可能规避风险。如果以为财政有国家政治权力为依托，不相信财政有风险，或者对眼前的风险视而不见，那么，轻则给经济发展造成危害，重则引起政治危机。财政是国家赖以存在的经济基础，财政风险一旦变成现实，国家机器就会动摇。

财政是管国民经济分配的，它通过对要素分配和利益分配的调节来实现社会经济的均衡、协调和稳定发展。若财政的这种职能没有得到充分发挥，就表明财政已经存在风险。目前我国财政已经基本退出生产领域，对资源配置缺乏制导作用，成为"吃饭财政"，甚至连"吃饭"都要靠借债度日，这已表明财政职能严重弱化，财政风险近在眼前。现在财政赤字居高不下，国债规模越来越大，基础教育还要靠"希望工程"，各单位、各部门的经费来源还要靠自筹，问题之严重由此可见一斑。财政职能被肢解，国家财政被分割，收费五花八门，预算外资金膨胀，国有资产流失，分配秩序混乱，这种状况为古今中外所仅见。在这种情况下，如果还认为财政没有风险，麻木不仁，后果是不言而喻的。为此，应在各级政府部门加强财政风险意识的教育与宣传，使领导干部，尤其是高级领导干部牢固树立财政风险意识，懂得财政风险的危害，增强防范财政风险的紧迫感和使命感。

（二）必须动大手术，重建财政

财政问题发展到现在这种地步，已是冰冻三尺非一日之寒。改革开放以来，财政积极支持各个方面的改革，放权让利，对调动各方面发展经济、推动改革的积极性起了关键性的作用。事实上，我国整个经济改革就是从财政的放权让利开始的。但在改革不断深化的过程中，财政本身却并没有随着国民经济的发展而壮大，而是日益相对萎缩，陷入了前所未有的困境。尽管从 90 年代初期就提出了"振兴财政"的口号，但几乎没有起到什么效果，年年喊集中国家财力，可财政比重却是年年下降。这表明，整个分配机制，尤其是政府分配制度出现了严重的功能性障碍，靠局部的修修补补已无济于事。要振兴财政，首先必须重建财政；而重建财政，就必须动大手术，对以政府分配制度为重点的整个分配机制实行全面变革。非如此，财政就不能走出困境，财政风险就不可能降下来，也更谈不上防范财政风险。

（三）规避财政风险，统一政府财权是关键

政府财权包括政府分配权、政府融资权和国有资产收益权。统一政府财权也就是实现分配权、融资权和收益权的统一和集中。

首先，统一分配权，实现政府分配职能到位。政府有多种职权，每一种职权都是由政府的某一部门来集中统一行使，不能分散，更不能有交叉。正是这种职权配置上的专业化分工和法制化界定，才使得政府的运行具有秩序和规范，从而具有效率。这就像一架机器，要使之正常运转，各个零部件就必须固定在设计的位置上，绝不能错位。庞大的国家机器同样如此。但我们现在的国家机器已经出现了严重的职权错位，尤其是与利益密切相关的分配权，本应由财政部门来集中统一行使，却被各个部门分割，给国家机器的正常运转造成了严重的损害，前面说到的预算外资膨胀，即是有力的证明。国务院对这个问题已引起重视，出台了加强预算外资金管理的决定。但这还只是一个扬汤止沸的措施，引起预算外资金膨胀的根本原因并没有消除。只有统一分配权，实现政府分配职能集中，才是釜底抽薪的办法，舍此别无他途。

其次，统一融资权，实现政府融资职能的相对集中。在走向市场经济的今天，GDP 的分配格局发生了很大的变化，国家财政除了参与 GDP 分配以外，还要参与资本市场的融资活动，以更好地满足政府实现其职能的财力需要。但目前政府进入资本市场融资明显地没有秩序和规范，除了财政部发行国债以外，政府的非财政部门也争先恐后地进入国内和国际资本市场，以至出现政

府部门之间的自我竞争。如今年由电力部发行的电力债券，3 年期的利率达到 11%，比同期国债利率高出 3 个百分点左右，抬高了政府的整个融资成本。我们认为，政府融资权应主要集中到财政部门。外债由财政部统管，已有定论，下一步是如何实施的问题。内债哪些归财政统管，现在争论很大。从减少风险的角度考虑，政府性银行的债券发行必须纳入财政部的国债发行计划。人民银行等部门也持此观点。现在问题是国债发行规模已经很大，若再把政策性银行拿进来，则国债规模就会显得过大，于"面子"上不好看，与"九五"计划中已经确定的控制国债规模的要求也相违背。但"面子"与风险哪个更重要，大家都很清楚。与其这样拖下去，等到出了问题再来收拾，不如现在丢一点"面子"，马上着手解决的好。至于政府各行业主管部门的筹资债券是否也由财政部统管起来，可据行政机构改革的进展情况来考虑。不过至少要明确一点，各部门发生债券，财政部应当参与。

再者，统一国有资产收益权，实现所有者职能的相对集中。国有资产收益，包括红利、租金、转让收入、拍卖收入等等，都属于财政收入，应由财政部门统一管理。但现在大部分流失掉了。现在有一种奇怪的观点：在收益权的问题上各个部门都不让财政部门沾边，却要求财政部门增加对国有企业的资本金投入，说这是"老板"的事情。这无异于说，有利益，各部门均沾，国企亏损或资本金不足，由财政部门一家兜底。天下哪有这样的道理？这实际上是部门利益在作怪。有利的事情，争着上；出了问题，却是一齐推。这个问题若再这样下去，国有企业改革就不可能取得实质性的进展，财政部门也就同样不可能解决。

（四）外资并非多多益善，要采取一分为二的态度

外资具有两重性，并非多多益善，过多地涌入外资，其消极作用是十分明显的。对直接投资，要特别防止因外资控股而排挤民族工业，控制国家某一产业甚至国家经济命脉的问题。对借用外债，无论是政府部门，还是企业单位，都应当控制在国家的统一计划之下。因为外资风险往往会引起财政风险，甚至引发国家主权风险。在对待外资的观点上，我们要来个彻底的转变，不要只看

到外资"利"的一面，而忽视其"弊"的一面。应当改变利用外资与政绩挂钩的做法，而且在内部形成一种对外资的"敌视"态度（这一点，韩国做得极为成功），切实树立起反作用、反控制的观念，从而真正做到"利用"外资、"控制"外资，而不是反被外资利用和控制。

（五）加强对国有单位投资的监管，防止泡沫经济的冲击

尽管财政投资在全社会投资中所占的比重不到3%，国有单位的投资却占到50%，其运动的方向，事关整个国民经济的稳定与发展，由于国有单位投资的风险约束机制并没有真正建立起来，投资的"失败率"往往很高，而且已经成为一种普遍现象。据调查，国家重点建设项目约有1/3处于一投产就亏损的状况，至于一般的建设项目，这个比率就更高了。在一万多亿的国有投资中，有相当一部分实际处于失控状态，重复建设，结构趋同就是典型的表现。更为严重的是，在国有企业资金十分紧张的同时，却有大量国有单位的资金通过各种渠道涌入债券市场。这种市场的力量在促使整个经济日益泡沫化。尤其是在国际金融衍生工具不断发展和不断向我国快速传递的情况下，我国经济的泡沫化程度在不断提高。从企业、行政机关、学校到社会团体，到处都在谈论股票、债券行情。一夜暴富的浮躁心态，使许多投资者难以冷静决策，特别是在实业投资的回报率不景气的情况下，更促使大量资金涌向高风险的证券市场。这种状况是非常危险的，一旦发生像英国巴林银行、日本大和银行那样的事件，后果不堪设想。对此，应当防范于先，切实加强对国有单位投资的监管，采取有效措施严防信贷资金进入股票、期货及房地产市场。同时，加快结构调整步伐，引导资金向实业投资方面转移。

（此文发表于《财经问题研究》1997年第12期，作者：刘尚希、隆武华、赵全厚）

财政风险：一个分析框架

阅读提示：《财政风险：一个分析框架》一文从公共风险的逻辑出发，对财政风险进行了进一步深入的分析。文章给出了财政风险的定义，即"政府拥有的公共资源不足以履行其应承担的支出责任和义务，以至于经济、社会的稳定与发展受到损害的一种可能性"。本文引入了"不确定性"概念，指出"风险是指向未来的，而未来是不确定的。抽象地说，财政风险来自于不确定性。这种不确定性，既来自于政府管理、政策调整，也来自于宏观经济环境以及社会结构的变化"。本文是运用公共风险理论分析和阐述财政问题的一篇重要文献，从财政风险和公共风险来源的角度对我国财政背后面临的问题进行了深入的刻画，指出"我国的财政风险处于发散的状态，呈不断扩大的趋势，原因在于制度缺陷导致的'风险大锅饭'，破坏了收益与风险对称的基本规则，从而形成了一种风险累积和集中的机制"。能很好地说明公共风险理论是透视和分析财政问题的重要理论工具。

如何防范财政风险，保持财政的稳定性和可持续性，已经成为一个世界性的课题。一些国际组织，如世界银行、国际货币基金组织、欧盟近几年都在加强对财政风险的研究，并明确提出了在政府财政报告中披露财政风险的要求。世界各国都在关注财政风险问题，有些国家已经迈出了实质性的步伐。如美国、新西兰、加拿大、南非、巴西、哥伦比亚等都力图在一定的法律框架下来防范财政风险的累积和爆发。

近几年来，我国对财政风险的研究日益深入，并引起了社会各个方面的关注，尤其是各级政府对财政风险的认识已经发生了很大的变化。朱镕基同志在2000年的《政府工作报告》中明确提出："要认真警惕和防范财政风险"。立法机关对财政风险问题也提出了明确要求，第九届全国人民代表大会第五次会议在关于2001年决算和2002年中央和地方预算的决议中提出了"注意防范财政风险"。但与实践的要求相比，财政风险的理论研究仍显得相当滞后，因而防范财政风险的制度框架建设现在还处于模糊的状态，真正"破土动工"还需时日。为此，本文试图从理论入手，构建一个分析框架，并在此基础上，提出了防范财政风险的大体思路和政策建议。

一、财政风险的分析框架

（一）财政风险的内涵

尽管现在对财政风险的研究日益增多，但对其内涵的界定还没有一个公认的统一说法，从其现有的文献来看，多数侧重于从政府债务的角度来研究，也有的是按照传统的收、支、平、管的思路来研究的，诸如收入风险、支出风险、赤字风险、债务风险等等。这种研究对认识财政风险有一定的作用，但缺乏内在的联系，无法形成一个对财政风险的整体性认识。

我们认为，单纯从某一个方面出发是不够的，如研究债务风险，仅仅就债务论债务没有意义，必须把它和清偿债务的资源联系起来。而且，不仅仅是借债才会形成债务，拖欠的款项、应办而没有办的事务，实际上都构成债务。债务是未来的支出成本，反映的是未来的支出压力，体现出未来一个时期政府的支出责任和义务。因此，财政风险应当是未来出现政府支付危机的一种前奏反映。但财政风险不等同于财政危机。财政危机是确定性的事件，而财政风险是不确定性的事件，只是一种可能性。按照这个思路，我们给出财政风险如下定义：

政府拥有的公共资源不足以履行其应承担的支出责任和义务，以至于经济、社会的稳定与发展受到损害的一种可能性。

在表现形式上，首先可能是赤字不可持续，即不可能再用扩大赤字的办法来扩大支出，这主要来自社会压力或政治压力。其次是债务不可持续，也就是不可能再通过借债来维持或扩大支出，这主要来自资本市场的约束和社会对政府信誉的动摇。再次是财政不可持续。当上述办法失效之后，政府只能是冒险运用征税权来扩大其拥有的资源，如果这条路也走不通，那么，财政就到了不可持续的地步，以至于爆发财政危机。最后，这种风险或危机反过来渗透到经济、政治领域，就会导致经济衰退和政治不稳定。

（二）政府作为双重主体的假定

任何风险都是由一定的主体来承担的，从不同的主体身份出发，其所承担的风险内容是不同的。

在现代社会，政府（或国家）是个双重主体：既是一个经济主体，也是一个公共主体。作为经济主体，政府与企业、个人等经济主体在法律上处于平等的地位，拥有相应的权利与义务，它维护的是政府自身的公共产权。在经济分析中，时常把政府当作一个部门与企业部门、家庭部门平等并列起来，形成"三部门经济"模型或"四部门经济"模型（加上国外部门）。这时，政府的身份地位与企业是类似的，它有自己的人员、财产，也有自己的责任，要受私法的约束与调节，如政府与企业签订的合同就属于私法范畴。当政府侵害了其他经济主体的权益时，政府同样要做出赔偿。从这种主体身份出发，政府面临的财政风险与企业是类似的，如财产损失风险、人员伤害风险、赔偿责任风险以及投资失败风险等等。这些风险都可能导致未来财政资源的流出。政府是由各个部门和各种非营利组织构成的，它们都是独立的法人，各有其相应的权利和责任，是公共产权的直接行使者。上述各种风险在现实中都是反映在政府各个部门和各种非营利组织，但最终都是政府财政的风险。假如某个政府部门的办公大楼被火烧毁，风险损失得通过财政拨款来弥补。再如，执法中的责任风险损失最终也得通过公共预算来解决，尽管其应承担的责任归属于该部门。毫无疑问，这类风险都构成财政风险的内容。对这类财政风险的管理可采取类似企业的风险管理方法，如购买商业保险办法来分散和转移风险。B.J.里德（B.J.

Reed）和约翰·W. 斯韦恩（John W. Swain）在《公共财政管理》（第二版）一书中对此做了较为全面的分析。

应当指出，从经济主体身份出发所讨论的财政风险是指在既定的政府预算框架下执行预算过程中产生的风险，是属于"怎么做"这个操作层次的风险，与政府的政策目标无关。在这个层次上，政府只是承担法定的责任和义务。

而政府作为公共主体，政府财政风险是指政府决策层次的风险，即政府在决定要"干什么"的过程中所承担的风险。这是与既定制度框架下的政府职能及其政策目标紧密联系在一起的。如政府发行公债的风险、给企业融资提供担保的风险以及金融机构不良资产在一定条件下转移到政府头上的风险，等等，诸如此类的风险都是与政府作为公共主体的职能及其具体政策目标有关。从公共主体的身份出发，政府要承担的支出责任与义务，不仅包括法定的，也包括法律没有规定或认定，但社会公众认定的支出责任和义务（即推定的）。在这个层次，政府要做的就是承担公共风险，维护公共利益，要受公法的调节与约束，如政府对农村合作基金会的破产清偿就是属于公众期望和社会压力所引致的支出责任和义务。

政府的双重身份假定实际上是对政府的一种双重约束。政府是公共权力的拥有者和执行者，很容易侵害企业、个人等经济主体的权益，为了约束政府的这种行为，就必须给政府从法律上设定另一种身份，即在"怎么做"这个层次，把它降到与其他经济主体平等的地位，视为一个普通的经济主体和法律主体。同时，为了约束政府不作为，必须从法律上给政府另一种身份，也就是在"干什么"这个层次，让政府去承担社会其他经济主体所无法承担的风险——公共风险，以公共主体的身份起最后"兜底"的作用，从而实现经济、社会的稳定和发展。从历史和逻辑的角度来看，政府的经济主体身份是从公共主体身份派生出来的，或者说是市场经济以及在此基础上的民主政治制度内生的一种结果。

区分以上两个不同层次的财政风险是必要的，因为针对不同的风险，需要采取不同的管理方式和应对措施，笼统地说防范财政风险，很容易导致概念混淆而模糊我们的视线。在此，我们讨论的财政风险问题，是从政府的公共主体身份出发的，不涉及以经济主体身份所承担的财政风险。

（三）财政风险的确认

风险是指向未来的，而未来是不确定的。抽象地说，财政风险来自于不确定性。这种不确定性，既来自于政府管理、政策调整，也来自于宏观经济环境以及社会结构的变化。一般地而言，以下三种情况中的任意一种情况的出现都意味着财政风险：1.公共资源确定，而支出责任与义务不确定；2.支出责任与义务确定，而公共资源不确定；3.两者均不确定。

公共资源、支出责任与义务的不确定性大小与工业化、市场化程度以及社会结构、社会心理密切相关。进一步说，与特定历史条件下的政府与市场关系有着内在的关联性。

政府拥有的公共资源包括资产存量和收入流量，后者主要以税收和收费两种收入形式存在。在工业化、市场化程度较低的条件下，整个经济的组织化程度处于较低级的阶段，各种经济组织正处于发育的过程之中，规则、秩序、管理、协调，以及各种理念，如诚信意识、法治观念、纳税习惯等达不到成熟的形态。在这种状况下，影响政府收入的不确定性因素很多，如 2000 年、2001 年我国税收收入的增长达到 20% 以上，而到 2002 年上半年却突然降了一半多。资产存量看似是确定的，实际上也处于不确定性状态。资产存量中除了现金不需要变现之外，其他都有一个变现的过程，而这个过程的实现却是很不确定的。如国有股减持的搁浅，就是一个很典型的案例。

而政府支出责任和义务的不确定性更多地与经济结构、社会结构以及社会心理有关。经济结构的调整与升级往往会引发大量破产和失业。国家与社会的关系以及在这种关系结构支配下形成的社会心理，对各种社会压力和政治压力的形成起着决定性的作用。当老百姓多数有一种对政府的依赖心理时，公众期望上升，政府的支出责任和义务就会大大扩展。在体制转轨时期，国民个人的独立自主精神与对政府的期待是同时并存的，在一些因素的刺激下，国民对政府的诉求可能出现突发性的增加，进而导致政府的支出责任和义务出现超常规增长。而且，从法律性质上来看，由此增加的支出责任和义务大多是推定的，而不是法律认定的。

因此，就我们目前所处的历史阶段来说，上述的第三种情况是我们面对的现实。这意味着现阶段的财政风险有进一步扩大的环境和条件。

（四）财政风险的性质

财政风险来自于私人风险的转化。总的说，企业、个人及其他机构应承担的风险在一定的条件下都有可能转化为财政风险。

其转化的临界点是私人风险变为公共风险。如当一些破产事件（即使是私人公司）可能导致经济以至社会不稳定的时候，破产带来的私人风险就变异为公共风险。这时，政府出面救助是不可避免的。什么样的私人风险以及在什么情况下转化为公共风险，这需要政府适时做出判断，过早或过时的救助都会带来不良的后果。

公共风险的形成是一个社会契约的形成过程，是一个慢变量。当多数社会公众认为私人风险应当由政府出面救助或承担最基本的支出责任时，私人的事情就变成了社会的事务，即私人风险就变成了公共风险。在此，依然通行"多数原则"。这种偶然的救助一旦变为法律的规定，就成为政府法定的公共责任与义务。贫困、失业在历史上曾经是纯粹个人的事情，在现代社会，都需要政府给予最基本的救助。反贫困、反失业已经成为世界各国政府共同的责任和义务。这种变化表明，一个新的社会契约——政府有责任和义务帮助穷人和失业者——形成了。这就是说，社会公众形成了一种共识：现代社会的贫困、失业不再是单纯的私人风险，而是会影响社会全体成员的公共风险。

对政府财政来说，它应该、而且只是承担公共风险。财政风险是政府承当和化解公共风险过程中可能出现的一种结果，就像消防队在救火过程中可能出现的人员伤亡和财产损失一样。问题是，当政府对自身应当干什么、不应当干什么缺乏清醒的认识和严格的程序约束时，政府的一些自以为是的政策往往会引致超常的财政风险，甚至演变为经济危机。从世界范围内看，这样的案例几乎经常发生。有些财政风险是政府错误决策导致的，并非私人风险转化而来，或者说在边际的意义上，政府的错误决策放大了私人风险，因而使之转化为公共风险。

既然财政风险属于公共风险，那么，在既定的制度框架内，它不能被转移，也不能被分散。如果能转移和分散，那也就无须财政来"兜底"了。这种性质决定了防范财政风险不能采取类似企业风险管理的办法，而只能从制度变迁来寻找根本出路。

由于制度变迁不是一个快变量，这使财政风险往往无法及时、动态地化解。加上财政风险本身具有隐蔽性，因而很容易导致风险累积，增大风险压力。这使财政风险的爆发呈现出突发性的特点。不爆发则已，一旦爆发成为财政危机，就具有很大的破坏力，对经济、社会产生难以估量的严重后果。就此而言，无论怎样去警惕财政风险，都是不为过的。

至于政府财政为什么要"兜底"，则产生于一种历史的内在规定性，或者说是社会进化的一种结果。也可以说是在社会进化和变迁过程中，形成的一种制度安排。而政府财政"兜底"的多少，抑或财政风险的大小与一定历史条件下的整个社会制度结构状况密切相关。限于篇幅，在此不展开分析。

二、他人的成果——财政风险矩阵及其不足

国外对财政风险的研究萌芽于 20 世纪 80 年代末，真正深入的研究则在 90 年代。其代表人物是世界银行的高级经济学家白海娜（Hana Polackova Brixi）。她围绕政府"或有负债"问题，撰写了一系列的文章[①]，也许是受所属单位要求的限制，她的研究主要是政策性的，理论性的分析和阐述显得不足。这也是国外财政风险方面文献的共同特点。

但由她提出的财政风险矩阵（见表 1）却是一个理论上的贡献。在风险矩

[①] 主要有：《政府或有负债：一个隐性的财政风险》（1998）、《财政调整与政府或有负债：捷克和马其顿的案例研究》（1999）、《政府或有负债：对捷克共和国的财政威胁》（2000），另外，她还对匈牙利、保加利亚、泰国、印尼等国家的或有负债问题做过专门的研究。

阵中，她提出了两个新概念："隐性债务"和"或有债务"，并对其做了明确的界定和区分，这对全面分析和评估政府债务无疑提供了一个有用的工具。这至少在两个方面起到了积极的作用：

一是更新了对政府债务的传统认识，扩大了对公共债务的观察视野，运用这一方法能够更真实地全面反映政府的债务状况。长期以来，对政府债务的认识局限于显性的直接负债（即矩阵左上方的内容），大大缩小了政府未来的财政成本和可能的支出压力。尤其对处于转轨过程中的我国来说，其缩小的程度更为严重（主要是关注矩阵左上方中的内债一项）。我们过去对政府赤字和债务规模的讨论完全是基于表面的情况，即使到了现在，经济学界在讨论积极财政政策的国债发行空间时，也依然是就国债来谈国债，对政府国债以外的其他债务毫无知觉。这说明，要更新传统的政府债务观念在我国还是艰巨的任务。

对于这一点，20 世纪 90 年代初期我们就已经注意到了。之后，我们在 1997 年初发表的一份研究报告《财政风险：我们的看法与建议》中明确提出了"准国债"的概念，试图改变人们对政府债务的传统认识。虽然这个概念在一定程度上被接受，但由于缺乏明确的分类标准而难以实际应用。现在看来，用财政风险矩阵的方法来对政府债务进行分类是比较科学的。

表1　政府财政风险矩阵

债务	直接负债 （在任何条件下存在的债务）	或有负债 （在特定事件发生情况下的债务）
显性的（由法律和合约确认的政府负债）	1. 国家债务（中央政府借款和发行的债券） 2. 预算涵盖的开支（非随意性支出） 3. 法律规定的长期性支出（公务员工资和养老金）	1. 国家对非主权借款、地方政府、公共部门和私人部门实体（发展银行）的债务担保 2. 国家对各种贷款（抵押贷款、学生贷款、农业贷款和小企业贷款）的保护性担保 3. 国家对贸易和汇率的承诺担保 4. 国家对私人投资的担保 5. 国家保险体系（存款保险、私人养老基金收入、农作物保险、洪灾保险、战争风险保险）

续表

债务	直接负债 （在任何条件下存在的债务）	或有负债 （在特定事件发生情况下的债务）
隐性的 （反映公众和利益集团压力的政府道义责任）	1. 未来公共养老金（与公务员养老金相对的） 2. 社会保障计划，如果不是由法律做出硬性规定 3. 未来保健融资计划，如果不是由法律做出硬性的规定 4. 公共投资项目的未来日常维护成本	1. 地方政府或公共实体、私营实体非担保债务（义务）的违约 2. 银行破产（超出政府保险以外的救助） 3. 实行私有化的实体债务的清偿 4. 非担保养老基金、就业基金或社会保障基金（对小投资者的保护）的破产 5. 中央银行可能的负净值或对所承担义务(外汇和约、货币保护、国际收支差额）不能履行 6. 其他紧急财政援助（如在私人资本外逃的情况下） 7. 改善环境、灾害救济、军事拨款

资料来源：白海娜和艾伦·希克（Hana Polackova Brixi and Allen Schick，2002）。

二是体现了"谨慎原则"。从会计学家的眼光来看，谨慎原则的重要性是无须多言的，从理念到实践，这条原则贯穿于会计核算的整个过程，会计确认、计量、报告等每一个环节都要体现这条原则，以保证企业经营的稳健性。对政府财政来说，这条原则同样不可或缺。但长期以来，我们对政府财政运行并没有采取谨慎的态度，对各种不确定性因素以及由此带来的风险和损失没有做出充分的估计，从而使决策者丧失了应有的警惕性而盲目乐观，以至于使政府财政时常处于脆弱性状态。尤其在政府债务确认、计量和报告方面，谨慎原则基本上没有被采用。不体现谨慎原则的制度安排很容易隐藏风险而引致财政不稳定。风险矩阵的提出，实际上是把"谨慎原则"引入到政府财政领域，这就要求，对政府的各种债务引发的风险应在预算决策过程中有充分的估计和准备。不言而喻，这对保持财政的稳健性和可持续性具有极其重要的意义。

但从上述"政府财政风险矩阵"的内容来看，与其说是"风险矩阵"，还不如说是"债务矩阵"，它反映的主要是政府债务的四大类型及其基本特征。可以说，具有不同特征的政府债务是政府财政风险的重要来源，但从中并不能直接得出政府财政风险的状况。也就是说，白海娜提出的财政风险矩阵可以用来评价政府的债务状况，但并不能反映出政府财政风险的大小。因为就债务论债务无法说明财政风险的大小，只有当债务与清偿债务的资源联系起来时，债务的分析才有意义。

也许白海娜意识到了这一点，她从可用财政资源的角度又提出了财政风险的"对冲矩阵"，把两个矩阵联系起来，可以看出四大类型的政府债务与其可用财政资源的对应关系。这对控制财政风险有一定的启示作用，即当财政风险达到一定的临界点时，可按照"对冲矩阵"的布局来调动财政资源，"兵来将挡，水来土掩"。但问题依然没有解决，即财政风险的大小，还是不能从两个矩阵的联系中显现出来。因此，评估财政风险的状况还需要从其他的途径来寻找。

三、财政风险评估的基本框架

在前面，我们给出了财政风险的定义，同时，对政府拥有的公共资源与政府应承担的公共支出责任和义务的不确定性做出了初步的分析，在此，我们进一步讨论财政风险的评估框架。

（一）财政风险评估的两个基本面

按照前面的分析，要评估财政风险必须从两个方面入手：

1. 政府拥有的公共资源。

这包括存量资源和流量资源两个部分[1]，前者指拥有的各类资产，如我们通常所说的国有资产、国有资源、土地以及金融资产等；后者指可预期的各种收入来源，如税收、收费、资产收益、债务收入等。由于政府的流量资源规模与经济的总体规模及其变化密切相关，因此，在分析政府拥有的公共资源时，应置于经济总量及其变化的背景下，不能作孤立的考察。

---

[1] 在后来的研究中，对此做了扩展，把政府拥有的资源扩展为经济资源、政治资源和社会资源。请参见作者主笔的《财政风险及其防范的研究》，经济科学出版社 2004 年版。

除了拥有的资源以外，在特定情况下还应当考虑政府虽不拥有但可支配的资源，最典型的是国有银行的资金。这类资源的动用会使政府的预算约束放宽，扩大政府政策的运用空间，但同时会产生财政机会主义，逃避预算约束，导致未来财政成本的扩大。如在实施积极财政政策过程中，大量的银行配套资金进入国债投资项目，实际上就是政府绕过预算约束动用可支配资源的一个实例。

2. 政府应承担的公共支出责任与义务。

这可以借鉴"财政风险矩阵"来分析。从法律的角度来看，政府应承担的公共支出责任与义务包括两个部分：一是法律明确规定的，或政府行为引致的法律责任。凡进入预算决策范围的事项，实际上就是法律"明文"规定的政府应承当的支出责任和义务。如公务员的工资、基础教育拨款、基础科学研究支出等等。同时，还有一些没有进入预算决策范围，却是由政府引致的事项，如各种类型的担保和保护伞。这些事项往往不在当期的预算报告中反映，但却是政府实实在在应当承担的连带法律责任，当担保失败时，替人偿债就是政府的法定义务，尽管这种义务是未来的。二是推定的责任和义务。这是指依据法理精神和政府作为公共主体的性质，而推定给政府的责任和义务。这些责任和义务是由公共风险转化而来，是社会其他法律主体无法承担的。一目了然的是对自然灾害的救助。再如，当金融机构（即使是私人的）面临破产时，从法律上讲是金融机构自己的事情，但事实上政府很难袖手旁观，因为这时社会面临着很大的公共风险，一旦真正破产，会产生多米诺骨牌效应，对整个经济和社会带来严重不良后果。尤其在国民经济日益金融化的时代，政府的这种推定责任和义务将会不断增多。此外，还有一些是与社会结构相关的推定责任和义务。

从确定性程度来分析，政府应当承担的公共支出责任与义务也包括两个部分：一是确定性的支出责任和义务。这种支出责任和义务不受其他任何事件的影响，在任何条件下都是需要政府出面来承担的。如公债的到期兑付、社会保障计划的实施、公共投资项目正常运转的维护成本等等，不论法律是否做出明确的规定，都是政府的支出责任和义务，尽管在时间上有的是在当期履行，而有的是在未来履行。二是不确定（或有）的公共支出责任和义务。

这类支出责任和义务要靠未来特定事件发生或不发生来证实，既可能发生，也可能不发生，因而是不确定的。但这种不确定性并非是一种人为的任意猜测，而是基于过去和现在已经发生的事实为基础的。如担保失败、金融机构破产之类事件发生的可能性是可以预期的，尽管准确的判断依赖于未来状况来证实，但至少可以得出这种可能性的大小，即事件发生与否的概率。当概率超过50%时，即可以认为这类事件发生的可能性很大，需要政府财政做好充分准备；而当概率低于或远远低于50%时，则表明这类事件发生的可能性很小，政府可以不予考虑。如何对此做出估算，现在还没有完备的方法和技术，但这并不等于无所作为，至少在预算决策时，就应充分考虑这种不确定的公共支出责任和义务。这对防范财政风险，或减少财政风险具有关键性意义。

（二）评估的基本框架

政府的公共支出责任和义务最终都反映为政府的各类债务，故我们可用公共意义上的债务来表示。这样，财政风险的状况可通过以下三个层次的分析来评估。

第一个层次，公共债务与公共资源存量的对比分析。通过这一层次的分析，可发现财政风险是扩散，还是收敛。如果具有扩散的特征，则进入第二层次的分析。

第二个层次，公共债务与公共资源流量的对比分析。通过这一层次的分析，可发现财政风险扩散的程度。如果扩散的程度很大，即超出了现有的财政能力，则进入第三个层次的分析。

第三个层次，公共债务与经济总规模的对比分析。通过这一层次的分析，可发现财政风险是否处于可控的范围之内。

我们按照这个框架曾经做过实证分析，形成了一个初步的成果（刘尚希、赵全厚，2002），结论是：近期看，财政风险处于可控状态，但呈不断扩大的趋势。

四、我国财政风险的制度特征

财政风险呈不断扩大的趋势有某种必然性，从世界各国来观察，也具有某种共性。这是在全球经济变革的大背景下出现的。就我国来看，这是在国民经济的市场化、工业化、金融化和城市化的过程中产生的，是这个过程的快速变化超出了制度变迁的速度所导致的一种结果。因此，要究其原因的话，财政风险的不断扩大是制度安排出现时滞造成的。换句话说，这是改革滞后于发展导致的。进一层分析，整个改革的滞后，形成了一种风险传导机制，使社会经济生活中各个过程和各个环节的风险不断地积聚和集中，"海纳百川"，致使财政风险不断扩大。那么，这种风险传导机制是怎样形成的呢？

（一）改革打破了"利益大锅饭"，而"风险大锅饭"依然如故

改革是从物质刺激入手的，使社会形成了多元化的利益主体，并使其各自有了明确的利益边界，原来你中有我、我中有你的"利益大锅饭"被彻底打破。这就是说，通过 20 多年的改革，形成了一个有效的激励机制，各个不同层次的利益主体都有了强烈的利益动机。企业、个人、各级政府及其各个部门的利益日渐清晰，由此形成了一种以"逐利"为动力的竞争局面。但另一方面，风险责任的界定却是相当模糊，甚至根本就没有界定，仍在吃"风险大锅饭"。在国有企业、国有金融机构与国家的关系上，"盈了归己，亏了归国家"的局面并没有发生实质性的变化，政府承担着无限的责任和风险。在各级政府之间，下级政府的一切债务实质上都是上级政府的"或有债务"，上级政府承担着替下级政府最后清偿债务的潜在义务，而分税制只是解决了一个利益的分配问题。在政府的各个部门之间，各个部门都有权力在预算决策范围之外进行各种"准财政"活动，却不承担由此产生的风险责任。在各届政府之间，本届政府可以通过大量融资来搞各种"建设"，只享受由此带来的各种好处，而风险却可以推给下一届政府。这种缺乏风险约束的激励，犹如脱缰的野马，随时可能把经济、社会之车

带入沟壑，甚至深渊。改革的使命仅仅完成了一半——建成了激励机制，而另一半——构建风险约束机制，还只是刚刚破题。打破"风险大锅饭"将是今后整个改革的重心。

（二）"风险大锅饭"破坏了"利益与风险对称"的基本原则

利益与风险对称，是市场经济社会的基本原则。作为经济原则，每一个经济主体在追逐自身利益时，就必须承担相应的风险，而且是低利低风险，高利高风险。这既是规则，更是一种内在理念，约束着各个经济利益主体的行为方式。只有这样，市场竞争才会有序而富有效率。作为社会原则，它映射到社会的各个层面，政府也不例外。作为公共机构，政府自身及其各个组成部分，都有自身的利益，同样，不论其以何种形式去追求利益（如政绩、权力、影响力、经济利益等），也应当承当相应的风险（法律追究、行政处罚、经济损失、名誉扫地等），而不论其动机是不是出于公共利益。也只有这样，政府之间的竞争、政府各个部门之间的竞争才能有序而富有效率，公共利益才不会沦为一个谁都可以打的旗号。但"风险大锅饭"打破了利益与风险对称这条基本原则，并形成了一种普遍的社会心理（如不找市场找市长），大家都只想得到利益，而不想承担任何风险。风险自担的理念在我国还只是一棵幼苗，随时都可能夭折。

（三）利益与风险不对称，致使风险不断积聚和集中

风险自担理念的缺乏，利益与风险的不对称，导致风险责任不明晰，使风险不断地向中央财政积聚和集中。国有企业、金融机构的风险，如亏损或破产，最后的债务清偿总是转移到各级政府身上；政府各部门的融资、担保，债务清偿的责任往往最后全部转移到政府财政部门；下级政府的财政风险，如工资拖欠、无力清偿债务，上级政府很难"见死不救"，层层传递，最后中央兜底。本届政府面临的风险总是可以"金蝉脱壳"，转移给未来的政府。这种不以风险责任的界定为基础的风险转移，导致风险快速积聚和集中，使财政风险悄无声息地急剧放大。缺乏风险分担的法律框架是

当前经济体制和行政体制的根本缺陷，也是导致财政风险呈不断扩大趋势的深层原因。

五、现实的思考

（一）防范政府财政风险的基本思路

防范政府财政风险的根本途径在于加快改革的步伐，这既包括经济体制的改革，也有行政体制的改革。通过制度创新来弥补现行体制的内在缺陷。在进一步完善激励机制的同时，要建立覆盖社会经济生活各个方面的风险责任约束机制，打破"风险大锅饭"，使社会每一个成员、每一个机构、每一级政府、每一个部门和单位都有明晰的风险责任，形成一种具有法律效力的风险分担机制。这样，社会经济生活中的各种风险就可以在相应的层次和相应的环节化解，抑制道德风险，减少风险的积聚和集中，从而达到控制财政风险的目的。

——清晰界定各级政府之间的风险责任，防止下级政府随意地向上级政府转移自身应当承担的财政风险。对于最低限度的不可避免的救助，应建立一种制度安排，让下级政府清楚地了解在什么样的情况下上级政府才会救助，强化各级政府规避风险的动机，提高其防范风险的努力程度。

——在优化政府各部门职责配置的基础上，重新审视政府部门之间的财政关系，明确各个部门的风险责任。对于融资、担保等财政经济行为应在统一的框架下实施，建立统一的规则，防止各个部门各行其是，偏离整体的目标。

——对于国有企业和非营利组织，既要有明确的授权，也要有清晰的可操作的风险责任，使其在经营权的层次上形成利益与风险的对称机制。建立内控制度，防止所有者权益被"内部人"控制，同时，形成风险约束，强化经营者的避险动机，让经营者自我控制盲目的融资和投资行为，防止拿着国有资产去冒无谓的风险。在此，明晰所有者和经营者各自的风险责任，并使这种风险责任建立在法律的基础之上是至关重要的，比理想化的"政企分开"更具有可行性和可操作性。

——针对金融机构的特殊性，政府的目标不应放在事后的救助上，而是改革和完善整个金融业的经营体制，形成一种良好的制度安排，把金融风险控制在萌芽状态。一是分业还是混业经营，应尽快明确其方向；二是对于小额贷款形成明确的制度框架；三是强化金融机构内部的资产、负债管理，引导其采用先进的管理方法和管理技术，如内部评级、风险敞口评价、风险定量模型等，动态地控制金融风险的产生。

——建立新的政府评价机制，从时间上明确各届政府之间的风险责任，防止政府隐藏任期内的风险，或向未来转移风险。

（二）防范财政风险的政策路径

——提高政府债务的透明度。借鉴 IMF 和欧盟披露财政风险的规则，建立我国的财政风险披露机制。尤其对政府的或有债务，应尽可能全面披露。

——建立政府财政风险预算。对于可量化的政府债务，应进入政府的预算安排。这要求改变现行的仅仅编制年度预算的做法，编制中长期预算，同时改变政府会计基础，逐步采用权责发生制，编制政府资产负债表和年度财务报告。

——建立针对政府政策措施的未来财政成本的评估分析制度，测量各项政策可能引发的财政风险。

——动态评估政府财政风险敞口，尽可能让已经发生的风险通过一定的技术手段显现出来，防止在操作层面上（非制度层面）隐藏财政风险，以帮助政府决策。

——控制赤字和债务的增长速度，并使之尽可能低于经济增长率，以防止财政风险的扩散。在已有的债务存量难以清理和缩减的情况下，只要债务增量控制住了，财政风险的扩散速度就会下降，随着时间的延长，财政风险在理论上可趋向于收敛。这进一步告诉我们，财政风险不是来自过去和现在，而是来自于未来。因此，防范财政风险的重点，不在于已有公共债务规模大小，因为历史已经无法改变，而是如何对未来的各种不确定性做出一个科学的制度安排。

参考文献：

1. 刘尚希、赵全厚：《政府债务：风险状况的初步分析》，《管理世界》2002 年第 5 期。

2. 刘尚希、隆武华、赵全厚：《财政风险：我们的看法与建议》，财政部科研所《研究报告》1997 年 4 月。

3. 刘尚希、于国安：《地方政府或有负债：隐匿的财政风险》，中国财政经济出版社 2002 年版。

4. 马骏：《对地方财政风险的监控：相关的国际经验》，世界银行，2000 年。

5. 平新乔：《道德风险与政府的或然负债》，《财贸经济》2000 年第 11 期。

6. Hana Polakova Brixi. 1998, *Contingent Government Liabilities: A Hidden Risk for Fiscal Stability*. The World Bank.

7. Hana Polakova Brixi. 2000, *Contingent Government Liabilities: A Fiscal Threat to the Czech Repubic*. The World Bank.

8. Hana Polakova Brixi. and Allen Schick, 2002, *Government at Risk: Contingent Liabilities and Fiscal Risk*. The World Bank.

9. Allen Schick. 2000. *Bulgeting for Fiscal Risk*. The World Bank.

（此文发表于《经济研究》2003 年第 5 期，作者：刘尚希）

论政府的公共主体身份与财政风险的两个层次

　　阅读提示:《论政府的公共主体身份与财政风险的两个层次》一文从理论上对财政风险进行了细分。文章提出"在现代社会,政府(或国家)具有双重主体身份,既是一个经济主体,也是一个公共主体。任何风险都是由一定的主体来承担的,从不同的主体身份出发,其所承担的风险内容是不同的"。在上述假定基础上提出了区分两种不同层次财政风险的观点,并对政府的公共主体身份所承担的财政风险的性质和特征进行了分析。本文提出"对政府财政来说,它应该、而且只是承担公共风险。财政风险是政府承担和化解公共风险过程中可能出现的一种结果,就像消防队在救火过程中可能出现的人员伤亡和财产损失一样"。这是对财政职能很好的诠释。

　　近几年来,我国对财政风险的研究日益深入,各级政府对财政风险的重视程度不断提升。党的十六届三中全会提出:"实行全口径预算管理和对或有负债的有效监控",这实际是防范财政风险的重要措施。但到底如何从理论上来认识和把握财政风险,进而形成防范财政风险的制度安排,这个问题至今并没有得到真正解决。

一、对财政风险定义的重新认识

　　尽管现在对财政风险的研究日益增多,但对其内涵的界定还没有一个公认的统一说法,从其现有的文献来看,多数侧重于从政府债务的角度来研究,也有的是按照传统的收、支、平、管的思路来研究的，诸如收入风险、支出风险、赤字风险、债务风险等等。这种研究对认识财政风险有一定的作用，但缺乏内在的联系，无法形成一个对财政风险的整体性认识。我认为，单纯从某一个方面出发是不够的，如研究债务风险，仅仅就债务论债务没有意义，必须把它和清偿债务的资源联系起来。而且，不仅仅是借债才会形成债务，拖欠的款项、应办而没有办的事务，实际上都构成债务。债务是未来的支出成本，反映的是未来的支出压力，体现出未来一个时期政府的支出责任和义务。因此，财政风险应当是未来出现政府支付危机的一种前奏反映。但财政风险不等同于财政危机。财政危机是确定性的事件，而财政风险是不确定性的事件，只是一种可能性。

按照这个思路，可给出财政风险如下定义：

政府未来拥有的公共资源不足以履行其应承担的支出责任和义务，以至于经济、社会的稳定与发展受到损害的一种可能性。

这个定义比笔者在 1997 年初发表的一份研究报告《财政风险：我们的看法和建议》中提出的财政风险定义有所突破，进一步明晰和凸现了财政风险的内涵。上述定义包括以下要点：

（一）财政风险的指向是未来，未来的状态与历史、现状相关，但不相等，因为未来是不确定的，而历史、现状是确定的。根据这一点，我们可以得出两个推论：

推论 1：出现财政困难不等于财政风险增大。财政困难是确定性的事件，而财政风险是不确定性的事件，二者性质不同，不能画等号。

推论 2：达到了财政平衡不等于没有财政风险。其道理同上，财政平衡也是确定性的事件。

（二）未来的不确定性包括有概率分布的和没有概率分布的，在这里，财政风险的来源涵盖了这两种不确定性，因而财政风险难以预测和进行定量评估。进一步说，政府"未来拥有的公共资源""未来应承担的支出责任和义务"与价值判断和政策目标有关，或说是随着社会的主流价值规范和主要政策目标的变化而变化的，不全是客观的。因此，财政风险是一个相对的概念，其大小在某种程度上是由我们的价值观念、道德规范和一定社会心理来决定的。风险建构理论（风险主观派）可在一定程度上帮助我们理解这一点。

（三）财政风险具有外部性，其最终的承担者是社会公众。由此可能产生的不利后果不仅仅是货币价值上的，也包括对社会公众心理、信仰和信心的损害。

财政风险在表现形式上，首先可能是赤字不可持续，即不可能再用扩大赤字的来扩大支出，这主要来自社会压力或政治压力。其次是债务不可持续，也就是不可能再通过借债来维持或扩大支出，这主要来自资本市场的约束和社会对政府信誉的动摇。再次是财政不可持续。当上述办法失效之后，政府只能是冒险运用征税权来扩大其拥有的资源，如果这条路也走不通，那么，财政就到了不可持续的地步，以至于爆发财政危机。最后，这种风险或危机反过来渗透到经济、政治领域，就会导致经济衰退和政治不稳定。

二、政府财政风险的两个不同层次

在现代社会，政府（或国家）具有双重主体身份，既是一个经济主体，也是一个公共主体。任何风险都是由一定的主体来承担的，从不同的主体身份出发，其所承担的风险内容是不同的。

（一）作为经济主体的财政风险

作为经济主体，政府与企业、个人等经济主体在法律上处于平等的地位，拥有相应的权利与义务，它维护的是政府自身的公共产权。在经济分析中，时常把政府当作一个部门与企业部门、家庭部门平等并列起来，形成"三部门经济"模型或"四部门经济"模型（加上国外部门）。这时，政府的身份地位与企业是类似的，它有自己的人员、财产，也有自己的责任，要受私法的约束与调节，如政府与企业签订的合同就属于私法范畴。当政府侵害了其他经济主体的权益时，政府同样要做出赔偿。从这种主体身份出发，政府面临的财政风险与企业是类似的，如财产损失风险、人员伤害风险、赔偿责任风险以及投资失败风险等等。这些风险都可能导致未来财政资源的流出。政府是由各个部门和各种非营利组织构成的，它们都是独立的法人，各有其相应的权利和责任，是公共产权的直接行使者。

应当指出，从经济主体身份出发所讨论的财政风险是指在既定的政府预算框架下执行预算过程中产生的风险，是属于"怎么做"这个操作层次的风险，与政府一定时期的经济、社会政策目标无关。在这个层次上，政府只是承担属于经济主体的法定的责任和义务，其风险管理目标是风险的最小化。

此时，政府属于微观主体，政府财政风险当然也属于个体风险。当财政风险被分解为收入风险、支出风险、赤字风险和债务风险进行分析时，实质上指的是政府作为经济主体承担的风险。在既定的预算框架下，收入、支出、赤字和债务都是已经被规定了的，但在具体执行中存在不确定性，很可能达不到预算的要求，如出现短收、超支、赤字和债务扩大的情形，这也就意味着产生了财政风险，即偏离了政府的预期值（通过预算来体现）。因此，微观意义上的财政风险又是相对于预算而言的。

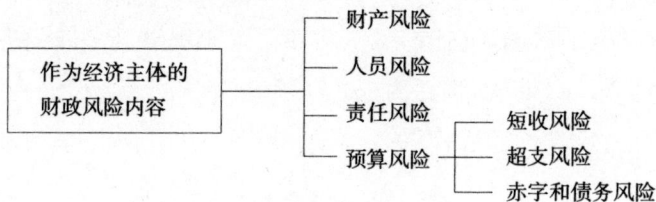

图1　作为经济主体的财政风险

（二）作为公共主体的财政风险

作为公共主体，政府财政风险是指政府决策层次的风险，即政府在决定要"干什么"的过程中所承担的风险。这是与既定制度框架下的政府职能及其政策目标紧密联系在一起的。如政府发行公债的风险、给企业融资提供担保的风险以及金融机构不良资产在一定条件下转移到政府头上的风险，等等，诸如此类的风险都是与政府作为公共主体的职能及其具体政策目标有关。从公共主体的身份出发，政府要承担的支出责任与义务，不仅包括法定的，也包括法律没有规定或认定，但社会公众认定的支出责任和义务（即推定的）。在这个层次，政府要做的就是承担公共风险，维护公共利益，要受公法的调节与约束，如政府对农村合作基金会的破产清偿就是属于公众期望和社会压力所引致的支出责任和义务。

此时，财政是以政府干预经济、社会运行过程中的公共风险的主要手段来发挥作用的，其风险管理目标是化解公共风险，付出的财政成本也就是化解公共风险的代价。这种代价既以法律的形式作出规定，即通过预算体现的法定支出责任，如维护社会秩序的支出、维护自然秩序的支出、重大自然灾害的救护支出等，也以社会道义的形式来承担，即以某项政策体现的道义支出责任，如对社会保障制度的各种承诺等。在发展中国家，还普遍存在第三种形式，既不以法律的形式，也不以社会道义的形式，而是以政府"自赋"责任的形式来承担未来的支出责任，如为企业提供融资担保、为外商提供某种承诺、对私人机构的救援等等。白海娜所说的财政机会主义，实际上就是指这种形式下的政府行为。第三种形式通常表现为政府的或有负债，但现实中并没有独立的表现形式。这类政府行为一旦产生，要么体现为可能的法律责任，如担保，要么体现为一种可能的道义责任。

政府在以公共主体身份化解公共风险的过程中，面临着两个方面的不确定性。

——公共资源的不确定性；

——支出责任和义务的不确定性。

这两个方面的不确定性是不对称的。前者仅仅是在法律范围之内，而后者却超出了法律范围，即包括了法律规定的支出责任的不确定性和社会道义的支出责任的不确定性。因此，公共资源的不确定性在一定程度上是可以预测的，也就是说可以大致计算出其变动的可能范围。在编制政府预算的时候，往往需要花大量的时间和精力来做这项工作。而支出责任的不确定性是不可预测的，无法进行计算，也就是属于没有概率分布的不确定性。故而政府在编制支出预算时往往要安排一笔不指定用途的"预备费"，以应付完全不可预料的支出。

不难看出，作为公共主体的财政风险重心是在支出责任的不确定性方面。当然，这里指的不确定性都是边际意义上的，是一个微分过程，并非所有的都不确定。

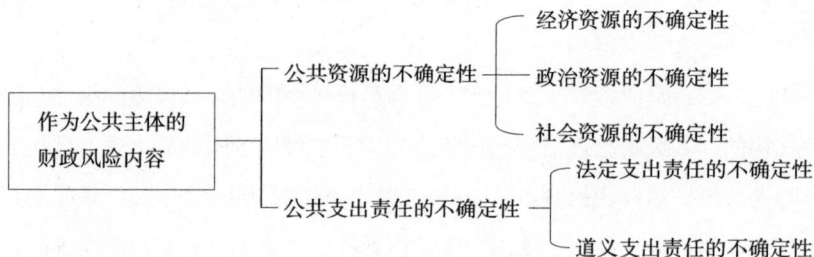

图2 作为公共主体的财政风险

（三）两个不同层次的财政风险

政府的双重身份假定实际上是对政府的一种双重约束。政府是公共权力的拥有者和执行者，很容易侵害企业、个人等经济主体的权益，为了约束政府的这种行为，就必须给政府从法律上设定另一种身份，即在"怎么做"这个层次，把它降到与其他经济主体平等的地位，视为一个普通的经济主体和法律主体。

同时，为了约束政府不作为，必须从法律上给政府另一种身份，也就是在"干什么"这个层次，让政府去承担社会其他经济主体所无法承担的风险——公共风险，以公共主体的身份起最后"兜底"的作用，从而实现经济、社会的稳定和发展。从历史和逻辑的角度来看，政府的经济主体身份是从公共主体身份派生出来的，或者说是市场经济以及在此基础上的民主政治制度内生的一种结果。

当政府以经济主体身份行事时，在其目标中没有社会平等、社会公平、社会正义等内容，是以经济理性来面对所有的风险。该属于公共产权的经济利益，一分也不能少；该由其承担的风险，也不能推卸给其他的经济主体。当以公共主体身份行事时，其目标中包含着平等、公平、正义等内容，是以公共理性（或社会理性）来面对所有的风险。在这一层意义上，财政风险是社会建构的结果，不是客观（指"绝对的客观"）的，而是随着我们的价值观念变化而变化的。以此来理解财政风险，则它具有更多的社会学意义。

区分以上两个不同层次的财政风险是必要的，因为针对不同的风险，需要采取不同的管理方式和应对措施，笼统地说防范财政风险，很容易导致概念混淆而模糊我们的视线。在此，我们讨论的财政风险问题，是从政府的公共主体身份出发的，不涉及以经济主体身份所承担的财政风险。

三、财政风险扩大的可能性

风险是指向未来的，而未来是不确定的。抽象地说，财政风险来自于不确定性。这种不确定性，既来自于政府管理、政策调整，也来自于宏观经济环境以及社会结构的变化。一般而言，以下三种情况中的任意一种情况的出现都意味着财政风险：（一）公共资源确定，而支出责任与义务不确定；（二）支出责任与义务确定，而公共资源不确定；（三）两者均不确定。

而公共资源、支出责任与义务的不确定性大小与工业化、市场化程度以及社会结构、社会心理密切相关。进一步说，与特定历史条件下的政府与市场关系有着内在的关联性。

政府拥有的公共资源包括经济资源、政治资源和社会资源，这里主要指经济资源。经济资源包括资产存量和收入流量，后者主要以税收和收费两种收入形式存在。在工业化、市场化程度较低的条件下，整个经济的组织化程度处于较低级的阶段，各种经济组织正处于发育的过程之中，规则、秩序、管理、协调，以及各种理念，如诚信意识、法治观念、纳税习惯等达不到成熟的形态。在这种状况下，影响政府收入的不确定性因素很多，必须充分考虑由这种不确定性带来的风险。资产存量看似是确定的，实际上也处于不确定性状态。资产存量中除了现金不需要变现之外，其他都有一个变现的过程，而这个过程的实现却是很不确定的。如国有股减持的搁浅，就是一个很典型的案例。

而政府支出责任和义务的不确定性更多地与经济结构、社会结构以及社会心理有关。经济结构的调整与升级往往会引发大量破产和失业。国家与社会的关系以及在这种关系结构支配下形成的社会心理，对各种社会压力和政治压力的形成起着决定性的作用。当居民多数有一种对政府的依赖心理时，公众期望上升，政府的支出责任和义务就会大大扩展。在体制转轨时期，国民个人的独立自主精神与对政府的期待是同时并存的，在一些因素的刺激下，国民对政府的诉求可能出现突发性的增加，进而导致政府的支出责任和义务出现超常规增长。而且，从法律性质上来看，由此增加的支出责任和义务大多是推定的，而不是法律认定的。另外，政府对公共风险的不适当干预，也会引起甚至加大政府未来支出责任和义务的不确定性。

应当说，上述的第三种情况是我们面对的现实。这意味着现阶段的财政风险有进一步扩大的环境和条件。

四、财政风险转化的临界点与财政风险的特点

（一）财政风险转化的临界点

从根本上看，财政风险来自于个体风险（私人风险）的转化。企业、个人及其他机构应承担的风险在一定的条件下都有可能转化为财政风险。其转化的临界点是私人风险变为公共风险。如当一些破产事件（即使是私人公司）可能导致经济以至社会不稳定的时候，破产带来的私人风险就变异为公共风险。这时，政府出面救助是不可避免的。什么样的私人风险以及在什么情况下转化为公共风险，这需要政府适时做出判断，过早或过时的救助都会带来不良的后果——导致公共风险扩大。

（二）公共风险形成的过程

公共风险的形成是一个社会契约的形成过程，是一个慢变量。当多数社会公众认为私人风险应当由政府出面救助或承担最基本的支出责任时，私人的事情就变成了社会的事务，即私人风险就变成了公共风险。在此，依然通行"多数原则"。这种偶然的救助一旦变为法律的规定，就成为政府法定的公共责任

与义务。贫困、失业在历史上曾经是纯粹个人的事情，在英国的维多利亚时代，通常是用"Idleness"（懒惰、闲散）来描述失业的状况，很少用我们今天熟悉的"Unemployment"（失业）这个词，说明在当时社会观念中，失业主要是归咎为个人品行问题。在现代社会，任何一个文明国家的政府都会给予最基本的救助，反贫困、反失业已经成为世界各国政府共同的责任和义务。这种变化表明，一个新的社会契约——政府有责任和义务帮助穷人和失业者——形成了。这就是说，社会公众形成了一种共识：现代社会的贫困、失业不再是私人风险，而是会影响社会全体成员的公共风险。

对政府财政来说，它应该而且只是承担公共风险。财政风险是政府承当和化解公共风险过程中可能出现的一种结果，就像消防队在救火过程中可能出现的人员伤亡和财产损失一样。不言而喻，财政在这里只是政府的一个手段而已。问题是，当政府对自身应当干什么、不应当干什么缺乏清醒的认识和严格的程序约束时，政府的一些自以为是的政策往往会引致超常的财政风险，这就像救火措施不当，火灾不但未缩小，反而愈演愈烈，引发大量的人员伤亡，以至于消防队面临瘫痪的境地。从世界范围内看，这样的案例几乎每天都在发生。因此，有些财政风险是政府错误决策导致的，并非私人风险转化而来，或者说在边际的意义上，政府的错误决策放大了公共风险，因而使财政风险加剧。

从结果来看，财政风险是化解公共风险过程中产生的，但其来源却有两个：一是经济、社会中的公共风险，二是政府干预公共风险失当（包括辨识错误和措施错误）。

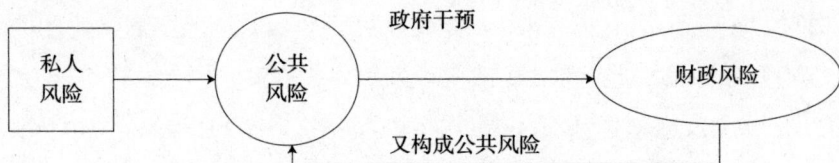

图3　私人风险、公共风险与财政风险的关系示意图

（三）财政风险的特点

政府存在的唯一使命就是化解公共风险，在这个过程中产生的财政风险，自然也属于公共风险。既然财政风险属于公共风险，那么，这种性质决定了它具有以下特点：

1. 在既定的制度框架内，财政风险不能被转移，也不能被分散

这是由公共主体与公共风险的内在关联性质所决定的。一个社会只能有一个行使公共权力的公共主体，尽管这个公共主体是由若干不同层级的机构和组织构成的。一个国家只有一个中央政府，这是世界通例。如果说财政风险能够转移和分散，那也只能是转移给其他的国家。经济全球化程度的不断提高，为此提供了这种可能性（我们暂不讨论这个问题）。因此，在一个国家之内，总体而言，为化解公共风险而产生的财政风险无法再转移给其他的社会主体。即使暂时转移给了其他的经济主体，如金融机构、企业、个人，但最终都会回归到政府自身。当然，这是相对于公共主体不会破产而言的，否则，最终的承担者就是社会公众。这种性质决定了财政风险的管理不能采取类似企业风险管理的办法，而只能从制度变迁来寻找根本出路。

2. 财政风险属于"兜底"风险（边际风险）

我们在一份研究报告中曾经说过：财政是社会风险的最终承担者。其中"最终"一词实际上就是指边际意义上的，亦即最后一名承担者承担最后一份风险。这"最后一份风险"既相对于其他制度失灵而言，也是相对于某一特定救助对象来讲的。假如一个金融机构处于破产的边沿，一旦真的破产会引发公共风险，这时候需要政府财政去救助。面对这种情况，财政不可能把这个金融机构的烂账一股脑儿包揽起来，而是先让它尽力化解，直至无能为力的情况下，财政最后出面，也就是由财政来"兜底"。在这里，财政是最后一个"买单"的。或者反过来说，财政只是捡起有可能把这个机构压垮的"最后一根稻草"。如资产负债率超过100%时就会破产，财政给予救助使这个比例降到比如说99%，这样就避免了破产。此时，财政的作用就是承担了最后一个百分点，从而化解了由此引发的公共风险。因此，当我们说金融风险、企业风险等

可能转化为财政风险时，是就边际风险而言的。

（四）财政风险具有非敏感性

由于政府拥有政治强权，对财政是否会发生支付危机，人们总是不大愿意相信。加上公共风险辨识的困难和政府各项政策后果的风险分析总是不充分，财政风险常处于隐蔽的状态，在财政透明度不高的情况下，这一点尤其严重。相对于公司风险，财政风险对决策者不具有敏感性。在一个既定的制度框架内，这种隐蔽性很容易导致财政风险累积，增大风险压力。这使财政风险的爆发呈现出突发性的特点，不爆发则已，一旦爆发成为财政危机，就具有很大的破坏力，对经济、社会产生难以估量的严重后果。就此而言，无论怎样去警惕财政风险，都是不为过的。

至于政府财政为什么要去化解公共风险，或者说，为何要为有可能引发公共风险的个体风险去"兜底"，则产生于一种历史的内在规定性，或者说是社会进化的一种结果。也可以说是在社会进化和变迁过程中，形成的一种制度安排。而政府财政"兜底"的多少，抑或财政风险的大小与一定历史条件下的公共风险密切相关，而公共风险则又与整个社会制度结构状况及其变迁的快慢有内在关联。

参考文献：

1.[美] M.克莱因：《数学：确定性的丧失》，湖南科学技术出版社 2001 年版。

2. *Government at risk*, Edited by Hana Polackova Brixi, Allen Schick, The World Bank.

3.Hana Polackova Brixi、马骏主编：《财政风险管理：新理念与国际经验》，中国财政经济出版社 2003 年版。

4. 刘尚希：《财政风险：一个分析框架》，《经济研究》2003 年第 15 期。

5. 刘尚希：《论公共风险》，《财政研究》1999 年第 9 期。

6. 刘尚希、降武华、赵全厚：《财政风险：我们的看法与建议》，财政部科研所《研究报告》1997 年 4 月。

（此文发表于《现代财经》2005 年第 6 期，作者：刘尚希）

中国财政风险的制度特征："风险大锅饭"

阅读提示：《中国财政风险的制度特征："风险大锅饭"》一文指出，中国财政风险具有明显的发散性，一个重要原因在于"风险大锅饭"的制度性存在。这表现在多个方面：在政府与国企的关系中，政府总是最后承担了国企的全部风险，给予国企的只是"激励 + 激励"；在政府的各个部门之间，各个部门都有权力在预算决策范围之外进行各种"准财政"活动，却不承担风险责任；在各级政府之间，下一级政府的所有债务实际上都是上一级政府的"或有负债"；在各届政府之间，本届政府可以通过大量融资来搞各种"建设"，只享受由此带来的各种好处，而风险却可以推给下一届政府。由此导致的制度性后果是各级政府以及政府的各个部门的避险动机不强，避险能力很弱，致使社会转型期的公共风险不断地积聚和集中，最终扩大了财政风险。打破"风险大锅饭"应成为今后中国改革的重要内容。本文的意义在于，公共风险理论不仅是解释财政问题的重要理论工具，也是将财政问题与国家治理方方面面联系起来分析问题的重要理论工具。

　　无论从可用于抵御债务风险的经济资源来分析，还是从经济运行变化与政府支出责任和义务来观察（刘尚希等，2002、2003），我们不难发现，我国风险具有明显的发散性特征，已经在日益接近临界点。

　　政府的公共资源，无论是存量，还是流量，实际上仍处于割据的状态。财政改革取得了一定的成效，财政流量规模在不断地扩大，其占 GDP 的比重在不断地提高，但财政能力受整体制度的约束却难以增强。经济总量（流量）在不断地扩大，而公共债务也在飞速增长，这不只是表现在中央政府，也反映在地方各级政府。法律上禁止地方政府发行公债，但各级政府大搞"准财政"活动，政府融资的支出责任和义务也不断增加，这使政府承受着很大的未来支出压力。总而言之，我国财政风险有不断扩大的趋势，或者说，正日渐超出社会公众可接受的风险程度。

这种状况的出现有某种必然性，从世界各国来观察，也具有某种共性，这是在全球经济变革的大背景下出现的。就我国的情况来看，这是在国民经济的市场化、工业化、金融化和城市化的环境中产生的，是这种环境的变化速度超出了制度变迁的速度所导致的一种结果。因此，要究其原因的话，财政风险的不断扩大是制度安排出现时滞造成的。换句话说，这是改革滞后于发展所导致的。

进一层分析，整个改革的滞后，形成了一种风险传导机制，使社会经济生活中各个过程和各个环节的风险不断地积聚和集中，"海纳百川"，致使财政风险不断扩大。

一、"风险大锅饭"的制度性存在

改革打破了"利益大锅饭"，而"风险大锅饭"依然如故。我国改革是从物质刺激入手的，使社会形成了多元化的利益主体，并使其各自有了明确的利益边界，原来你中有我，我中有你的"利益大锅饭"被彻底打破。这就是说，通过20多年的改革，形成了一个有效的激励机制，各个不同层次的利益主体都有了强烈的利益动机。企业（包括金融企业）、个人、各级政府及其各个部门的利益日渐清晰，由此形成了一种以"逐利"为动力的竞争局面。

但另一方面，风险责任的界定却是相当模糊的，甚至根本就没有界定，仍在吃"风险大锅饭"。这导致公共风险扩大，最后不得不由政府财政来兜底。1998年以来，政府几次为四大国有银行注资、通过成立资产管理公司处理其不良资产等措施①，最典型地说明了"财政兜底"这个客观事实。

（一）政府替国有企业承担风险

尽管自 20 世纪 80 年代以来，国企改革一直是整个经济改革的中心，但无论是两步"利改税"、承包制，还是现代企业制度，都只是从激励的角度调整了政府与国企的财政关系。1993 年提出的"产权清晰、权责明确、政企分开、管理科学"的国企改革目标至今也没有达到，"盈了归己，亏了归国家"的局面并没有发生实质性的变化，政府承担着无限的责任和风险。其关键在于忽视了风险的分担界定。给予了国企各种权利，如融资权、投资权、资产处置权、分配权等，但经营过程中的各种风险，如债务风险、投资风险等却没有规定由来承担、承担多少。可以说，我们是在无风险的假设条件下来进行国企改革的。这样一来，企业经营者的避险动机严重不足，在投、融资过程中往往是只注重短期利益，忽视未来的成本，从而使企业处于巨大的风险状态之中。因此，国企改革实际上从一开始就是以政府承担全部风险为前提条件的。

在国企还没有学会在市场这个大海中游泳之前，以由政府承担全部风险的办法来调动企业的积极性，也许在改革的初期有一定合理性。但这个改革初期的措施却造成了严重的路径依赖，并一直持续到现在。

1. 激励与约束不对称

搞活国企是以给企业看得见的物质利益开始的。从 20 世纪 70 年代末的"企业基金""利润留成"，到 80 年代的"利润承包"，都以"减税让利"为主要的改革思路，寄希望于通过利益诱导来调动企业的积极性。到 20 世纪 90 年代，提出转换企业经营机制，建立现代企业制度，改革思路从一味地"减税让利"转到了落实"经营自主权"上，试图让国企变成真正具有自我发展、自我约束能力的企业。但随着国企经营自主权的落实，却造成了普遍的"内部人"控制，

---

① 1998 年国家财政部为四大国有银行注资 2700 亿元人民币，以充实其资本金；1999 年成立四大资产管理公司为四大国有银行剥离不良资产 14000 亿元人民币；2004 年 1 月再次为中国银行和中国建设银行注资 450 亿美元，为其股份制改造做准备。

所有者的监督形同虚设，所有者的权益得不到保障，而且经营者常常采取拿国有资产冒险或大量借债的方式来追求自身的短期利益。在这种激励与约束不对称的条件下，国有资产的保值增值成了无法兑现的空头支票。尤其在市场化进程不断深入，市场竞争日益激烈的环境下，强烈的逐利动机更促使经营者采取冒险的举动，至于其背后的风险则考虑不多，甚至不予考虑。大量国企的这种行为造成严重的公共风险——经济效率的普遍低下。

这样，激励与约束不对称造成的后果，不仅是导致政府拥有的经济资源减少（资产流失和资产收益流失），而且还会因国企的高风险偏好而带来大量的债务，并通过"国企——银行——财政"这根链条转化为政府的债务。广东国际信托投资公司的破产、中国农业信托投资公司的清盘、大量国企实行"债转股"等等，这些活生生的案例，最终都给政府带来了大量的债务。这些债务的处理通常不透明，没有在政府的预算报告中反映出来，从而表现为政府的隐性债务。

2. 国企信息不透明

第一个国企的经营绩效几乎都是一个"黑箱"，不仅社会公众不了解，政府主管部门也未必清楚。许多在账面上连续盈利的企业，实际上却处于严重的亏损状态。即使是改组上市的公司，这种状况也未有实质性的改变。尽管对信息披露有强制性规定，信息不透明也造成了多重的危害，如虚盈实亏，使所有者权益虚假；资产转移，使所有者权益受损；高风险投融资，给所有者带来大量隐性债务；监控失效，造成"内部人"控制，如此等等，不一而足。但信息不透明的最大的危害，是隐藏了企业经营过程中的各种风险，这不仅仅是给所有者权益造成潜在损害，而且会误导政府宏观决策，容易误判国有经济的整体状况。同时，这也给社会公众造成错觉，致使相关利益者遭受损失。这些都会导致公共风险，加大政府作为公共主体的未来支出压力。

3. 国企职工的"人质"效应

人的问题一直都是各级政府的一块"心病"。对政府来说，不怕资产流失、不怕企业亏损，最怕国企职工的安置以及由此引起的社会问题。因此，长期以来，政府采取了一种"通过养企业来养人"的办法，明明知道亏损严重，债台高筑，但各级政府也是想方设法为企业筹资金、找贷款，让企业苟延残喘。其目的就是一个，把那些国企职工养起来，以减少公共风险，稳定社会。在社会保障制度还不健全，或国企职工长期形成的对企业依恋心理没有根本性的转变以前，政府不得不以高昂的代价来稳定国企职工。这样一来，国企职工成了各级政府的"软肋"，同时也成为经营者转移风险的最佳借口。

在某种意义上，经营者以企业职工为"人质"，可以不断地向政府提出各种要求，政府的国企改革目标往往在这种要求下变异为"安抚"政策，如提供"安定团结贷款"、税费减免等等。曾经风靡一时的匈牙利经济学家科尔奈所说的"软约束"，在这种情况下就变得更软了。但这时，政府与国企关系已经不再是"父子"关系，而是讨价还价的"对手"关系。随着这种关系的转变，政府对国企的政策只能是"激励 + 激励"，而约束仍是踪影难觅。这种"单边政策"的后果就是政府总是被动地替国企承担各种各样的风险。政府名义上是以国有资本承担有限责任，实际上却承担了无限的支出责任和义务。1998 年以来，尽管政府在社会保障和再就业等方面采取了多种措施，试图把"养人"和支持企业分开来，减弱国企职工的"人质"效应，但效果并不理想。

（二）公共预算对政府行为的软约束

发展中国家的一个普遍现象是政府存在大量的预算外活动，也就是说，政府行为和活动并不受国家预算的严格约束。在我国尤其如此。

财政收入是政府活动的经济基础。一般而言，政府政策、政府行为和政府活动都应体现在政府的预算之中，正如毛泽东在 1949 年 12 月 12 日的中央人民政府第四次会议上所指出的："国家的预算是一个重大的问题，里面反映着整个国家的政策，因为它规定政府活动的范围和方向。"预算的形成过程本身就是一个决策过程，并以法律的形式确定下来，政府其他决策都应建立在预算决策的基础之上。但在我们现实生活中，政府的活动并不受预算的限制。表面看来，这是预算外资金的存在所导致的。其实，不是因为大量的预算外资金支撑了政府的大量预算外活动，而是相反，政府的大量预算外活动引致了大量的预算外资金。尤其在地方政府，普遍形成了这样一种思维模式："预算内保吃饭，预算外搞建设"。在立法机关对行政机关缺乏严格监督的情况下，预算无法约束政府行为，相反，政府的行为处处在左右预算。

由于缺乏预算约束，政府活动的范围可以说"漫无边际"，几乎是想干什么就可以干什么，基本不用考虑所需的资金是否列入了预算。在这种行为方式下，政府产生了大量的"准财政"活动，其引发的后果不只是预算外资金的泛滥，削弱了健全的财政基础，增大了财政的脆弱性，而且，给政府带来大量债务。各级政府的各部门官员为了把事情干好，在预算没有安排资金或安排的资金不够的情况下，要么是通过收费，要么是通过借债、欠账等手段来解决所需的资金。一旦背下了债务包袱，最后交给财政兜着。短期内，这不会造成什么大的问题，但若长期这样，就会给政府财政累积下大量的不透明债务。其后果是不言自明的。

看起来，超越预算行事是一种消极的举动，实际上是不顾政府财政风险的短期行为，也许对短期的事业发展和经济增长有利，但在长期不可持续，累积的风险会毁掉一时繁荣带来的短期成果。

（三）中央与地方的财政关系模糊

在现行行政体制下，下级政府的一切债务实质上都是上级政府的"或有债务"，上级政府承担着替下级政府最后清偿债务的潜在义务，而 1994 年的分税制改革仅解决了一个利益的分配问题。

分税制设立中央税、地方税和共享税，建立了一个利益共享的机制。虽然中央政府在利益共享机制中具有更大的发言权，完全控制了税权，而且也集中了超过 50% 的全国财政收入，但由于中央政府对地方政府的财政活动缺乏有效的监督途径和手段，地方政府实际上具有很大的财政自主权。没有税权，但地方可以"自赋"收费权；没有发债权，但可以借债；缺少发言权，但可以用地方公共风险来增加讲价还价的筹码。一方面看，在利益分配中，中央占有优势；但从另一方面来看，在风险分配中，地方占有优势。下一级政府总是可以利用各种风险事件来巧妙地把风险转移给上一级政府。当下一级财政濒临破产的时候，上一级财政不可能袖手旁观，置之不理。在风险责任不明晰且没有建立分担机制的情况下，上一级财政往往承担了风险事件的全部风险。既然上一级财政不可能不最后兜底，那么，下一级财政就可以无视风险的存在，大肆从事各种"准财政"活动，以谋求政府任期内的各种政绩。因此，在既无风险分担机制，又没有健全的监控手段条件下，势必会引发普遍的道德风险，导致地方隐性债务增加，从而恶化整个财政风险状况。2002 年，国家审计署对中西部 10 个省、市的 49 个县（市）财政收支情况进行了审计，发现下面 4 个问题：一是财政收入"水分"较大。二是人为隐瞒赤字现象普遍。截至 2001 年底，49 个县（市）中有 37 个累计瞒报赤字 10.6 亿元，为当年决算反映赤字的 7.2 亿元的 147%。三是债务负担沉重。49 个县（市）截至 2001 年底，累计债务达到 163 亿元，相当于当年可用财力的 2.1 倍。四是欠发工资问题仍较突出。欠发的工资实际上是政府的负债①。

总之，在政府与国企的关系中，政府总是最后承担了国企的全部风险，给予国企的只是"激励 + 激励"。在政府的各个部门之间，各个部门都有权力在预算决策范围之外进行各种"准财政"活动，却不承担风险责任。在各级政府之间，下一级政府的所有债务实际上都是上一级政府的"或有负债"。另外，在各届政府之间，本届政府可以通过大量融资来搞各种"建设"，只享受由此带来的各种好处，而风险却可以推给下一届政府。这种缺乏风险约束的激励，犹如脱缰的野马，随时可能把经济、社会之车带入沟壑，甚至深渊。

改革的使命仅仅完成了一半——建成了激励机制，而另一半——构建风险约束（分担）机制，还只是刚刚破题。打破"风险大锅饭"应将是今后整个经济体制改革的重心。

二、"风险大锅饭"的制度性后果

利益与风险对应，是市场经济社会的基本原则。作为经济原则，每一个经济主体在追逐自身利益时，就必须承担相应的风险，而且是低利低风险，高利

---

① 参见《报刊文摘》2003 年 7 月 4 日。

高风险。这既是规则，更是一种理念，约束着各个经济利益主体的行为方式。只有这样，市场竞争才会有序而富有效率。作为社会原则，它映射到社会的各个层面，政府也不例外。作为公共机构，政府自身及其各个组成部分，都有自身的利益，同样，不论其以何种形式去追求利益（如政绩、权力、影响力、经济利益等），也应当承担相应的风险（法律追究、行政处罚、经济损失、名誉扫地等），而不论其动机是不是出于公共利益。也只有这样，政府政策、政府行为、政府活动才能有序而富有效率，公共利益才不会沦为一个谁都可以打的旗号。但"风险大锅饭"破坏了利益与风险对称这条基本原则，并在长期的社会实践中积淀为一种普遍的社会心理（如不找市场找市长），大家都只想得到利益，而不想承担任何风险。风险自担的理念在我国还只是一棵幼苗，随时都可能夭折。

在这样一种环境下，由于失去了风险的约束，各级政府、各个政府部门在面对公共风险以及干预公共风险过程中的态度、行为随之发生变异，导致政府干预失当，表现为追逐高风险，避险动机和避险能力严重不足。

（一）避险动机不强

在广义的公共部门内，缺乏避险动机是十分普遍的现象。无论是国企、国有金融机构，还是各级政府和政府的各个部门，对于各项决策往往都强调了有利的一面，而忽视了可能引致风险的另一面。漠视风险的态度，使风险分析难以展开、深入，更谈不上卓有成效地进行风险评估。

对政府来说，促进经济增长是头等目标。至于如何去促进经济增长，采用什么手段，以及不同手段的风险成本大小，通常是不多考虑的。在政府预算内财力较为紧张的情况下，政府会采用扩大赤字，增发国债的方式来刺激经济。1998年实施的积极财政政策，就是通过调整预算来扩大内需，拉动经济增长。这项政策原计划只在短期内实施，实际执行一直延续到现在，达6年之久。其中隐含着哪些风险，学术界有一些探讨，但也许要若干年以后才能真正显现出来。事实上，从一开始，实施积极财政有没有风险、风险多大，并没有展开讨论，当然也谈不到对其进行潜在的风险评估。从我国的经验来看，一项宏观经济政策的出台常常带有浓厚的政治色彩，一经决定，是不允许唱反调的。风险，是决策者常常忌讳的字眼。在这样一种态度下，政策制定和调整不大可能去研究其中隐含的风险。

因此，对地方政府而言，更倾向于采取预算外的支持形式，如利用地方金融机构贷款、提供各种担保①、对投资者给予某种承诺、设立"窗口公司"筹资等等。在各地方政府"政绩"竞争的推动下，各级地方政府的主要精力都是用在这方面。至于这样做，引致的风险是什么，会不会给地方财政背上债务包袱，地方政府未来的支出压力是否会增大等问题，一般是不予考虑的。

据笔者调查，目前不少地方政府开展了大规模的招商引资活动，不少省份甚至将招商引资定为各级政府的首要任务，并将招商引资任务层层分解，落实到单位和个人。这种运动式的招商引资，势必以政府的大量承诺、优惠政策为条件，其风险是不言而喻的。当招商引资被作为一种政治任务来完成的时候，其风险被彻底地抛在一边。另据《南方周末》报道，在 2003 年的招商引资中，江苏一些市县在招商引资目标管理考核办法中规定，单位在年度考核中，完成任务不足年度任务一半的，其单位负责人向县委、县政府写出书面检查，限期内仍不能完成的，按照干部管理权限对其主要负责人进行诫勉，其班子成员不得提拔、调动、晋级、评优，连续两年不能完成任务的，对其主要负责人予以免职处理②。这是一种严重的短期行为，完全不顾风险的做法，恐怕很快就会导致"鸡飞蛋打"的局面。

---

① 据笔者调查，至 2002 年 10 月底，某省归财政部门管理的国际金融组织和外国政府贷款项目有 50 个，涉及省级单位和 18 个市县，其中由政府担保的，占债务总额的 62%。其中的省本级担保的和市县担保的债务，分别占担保债务总额的 84.7% 和 15.3%。有的市县债务水平很高，超出了当地的承受能力，其政府担保外债，加上主权外债的总额，占 2001 年地方一般预算收入的比率都超过了 100%。

② 截至 2002 年 10 月底，该省拖欠中国进出口银行、财政部、建设银行等转贷的主权外债项目达到 25 个，拖欠面（占到期应还款项目比率）92.6%，其中，省级占 78.6%，市县占 21.4%。在拖欠债务中，政府担保的债务拖欠占拖欠总额的 92%。拖欠即违约，政府负有连带责任，担保债务就会转化为政府的直接债务。从中不难看出政府担保所引致的债务风险。

至于对上级政府的各种转贷资金，如过去的周转金、现在的各种国际金融机构贷款和外国政府贷款的转贷资金、国债转贷资金等等，地方政府多数都是全力争取，根本不考虑还贷能力，有的甚至从一开始就没有打算还款。如在实施积极财政政策期间，各地"哄抢"国债转贷资金，就是一个生动的实例。

由于缺乏避险动机，地方政府由此背上了年复一年累积下来的沉重的债务负担，只得采取拖欠、逃债等方式来搪塞，使地方财政风险状况恶化。但最后买单的可能还是中央财政。一方面，中央财政对地方政府的债务拖欠采取强制性的扣款措施，另一方面，中央财政又不得不加大对地方财政的转移支付力度，以至于连地方工资也要由中央财政通过转移支付来拨付。这说明，地方的财政风险正在向中央转移。

（二）避险能力不足

"风险大锅饭"不仅造成了避险动机的弱化，而且也使政府避险能力不足。这是在既定体制环境下造就的一种结果。

1. 风险辨识能力不足

前面已经说过，财政风险是政府在干预公共风险过程中形成的。如果不能及时有效地识别公共风险，那么，政府在干预公共风险时很容易出现偏颇，如出现政府介入不及时，错过了干预公共风险的最佳时机，一旦介入，急于求成，往往介入过度，包揽太多。无论在经济领域，还是在社会领域，都有这类案例存在。在经济领域，对一些破产金融机构的救助存在同样的问题。这都反映出公共应急能力不足，手足无措，匆忙应对，从而导致了不惜代价的种种场景，使短期财政风险加大。

因此，避险能力不足首先反映在风险辨识能力不足。这包括两个方面：一是对风险的态度和理解，二是对风险的分析。对风险采取讳疾忌医的态度，这是十分普遍的一种现象。学术界对财政风险探讨的热情有加，而各级政府对本级政府面对的公共风险和财政风险状况大都是讳莫如深。对一些发生的公共危机事件，多数都是采取隐瞒的方式来"内部处理"，而不愿意对社会公布。在这种鸵鸟式的风险态度下，对财政风险所产生的后果难以有深刻的理解。在认识上是个侏儒，在行动上不可能是个巨人。思想认识上的局限性自然限制了对财政风险的深入分析，包括对各种风险来源的分类、识别、评估等，更谈不上对公共风险向财政风险转化的跟踪研究和全面监控。

2. 缺乏风险内在化的政策和体制

政策和体制是避险能力的载体。政府避险能力的高低是通过一定时期的政策和体制显现出来。在"风险大锅饭"的环境中，由于没有风险约束，难以制定出和实施谨慎的财政政策，容易出现两种倾向：一是在预算内来谈论政策，忽视预算外活动给政府带来的未来支出压力。二是静态地考虑当前的情况，忽视未来各种不确定性所引致的风险。特别是当风险超出了本届政府任期的情况下，这种倾向更为明显。风险内在化的财政政策应当是既全面评估财政状况，又充分考虑各种不确定性的谨慎政策。

风险内在化体制是指不同层面的风险分担制度、准备金制度、风险披露制度和有效的风险监控制度。风险分担制度是风险内在化体制的基础，它使风险在不同层面上相应化解，减少公共风险出现的频率，同时也就减少了财政运行的不确定性和政府未来支出压力。准备金制度是在出现突发性支出的情况下，保持财政稳定性及可持续性的基本保证。风险披露有助于及时化解风险，防止风险累积。有效的风险监控制度是协调政府各个部门行为，保证前面各项制度有效运行的后盾。当缺少其中的某一项制度时，风险就会外溢，并通过或明或暗的途径转化为财政风险。这就意味着政府避险能力的降低。从现实来看，我们还没有建立起风险内在化的体制，这是导致避险能力严重不足的根本因素。

3. 缺乏具体的避险方法

这是针对一些政府项目和操作性措施而言的。具体的避险方法应当融合在部门预算的编制过程之中。实际上，项目预算的编制过程，也就是对各个项目的风险评估过程，包括该项目是否符合政府的政策目标，是否符合立项标准，是否与其风险管理能力相匹配，是否有相应的权力和责任，以及在整个项目周期中政府承诺与介入标准等等。由于部门预算的改革还没有到位，项目预算的编制还较粗，基本上还谈不上风险评估，更无须说各种避险方法的运用了。

从这里也可看出，避险能力的不足是一种"综合征"，非单一因素所致，只有通过改革的全面深化，并不断提高对风险问题的认识，政府的避险能力才能逐步得以提高。

三、公共风险的积聚与集中

现代社会是一个风险社会。尤其在我国，正处于急剧的社会转型时期，各类公共风险发生的频率加大，风险总水平大大提高。在既定的体制框架下，公共风险是人们的主观活动造成的，是各自从个人理性出发产生的不确定性的"合成谬误"。这需要政府运用公共理性来纠正，即通过政府的干预来防止各种可能的"合成谬误"的形成。

但如果现行体制存在许多的漏洞和缺陷，则社会、经济运行过程中及其各个环节中出现的风险就不能在相应的层次化解掉，最后汇聚形成公共风险。这个过程是公共风险的形成过程，也是公共风险的积聚与集中的过程。而我们现实中"风险大锅饭"的制度性存在，说明现行体制存在大量的漏洞和缺陷，为公共风险的积聚和集中提供了条件。"风险大锅饭"使企业、个人等经济主体的边际风险得以转移给社会，构成公共风险，并最终转化为政府财政风险。如在环保制度很不健全的情况下，企业向江河排污超出许可范围和程度的可能性很大，制度——物化的公共理性就难以抑制不当的个人理性，这将会造成公共风险扩大，即未来边际社会成本可能增加，政府财政的未来支出压力加大。在经济市场化和工业化的过程中，这类因制度缺陷导致的公共风险不是在减少，而是在不断增加。因此，在体制不完善的情况下，政府面对的公共风险就像滔滔洪水，在积聚与集中的过程中不断扩大。这使处于发散状态的财政风险加剧。而另一方面，政府对公共风险的干预并非总是恰当，由于避险动机和避险能力严重不足，这又使财政风险进一步加大。如政府对公共风险干预失当，在介入时机、介入标准等方面出现失误，就会导致干预成本增加，即增大财政风险。特别是当公共部门内部不协调，风险责任不清，"风险大锅饭"严重的情况下，政府在干预公共风险过程中往往会产生新的风险。如政府通过成立资产管理公司来化解金融风险，在处置金融不良资产过程中，避险动机和避险能力不足，很可能不但收不回几个钱，甚至反而要搭进去不少财政资金。若是这种结局，倒不如一次性核销，这样，财政成本更低。要防范这种情况的出现，就必须对政府干预给予严密的风险监控。但问题是，在现实当中，政府干预公共风险失当的例子比比皆是。

"风险大锅饭"的制度性存在从两个方面导致了公共风险的集聚和集中：制度性缺陷和在这种制度下的政府干预失当。这就像面对滔滔洪水，堤坝（制度）到处都在溃决，而抗洪措施（政府干预）又时常失误，洪水泛滥（公共风险）将呈扩大之势。利益与风险不对称，风险责任不明晰，最终的结果是使风险不断地向中央财政积聚和集中。国有企业、金融机构的风险，如亏损或破产，最后的债务清偿总是转移到各级政府身上；政府各部门的融资、担保，债务清偿的责任往往最后全部转移到政府财政部门；下级政府的财政风险，如工资拖欠、无力清偿债务，上级政府很难"见死不救"，层层传递，最后中央兜底。本届政府面临的风险总是可以"金蝉脱壳"，转移给未来的政府。这种不以风险责任界定为基础的风险转移，导致公共风险快速积聚和集中，从而使财政风险悄无声息地急剧放大。

可见，"风险大锅饭"是当前经济体制和行政体制的根本缺陷，也是导致财政风险呈不断扩大趋势的深层原因。如何打破"风险大锅饭"应成为今后深化改革的核心内容。

参考文献：

1. Hana Polackova Brixi、马骏主编：《财政风险管理：新理念与国际经验》，中国财政经济出版社 2003 年版。

2. *Government at risk*, Edited by Hana Polackova Brixi, Allea Schick, The World Bank.

3. 刘尚希：《财政风险：一个分析框架》，《经济研究》2003 年第 5 期。

4. 刘尚希、赵全厚：《政府债务：风险状况的初步分析》，《管理世界》2002 年第 5 期。

5. 刘尚希、程北平等：《中国经济运行变化引致的财政风险分析》，载《经济活页文选》，中国财政经济出版社 2003 年版。

（此文发表于《管理世界》2004 年第 5 期，作者：刘尚希）

财政风险：防范的路径与方法

阅读提示：《财政风险：防范的路径与方法》一文对公共风险与财政风险的关系进行了进一步阐述，指出公共风险是财政风险的源头。文章提出，防范财政风险，应至少从四个方面入手：一是通过制度创新来控制公共风险，从而有效地减少财政风险；二是减少政府干预公共风险中的各种失误，防范由此而引发新的财政风险；三是建立风险管理机制，打破"风险大锅饭"，抑制道德风险，减少风险的积聚和集中；四是增强政府抗风险能力。

如果不是从财政部门，而是从整个政府的角度来观察，防范财政风险应该从公共风险的控制入手。财政风险是公共风险转化的结果。在这个意义上，公共风险是财政风险的源头，只有控制了公共风险，才能有效地减少财政风险。同时我们也知道，有些财政风险是由于政府干预公共风险失当而导致的。因此，如何减少政府干预公共风险的各种失误，也是防范财政风险的一个重要方面。但无论是控制公共风险，还是减少干预公共风险的失误，都离不开相应的观念与制度的创新。

一、控制公共风险

在一定的经济社会发展阶段，在既定的体制框架下，公共风险的形成是相对稳定的。公共风险与一定的体制框架有内在关联性。面对既定体制框架下的公共风险，化解的主要手段是政府财政，即通过转化为财政风险来减少公共风险。通俗地说，这就是通过增加政府财政的债务和支出责任来减少社会公众面临的风险。但在这里，我们不是局限于在既定的体制框架下来分析如何化解与该体制有内在关联的公共风险，而是要讨论如何突破既定的体制框架，也就是如何通过深化改革和相应的制度创新来控制公共风险，从而减少财政风险。

(一) 建立新的制度安排

自 1978 年以来，朝着市场化方向进行的各项改革，实质上就是为了建立一种新的制度安排，以防范和减少公共风险。尽管目前从理论上还不能证明市场经济制度在防范公共风险上的作用最大，但至少从历史实践来观察，我们可以说明，市场经济制度比计划经济制度具有更强的防范公共风险的能力。一个突出的表现是，市场经济制度具有转移、分散和对冲风险的功能，而计划经济制度却没有；不仅如此，后者还往往导致各种风险积聚和集中，形成隐性危机。因此，从总体思路来看，公共风险的控制有赖于市场经济制度的不断完善。

我国是一个正向市场经济转轨的国家，整个改革就是为了建立社会主义市场经济体制。应当说，改革的方向和目标是清晰的，但这并不等于达到目标的路径也是清楚的。我们长期以来都是采取"摸着石头过河"的改革方式，带有十分明显的"试错"性特征。而"试错"是有风险的，这个过程产生的风险往往形成公共风险。在转轨时期，公共风险会扩大，这是改革必须要面对的。对于由此而产生的公共风险，寄希望于制度创新本身是不可能的，只能靠政府财政兜底来解决。这就是说，在改革转轨时期，必须有一个强大的政府财政，这是及时化解改革过程中公共风险的基本保障。在制度安排的意义上，壮大财政实力本身就是为整个市场化改革顺利进行而建立的一项制度安排。

可以这样说，在经济转轨时期，控制公共风险的首要一项制度安排就是建立一个强大的国家财政。对于这一点，多数情况下被视为部门观点而得不到认可，即使得到认可也往往不是从制度安排的角度来解读的，因而大大降低了这一要求的深刻含义。这项着手于强化财政的制度安排，其实是着眼于市场化的改革，也就是着眼于通过市场经济制度的不断完善来防范、化解和减少公共风险。

（二）有效地与社会公众沟通

通过制度创新，弥补制度缺陷来控制公共风险，只是问题的一方面；而另一方面也是十分重要的，即如何做到有效地与社会公众沟通。这对控制公共风险具有不可替代的重大作用。

公共风险不具有完全的客观性，公共风险的大小与社会主流的价值观念、社会公众的认识以及社会心理等主观因素有一种内在的关联性。除了来自于自然界的公共风险不受人的主观活动影响以外，产生于社会、经济内部的各种公共风险都与人们的主观认识密不可分，有的甚至就是由人们不同的认识和价值观念所导致的。如对政府赤字和债务风险大小的判断，与其说有一个所谓客观的判断标准，倒不如说更多地与社会公众的看法有关。在相当长的一个时期，我们对债务有一种恐惧感，多数老百姓认为欠债是"不好的"。这种价值观直接影响到对政府的赤字和债务的判断。在这种看法的影响下，我国在改革开放以前是既无内债，又无外债，并以此作为社会主义制度的优越性来看待。当多数社会公众认为债务是"不好的"东西之时，政府出现赤字、债务就会面临很大的风险，哪怕政府赤字、债务规模并不大。因为社会公众基于自身的价值判断就会对政府财政状况丧失信心。而现在，这种观念发生了很大变化，社会公众已不认为债务是很可怕的东西，借钱消费也开始渐渐流行。随着这种价值观的变化，社会公众对政府赤字、债务的认可程度就大大提高了，即使是政府出现了较大的赤字和债务，社会公众依然会对政府财政状况保持信心，人心就会稳定。

市场经济，在另一种意义上讲，是"信心经济"，经济的正常运转是靠社会公众的信心来支撑着的。虽然社会公众的信心受环境、经济状况的影响，但有相当大的独立性，不能简单地套用"社会存在决定社会意识"的公式。信心并非都来自理性预期，很大程度上与非理性有关，而且，信息不对称的状况总是存在，信心会与所谓的"真实"状况有很大的距离。当社会公众的信心丧失时，经济、社会就会动摇，公共风险就会放大，即使是"真实"状况相当不错；相反，当社会公众的信心依然存在时，经济、社会就会保持稳定，公共风险就会缩小，哪怕是"真实"的状况并不怎么样。在某种意义上，公共风险的大小取决于人们的看法。在市场经济条件下，社会公众的看法是一个至关重要的影响因素，而且是一个有很大独立性的因素。但社会公众的看法是可以"调控"的，政府通过某种适当的方式，可以在短期或长期意义上引导、影响甚至改变社会公众的看法，从而达到"化险为夷"的目的。在现代社会，有效地与社会公众进行多方面的沟通是控制公共风险的重要途径。从 2003 年的"非典"危机中即可明显地看出这一点。当"非典"疫情在广东流行时，若是及时地与社会公众沟通，如发布疫情状况，公布"非典"的有关症状及其传染性强弱，告诉公众应注意的有关事项，让公众了解政府正在采取的相关措施，等等，提高透明度，加强与社会公众的沟通，也许就不会有后来的全国性大恐慌，由此导致的公共风险和公共危机就可以大大缩小。我们应该从中得到不少启发。

二、减少政府对公共风险的失当干预

政府干预公共风险过程中的各种失误，是财政风险的重要来源。如果减少了政府在干预公共风险过程中的各种失误，那么，也就意味着减少了财政风险。

政府对公共风险的干预，是一个广义的概念，不仅包括经济学意义上的政府干预，而且还包括社会学意义上的政府干预。这超出了我们平常所说的政府干预经济的界定。政府既是国民经济的管理者，也是社会活动的管理者。因此，政府既干预经济，也干预社会；既化解经济领域的公共风险，也化解社会领域的公共风险。无论是干预经济，还是干预社会，政府都会出现各种各样的失误。而这些失误多数是体制性的原因而导致的，如前面提到的"风险大锅饭"制度。可见，要减少政府干预公共风险的失误，还是离不开深化改革和制度创新。不过与控制公共风险的制度安排相比，在这里主要是讨论公共部门内部的制度安排，并以此来减少政府干预公共风险过程中带来的财政风险。

（一）控制政府的预算外活动

这里不是指预算外资金和预算外收费的问题，而是指脱离国家预算约束的政府活动和政府行为。从一般意义上说，政府所有的活动都应建立在预算的基础之上，即无论是政府哪一方面的活动和行为，都不应该脱离立法机关审议通过的预算。如果政府某些活动可以脱离预算约束而行事，则说明政府行为超出了立法机关的监督视野，在性质上属于不合法，在效果上可能导致财政风险。在我国现实生活中，政府的预算外活动十分广泛，其主要有两大类型：

1. 基金型的预算外活动。政府的预算外活动是通过预算外的基金来实现。如政府的某一个部门为了加快其事业发展，运用预算外收费手段筹集资金，建立一个用于某一特定项目的基金，其收入和支出都是在预算外运行的，并不向立法机关报告。有些部门有大量的收费，但并不建立特定用途的基金，而是由部门自主决定支出范围。这实际上也是一种预算外基金，只是一种非专用型基金罢了。通过预算外基金来实现的政府活动，在一定时期发挥了某种程度的积极作用。如通过收取电话初装费，筹集了大量资金，促进了我国电信业的飞速发展，缓解了基础设施瓶颈给当时国民经济发展带来的严重制约。应当说，通过政府的干预行为减少了公共风险。但从总体看，普遍的预算外政府活动带来了大量预算外收支，加大了财政风险。这种基金型的政府预算外活动实际上是一种"拆东墙补西墙"的行为，部门利益从中得以实现，而整个政府财政风险却由此扩大。通过几年来的预算外改革，这类政府活动大大减少了，但另一类的政府预算外活动却增加了。

2. 政策型预算外活动。即指"给政策，而不给钱"的那类政府活动。如为特定项目提供担保、通过金融机构提供支持、在土地转让等方面提供优惠、给予特许经营权，等等。表面看，这不需要花钱，在预算中无须列一笔开支，只要发个文件，给一个政策，政府干预的意图即可实现。在我国，这种政策型的政府预算外活动十分普遍，在地方尤其明显。如当国有企业陷入困境需要政府救助，而政府又拿不出钱时，政府首先想到的就是通过银行来实现政府一些政策目标。从 20 世纪 80 年代延续到 90 年代中期的大量"安定团结贷款"和各种指定性贷款，就典型地反映出政府的这类预算外活动。尽管试图通过成立国家开发银行等政策性银行来限制和规范这类预算外活动，但并没达到预期的目标。在地方，这类活动仍是有增无减，在地方政府财力（包括预算内和预算外）较为紧张的情况下，政府更偏好使用各种预算外的支持方式。对于一些明确需要政府出面来救助的事项，如农村合作基金会呆账损失的承担，政府也往往是采用预算外方式解决，如转嫁给农村信用社。从短期来看，这既摆脱了财力不足的困境，又促进了经济增长，化解了公共风险，一举两得。但从长期来观察，这类预算外活动将会给政府带来大量负债，增大政府未来的支出压力，扩大财政风险。

上述两类政府预算外活动实质上都是一种财政机会主义，有的是出于干预公共风险的需要，如促进经济增长，保持社会稳定；有的则是出于政府政绩的考虑。无论动机如何，从防范财政风险的角度来分析，对政府预算外活动进行控制是非常必要的。在法制还不健全、预算约束软化的条件下，要一下子完全杜绝上述活动是不可能的，但我们至少要认识到，长此以往，这将会导致政府财政不可持续，而且由此产生的这种财政风险具有很大的隐蔽性，累积到一定程度会危及政治稳定。

（二）对政府政策和改革措施进行风险评估

政府对经济、社会的干预都是以某种政策形式体现出来。1998 年我国政府实施了积极的财政政策，以扩大内需，缓解通货紧缩。这项政策的实施应该说成效是明显的，但其中蕴含的风险也正一点点变成现实，如不少国债项目报废，成为不良资产；银行与之配套的贷款也随之变成不良资产；银行对大量非盈利项目的配套贷款实际上已成为政府的账外债务；中央对地方转贷资金的回收，其希望日渐渺茫；已建成的国债项目的维护成本随着完工项目的增加而不断扩大等。对实施该项政策可能出现的各种问题，一开始是考虑不多，更谈不上如何避免，往往是等到风险变为现实，问题已显性化之时，才采取一些措施，但为时已晚。在此，我们并不想对积极财政政策的功过是非进行全面的评价，而只是以此为例来说明对政府政策进行风险评估的必要性和重要性。

政府的各项政策或政府的各项政策或改革措施，应是公共选择的一种结果，其中蕴含的利益和风险，也应由参与公共选择的人来承当。但现实生活中，各项政策和改革措施的出台是由政治家们根据各方面的情况及自身的偏好来决定的。在流行的决策思维中，存在一种普遍的倾向：重视某项政策可能带来的好处，轻视甚至忽视该项政策实施引致的风险，尤其是财政风险。从我们的历史经验来看，这种决策思维倾向通常导致了财政成本的增加，加大了后一个时期的财政压力。当风险超出政府任期的情况下，在没有外部压力时，其政策或改革措施中的财政风险常常被掩盖。政府官员对其决定的一些政策和改革措施实施风险评估的意愿不强，缺乏避险动机，这时需要引入一种强制力来强化这种动机。如设定一种制度性程序，对各级政府的各项政策或改革措施，进行强制性财政风险评估。或者说，在决策程序中加入财政风险评估环节，以显现各项政策或改革措施在各个不同时期的财政成本和财政压力，并对财政风险评估情况进行汇总，纳入政府的中长期预算之中。这既可防范因盲目性而带来的财政风险，也为各项政策或改革措施的持续实施提供一个清晰的预算保障，有利于政府政策或改革措施保持连续性，不至于因财政方面的原因而导致某一项政策或改革不可持续。

对政府政策或改革措施进行财政风险评估，其实质是以财政风险为约束条件，强化政府政策或改革措施的科学性、可行性和连续性，减少决策失误。这将有利于增强政府决策能力和社会公众对政府的信任。

（三）提高政府运作的透明度

提高政府运作的透明度，可以有效地防范财政风险。其作用来自两个方面：

1. 促使政府更普遍地运用"谨慎原则"于各项决策及其实施过程。提高透明度能产生一种来自于社会公众的压力，这种压力是无形的，是一种无言的监督。"阳光下的操作"能使政策制定者和实施者小心谨慎，强化敬业精神，提高决策及其实施过程的科学化程度。在"众目睽睽"之下，政策制定者就会大大减少随意决策的可能性，全面考虑各项政策可能产生的后果；而且政策实施者也会减少各种"变通"的可能性，使政策的有效性提高。在这种无形的外部压力下，无论是政策制定者，还是政策实施者，都会提高避险动机。

2.扩大公众的参与程度。政策或制度是公共性的，与社会公众的利益有密切关系，在其决定和实施过程中，应当有公众的广泛参与。这一方面有利于各项政策和制度安排体现社会公众的意愿和要求，增大政府政策和制度改革的社会认可度；另一方面，有利于集思广益，提高科学决策的水平。而要做到这一点，必须以提高透明度为前提。实际上，在透明度很高的条件下，社会公众广泛参与政策制定及其实施的过程，同时也就是一个社会公众评估财政风险的过程。尽管这个社会化的评估过程不能替代专业性的财政风险评估过程，但公众的广泛参与，可以提高对财政风险的认识、理解和可接受程度。社会公众对财政风险的可接受程度提高了，也就意味着财政风险减少了。

政府透明度的高低与一定的政治体制及其行政管理体制相关，对我国来说，提高政府运作的透明度是一个渐进的过程。就目前而言，可结合 WTO 的要求，通过公共部门的各项改革，如行政体制改革、投融资体制改革、行政审批制度改革、财政体制改革、预算管理体制改革等，来逐步提高政府运行的透明度。在财政领域，就政府收支状况、赤字状况和债务状况等方面可以更全面、更详细、更及时地向社会公众披露，减少信息不对称带来的误解和不信任。特别是不断提高政府各种救助承诺的透明度，能够减少道德风险，使各类潜在的被救助对象形成更明确的预期，淡化"等、靠、要"的依赖思想，从而避免风险累积和向政府转移。

三、建立风险管理机制

防范政府财政风险的根本途径在于加快改革的步伐，这既包括经济体制的改革，也有行政体制的改革。通过制度创新来弥补现行体制的内在缺陷。在进一步完善激励机制的同时，要建立覆盖社会经济生活各个方面的风险责任约束机制，打破"风险大锅饭"，使社会每一个成员、每一个机构、每一级政府、每一个部门和单位都有明晰的风险责任，形成一种具有法律效力的风险分担机制。这样，社会经济生活中的各种风险就可以在相应的层次和相应的环节化解，抑制道德风险，减少风险的积聚和集中，从而达到控制财政风险的目的。

——清晰界定各级政府之间的风险责任，防止下级政府随意地向上级政府转移自身应当承担的财政风险。对于最低限度的不可避免的救助，应建立一种制度安排，让下级政府清楚地了解在什么样的情况下上级政府才会救助，强化各级政府规避风险的动机，提高其防范风险的努力程度。

——在优化政府各部门职责配置的基础上，重新审视政府部门之间的财政关系，明确各个部门的风险责任。对于融资、担保等财政经济行为应在统一的框架下实施，建立统一的规则，防止各个部门各行其是，偏离整体的目标。

——对于国有企业和非营利组织，既要有明确的授权，也要有清晰的可操作的风险责任，使其在经营权的层次上形成利益与风险的对称机制。建立内控制度，防止所有者权益被"内部人"控制，同时，形成风险约束，强化经营者的避险动机，让经营者自我控制盲目的融资和投资行为，防止拿着国有资产去冒无谓的风险。在此，明晰所有者和经营者各自的风险责任，并使这种风险责任建立在法律的基础之上是至关重要的，这比理想化的"政企分开"更具有可行性和可操作性。

——针对金融机构的特殊性，政府的目标不应放在事后的救助上，而是改革和完善整个金融业的经营体制，形成一种良好的制度安排，把金融风险控制在萌芽状态。一是分业还是混业经营，应尽快明确其方向；二是对于小额贷款形成明确的制度框架；三是强化金融机构内部的资产、负债管理，引导其采用先进的管理方法和管理技术，如内部评级、风险敞口评价、风险定量模型等，动态地控制金融风险的产生。

——建立新的政府评价机制，从时间上明确各届政府之间的风险责任，防止政府隐藏任期内的风险，或向未来转移风险。

——提高政府债务的透明度。借鉴 IMF 和欧盟披露财政风险的规则，建立我国的财政风险披露机制，尤其对政府的或有债务，应尽可能全面披露。

——建立政府财政风险预算。对于可量化的政府债务，应进入政府的预算安排。这要求改变现行的仅仅编制年度预算的做法，编制中长期预算，同时改变政府会计基础，逐步采用权责发生制，编制政府的资产负债表。

——建立针对政府政策措施的未来财政成本的评估分析制度，测量各项政策可能引发的财政风险。

——动态评估政府财政风险敞口，尽可能让已经发生的风险通过一定的技术手段显现出来，防止在操作层面（非制度层面）上隐藏财政风险，以帮助政府决策。

——控制赤字和债务的增长速度，并使之尽可能低于经济增长率，以防止财政风险的扩散。在已有债务存量难以清理和缩减的情况下，只要债务增量控制住了，财政风险的扩散速度就会下降，随着时间的延长，财政风险在理论上可趋向于收敛。这进一步说明，财政风险不是来自过去和现在，而是来自于未来。因此，防范财政风险的重点，不是削减现有的公共债务规模，而是如何对未来各种不确定性做出一个合理和科学的制度安排，以减少财政风险，并提高对财政风险的可控性。

四、增强政府抗风险能力

防范财政风险，除了控制和减少各种财政风险来源以外，一个重要方面就是要不断提高政府抗击风险的能力。这种能力的提高，依赖于三大资源（经济资源、政治资源和社会资源）的规模大小及其整合能力。政府拥有的公共资源严重不足，如发放公务员工资都很困难，在这种情况下，政府抗击风险的能力无疑是弱小的。但另一方面，即使政府拥有大量的公共资源，如果没有实现有效的整合，则政府的抗击风险能力仍是弱小的。因此，政府的抗击风险能力取决于两个因素：一是公共资源的规模，二是政府的整合能力。在某种意义上，政府对公共资源的整合能力高低比公共资源的数量更重要。从我国的现实来看，政府缺少的不是公共资源，而是整合能力。如何提高政府的资源整合能力是增强政府抗击风险能力的关键。可以说，就当前情况而言，政府对公共资源的控制力是很弱的。各种资源分散在政府的各个部门，就经济资源来说，无论是存量资源（如土地资源、自然资源、实物资产、金融资产等），还是流量资源（各种税、费、资产收益等），都缺乏完整的信息统计，更谈不上对这些资源进行有效的整合和利用。如何提高政府对公共资源的整合能力，应是当务之急。

经济资源的整合，可通过编制政府的资产负债表来实现。尽管这是一个十分复杂的问题，但已有一些国际经验可资借鉴，在此无需赘述。事实上，通过一些改革，我们的整合能力已经有所提高。

通过税费改革，对流量资源的控制力已大大增强，只要持之以恒地不断深化这方面的改革，实现流量资源的整合应该说是为期不远。通过部门预算改革，对政府各个部门的财产状况做了初步的摸底调查，这不只为部门预算的编制打下了一个基础，也为整合政府的存量资源提供了许多经验。随着部门预算改革的逐步到位，政府各个部门的财产整合也能逐渐实现。但其他资源如何整合，现在还缺少有效的载体，特别是国有土地资源和国有资产，目前还处于分割状态，没有统一的记录、分析和报告。例如国有资产的管理，国资委仅仅管理 196 家大型国有企业资产，其他中央企业的国有资产如何管理，还不明确。对国有金融企业的国有资产如何进行管理，由谁来管理，现在仍处于缺位的状况。不难看出，我国经济资源的割裂状况仍相当严重。

不止如此，政治资源和社会资源同样处于割裂的状态。这两种资源虽是无形的，但与经济资源具有互补性，而且可以在一定程度上替代经济资源来抵御财政风险。我国历史上的一个案例，可以充分说明这两种资源在抵御风险和危机的巨大作用。1958 年"大跃进"之后，由于多方面的原因，我国经济、财政实质上都已经处于崩溃的状态，可以说发生了严重的经济危机和财政危机。即使如此，全国依然秩序井然，社会稳定、政治稳定。为什么？这全依赖于当时政府拥有丰厚的政治资源和社会资源，社会公众的信心和信任依然不减，政府与社会的关系没有因为出现危机而陷入紧张状态。正是以丰厚的政治资源和社会资源作后盾，进入 60 年代的大调整才很快收到了成效，度过了我党执政以来最为困难的时期。设想一下，如果没有政治资源和社会资源作后盾，经济、财政危机将会转变为政治危机，后果不言自明。

在一定条件下，政治资源和社会资源都可以转化经济资源，其互补性很强，但需要政府来整合。也可以这样说，我们关注了经济资源，却忽视了十分重要的政治资源和社会资源，更不用说三者之间的有效整合。我们面临的现实是，不但需要整合经济资源，而且要把经济资源、政治资源和社会资源全部整合起来，这样才能形成强大的风险防御能力，从而减少财政风险。

主要参考文献：

1. Hana Pulackuva Bnxi、马骏主编：《财政风险管理：新理念与国际经验》，中国财政经济出版社 2003 年版。

2. 刘尚希：《财政风险，一个分析框架》，《经济研究》2003 年第 5 期。

3. 王美涵：《中国财政风险实证研究》，中国财政经济出版社 1999 年版。

4. 刘尚希：《中国财政风险的制度特征："风险大锅饭"》，《管理世界》2004 年第 5 期。

（此文发表于《财贸经济》2004 年第 12 期，作者：刘尚希）

财政风险：从经济总量角度的分析

阅读提示：《财政风险：从经济总量角度的分析》一文阐述了公共债务与公共风险的关系，指出：在干预公共风险的过程中，政府会承受各种各样的支出压力，这些支出压力表现为政府的各种形式的负债，即未来一个时期政府资源的流出。作为公共主体，政府面对的债务是不确定的，不能仅仅从会计学角度来认定。因此"仅仅关注债务总量是远远不够的，抽象地谈公共债务负担率的高低没有意义。改善公共债务结构，降低整个公共债务的不确定性程度至关重要，这比控制债务规模更迫切"。本文的意义在于，基于公共风险的理论，能够很清楚地看清公共债务等财政问题的本质，可以为"跳出债务看债务""跳出财政看财政"提供很好的理论指导。

我们曾从政府拥有的资产存量和收入流量两个方面分析了公共负债的风险状况（刘尚希、赵全厚，2002），在此，我们引入经济总量来做进一步的分析。经济总量既可以是存量指标，也可以是流量指标，由于存量指标不具有可获得性，在我们的分析中仅仅采用流量指标（GDP 或 GNP）。

一、公共债务的分析与计量

（一）公共债务的概念

公共债务（或叫政府债务）是一个广泛使用而又含混不清的概念。曾经一个时期，公共债务仅仅是指国债，即由财政部发行的各种债券，如国库券、凭证式债券、记账式债券、定息债券、附息债券、长期建设债券等。1998 年启动积极财政政策之后，经济学界关于政府发债空间的讨论大多都是仅就国债而言的，很少涉及国债以外的其他政府债务。

1996 年，我们在一个研究报告中开始使用"准国债"的概念，当时感觉到仅仅考虑财政部发行的国债远远不足以反映公共债务的全貌。之后，随着白海娜提出的财政风险矩阵引进到国内有关公共债务的一些分析中来，"隐性负债"和"或有负债"的概念也广泛流传开来。公共债务的外延大大地扩展了，丰富了人们对公共债务的认识。但公共债务的真正内涵以及确认标准依然处于五花八门的理解之中，或者说，在多数情况下，研究者更倾向于分析所谓的债务口径问题，而较少考虑公共债务的内涵和确认的标准。

在我们的传统思维中，对公共债务的理解一直是会计学意义上的，并沿用会计学上确认债务的标准来认定公共债务。其实，这是远远不够的。从会计角度来理解的公共债务只是在会计记录上可观测到的政府负债事项。由于会计记录的对象都是客观事实，且是过去或现在已经发生的，以此认定的公共债务都是"事后的"，如政府财政部门及其他部门发行的各种债券、借款和拖欠；其他公共机构和公共企业的负债等等。从会计学的角度来看，没有发生的债务事项是不能进入会计记录的，因此，按照会计标准认定的债务都是一种"历史债务"或叫做"客观债务"。如果仅仅是针对经济主体而言，例如像企业、公司等，这无疑是可行的。

但政府不只是一个经济主体，同时还是一个公共主体（刘尚希，2003），这种双重性使政府债务的认定变得复杂起来。作为公共主体，政府的使命就是防范和化解公共风险，维护社会的公正与公平，这就命中注定地必须承担大量的"推定债务"，即社会公众认为"应该"由政府承担的债务，或者说是"道义上"的债务。而这类债务只有到了发生的时候才能真正确定，换言之，要由未来特定事件的发生来证实。如对重要金融机构濒临危机时的救助，在现代社会，政府是无法逃避的。这等于说，事情还没有发生，但支出的责任已经记在了政府的头上，政府随时准备着清偿这笔债务。在日益复杂且不确定性程度不断增大的经济、社会中，作为公共主体，政府面临的"不确定性债务"将会越来越多，在时间之矢飞向未来的过程中，不知什么时候就会有一笔债务落到政府的头上。

回头看过去的历程，由政府承担的不少债务是事先并没有预料到的。如果说，作为经济主体，政府面临的债务是相对确定的，适用于会计学上的债务认定标准，那么，作为公共主体，政府面对的债务则是不确定的，不能仅仅从会计学角度来认定。公共债务的内涵随着历史的变迁注入了"不确定性"的内核，不论是已经发生的，还是有待证实（相对于观测者而言，还没有发生）的债务事项，结果都是一样：导致未来财政资源的流出。

因此，从公共主体这个角度来观察，政府未来的支出责任才是确认公共债务的唯一依据。也就是说，政府在未来一个时期要清偿多少债务，仅仅凭"现在"是说不清的，只有从"未来"着眼，才可能真正把握。这其中蕴含着一个思维方式的转换：不是从过去、现在来推断未来状况，而是相反，从未来的不确定性分析来判断现在的"真实"状况。

（二）公共债务矩阵

按照公共债务的不确定性程度大小，可区分为两个层次：

第一个层次是确定负债（或叫"直接负债"）和或有负债，前者是指任何情况下都存在的负债，与其他事件的发生无关，就此而言是确定的，不确定性为零；后者是指在特定情况下才存在的负债，与其他事件的发生相关，因而是不确定的。

第二个层次是法定负债（或显性负债）和推定负债（或隐性负债）。前者是指通过法律、契约或承诺等形式确定的负债，是确定的；后者是根据将来可能出现的情况推定的负债，可以说是道义上的负债，其责任边界是不清楚的，因而是不确定的。

这两个层次相互交叉，构成了不确定性程度不同的四种类型的政府债务：法定的确定负债（直接负债）、推定的确定负债（直接负债）、法定的或有负债和推定的或有负债。借用白海娜的财政风险矩阵，其关系可用下面的矩阵来表示。

表 1   公共债务矩阵

	不确定性程度 小 ————→ 大		
	确定负债（直接负债）	或有负债	小
法定负债（显性负债）	1. 债务事项确定 2. 债务要素如金额、期限、债权人等确定	1. 或有事项确定 2. 债务事项不确定 3. 债务要素不确定	不确定性程度
推定负债（隐性负债）	1. 债务事项确定 2. 债务要素不确定	1. 或有事项不确定 2. 债务事项不确定 3. 债务要素不确定	大

（三）公共债务的计量

从公共债务矩阵来看，真正确定的债务仅仅是矩阵左上方的一块，即确定的法定负债①，只有这一类债务才可以用会计的方法来观测和计量。而其他类债务用传统的眼光来看，还算不上真正的债务，因为它们并没有发生。从风险的视角来分析，过去、现在没有发生的，不等于将来也不发生，这就需要根据经济、社会运行状况推算出未来一个时期需要政府承担的支出责任。如政府担保的连带责任，公民养老、医疗、失业的基本保障，以及未来一个时期公众认为应该由政府承担的各种支出责任等等。以此得出的公共债务在会计记录上是查不到的，只是分析的一种结果。不言而喻，通过分析、评估来认定的这类政府债务是不确定的，其计量只能是估算。

1999 年，经济学家樊纲提出了"国家综合负债"的概念，他认为国家综合负债包括政府债务（国债）、银行坏债和全部外债，经过估算，1997 年底中

_____

① 在严格的意义上，这类债务也是不确定的，因为存在利率、汇率风险。

国的国家综合负债率为 47.07%。时任财政部副部长楼继伟在 2002 年 3 月份的一个国际研讨会发言时表示，乐观地估计，如果加上或有债务，全部债务占 GDP 的比重在 40% 与 50% 之间，悲观一点地估计，在 70% 与 100% 之间（潘圆、袁铁成，2002）。根据世界银行的估计，中国所有公共债务（包括显性及隐性债务）累积起来，估计已经达到 GDP 的 100%。

2002 年，我们曾经按照财政风险矩阵对 2000 年的公共债务进行了估算。其中，直接负债规模为 58186 亿元，政府或有负债规模达到 58609 亿元（刘尚希、赵全厚，2002）。在这里，我们试图有所前进，根据可获得的资料，分析、测算了到 2004 年底为止的公共债务规模（有些数据无法得到 2004 年的，仍用以前年度数据替代）。

表 2　公共债务规模（截至 2004 年底）

单位：亿元人民币

	确定负债（无条件的支付责任）		或有负债（特定条件下的支付责任）	
法定负债（由法律明确规定的或政府以各种形式承诺的支出责任）			1. 其他公共部门（如政策性银行、铁道等）发行债券 [6]	14962
	1. 国债 [1]	21477	2. 外债（折算为人民币） [7]	16127
	2. 特别国债	2700	其中：登记外债	12281
	3. 以国务院部委借入的主权外债 [2]	2778	未登记外债	3846
	4. 欠发工资 [3]	14	3. 与国债投资配套的资金 [8]	18000
	5. 未弥补政策性亏损 [4]	7456	4. 政策性银行的不良资产 [9]	3361
	其中：粮食亏损	7000	5. 政府各部门（为融资）办的融资机构不良资产	
	棉花亏损	456	6. 政策性担保公司不良资产	—
	外贸亏损	—	7. 资产管理公司当年处置后未能收回的资产 [10]	4100
	6. 乡镇政府负债 [5]	2500	8. 政府各部门为引资而担保的其他债务	—
小计	36925		56550	

续表

	确定负债（无条件的支付责任）	或有负债（特定条件下的支付责任）

推定负债（政府职能中隐含的应由政府承担的支出责任）	1. 社会保障基金缺口
	其中：养老基金缺口[11]
	
	              40000
	    失业救济缺口 —
	    医保基金缺口 —
	2. 农村社会保障缺口 —
	3. 国债投资项目资金缺口 —
		1. 国有商业银行不良资产[12] 19168
		2. 国有企业未弥补亏损 7531
		3. 农村合作基金不良资产 3000
		4. 资产管理公司留存不良资产[13] 8838
		5. 拖欠企业在职职工、下岗职工和农民工的工资 —

小计	40000	38537
总计	76925	95087

注：（1）中国债券信息网行情统计 2004 年 12 月债券托管量余额为 24176.74 亿元，减去 2700 亿元的特别国债，约为 21477 亿元。（2）据国家外汇管理局公布的 2004 年底以国务院部委借入的主权外债余额为 335.91 亿美元，折算为人民币为 2778 亿元。（3）据财政部《金财工程简报》2002 年第 2 期，到 2002 年 6 月底，全国仍有 19 个省的 404 个县存在欠发工资情况，欠发国家统一规定工资 25.64 亿元，2003 年 6 月，欠发工资数额减少 11.24 亿元，欠发工资县减少了 94 个。（4）2001 年，粮食收购部门累计亏损达 7000 亿元；棉花部门达 456 亿元。这是政府应支未支而形成的债务，构成政府显性的直接负债。（5）中国乡镇将近 5 万个，平均每个乡镇负债 400 余万元，1999 年乡镇负债为 2200 亿元左右。也有人估计，目前全国乡镇政府一级的负债大约为 3000 亿元。加上县一级政府的负债，总数估计在 5000 亿元之上。在这里，我们取低值，设定 2004 年乡镇债务为 2500 亿元。（6）据中国债券信息网，2004 年末，公共部门债务余额包括政策性银行债 13730 亿元和中央企业债券 1232 亿元。（7）2004 年我国政府外债为 12281 亿元（扣除主权外债的余额），未登记外债规模大约有 465 亿美元，折算为人民币 3846 元，二者累计为 16127 亿元人民币。（8）截至 2002 年底，累计发行长期建设债 6600 亿元，建设国债带动了各方面的投入，到 2002 年底累计可完成投资 24600 亿元（贾康、赵全厚，2005）。扣除政府 6600 亿元的直接债务，大约有 18000 亿元构成政府的或有负债。（9）资产，包括国外资产、储备资产、对中央政府债权、对企业或其他部门债权以及对非货币金融机构债权 5 类。在中国，贷款在资金运用中占比例最高，2/3 强。而且，国外资产、对中央政府债权的风险近乎零。因此，不良贷款占不良资产的主要部分。2003 年末，政策性银行不良贷款的余额为 3361 亿元（唐双宁，2004）。（10）截至 2003 年底，4 家资产管理公司累计处置资产 5094 亿元，以现金方式回收的资产 994 亿元（唐双宁，2004）。（11）据国家体改部门与国外保险机构联合进行的一项课题研究推测，近年我国养老金隐性债务累积规模按相关因素的平均水平计算，将高达近 40000 亿元左右。（12）到 2003 年末，国有商业银行不良贷款余额 19168 亿元，占全部贷款的 20.36%（唐双宁，2004）。（13）资产管理公司于 2000 年收购国有商业银行不良资产 13932 亿元，截至 2003 年底，不含政策性债转股，已累计处置资产 5094 亿元，则资产管理公司当年未处置的不良产 8838 亿元（唐双宁，2004）。

　　由于很多公共数据并不透明，表 2 的估算是十分粗略的，表中有些项目根本就无法获得数据，但出于完整性的考虑，也把无数据的项目列入表中。对于或有负债事项和推定负债事项，是根据其外部性影响的大小以及引发公共风险的可能性来认定的，既不能说它们一定会导致未来财政资源的流出，但也不能说一定不会导致未来财政资源的流出，面对两种可能性的存在，从风险理念出发来判定，我们不能作乐观的假设，宁可信其有，不可信其无。或有负债转化为确定负债的概率在 0 和 1 之间，这里我们假设为均为 0.5[①]，则调整的政府负债规模为 124468.5 亿元。从这个估算结果来看，2004 年的公共债务存量接近于当年的经济总量规模（2004 年名义 GDP 初步估算为 136515 亿元），其比率达到 91.18%。这表明我国公共债务负担率比我们表面看到的要高了许多。

二、公共债务与经济总量的关联性

　　在政府财政风险的分析中，债务负担率（公共债务比经济总量）是一个常用的指标。但在运用这个指标时，公共债务与经济总量是分别当作分子与分母来看待的，似乎二者是独立的变量，彼此不相关联。可实际上，公共债务与经济总量是相互影响的，我们不能做单边假设来观测其中一个变量的变化。那种假设公共债务总量不变，而只要经济持续增长就会降低风险的观点是不现实的。

（一）公共债务的性质：政府防范公共风险的一种结果或手段

　　从国库收支平衡理论来看，政府的债务是政府收支不平衡出现了赤字而导致的。如果没有赤字，政府也就没有借债的必要。从单纯的财政收支来分析，公共债务是，也仅仅是和赤字联系在一起的，至于赤字起因何在，则无关紧要。

———————————

① 这种假设应该是比较保守的，因为从目前占或有负债相当规模的回收率可以证实这一点。当初国家对应四大专业银行分别成立四个资产管理公司时，预期不良资产回收率为 50%，实际结果只有 30% 左右。

如果把观察的视野从收支上移开，就会发现政府债务的起因有很多。在多数人反对政府借债的古典自由主义时期，政府债务主要源自于战争。在那个时代的人们看来，在平常情况下，政府借债是把资本变成了收入，具有非生产性，会妨碍经济发展。而到了政府干预主义时期，也就是凯恩斯主义流行以后，政府债务主要起因于政府的各项干预政策。借债（或变相地借债，如担保）变成了政府实现施政目标的重要手段。可以说，公共债务是政府政策的附属物。

若进一步从风险防范的角度来观察，公共债务是政府防范公共风险，化解公共危机的产物。战争、经济萧条、大量失业、两极分化等，都属于公共风险与公共危机，政府举债实际上由此而起。在公债产生的早期，战争与之有不解之缘。正如亚当·斯密所说，只有在战争期间，举债才是必要的和合理的。到20世纪30年代，经济危机成为政府举债的又一个正当理由，凯恩斯理论和罗斯福新政证明了政府举债的有效性。从历史过程来看，不论对政府举债的看法如何变化，恐怕都无法否认公共债务的产生、扩大与公共风险、公共危机有内在的联系。从过去到现在，也许唯一能够成立的命题便是：只有公共风险、公共危机才催生了公共债务，才使公共债务具有历史的正当性。反过来换一个说法，公共债务的使命仅仅在于防范公共风险和化解公共危机。

古典自由主义者反对政府借债，是以公共债务妨碍资本形成，不利于经济总量的增长为依据的，而凯恩斯主义者则主张政府大肆举债，是以公共债务能扩大有效需求，可促进经济总量的增长为根据的。看似不同的主张实质上有一个共同的逻辑起点：公债的生产性和非生产性。从中世纪的经院哲学家托马斯·阿奎那、十字军东征以后的法国财政学家吉恩·波丹、英国的哲学家大卫·休谟到亚当·斯密、大卫·李嘉图和萨伊，都是一口咬定公债是非生产性的，进而反对政府举债。凯恩斯主义却是从有效需求的角度来证明政府举债具有生产性，能增加国民收入，因而极力主张政府通过发债来促进经济增长。这种主张一直延续至今。

作为公共主体，政府的功能是难以用生产性或非生产性的概念来涵盖的。若从公共风险角度来分析，则不难看出，不论是经济自由主义时期，还是政府干预主义流行的时期，公共债务对经济总量的影响总是以公共风险和公共危机来导向的，或者说，公共债务与经济总量的内在联系是以公共风险、公共危机为触媒的。公共债务作为政府的一个手段，其作用在于减少了经济、社会运行过程中的不确定性，如支持了战争，或熨平了经济波动。从这个视角来观察，就不再需要考虑公共债务是生产性还是非生产性，是用于积累，还是用于消费，只要看它是否用于防范公共风险和化解公共危机。如果是，则就可以说，公共债务是正当的和合理的。

这个结论将改变一个根深蒂固的传统观念：公共债务只有用于积累才是有益的，用于消费就会导致危机。

（二）公共债务与经济总量是一种历史的循环关系

从统计的角度来看，公共债务本身不会增加或减少经济总量，像征税一样，只是改变了资源的用途和配置方式。现代经济学证明，这种改变将优化资源配置，扩大就业，增加经济总量；而经济总量的扩大，又为政府举债提供了更大的空间。由此看来，公共债务与经济总量是相互推进的一种历史循环。这似乎被萨缪尔逊（Paul A. Samuelson）所说的话印证了："在 1970 年看来是一笔庞大的债务，在今天看来是微不足道的。我们的儿子认为是巨大的债务将被我们的孙子看来是不重要的东西"，因为经济总量扩大了[①]。若果真如此，研究公共债务的风险问题就变成多余的了。其实，这只是一种表面现象，仅仅是一种经济学的逻辑假设。公共债务对经济总量的正面影响是通过防范和化解公共风险而实现的，并不是无条件地对经济总量增长产生促进作用。当面临公共风险和公共危机时，公共债务会对资源配置产生积极影响，因为可以减少未来的不确定性，从而促进经济总量增长；在相反的情况下，公共债务就会对资源配置产生消极影响，表现为扩大不确定性，故而妨碍经济总量的增长。通俗地说，公共债务只能用于雪中送炭，而不能用来锦上添花。或换言之，公共债务是一味"药"，只能用来治病，不能用来壮身，这是公共债务存在的约束条件。

---

① ［美］萨缪尔逊：《经济学》上册，高鸿业译，商务印书馆 1980 年版，第 524 页。

否则，就会给政府带来巨大的财政风险。

这表明，公共债务与经济总量的循环存在两种可能的状态：良性循环与恶性循环。在良性循环状态下，公共债务引发的财政风险是收敛的——公共债务促进了经济增长，而增长又为债务的清偿提供了更大的空间；而在恶性循环状态下，公共债务引发的财政风险是发散的——公共债务拖累了经济增长，而增长的迟缓又会引发更多的公共债务，进而加重对经济的拖曳。能否进入良性循环状态，关键在于公共债务的制度安排，即对政府在什么情况下可以使用债务手段（发行债券或替人承担债务），以及如何使用债务。现代社会的政府总是存在一种锦上添花的倾向，当制度安排缺乏或制度安排有缺陷的情况下，公共债务很可能陷入与经济总量的恶性循环之中。过度地使用债务手段会使政府不适当地支配了过多的资源，同时又加重了政府清偿债务的支出压力。不言而喻，在债务的拖累下，经济总量相对萎缩，政府"借新还旧"的空间相应地缩小，从而加剧政府财政风险。在债台高筑的情况下，政府有两种选择：一是挤压其他的支出，以腾出资金来清偿到期的债务；二是增加税收或增发新债。前一种选择很可能带来政府"欠账"，增加另一种形式的债务；而后一种选择会拖累经济。无论做出何种选择，都会导致政府财政风险转向发散状态。

稍微总结一下，我们不难得出如下结论：

一是公共债务引致的风险不能仅仅从其规模大小来看，还要看它与经济总量的循环性质，是在良性循环状态，还是处于恶性循环状态；

二是不能简单地从观测公共债务规模占经济总量的比重大小来判断风险状况，必须分析公共债务存在的约束条件是否具备；

三是公共债务与经济总量是互动的，控制债务增量固然重要，解决债务存量更是前提，不能一厢情愿地认为，只要经济增长了，债务比重下降了，风险就可以得到控制，因为债务存量会妨碍经济增长。

三、公共债务结构与经济总量的静态对比分析

从前述的公共债务矩阵可以看出，公共债务有四种类型，严格地说，每一

种债务的性质、来源、影响以及不确定性程度都是不同的，从而与经济总量的关联也是不一样的，必须分别加以分析。

（一）公共债务的定性结构

对公共债务矩阵加以简化，我们可以得到较为直观的公共债务的定性结构（见表3）。

表3　公共债务的定性结构

Ⅰ.确定的法定负债	Ⅱ.或有的法定负债
Ⅲ.确定的推定负债	Ⅳ.或有的推定负债

公共债务类型Ⅰ是确定的法定负债，这是一种常规的债务类型，也是我们在各种分析中说得最多的。在性质上，这类债务通常是依据国家的相应法律法规形成的。如财政部发行的国债，都是依据全国人大每年审议通过的国家预算而确定的，随意性很小。即使要追加发行，也需要通过全国人大常委会审议通过。至于因拖欠而形成的债务，同样要受相应的法律规范的约束，构成法定义务。这类债务在法律关系上、债权人与债务人的界定上都是十分清晰的，符合会计学上的债务认定标准。相对而言，这类债务的透明度和确定性程度较高，易被社会公众关注，其风险可控性较大。

债务类型Ⅱ是或有的法定负债。这种债务在现实生活中很多，但长期来被忽视了，没有意识到这是公共债务的一部分。如政府及其各个部门为工商企业提供的各种形式的担保、政府各行业主管部门发行的债券和借款、政策性机构的债务等等。从性质上来看，这类债务与政府具有十分明确的法律关系和法律责任，但不具有"首先"的清偿义务，即只有等到"第一义务人"出现了债务清偿困难的时候，政府才作为法律上的"第二义务人"出面承担偿债责任。对于这类债务，政府到底要替"第一义务人"承担多少往往是不明确的，或者说，有多少要通过国家预算来偿还是不确定的。因此，这是一种具有很大不确定性的法定负债，其风险可控性较小。

这类债务在世界各国普遍存在，在发展中国家尤甚，常常成为政府实施某种政策的重要工具。如在结构调整、招商引资、促进出口、对某些企业给予支持等方面，通常较多地运用法定或有负债。在一定意义上，这也是政府调控经济、防范风险的一种方式。这与通过财政部发行国债相比，具有简捷、方便的优点，省去了许多政治决策程序，方便政府实施。但这种优点同时也是缺点，由于不列入预算，约束性弱、透明度底、风险隐匿，往往导致政府过度使用这种方式来追求任期内的政策目标。特别是在财政机会主义盛行的情况下，这类债务很容易造成财政风险累积，一旦爆发，将带来严重财政危机。

债务类型Ⅲ是确定的推定负债。从性质上看，这类债务不是法定的，而是社会公众"推定"给政府的，属于道义上的债务。与法定负债相比，这类债务不是政府主动引致的，而是作为公共主体不得不承担的一种道义责任。从债务来源上看，政府是被动的；但从防范和化解公共风险的角度来观察，政府又是主动的。政府之所以要主动接受这类债务，因为政府的使命就是防范和化解公共风险，正可谓"我不入地狱，谁入地狱"。另外，在经济学的意义上，政府主动承担比一味地推脱也更有利于降低未来的社会成本。

尽管是一种道义上的债务，但同时也是政府的确定负债。因为债务事项是确定的，虽然债务要素如债权人、金额、期限等并不清楚。例如，为了防范公共风险，政府承诺要扩大社会保障范围，为更多的社会公众提供基本的养老、医疗、救济等，这就意味着政府作为债务人与公众（总体）作为债权人之间的权利义务关系已经确立，即债务事项已经成立，但不受具体的法律规范的调节和约束。每一个社会成员都可以期待政府为他提供基本保障，然而提供的标准、金额、时间等要素并没有明确的法律条文，更谈不上具体到每一个人的债权。在此意义上，政府只是负有道义责任，因而属于推定负债。相比之下，确定的推定负债有较大的不确定性，其风险可控性较小。

债务类型Ⅳ是或有的推定负债。在性质上，这类债务也不是法定的，来源于社会公众的意愿、要求和压力。确切地说，凡是有可能引致公共风险的任何债务或损失，哪怕是私人的，都可成为政府的或有的推定负债。如对金融机构危机状态下的救援、重大自然灾害的救助等，都可判定为或有的推定负债。在现代社会，金融机构的危机、货币的不稳定、严重的利益冲突、重大自然灾害等等极有可能引发广泛的公共风险，危及社会公众利益，影响经济、社会、政治的稳定性。现代社会演进过程中的不确定性日益增大，公共风险出现的频率越来越高，这就要求政府去化解，亦即承担起相应的支出责任。但在事件发生之前，政府要承担多少是不确定的，从观测者"现在"的眼光来看，未来的支出责任是或有的，而且是推定的，因而归属为或有的推定负债。

在四大债务类型中，或有的推定负债具有最大的不确定性，其风险可控性最小。这类债务隐蔽性强，可预见性差，一旦发生，对政府财政的冲击力也是最大的。因此，这类债务是主要的财政风险来源。

通过上述分析，公共债务的定性结构可作如下归纳（见表4）：

表4　公共债务类型的比较

	确定负债（直接负债）	或有负债
法定负债（显性负债）	1. 性质：法定债务 2. 来源：政府举借 3. 透明度：高 4. 不确定性：小 5. 风险可控性：强 6. 影响：增加政府所拥有的资源	1. 性质：法定责任和义务 2. 来源：相关政策所致 3. 透明度：低 4. 不确定性：大 5. 风险可控性：弱 6. 影响：扩大政府可支配资源
推定负债（隐性负债）	1. 性质：道义上的债务 2. 来源：政府的长远规划与承诺 3. 透明度：低 4. 不确定性：较大 5. 风险可控性：较弱 6. 影响：改变政府的资源配置，降低未来社会成本	1. 性质：道义上的责任和义务 2. 来源：政治、社会压力所致 3. 透明度：很低 4. 不确定性：很大 5. 风险可控性：很弱 6. 影响：改变政府与市场的分工，降低未来社会成本

当我们对公共债务的认识很不全面的情况下，往往误以为公共债务是政府工具箱中一个随取随用的东西，没有意识到使用这个手段的约束条件，导致债务手段被滥用①。这样，公共债务反过来就会拖累经济，极易陷入恶性循环，扩散财政风险。就公共债务的历史缘由来讲，我们与其说四类公共债务都是调控手段，倒不如说它们都是一种结果，是政府干预公共风险时的产物。这种认识也许更有助于准确把握公共债务与经济总量的内在关联性，从而避免把公共债务仅仅理解成一个孤零零的数字。

（二）公共债务的数量结构

根据前文对公共债务的估算，在这里我们不难得出公共债务到 2004 年止的数量结构。

表 5　公共债务的数量结构（2004）

	确定负债（直接负债）		或有负债	
	金额（亿元）	占 GDP%	金额（亿元）	占 GDP%
法定负债（显性负债）	36925	27.05	56550	41.42
推定负债（隐性负债）	40000	29.3	38537	28.23
合计	76925	56.35	95087	69.65

从 2004 年的数字来分析，除或有的法定负债比重偏高外，其他公共债务结构大体均衡，畸轻畸重的格局不明显。由于不同类型债务的风险权重不同，这种格局并不能说明风险状况趋好或趋坏。按照风险权重的差异，由高到低来排列 4 类债务，应该是如下顺序：或有的推定负债Ⅳ——或有的法定负债

---

① 进入现代社会，政府举债却陷入了一个误区。不论是经济不景气的时候，还是经济繁荣甚至过热的时期，举债成为政府几乎须臾不可离的手段。我国国债（内债）年度规模1990 年不足 100 亿元，到 1994 年就突破了 1000 亿元大关，而这个时期我国经济正处于过热的状态。凯恩斯主义颠覆了传统的认识，提出国债有益无害，甚至认为无须偿还，可以靠"借新还旧"永恒地循环下去。这无疑地走向了另一个极端。

Ⅱ——确定的推定负债Ⅲ——确定的法定负债Ⅰ。

在债务总规模一定的条件下，债务Ⅳ占 GDP 比重越高，公共债务整体的不确定性程度就越大，对经济持续增长的不良影响就越大，财政风险也就越是趋于发散状态。反之，若债务Ⅰ所占比重越高，则公共债务整体的不确定性程度就越小，对经济持续增长的负面影响越小，财政风险也就越是趋于收敛状态。

从法定负债与推定负债的对比来看，债务 Ⅳ 占 GDP 的比重为 28.23%。低于债务 Ⅱ 的 41.42%，而债务 Ⅲ 占 GDP 的比重为 29.30%，高于债务 Ⅰ 的 27.05%。从确定负债与或有负债的对比来观察，是后者高于前者。或有负债合计占 GDP 比重为 69.65%，而确定负债合计所占比重为 56.35%。这就是说，不确定性程度大、风险可控性弱的债务类型占 GDP 的比重较不确定性程度小、风险可控性强的债务类型比重要高。从前面的定性分析不难得知，这种数量分布加大了整个公共债务的不确定性，降低了公共债务总体风险的可控性。

从透明性来分析，在现有统计制度和政府会计制度下，只有债务Ⅰ比较透明，而其他 3 类几乎都是隐匿的。就 2004 年的数字看，恰恰是债务Ⅰ的比重最低，为 27.05%，而其他隐匿性的债务占 GDP 的比重反而更高。这种"冰山式"的债务结构会产生最大的信息不完全性，最容易误导决策，落入恶性循环的陷阱，妨碍经济增长的可持续性。如果这种公共债务结构抑制经济总量的扩大，也就意味着政府可动员的资源相对地减少，政府防范财政风险的回旋余地也相对缩小。这说明，2004 年的公共债务结构趋于风险发散状态。

从上述分析可以想到，不同的债务结构产生的影响可能相差甚远，仅仅从债务总量来判断是远远不够的。也许由此可以解释，为什么有的国家债务负担率很高，却运转正常，而有的国家债务负担率并不高，却发生了危机。不同的债务结构，具有不同程度的不确定性和风险可控性，对经济总量的影响自然也大相径庭。看来，债务结构的分析与债务总量同等重要。

四、公共债务与经济总量对比的动态趋势分析

前面的分析是在假设公共债务和经济总量都不变的情况下进行的，这里的分析则要考虑二者的变化趋势。

（一）总量的动态分析

若把公共债务与经济总量抽象为两个数字进行对比，则结论表现为债务负担率的 3 种变化：经济增长快于债务增长，负担率下降；经济增长低于债务增长，负担率上升；两者增长率一样，负担率不变。从实际观测的两个年度来看，债务负担率是先上升后下降的。这说明，公共债务的增长率有所减缓，但是债务负担率仍然居高不下。这是否意味着风险在扩大呢？

表 6　公共债务负担率变化

	公共债务（亿元）	经济总量（亿元）	负担率（%）
2000	87490	89442	97.82
2001	111830	95933	116.60
2004	124468	136515	91.18

注：2000 年的公共债务数字来自我们以前的估算（刘尚希等，2002）。

单就总量而言，公共债务的快速增长意味着政府要动用越来越多的财政资源，同时也表明，政府要从社会资源中支配越来越大的份额。联系到我国正处于市场化过程之中的现实，政府支配的资源份额扩大，也就是市场配置的资源份额的缩小，不言而喻，这与市场化进程是相悖的。如果说，推进市场化是提高效率，促进经济增长的一个重要途径，那么，公共债务的快速增长无疑会起阻碍作用，不利于经济的持续增长，除非是处于公共危机状态。这也就是说，在非危机状态下，公共债务的快速增长将导致它与经济总量的关系陷入恶性循环：债务增长——拖累经济——经济增长缓慢——债务扩张。如何防止出现这种恶性循环应成为我们的着眼点，这比单纯地强调通过经济增长来控制风险，

或者通过控制债务增长来防范风险是更有效的一种办法，因为一旦落入恶性循环，无论是经济增长，还是债务规模，两者都将难以被左右。

进而言之，这就需要政府对公共危机转向的临界点——来临的状态与消退的状态——做出一个大体准确的判断，以考量公共债务作为手段使用时出现的各种可能性。这是一个基本前提，也是一个约束条件。若是忽略这一点来谈债务对经济的影响及其风险，则难以得出合乎逻辑的结论。

因此，我们不能机械地认为，债务负担率上升就是风险加大，债务负担率下降就是风险缩小，关键是要看债务负担率变化的条件和环境。如果是处于公共危机的前夕或之中，债务负担率即使上升，则其风险可能反而是减少的，或趋于收敛；否则，债务负担率即使下降，则其风险可能反而会扩大，或趋于发散。因为前一种情况可能带来良性循环，而后一种情况可能导致恶性循环。由是观之，孤立地谈债务负担率的变化是没有意义的。

（二）结构的动态分析

前面的分析告诉我们，不同的债务结构对经济总量的影响是不同的，经济总量的状况又反过来决定了可动用资源的空间大小，其风险状况也不一样。尽管在这里我们无法得出未来的公共债务结构，但我们可通过对不同债务类型的分析来判断债务结构的走势，从而观察风险的状态。在这里只是提供一个分析思路，未及展开。

一般地说，公共债务与经济的工业化、市场化、金融化和全球化过程中出现的公共风险密切相关，是政府需要去干预那些公共风险而导致的。如环境问题、失业问题、基本生活保障问题、金融失稳问题等，都是现代化过程中的公共风险，需要政府去化解，在政府拥有的公共资源具有较大不确定性的情况下，通常会引发了各种类型的公共债务。而干预公共风险过程中的机会主义行为和短期化行为，往往又进一步加大了公共债务的规模。

具体而言，以下3个方面会加剧公共债务结构的变化：

一是我国正处于在社会转型时期，工业化、市场化、金融化和全球化都处于快速的交织变化状态，经济、社会运行中的公共风险明显增多，这些公共风险将表现为政府的推定或有负债。换句话说，政府的突发性支出将会增加。

二是与政府政策目标相关的法定或有负债，将随着政策的变化而变化。如为中小企业融资建立担保公司、为招商引资给予各种承诺等，都在不断地扩大。这都会相应地体现在政府的法定或有负债方面。

三是政府的各种保险计划正处于扩张之中，如社会养老保险计划、社会医疗保险计划、社会失业保险计划、工伤保险计划，以及与弱质产业相关的农业保险计划等。这些保险计划的扩大无疑会增加政府的推定负债。

这些变化不仅会扩大公共债务的规模，而且将加大公共债务的不确定性程度，使政府财政风险趋于发散状态。

再从经济总量的变化来看，不确定性因素在增加。我国刚刚进入人均GDP 达到 1000 美元的阶段，消费结构、产业结构、金融结构、分配结构以及市场结构等正处于转换过程之中，具有更大的不确定性，在增长中极易出现失衡。经济总量增长的不确定性与公共债务的不确定性一旦形成"叠加效应"，很容易落入到"公共债务——经济总量"的恶性循环陷阱之中。如果出现这种情况，财政风险将会成倍地放大。

五、简短的结论与建议

公共债务既可以促进经济增长，扩大经济总量，也能够拖曳经济增长，相对缩小经济总量。在前一种情况下，财政风险将趋于收敛；在后一种情况下，财政风险将趋于发散。究竟出现何种情况，这要看初始条件。这个初始条件要从公共债务产生的客观历史过程中去寻找，其答案是：公共风险与公共危机。这是与政府作为公共主体的使命相联系的。这既是一个必要条件，也是一个约束条件，若不具备，将导致后一种情况，形成"公共债务——经济总量"的恶性循环。当债务存量达到一定的规模，这个循环会加速，最终以财政危机，以至经济危机而终结。因此，从其约束条件来看，公共债务只能用来防范公共风险和化解公共危机，并进而历史地表现为公共风险与公共危机的产物。

与公共主体相联系的公共债务，与会计学上的认定标准是不同的，从而形成了矩阵式的债务结构。不同的债务结构对经济产生不同的影响，因而具有不同的风险状态：趋向收敛或者发散。认清不同债务类型的来源、不确定性程度及其风险可控性，是把握公共债务与经济总量的关联向哪一种循环转化的重要一环，仅仅关注债务总量是远远不够的。要改善政府的财政风险状态，必须改善公共债务结构，降低整个债务的不确定性程度，在一定意义上，这比控制债务规模更重要。

由此，有以下结论：

1. 公共债务的存量与增量同等重要，不能假设只要控制住了增量，经济增长了，公共债务负担率就可降下来。从循环的角度来分析，债务存量会拖累经济增长，规模越大，拖累效应越是明显。只有尽快地解决债务存量——包括法定负债和推定负债，才能缓解对经济的拖累，从而真正控制住债务增量。1999年政府成立4大资产管理公司来处理国有银行的不良资产，实际上就是化解政府的或有推定负债存量的一个重大举措。目前政府采取的国有银行改革措施，也是为此而服务的。国有银行的不良资产是政府最大的或有推定负债，如果久拖不决，将严重威胁经济增长的可持续性。法定负债同样如此，这是不言而喻的。我们无法把大量的公共债务存量抛在一边，一心去等待经济总量的增长，并寄希望于以此来减少风险。

2. 改善政府的财政风险状况，重心应放在降低不确定性程度上。不确定性总是存在的，无论公共债务，还是经济总量，但我们可以尽力"减少"它们的不确定性。比较而言，经济总量的不确定性程度受很多因素影响，难于控制，而公共债务的不确定性程度相对来说具有一定的可控性。从现实可操作性来看，应以公共债务为起点，并通过降低公共债务的不确定性程度，来减少对经济总量的扰动和妨碍，防止产生不确定性"叠加"和陷入恶性循环。

3. 降低公共债务的不确定性程度，重点在或有负债。具体来说，控制债务类型Ⅳ的增长是最重要的，其次是控制债务类型Ⅱ和债务类型Ⅲ的增长，最后才是控制债务类型Ⅰ的扩张。这是风险控制的一个基本次序。但从现实来看，最易于控制的是债务类型Ⅰ，最难于控制是债务类型Ⅳ，因为前者相对透明，而后者最不透明。这是一个难题，而要解决这个难题，必须从公共债务产生的源头入手，而不是等到公共债务形成的时候再来控制。如前述的银行业不良资产，是最典型的政府的推定或有负债，只有先有效控制了银行业的不良资产增长，政府的这一项推定或有负债才可能得到控制；退而言之，即使已经形成了大量的不良资产，也必须尽可能地降低这些或有债务向确定债务转化的概率。只有这样，才可能真正有效地控制债务类型Ⅳ的增加，从而降低公共债务总体的不确定性程度。由此不难想到，提高公共债务的风险可控性，须以整个制度安排的协调配合为前提，头痛医头，脚痛医脚，则无法解决问题。

4.强化预算约束，尽力减少政府的财政机会主义行为。联系到现实中的债务类型Ⅳ大多与政府的财政机会主义行为相关，如政府融资性公司的债务、银行业的不良资产、农村合作基金会的坏账等，多数是政府绕开预算约束行事，利用金融资源来替补财政资源而导致的。债务类型Ⅱ和债务类型Ⅲ的状况与此类似。就此而论，控制或有债务与推定债务的增长，首先要减少政府的财政机会主义行为，强化预算对政府活动范围的约束性。解铃还须系铃人，政府的财政风险控制还得靠政府自身的改革。

5.科学地应对公共风险与公共危机，减少政府干预的失误。失误会引发不同类型的公共债务。如1998年经济增长滑坡，政府的公共风险压力很大，当时选择的主要干预手段是发行长期建设国债。用这个手段来干预经济衰退的风险，会不会引发新的风险呢？如财政风险。对此，我们当时来不及进行评估。现在回过来看，干预有成效，但不能说没有失误。发行长期建设国债，不只是直接增加债务类型Ⅰ，也扩大了债务类型Ⅱ，与国债项目配套的大量信贷资金实际上等于政府的担保贷款，构成政府的法定或有负债，其规模达到14000多亿元（见表1）。正面看，拉动了社会资金，但同时也增加了大量的公共债务。现在也许可以不认这个账，若干年后这可能又构成银行新的不良资产，最终也会回归到政府自身，只是时间后移了。"萧瑟秋风今又是，换了人间"。干预公共风险的时机、工具，应根据不同类型的公共风险来做出评估和选择，并逐步建立起针对不同公共危机的应急反应机制，尽可能减少政府干预公共风险与公共危机中出现的失误。

参考文献：

1. 樊纲：《论国家综合负债——兼论如何处理银行不良资产》，《经济研究》1999 年第 5 期。

2. 刘尚希：《财政风险：一个分析框架》，《经济研究》2003 年第 5 期。

3. 刘尚希、赵全厚：《公共债务：风险状况的初步分析》，《管理世界》2002 年第 5 期。

4. 潘圆、袁铁成：《财政部副部长：巨额财政赤字肯定要降下来》，《中国青年报》2002 年 3 月 25 日。

5. 刘尚希、于国安：《地方政府或有负债：隐匿的财政风险》，中国财经出版社 2002 年版。

6.[美] 萨缪尔逊：《经济学》上册，高鸿业译，商务印书馆 1980 年版。

（此文发表于《管理世界》2005 年第 7 期，作者：刘尚希）

政府债务：风险状况的初步分析

阅读提示：《政府债务：风险状况的初步分析》一文从政府资产存量和收支流量两个方面来分析政府债务的风险状况。文章提出就债务论债务，意义不大，更无法说明其风险的大小，把政府债务和政府可支配的资源联系起来进行分析，就可大致判断出政府财政风险的状况。前述分析包含了政府的双重主体假定：既把政府视为一个普通的经济主体，与企业等经济主体具有平等的法律地位，又把政府视为一个特定的公共主体，具有法律上的推定义务和道义责任。所谓的隐性债务问题多是与后一层意义上的主体假定有关。

本文的分析没有考虑经济规模及其变化对政府债务的影响，主要是从政府资产存量和收支流量两个方面来分析政府债务的风险状况。就债务论债务，意义不大，更无法说明其风险的大小，把政府债务和政府可支配的资源联系起来进行分析，就可大致判断出政府财政风险的状况。这里的分析包含了政府的双重主体假定：既把政府视为一个普通的经济主体，与企业等经济主体具有平等的法律地位，又把政府视为一个特定的公共主体，具有法律上的推定义务和道义责任。所谓的隐性债务问题多是与后一层意义上的主体假定有关。

一、政府债务状况分析

按照白海娜的风险矩阵，政府债务可分为两大类：一是政府直接债务，二是政府或有债务。前者是指政府在任何条件下都无法回避的责任和应当履行的义务；后者是指在特定条件下政府必须承担和履行的责任及义务。这些责任和义务全部内含于政府职能之中，只不过在表现形式上有的是显性的，有法律的明确规定、政府的公开承诺或政府的特定政策；而有的是隐性的，也就是说，虽然法律没有作出明确的规定，但在政府职能中隐含着应当承担的"道义"责任，或者出于现实的政治压力而不得不去清偿(全部或部分) 已经发生的债务。这样，从不同的角度，政府债务可以分为四项：显性的直接债务、隐性的直接债务、显性的或有债务、隐性的或有债务。前面两项是指已经成为政府财政事实上的债务事项，不论是法律上明确了的，还是没有明确的，政府财政都必须承担其责任。后面两项是指债务事项已经产生，尽管具体数量还不能确定，但将来可能成为政府的债务事项。下面的分析即是依此而进行的。

(一) 显性的直接负债

1.国债。从 1981 年恢复发行国债以来，国债规模是不断扩大。在 1994 年以前，国债发行量平稳递增，而这之后，国债规模迅猛扩增（见表 1）。

表 1　我国国债发行的规模

单位：亿元人民币

年份	发行国内国债额	发行国债额	国债还本付息额	累积余额	年底内债余额
1981	48.66	147.81	62.89	228.18	48.66
1982	44.15	84.18	55.52	272.45	92.81
1983	41.70	93.20	42.47	338.20	134.51
1984	42.16	76.97	28.91	398.42	176.67
1985	61.30	90.54	39.56	463.46	237.97
1986	62.30	113.70	50.16	524.55	293.62
1987	116.60	185.84	79.83	638.81	391.81
1988	188.36	217.72	76.75	822.73	558.51
1989	226.12	244.64	72.36	1081.74	771.41
1990	197.23	211.53	190.40	1208.75	892.42
1991	280.83	299.15	246.80	1337.70	1061.65
1992	460.75	419.05	438.57	1545.43	1284.35
1993	381.32	447.03	336.22	1844.69	1542.38

续表

年份	发行国内国债额	发行国债额	国债还本付息额	累积余额	年底内债余额
1994	1028.27	1174.09	499.36	2832.84	2288.04
1995	1510.85	1549.75	878.36	3829.45	3301.93
1996	1848.50	1968.01	1311.91	4945.71	4363.80
1997	2411.79	2477.08	1918.37	6074.50	5511.06
1998	3808.77	3890.93	2357.00	8525.57	7838.65
1999	4015.03	4015.03	1912.00	11287.59	10606.85
2000	4657.00	4657.00	2228.93	13836.00	13010.00

国债规模的快速增长，一方面是由于制度调整和财政状况的变化所导致的。1994 年以前，财政赤字可以通过向银行透支和借款来弥补。1995 年颁布的《中国人民银行法》[①] 第 28 条规定，人民银行不得对政府财政透支。自此以后，财政赤字只能通过发行国债来弥补。这是造成 90 年代后期国债规模跃升的一个重要原因。另一方面也与政府对国债认识的转变密切相关。政府逐渐认识到并有意识地利用国债来筹集收入，调控经济。特别典型的情况是在 1998 年，政府通过大量增发国债来扩张支出，刺激国内需求，防范金融风险，政府债务：风险状况的初步分析以维护国民经济的安全稳定运行。

上述变化直接引致了国债规模的扩张，而国债偿还高峰期的借新还旧压力则进一步加剧了这一扩张趋势。

2. 欠发工资而形成的债务。这些年来，政府财政欠发行政事业单位工资已经成为全国的一种普遍现象，全国半数的县难以做到及时发放工资。据粗略统计，2000 年末，全国累计欠发工资达到 250 亿元，而实际的数字可能远远不止于此。这种债务均在基层政府，对中央政府来说并不构成直接债务，但对整个政府而言，无疑是显性的直接债务。

3. 粮食收购和流通中的亏损挂账。作为一个农业国家，粮食价格长期被政府所控制，直到现在也未真正放开。为了农民的利益，粮价一提再提，现在已

---

① 《中国人民银行法》2003 年 12 月修订，2004 年 2 月 1 日起施行。

经高于国际市场的粮价水平。而为了城镇居民利益考虑，粮食销售价格长期基本未动，造成了长期的粮价倒挂，成为政府财政的一个沉重包袱。越是粮食丰收，政府的这个包袱就越重。由于财力不足，粮价倒挂形成的亏损年复一年地挂在账上，再加上国有粮食企业经营不善，粮食亏损挂账像滚雪球一样地不断扩大。目前为止，粮食企业挂账亏损累积额达到2400亿元左右[①]。这是政府应支未支而形成的债务，构成政府显性的直接负债。

至于政策性因素造成的棉花亏损挂账、外贸企业亏损挂账，由于没有相应的统计资料，这里暂时不予考虑。

4. 乡镇财政债务。乡镇财政困难是一个有目共睹的事实，许多乡镇政府基本上靠借债过日子。《预算法》不准地方财政打赤字，从账面上看都是平衡的，实际上赤字一大片，除了少数发达地区乡镇真正没有赤字外，多数乡镇都有因赤字形成的债务。据中国新闻网 2001 年 6 月 19 日报道，我国目前乡镇的总体负债水平，保守估计也在 2000 亿元左右。根据财政部科研所苏明研究员的测算，目前我国乡镇和村两级债务大约为 3259 亿元，其中乡镇债务是 1776 亿元，村级债务为 1483 亿元。

（二）隐性的直接负债

现在主要是社会保障资金缺口所形成的债务。这个缺口到底有多大，众说不一，在这里我们也只能是作一个大致的描述。

首先是养老保险基金债务。养老保险在我国已经有了 50 年的历史，养老保险制度从"国家企业统包"，到改革开放之后实行社会统筹，再到 1995 年实行社会统筹和个人账户相结合的制度。与此相应，养老基金的管理由现收现付制转向部分积累制。这意味着在职的这一代人要承受双重负担，既要负担上一代人，又要为自己养老进行个人账户积累。在实际运行中，社会统筹基金不断透支个人账户积累（个人缴费形成的积累），造成个人账户空账运行。其透支额在 1999 年达到 1990 亿元。2000 年，国家对养老保险实行社会统筹基金和个人账

---

① 吴敬琏、魏加宁等：《中国宏观经济政策的反思与政策建议》，《经济参考》2001 年第 30 期。

户积累基金分开管理，分别核算的管理方式，不言而喻，实行现收现付的社会统筹基金的缺口将会越来越大。1999 年基金缺口为 187 亿元，2000 年达到 357 亿元。据劳动部社保研究所所长介绍，今后 25 年的基金缺口将达到 1.8 万亿元，年均 717 亿元。按此计算，意味着政府财政今后每年要偿付 700 多亿元的债务。世界银行早些时候的研究估计，1994 年我国的隐性养老金债务为当年 GDP 的 46%—49%左右（换算为绝对值是 21509 亿—22912 亿元人民币）。由国家体改部门与国外保险机构联合进行的一项课题研究估测，近年我国养老金隐性债务规模（按相关因素的中值为计算依据）高达 37000 亿元人民币左右[1]。

另外，失业救济的负担也不断加重。初步估计，按照目前国有企业的富余人员和社会新增失业人口计算，需领失业救济金的人口约为 3000 万人。如按照每人年均 3600 元（月均 300 元）和平均每人 1 年失业期计算，1 年需救济金 1080 亿元。这也构成政府的一个债务来源。

（三）显性的或有负债

这是指由政府公开承诺、担保（有的以某种政策形式）而形成的或有债务。如果这些债务都可以按时、足额偿还，则这些债务无须政府财政来承担；但若是债务人无法偿还这些债务，则政府财政就要负连带责任，即清偿债务的责任就会落到政府财政的头上。至于在未来一个时期政府财政是否承担，以及承担多少，都是不确定的，要视具体情况而定。就我国目前的情况来看，下面两类债务可以判定为政府的显性或有负债。

1.其他公共部门的债务。1996 年底，我国非国债债券余额为 3018.27 亿元，其中近 80%属于政策性金融债券。从 1999 年的情况来看，国家开发银行债务余额（当年 9 月）为 4889 亿元，铁路部门债务为 1000 亿元左右，仅此两项即达近 6000 亿元人民币。另据国家计委课题组的报告，1999 年公共部门债务余

---

[1] 有的资料显示：政府对社会养老保险的负债规模说法多样，世界银行测算为 1.8 万亿；劳动部社会保障研究所测算为 2.8 万亿元；国家体改委测算为 4 万亿—12 万亿元；财政部与武汉大学社会保障研究中心测算为 1 万亿元。见刘紫云：《解铃还需系铃人》，《中国财经信息资料》2001 年 9 月。

额达到 7324 亿元①。

就外债情况来看，按照我国官方的统计，1998 年 6 月 30 日，我国国内企业和金融机构对外负债合计为 550 亿美元左右；2000 年 6 月底，同一口径的对外负债合计下降为 525.2 亿美元，加租赁公司及其他事业单位的 13.3 亿美元债务余额，共计 538.5 亿美元。这基本上也是公共部门的负债（因为隐含了政府的担保）。按照世界银行专家的统计，截至 1997 年底，我国政府各部门外债为 725 亿美元，而公共部门担保的长期和短期登记债务为 1170 亿美元。若考虑未登记的部分，这个数字就更大了。据国际清算银行估计②，目前我国未登记的债务规模大约有 500 亿美元。

以上这些债务都构成政府的显性或有负债。

2. 国债投资项目的配套资金。自 1998 年实行积极财政政策以来，政府在 1998—2000 年 3 年内共发行长期建设国债 3600 亿元，主要用于社会基础设施建设，这需要大量的配套资金。据国家计委负责人透露，3 年来，共安排在建国债项目 6620 个，总投资规模在 24000 亿—25000 亿元左右。预计在 2000 年底，累计完成投资 15100 亿元，占总投资的 63%。毫无疑问，积极财政政策是有成效的，按照经典说法："这些国债投资使我们集中力量建成了一大批重点基础设施项目，办成了一些多年想办而未办成的大事"。而且，对扩大内需、拉动经济增长也发挥了重要的作用（对 GDP 增长的贡献率 1998—2000 年分别为 1.5、2、1.7 个百分点）。但在取得这些成就的同时，也不可避免地带来了债务风险：配套资金可能成为未来政府的财政负担。国债投资项目大多是社会效益明显，而经济收益甚微，与此配套的资金很难收回的项目。可以这样认为，配套资金实际上是政策性贷款，或者说是政府担保贷款，其债务的清偿责任最终很可能会落到政府财政的头上。即使是由地方政府配套的部分，大多也是通过投资公司之类的经济实体从各种渠道融资而来，自有财力的投入是极少的。

---

① 国家统计局国民经济核算课题组：《我国财政潜在风险的表现》，《财政与税务》2001 年第 3 期。

② 国家统计局国民经济核算课题组：《我国财政潜在风险的表现》，《财政与税务》2001 年第 3 期。

这样一来，在已经形成的 15100 亿元投资中，扣除政府 3600 亿元的直接债务，大约有 11500 亿元构成政府的或有负债。

（四）隐性的或有负债

这是指政府没有承诺和担保的负债事项，但这些负债事项一旦出现危机，政府从公共利益的角度考虑，势必要加以干预，很难放手不管。政府干预也就意味着政府要投入资金，承担责任。这样的负债事项目前有 3 项。

1. 国有银行的不良资产。从各种资料来看，国有商业银行的不良资产规模较为庞大，但究竟是多少，现在还没有一个完全可靠的说法。据新加坡《联合早报》2000 年 7 月 20 日报道，截至 1999 年，中国国有商业银行的不良贷款比例超过了 25%，按当年的贷款规模 93734 亿元计算，不良贷款达到 23434 亿元。另据中国长城资产管理公司石召奎提供的资料，到 2000 年 8 月底，4 家国家资产管理公司从对应的商业银行中收购或承接了 13932 亿元不良资产[①]。这里还没有包括其他股份制商业银行、城市信用社以及城乡信用社等金融机构存在的为数不少且尚未剥离的不良资产。按照时任中国人民银行行长戴相龙在 2001 年 1 月 17 日新闻发布会上的说法：去年底，逾期贷款没有收回的部分占整个贷款总额的 1/4 左右，但真正收不回的贷款比例为 3%，而且，还有一部分逾期 1 年以上的呆滞贷款可能得不到偿还，比例也在 3% 左右[②]。换算为绝对规模，1/4 的比例意味着，2000 年底的不良贷款规模达到 24843 亿元，而其中真正收不回的贷款则有 2981 亿元，可能得不到偿还的逾期 1 年以上的呆滞贷款（也按照 3% 计算）为 2981 亿元，两者合计，坏账达到 5962 亿元。另据新

---

① 13932 亿元不良资产中，华融资产管理公司从中国工商银行收购了 4077 亿元，长城资产管理公司从中国农业银行收购了 3458 亿元，东方资产管理公司从中国银行收购了 2641 亿元，信达资产管理公司从中国建设银行和国家开发银行收购了 3756 亿元。见石召奎：《中国金融资产管理公司运作回顾与展望》，《经济研究参考资料》2001 年第 22 期。

② 来自中新网 2001 年 1 月 18 日的报道。戴行长还认为：过去反映的不良贷款比例误差太大。两年前，曾有预测国有商业银行不能回收的贷款占到整个贷款总量的 8%—9%，但经过剥离后，上年底要核销的坏账不到 3%。

加坡《联合早报》2001 年 5 月 20 日的报道："在今年 3 月份，中国人民银行行长戴相龙便承认，包括转移到国有资产管理公司在内的国有银行不良贷款，总共高达 35000 亿元人民币，相当于 2000 年 GDP 的 40%"。综合起来看，我国目前国有商业银行的不良贷款规模应该在 24000 亿—35000 亿元之间。尽管其中可能有能够收回的部分①，但按照国际标准，不良贷款就是不良贷款，不能指望它会变成优良资产。在现行体制下，对不良资产回收率不能抱太高的期望，因为不良贷款的认定确实是针对已经有问题的贷款而言的，若再考虑企业在改制中逃废债务日趋严重的情况②，呆坏账的比例肯定还会上升。面对金融风险不断扩大的这种状况，政府出面干预的可能性越来越大。事实上，1998 年 2700 亿元的特别国债已预示着政府财政再也无法回避来自金融领域的风险。

若是再考虑到各级政府直接办的一些融资性公司的不良资产以及坏账的情况，政府隐性的或有债务规模就更大了。

2. 国有企业未弥补亏损。按照国家统计局国民经济核算课题组的统计，1997—1999 年国有工业以及年产品销售收入 500 万元以上的国有工业企业亏损面分别为 23.6%、28.8% 和 27.3%。尽管从账面上看，财政用于企业的亏损补贴从 1991 年的 510 亿元下降到 1998 年的 333 亿元，但实际上未弥补亏损额却在增加。1998 年，国有企业当年未弥补亏损额为 3040 亿元。1998 年末，国有企业累计未弥补亏损额达到 7531 亿元。由于国有企业仍在大量亏损，所以未弥补亏损额也在不断扩大。这威胁着整个国有经济的生存与发展。可以肯定地说，若政府财政放手不管，不只是国有企业将会消亡，也会加剧整个国民经

---

① 至于回收情况，按照信达资产管理公司的一名高级官员透露：市场传闻的按照不良贷款的面值打 90% 的折扣幅度太大，按照面值 10% 的比例出售那些资产的说法太悲观，按照面值的 30% 比较现实。如果按照这个比例，13000 亿—14000 亿元的不良资产中，"泡汤"的资产接近 1 万亿元左右。

② 据调查统计：截至 2000 年末，在工商银行、农业银行、中国银行、建设银行、交通银行开户的改制企业逃废银行贷款本息 1851 亿元，占改制企业贷款本息的 31.69%，其中，国有企业逃废债额 1237 亿元，占逃废债总额的 68.77%，非国有企业逃废 578 亿元，占 31%。见中国人民银行：《关于企业逃废金融债务有关情况的报告》，2001 年 3 月 16 日。

济的衰退。政府财政出资成立四大资产管理公司，实行"债转股"的政策，也就已经表明，政府财政事实上在开始承担起这方面的责任。

况且，由于政府所有者关系的客观存在，即使政府财政不公开承诺弥补国有企业的亏损，但国企亏损实际上也在侵蚀国有资产（国有权益），悄悄地向政府财政转嫁风险①。近年来，通过"债转股"政策的实行，国有企业的利息负担大为减少。到 2000 年 12 月，已经确认对 580 家企业实施债转股，涉及总金额 4050 亿元。这些债转股企业从 2000 年 4 月 1 日开始停息，当年就减轻利息负担 200 亿元左右，企业资产负债率从原来的 70%以上，降到了 50%以下，80%的企业当年扭亏为盈②。尽管如此，保守估计，全国国有企业未弥补的累计亏损至少仍然保持在 1998 年的水平。国有企业未弥补的累计亏损，拖累了银行，使相当一部分贷款变成不良资产，甚至成了坏账，而且给政府财政也带来了很大的压力。

3. 对供销社系统及农村合作基金会的援助。由于缺乏相应的统计工作，其真实数据无法得到。但有一个事实：出于社会稳定的考虑，不少省市已由财政出面担保向银行贷款来清偿这方面的债务。如湖南省，1998 年以财政作保第一期向人民银行借款 20 亿元，用于清偿农村合作基金会的坏账。这表明，隐性的或有负债已经开始转变为显性的或有负债，有的甚至变为了财政的直接负债。根据我们的调查，四川省农村合作基金会贷款的规模达到千亿元以上，多数已经沦为不良资产。按此推断，全国这方面的不良资产规模可能达到数千亿元。从乡镇及村负债与农村合作基金会不良资产之间存在的某种对应关系来分析，农村合作基金会的不良资产至少达到 3000 亿元。

（五）政府债务规模：初步的估算

上述债务事项的描述并不完整，有些因无法找到相应的数据而略掉了。但

---

① 国家统计局国民经济核算课题组：《我国财政潜在风险的表现》，《财政与税务》2001 年第 3 期。

② 杨玉民、王萍、郭雷：《"九五"国有企业改革回顾与思考》，《经济研究参考》2001 年第 44 期。

为了使政府债务事项完整表达，略掉的债务事项也尽可能一同列入下表。多数债务事项没有确切的统计数据，而各方面的估算结果往往相距甚远，我们依据掌握的情况做出相应的分析和取舍。对于情况不明晰的事项，在匡算时暂时不作考虑（结果见表2）。

表2　政府债务规模（截至 2000 年底）

单位：亿元人民币

	直接负债 （无条件的支付责任）	或有负债 （特定条件下的支付责任）	总计
显性负债 （由法律明确规定的或政府以各种形式承诺的支出责任）	1. 国债　　13836 2. 特别国债　2700 3. 欠发工资　250 4. 未弥补政策性亏损　2400 　其中：粮食亏损　2400 　　棉花亏损　— 　　外贸亏损　— 5. 乡镇政府负债 2000	1. 其他公共部门（如政策性银行、铁道等）发行债　　7324 2. 间接担保的外债（折算为人民币）4411 3. 与国债投资配套的资　11500 4. 政策性银行的不良资　— 5. 政府各部门（为融资）办的融资机构不良资　— 6. 政策性担保公司不良资　— 7. 资产管理公司不良资　— 8. 政府各部门为引资而担保的其他债务	
小计	21186	23235	44421
隐性负债（政府职能中隐含的应由政府承担的支出责任）	1. 社会保障基金缺口 　其中：养老基金缺口　37000 失业救济缺口　— 医保基金缺口　— 2. 农村社会保障缺口　— 3. 国债投资项目资金缺口　—	1. 国有银行不良资　24843 2. 国有企业未弥补亏　7531 3. 农村合作基金不良资　3000 4. 其他金融机构的不良资　—	
小计	37000	35374	72374
总计	58186	58609	116795

这样，综合前面的分析和估算，我们可以得出一个初步的结论：政府直接

负债规模为 58186 亿元，其中显性的为 21186 亿元，隐性的为 37000 亿元；政府或有负债规模达到 58609 亿元，其中显性的为 23235 亿元，隐性的为 35374 亿元。

或有负债只是政府可能的债务，还必须根据或有负债事项的具体情况作进一步的分析。但由于情况复杂，一项一项地进行估算存在着很多资料方面的困难，实际上无法做到，因此，在这里我们取一中值，按照 50% 的比例来估算或有负债的转化率，亦即有一半的非政府债务需要政府来替债务人清偿。从过去的经验和目前一些或有负债事项已经在向直接负债转化的事实出发，这个比例是不算高的。暂且这样推算，政府负债规模将达到 87490 亿元。这个数字意味着，在未来年度里，政府必须承担的债务责任是不轻的。

进一步分析，上述债务事项大多是中短期，平均年限大概在 10 年以内，考虑到入世的这个大背景，以及改革步伐的加快，政府担负的清偿责任恐怕很难拖到 10 年以后去。如果这个估计能够成立，那么，静态地看（不再新增债务），今后 10 年内，政府每年平均要清偿 8749 亿元的债务。

也许应当指出，我们的估算是在得不到相关资料而不得不舍弃一些债务事项的情况下得出的，如果全部考虑进来，政府的实际债务规模可能比我们估算的结果还要大。可以这么认为，我们的上述结论是比较保守的，谈不上很精确，但应该说没有夸大。

二、引入政府资产存量

就债务论债务，不能说明任何问题，更无法判明财政风险的大小。在这里，我们引入资产存量这个因素来分析，以了解政府清偿债务、抵御风险的可用资源。

一般来说，政府资产状况反映了政府过去长期以来的经营业绩，也是政府未来财政运作的一个重要基础性条件。

（一）政府资产总规模

政府资产总规模，是政府通过逐年的财政投入、国有企业经营以及政府的自然垄断而形成的资产总量，包括利用经常性财政收入、捐赠收入和债务收入形成的资产，也包括业已形成的经营性资产的增值额。

自然公共资源，如土地、矿产等等，是为政府所垄断的资源，但在我国，资源性资产迄今为止是不允许出售所有权的，只能转让开发使用权。随着整个国民经济的日益市场化，这些资源逐步按照有偿化的原则使用，其转让收入，除部分补偿资源成本外，大部分以各种形式（如税、费等等）形成资源性资产收益纳入政府公共收入体系。这类资源性资产是大自然的赐予，与其他资产在性质上是根本不同的，而且难以统计其规模，故在此不计入政府资产总规模之内。

这样，政府资产总规模（即国有资产总量，亦即政府拥有的净资产总量，但没有扣除政府公债）也就是包括两大部分：经营性国有资产和非经营性国有资产。按照我国现行统计科目计量，非经营性资产主要是：行政事业单位、境外派出机构和基本建设单位的存量资产。其余的即为经营性资产，分布在工业、商业、交通、农业以及金融服务等行业和领域。改革开放以来，我国国有资产的总量规模不断扩大，从 1978 年的 6894 亿元增加到 1999 年的 90964.2 亿元，增长了 12 倍多。但慢于 GDP 的增长速度（同期增长 21.6 倍），故占 GDP 的比重在总体上呈逐步下滑趋势（见表 3），从 1978 年的 190%下降为目前的 100%左右，1995 年甚至降为 GDP 的 90%以下。国有资产总量规模的相对减少，表明政府抵御风险的运作空间相应地缩小，对经常性岁入的依赖性愈益增大。

表 3　国有资产总规模及其变动情况

单位：亿元人民币，%

年份	国有资产总量	GDP	国有资产总量占 GDP 的比重
1978	6894.0	3624.1	190.23
1979	7389.0	4038.2	182.98

续表

年份	国有资产总量	GDP	国有资产总量占 GDP 的比重
1980	7785.0	4517.8	172.32
1981	8268.0	4862.4	170.00
1982	8795.0	5294.7	166.11
1983	9398.0	5934.5	158.36
1984	9902.0	7171.0	138.08
1985	10216.0	8964.4	113.96
1986	11505.0	10202.2	112.77
1987	12329.0	11962.5	103.06
1988	14385.0	14928.3	96.36
1989	18250.0	16909.2	107.93
1990	22713.0	18547.9	122.46
1991	26846.0	21617.8	124.19
1992	30697.0	26638.1	115.24
1993	34950.0	34634.4	100.91
1994	42920.0	46759.4	91.79
1995	51920.0	58478.1	88.79
1996	65894.0	67884.6	97.07
1997	72217.1	74772.6	96.58
1998	82211.1	79395.7	103.55
1999	90964.2	81910.9	111.05

资料来源:《新中国 50 年财政统计》，经济科学出版社 2000 年版；《中国财政年鉴（2000）》，中国财经杂志社 2000 年版。

（二）可流动的国有资产总量及其结构

一旦面临债务风险，政府真正能够用于抵御风险的资产，显然不是政府拥有的资产总量，而只是其中的一部分，即可流动的国有资产。

在政府资产的总量构成中，有些资产项目是难以计量或动用的。如，分布于公共行政和公共事务领域的资产项目，是政府为履行其职能而不可缺少的，往往是不可售卖的资产。套用现行统计口径，这类资产多体现为"非经营性资产"。这类资产很难用于化解财政风险，应当从资产总量中剔除。与此对应，可流动的资产即为"经营性资产"。二者的规模和比例见表4。

表4 国有经营性、非经营性资产

年份	经营性资产		非经营性资产	
	总额 （亿元人民币）	比率（%）	总额 （亿元人民币）	比率（%）
1998年	62405.0	75.91	19806.1	24.09
1999年	66748.4	73.40	24215.8	26.60

资料来源：《中国财政年鉴（2000）》。

这样，问题的焦点就集中在现存的国有经营性资产方面，也就是国有经营性资产的规模和质量。表5即为我国经营性资产的具体构成。

表5 国有经营性资产的构成情况

单位：亿元人民币

年份	非金融 企业	金融保险 企业	境外 企业	建设基金及 建设项目	总计
1998	48051.6	8493.9	957.8	4901.7	62405.0
1999	53306.0	8017.4	1015.0	4410.0	66748.4

资料来源：《中国财政年鉴（2000）》。

从表5可知，国有经营性资产主要分布在非金融性企业——工业、交通和商业等行业。这些行业的国有企业目前正处于战略改组的进程之中，分布于这些行业的国有资产具有最大的可流动性，是最有可能用来化解政府财政风险的资产。而分布于金融、保险行业的国有资产在保持金融稳定、防范金融风险中有着十分重要的影响，至少在短期内是不可能进行具有实质意义的退出性调整，相反，却还需要进一步扩大投入。因此，在政府未来防范财政风险而进行的资产——债务调整转换中是不应作为考虑对象的。这样，我们就可以把分析集中到国有"非金融企业"项目上，其他项目可暂时不予考虑。

国有非金融企业，也就是我们平常指称的"国有企业"，包括工业、交通和商业等企业。我们以现行统计的国有企业的资产指标来做一些分析和判断。

表 6　全国国有企业资产主要指标

单位：亿元人民币

主要指标	1997 年	1998 年	1999 年
汇编户数（万户）	26.2	23.8	21.7
资产总额	124975.2	134779.9	145288.1
净资产总额	46164.6	50370.7	53813.2
资产负债率（%）	67.1	65.5	65.4
流动比率（%）	100.7	99.5	99.8
不良资产占权益比重（%）	22.6	24.8	27.5
国有资产总额	44340.2	48051.6	53306.0

资料来源：《中国财政年鉴（2000）》。

从表 6 可以看出，我国国有企业的平均资产负债率，在债转股的背景下，近年来虽然有所下降，但下降的幅度不大。与此同时，国有企业的不良资产占权益的比重却在上升，从 1997 年的 22.6%上升到 1999 年的 27.5%，其上升幅度大于同期国有企业资产负债率的下降幅度。这说明，国有企业的净资产质量呈现出下降趋势。以 1999 年为例，当年的国有企业净资产总额为 53813.2 亿元，扣除 27.5%的不良资产后，净资产缩减为 39014.57 亿元。也就是说，约有 14798 亿元的国有企业净资产属于不良资产范畴。这也说明，国有企业的实际资产负债率比统计显示的数据还要高。这反映出国有经济的实际状况仍在恶化。

在国有企业的净资产中，还包括其他所有者的权益（如在合资、合作和股份制国有企业中有外商、集体企业或个人所有者的权益），不能全部视为国有权益。表 6 的最后一栏，"国有资产总额"才是国有企业中的国有权益，是政府真正能够可以动用的资产。但这同样是有水分的。以 1999 年为例，当年国有企业的国有权益为 53306 亿元，按照上面的比例，扣除 27.5%的不良资产后，国有权益缩减为 38646.85 亿元。

应当指出，这种估算是静态的，也是简单的。若是把国有企业的资产运营风险、国有经济整体的下滑趋势、不良资产占权益比重变化等等因素都考虑进来，国有资产（国有权益）的实际规模就不会是现在这个数字，很可能还要进一步缩减。也就是说，政府可以用来防范财政风险的资产存量规模实际上比现存的规模还要小。

（三）简短的结论

基于上述分析，我们可以得出一个简短的结论：政府化解财政风险理论上可动用的资产存量为非金融企业、建设基金及建设项目、境外企业3者的国有资产（国有权益）之和。截止到1999年，这个数字为44071.85亿元（见表7）。静态地看，这是政府清偿债务时可动用的资产存量的最大值。

表7 政府可用于清偿债务的最大资产存量（截至 1999 年）

单位：亿元人民币

项目	总计	非金融企业	建设基金及建设项目	境外企业
数额	44071.85	38646.85	4410.0	1015.0

资料来源：根据《中国财政年鉴（2000）》。

如果我们以1999年底的数字为基准（写作时，在公开出版物上还无法得到2000年底的数字），那么，我们根据"负债／资产＝资产负债率"的公式，不难得出政府资产负债率3个层次的指标：

一是按政府总资产计算。从显性的直接负债规模来看，资产负债率为23.3%；从包括显性和隐性的直接负债规模来看，资产负债率为64%；把或有负债考虑进来，从匡算的总债务来计算，资产负债率为96.2%。

二是按经营性资产计算。以显性的直接负债规模为口径，资产负债率为31.7%；从直接负债规模来看，资产负债率为87.2%；考虑或有债务的转化，从匡算的总债务来计算，资产负债率达到131%。

三是按可动用的资产存量计算。从显性的直接负债规模来看，资产负债率为48.1%；从直接负债规模来看，资产负债率为132%；把或有债务的转化考虑进来，资产负债率达到199%。

上述计算结果列为表8。

表 8　政府资产负债率 3 个层次指标

	显性的直接 负债率（%）	直接负债率（%） （含显性和隐性）	政府债务率 （%）
按总资产规模计算	23.3	64.0	96.2
按经营性资产计算	31.7	87.2	131.0
按可动用的资产存量的最大值 计算	48.1	132.0	199.0

3 个层次的指标都是对财政风险的反映，但若只用其中某一个指标来衡量，据以得出的结论将会差别很大，甚至完全相反。因此，衡量财政风险时，不能只抓一点，不及其余，应当全面考虑。偿债能力与资产的流动性密切相关，可流动的资产规模实际决定了偿债能力的高低。从这个角度来看，按可动用的政府资产存量的最大值计算的资产负债率，应当说更真实地反映出财政风险大小。就此而言，政府已经是资不抵债了。

表 9　国家预算内财政收支及其变化

年份	财政收入 （亿元）	财政支出 （亿元）	收支差额 （亿元）	增长速度（%）		占 GDP 比重（%）	
				财政收入	财政支出	收入	支出
1980	1159.93	1228.83	-68.90	1.2	-4.1	25.7	27.2
1981	1175.79	1138.41	37.38	1.4	-7.5	24.2	23.4
1982	1212.33	1229.98	-17.65	3.1	8.0	22.9	23.2
1983	1366.95	1409.52	-42.57	12.8	14.6	23.0	23.8
1984	1642.86	1701.02	-58.16	20.2	20.7	22.9	23.7
1985	2004.82	2004.25	0.57	22.0	17.8	22.4	22.4
1986	2122.01	2204.91	-82.90	5.8	10.0	20.8	21.6
1987	2199.35	2262.18	-62.83	3.6	2.6	18.4	18.9
1988	2357.24	2491.21	-133.97	7.2	10.1	15.8	16.7
1989	2664.90	2832.78	-158.88	13.1	13.3	15.8	16.7
1990	2937.10	3083.59	-146.49	10.2	9.2	15.8	16.6
1991	3149.48	3386.62	-237.14	7.2	9.8	14.6	15.7
1992	3483.37	3742.20	-258.83	10.6	10.5	13.1	14.0
1993	4348.95	4642.30	-293.35	24.8	24.1	12.6	13.4
1994	5218.10	5792.62	-574.52	20.0	24.8	11.2	12.4

续表

年份	财政收入 （亿元）	财政支出 （亿元）	收支差额 （亿元）	增长速度（%）		占 GDP 比重（%）	
				财政收入	财政支出	收入	支出
1995	6242.20	6823.72	-581.52	19.6	17.8	10.7	11.7
1996	7407.99	7937.55	-529.56	18.7	16.3	10.9	11.7
1997	8651.14	9233.56	-582.42	16.8	16.3	11.6	12.3
1998	9875.95	10798.18	-922.23	14.2	16.9	12.6	13.8
1999	11444.08	13187.67	-1743.59	15.9	22.1	14.0	16.1
2000	13380.1	15879.4	-2499.30	16.9	20.41	15.0	17.8
2001	14760.2	17358.3	-2598.10	10.3	9.31	—	—

注：（1）财政收入中不包含债务收入；（2）2001 年的相关数据是预算数。

资料来源：根据《中国财政年鉴（2000）》《中国统计摘要（2001）》和项怀诚《关于 2000 年中央和地方预算执行情况及 2001 年中央和地方预算草的报告》等相关资料整理。

三、引入政府收支流量

政府已经资不抵债，并不意味着政府就要破产了。作为公共性的主体，政府汲取资源的能力大小也许比已经拥有的资源更能体现出它的抗风险能力。政府收支流量是政府汲取资源能力大小的集中体现，通过政府收支流量与其负债的相关分析，可以进一步了解财政风险的实际状况。

政府收支流量会直接影响政府负债余额的变化趋势，对资产存量也会产生间接影响。下面，我们从两种情况来分析：一是不考虑规模的大小或比重的高低，只从收支流量的状态（赤字、盈余和平衡）变化来考察与政府负债的连带关系。当政府收支流量状态趋向赤字的情况下，政府债务规模将不断扩大，加剧财政风险；当朝着平衡方向收敛，甚至出现盈余时，政府债务状况就将得到改善。二是从收支流量规模大小来分析政府改变汲取收入规则的可能性空间。如果政府收支规模已经很大（或占 GDP 的比重很高），那么，要想通过增税的途径来应对债务风险，恐怕行不通；若是相反的情况，则可以考虑这种选择。

（一）政府收支流量的状态分析

在现行体制下，我国政府收支分为两块：一块是预算内，另一块是预算外。我们先从预算内的分析入手。

今天的收支状态是从历史的收支状态变化而来的。自改革开放以来，除了 1985 年，我国预算内收支状况是年年赤字，而且其规模不断扩增。特别是自 1998 年以来，赤字规模呈跳跃性增长。在赤字只能靠发债来弥补的条件下，赤字的扩大无疑会直接导致政府债务规模攀升。不言而喻，这种变化趋势将加剧财政风险。暂且不论其背后的原因是什么，是否具有合理性，上面一系列数据所显示的结论却是不会改变的。如果这种趋势持续下去，则问题的关键倒不在于赤字本身所引致的风险（表现为显性的直接负债），而是财政自身将日益丧失防范其他风险（各种或有负债）的能力。

赤字对政府债务的影响，可用下列公式来衡量：赤字 / 政府债务余额 = 赤字债务率。

赤字债务率包含两层意思：一是反映新债务对老债务的影响程度；二是反映政府债务规模累积的速度。从 2000 年的情况来看，当年赤字对政府"全部负债"的影响为 2.9%，对政府"直接负债"的影响为 4.3%，对政府显性直接负债的影响达到 11.8%。赤字本身即构成政府的显性直接负债，因而对其影响最大，并通过显性直接负债对政府整个债务产生影响。至于赤字是否对政府债务产生衍生性影响，则要视赤字的性质而论。

在 1997 年以前，财政赤字的出现及其扩大，主要是由于制度性调整（减税让利）导致财政收入不断下滑造成的。国家预算收入占 GDP 的比重从 1980 年的 25.7% 下降到 1995 年的最低点 10.7%；与此同时，国家预算支出占 GDP 的比重也在下降，从 1980 年的 27.2% 下降到 1995 年的最低点 11.7%。支出的刚性致使其在下滑的过程中难以与收入同步，因而形成了连年的赤字。从 1998 年开始，财政赤字的出现及其迅猛扩增，主要是由于实行扩张性的财政政策导致财政支出快速攀升而造成的。国家预算支出占 GDP 的比重从 1997 年的 12.3% 提升到 2000 年的 17.8%；与此同时，国家预算收入占 GDP 的比重也在不断提高，从 1997 年的 11.6%提高到 2000 年的 15%。预算收入增长的常规性（受既定税收制度的约束）使其无法赶上预算支出的非常规性增长，故而形成了赤字规模的迅猛扩增。

从上述前后两种不同的情况对比，我们不难归纳出两种性质不同的赤字：一是"收入性赤字"（主要是收入方面的原因导致的），比如 1997 年以前的那种情况；二是"支出性赤字"（主要是支出方面的原因造成的），1998 年以来的情况是很典型的说明。"收入性赤字"会扩大财政风险，但它同时对整个经济产生正的外部性，因而这种风险是收敛的，或者说具有"可控性"，是一种良性风险。而"支出性赤字"不仅会扩大财政风险，而且会对整个经济产生负的外部性，如效率损失以及引发新的或有债务等等，时间越长，这种负的外部性就越是明显，因而这种风险是发散的，难以控制，属于非良性风险。在这一点上，西方国家 70 年代经济滞胀，以及日本持续 10 年支出扩张的教训应对我们有一定的启发。可以肯定地说，如果我们现阶段正在不断扩大的"支出性赤字"再持续下去，那么，财政风险会成倍地放大。上面的分析是仅仅就政府预算收支而言的，就我国的现行情况来看，预算外收支同样属于政府收支的重要组成部分，应纳进来一并考虑。这样，政府收支状况就要重新估算（见表 10）。

表10　1987—1996 年政府收入规模估算

单位：亿元人民币

年份	政府总收入估算		预算内收入	基金和收费		
	规模	占 GDP 比重(%)		合计	预算外资金	体制外资金
1982			1212.3		146.4	
1983			1367.0		163.7	
1984			1642.9		197.7	
1985			2004.9		277.3	
1986			2122.0		377.4	
1987	3268.8	27.34	2199.4	1069.4	403.0	666.4
1988	3676.8	24.63	2357.2	1319.6	487.9	831.7
1989	4080.8	24.14	2664.9	1415.9	555.0	860.9
1990	4625.6	24.94	2937.1	1688.5	637.5	1051.0
1991	5405.7	25.01	3149.5	2256.6	765.8	1490.8

续表

年份	政府总收入估算		预算内收入	基金和收费		
	规模	占 GDP 比重（%）		合计	预算外资金	体制外资金
1992	7006.8	26.30	3843.4	3163.4	976.5	2186.9
1993	8924.9	25.77	4349.0	4575.9	1432.5	3143.4
1994	12051.9	25.78	5318.1	6833.8	1862.5	4971.3
1995	14014.3	23.97	6242.2	7772.1	3406.5	5365.6
1996	17278.0	25.45	7405.0	9873.0	3893.3	5979.7
1997			8651.1		2826.0	
1998			9875.6		3082.3	

注：在计算预算外资金时剔除了"国有企业和主管部门收入"栏资金。这一方面是为了增加可
　　比性，另一方面也考虑到这部分资金实质上属于企业资金范畴（尽管也存在着划分不清晰
　　或政府调用的因素）。
资料来源：(1)《中国统计年鉴》和《中国财政年鉴》；(2) 贾康主编《税费改革研究文集》，
　　经济科学出版社出版，第 36 页；(3) 高培勇主编《"费改税"经济学家如是说》，经
　　济科学出版社出版，第 264 页。

　　由于缺乏足够的数据，我们只能就 1987—1996 年的政府收入规模做较为全面的估算。从表 10 可以看出，政府收入规模一下扩大了 1 倍多，占 GDP 的比重达到 25% 左右，并且相当稳定。如果这些资金都能够被政府统一调配，那么情况会大为好转，也许赤字的规模可以相应地缩小，从而降低财政风险。从合并报表的角度来观察，这个结论是成立的。但从体制整合的角度来分析，可能反而会扩大赤字，增加风险。预算外并非今天才产生，而是伴随着改革进程而逐渐扩展起来的，并已内生到政府的肌体之中，支撑着政府的部分职能，也就是说，一个萝卜一个坑的事实已经形成。这样，一方面预算外支出的刚性使其难以减少，而另一方面，预算外收入在整合过程中必然会减少，其差额还需要预算内拿出一块来贴补，如此一来，赤字将会扩大。"费改税"之所以雷声大，雨点小，原因即在于此。

　　可见，就目前来说，寄希望于通过预算外和预算内的简单合并来减少风险是不现实的，相反，规范政府收入体系，统一政府预算的过程中还会产生新的风险。这是体制整合过程中内生的一种财政风险，与前面所讲的赤字引致的风

险在性质上是不同的。

至此，可以稍微总结一下。现实的政府收支状况在短期内无法收敛于平衡态，不可能通过政府收支流量的调整来改善政府的债务状况。相反，现行政府收支状况还将进一步衍生出新的风险："支出性赤字"风险和体制整合风险。对此，我们今后还将从未来政策走势的角度作进一步的探讨。

（二）宏观税负：调整的可能性空间

在分析政府收支状况时，我们作了一个假定：今后宏观税负不因制度性调整而变化。现在，我们放开这个假定来分析，即政府今后能否通过对宏观税负的制度性调整来增加其所拥有的资源，以减轻政府的债务压力。

政府债务的压力大小，可用下面的公式来表达：政府债务余额/政府岁入规模=债务压力指数。

从会计的角度来看，政府岁入不同于政府的存量资产，具有很强的流动性，可视为速动资产，因而这个公式有类似于财务上"速动比"的含义，表明政府财政的安全性程度，或财政风险的高低。债务压力指数越大，政府财政的安全性程度就越低；反之，则高。以2000年为例，政府债务压力指数达到6.5，其中显性直接债务的压力指数为1.58，直接债务的压力指数为4.3。若是把政府预算外的岁入考虑进来，债务压力指数则会有一定程度的降低（因预算外数据不全，在此无法计算）。

从今后考虑，若是政府债务余额不变，政府债务压力指数的高低取决于政府岁入规模的大小。换句话说，要把政府债务压力指数控制在一定范围之内，关键看政府岁入规模的变化。在政府岁入规模不断扩大，或其增长率快于债务余额的增长率的情况下，债务压力指数就会降低，政府财政的安全性程度就可提高。那么，政府岁入规模的扩增可否通过改变汲取收入的规则来实现呢？

一般地说，政府收支是"取之于民，用之于民"，但必须"取之有度，用之合理"。如果政府仅仅着眼于化解财政风险，而置社会经济活动于不顾，甚至"竭泽而渔""杀鸡取卵"，那么，这种行为会引致更大的经济风险，最终还是会回归到财政。这就需要探讨政府进一步向社会索取资源的余地。

判断政府"取用"适度的国际标准通常是采用"宏观税负"指标。它的含义是指一个国家在一定时期公共收入总额占同期 GDP 的比重,反映全体纳税人的负担程度。这既有以税收形式表现出来的负担,也包括以非税形式(如收费、基金)体现的负担。

表11 1987—1996 年我国宏观税负情况

年份	GDP (亿元)	税收收入 T0(亿元)	非税收入 FT(亿元)	名义税负 T0/GDP(%)	非税负担 FT/GDP(%)	实际税负 (T0+FT/ GDP)(%)
1987	11962.5	2140.36	1033.18	17.89	8.64	26.53
1988	14928.3	2390.47	1319.58	16.01	8.84	24.85
1989	16909.2	2727.40	1415.94	16.13	8.37	24.50
1990	18547.9	2821.86	1608.11	15.21	8.67	23.88
1991	21617.8	2990.17	2256.58	13.83	10.44	24.27
1992	26638.1	3296.91	3163.20	12.38	11.87	24.25
1993	34634.4	4255.30	4563.90	12.29	13.18	25.47
1994	46759.4	5126.88	6779.60	10.96	14.50	25.46
1995	58478.1	6038.04	7716.52	10.33	13.20	23.53
1996	67884.6	6909.82	9073.80	10.12	13.27	23.49
1997	74772.4	8234.04		11.01		
1998	76614.4	9092.00		11.87		
1999	82054.0	10311.0		12.57		

资料来源:黄鹏:《宏观税负的国际比较与实证分析》,《税务研究》2001 年第 4 期。

从表 11 可以看出,在我国,名义税负(以税的形式表现出来的税负)和实际税负(含非税收入)的差距是逐步扩大的,亦即在名义税负下降的同时,非税负担却在不断增加。不过,实际税负在总体上是较为稳定的,一直徘徊在 23.5%—26.5% 之间,平均在 25% 左右。这说明,从算大账的角度来看,政府实际可支配的收入规模并不小,虽然低于发达国家的平均值,但与发展中国家相比,却一点也不低。

从世界范围内看,发达国家和发展中国家的税赋差距较为明显。1988 年 15 个发达国家宏观税负的均值为 39.95%,最高的丹麦为 52.02%;同期 19 个发展中国家宏观税负的均值为 18.13%，最低的是秘鲁，仅为 10.25%。发达国家和发展中国家平均差距为 21.82 个百分点。作为发展中国家，我国 1988 年的宏观税负为 24.85%，1996 年为 23.49%，平均实际税负在 25% 左右，高于发展中国家均值约 6—7 个百分点[①]。

值得注意的是，近几年来，在国民经济增速较低的情况下，我国税收收入却出现了超常规的迅猛增长，其增幅为前所未有，达到 GDP 增长率的 2—3 倍。这在一定程度上说明，在现行税收制度下，确实有税收潜力可以挖掘，但也不能否定存在因硬性指标的行政压力造成的财政虚收（如税收空转）或寅吃卯粮。

综合起来看，我们的结论是：在目前实际税负已经不低和近几年税收收入迅速扩增的情况下，在未来年度里，通过宏观税负的制度性调整来进一步扩大政府岁入规模的可能性空间很小，甚至不存在。这就是说，要通过扩大政府岁入规模的途径来降低财政风险，只能是在现行的收入制度框架内来操作。可能的办法是逐步缩小名义税负和实际税负的差距，规范政府收入体系，提高财政部门在政府收支流量调整中的控制力，以此来逐渐实现风险防范能力的增强。

四、简短的结论

无论从存量，还是从流量来观察，可用于抵御债务风险的资源是很紧张的，应该说已经到了警戒线。对此，我们不可掉以轻心。

究其成因十分复杂，最主要的还是制度安排存在内在缺陷所致。要理解这一点，还得从改革开放的历程来分析。23 年的改革，是从在理论上承认物质利益原则，在实践中给大家以看得见的利益出发的，利益主体逐渐形成，利益分配上的大锅饭被打破了，利益多元化的格局成为我们眼前的现实。但在各经济主体的利益日渐明晰化的过程中，风险责任却还没有相应的明晰化，风险的承担仍是在吃大锅饭。"赢了自己得利，亏了国家承担"，这种状况不仅在国有企业存在，在政府部门内部也是如此。各部门借钱的积极性很高，还钱却考虑

---

① 黄鹏：《宏观税负的国际比较和实证分析》，《税务研究》2001 年第 4 期。

不多，因为背后还有财政，成了烂账，最后财政来清偿。政府之间的关系也是这样，地方有难，中央总不能见死不救吧。利益与风险的界定不对称，造成了普遍的道德风险。这使各经济主体有了利益的激励，而缺少风险的约束，这样的制度缺陷造成了各种风险的累积和集中。无言的结局，就是由政府财政来背着，致使财政风险不断扩大。

如果把利益明晰化的改革过程，视为一个大家庭的分家，那么，不难看出，现在的问题是，在分家过日子之后，要尽快把各自行为的责任和风险划分清楚，从此以后，既不能是"子债父还"，也不能是"父债子还"，更不能是有利争着上，无利众人推。不然，这种"分家"，就会变成"败家"。如果说，"分利"的改革过程已经结束，则"明晰风险"的改革还是刚刚开始。今后改革的焦点应当是在政府和企业之间、政府各个部门之间、各级政府之间以及各届政府之间的风险责任明晰化，这比所谓的产权明晰更加重要（所谓"产权明晰"实际上是一个虚拟的问题）。这是减少和化解政府财政风险的治本之道。

（此文发表于《管理世界》2002年第5期，作者：刘尚希、赵全厚）

制度主义公共债务管理模式的失灵：
基于公共风险视角的反思^①

阅读提示：《制度主义公共债务管理模式的失灵：基于公共风险视角的反思》一文指出，现行公共债务管理模式，强调用制度约束政府的举债行为，用一系列指标来控制公共债务的规模、结构与水平。然而，政府作为公共主体，有着应对公共风险的责任，举债是政府应对公共风险的主要工具。公共风险是不确定的，意味着政府的举债行为具有不确定性，公共债务的规模、结构与水平难以准确测度。基于确定性思维的公共债务管理模式与公共风险的不确定性无法有效匹配，导致政府举债行为屡屡越过制度规则，公共债务的水平突破指标控制。当制度被突破却又未阻风险爆发时，就意味着它已经失灵了。本文运用公共风险理论对传统的公共债务管理模式进行反思，揭示了目前公共债务管理中存在的问题，说明公共风险理论在实践中具有很强的指导意义。

  2010 年以来，欧洲主权债务危机爆发并不断扩散，使全球经济的复苏进程至今仍不明朗；近年来，美国不断提高债务上限，甚至在 2011 年出现因国会不能通过而面临联邦政府"停摆"的局面；日本公共债务水平一直处于高位，也是全球经济风险的重要因素；我国地方政府债务水平近年来不断攀升，虽总体风险可控，但在经济下行情况下其潜在风险不容忽视。不仅全球主要经济体公共债务高企，其他新兴市场国家债务问题缠身的也不在少数。公共债务问题成为自 2008 年金融危机以来世界经济不稳定的主要风险源之一。世界各国，

---

① 感谢王志刚、李成威、张鹏、梁强、樊轶侠、苏京春、彭鹏等参与讨论。

尤其是发达国家，都有着相应的公共债务管理制度。制度约束之下，风险仍不断积聚，使我们不得不反思，制度为何不能有效约束公共部门的举债行为？是制度本身的问题，还是政府行为的问题？只有找到了问题的根源，才能通过优化公共债务管理模式，有效控制公共债务风险。

一、公共债务管理中的制度主义

（一）公共债务管理模式

世界各国对于公共债务的管理尚没有统一的模式。各国公共债务管理模式的选择多受经济发展水平、市场机制完善程度、财政体制及财政管理的历史①等因素影响。总体来看，各国主要通过法律规制、行政控制与市场约束等模式管理公共债务（特里萨·特尔米纳西安（Teresa Ter-Minassian）和约翰·克雷格（John Craig），1997），但由于各国国情不同，所采取的模式也具有一定的特性。发达国家市场机制比较完善，倾向于在进行法律规制的同时，运用市场手段约束政府举债行为；发展中国家虽然也通过法律的形式约束政府举债行为，但在法律不够完善的情况下，倾向于通过行政手段控制政府举债行为。

1. 法律规制

即通过法律法规对政府举债行为进行约束。各国政府一般都会通过宪法和法律对政府举债进行约束，以防政府支出过度。我国《预算法》就规定，中央一般公共预算中必需的部分资金，可以通过举借国内和国外债务等方式筹措，举借债务应当控制适当的规模，保持合理的结构；地方各级预算按照量入为出、收支平衡的原则编制，不列赤字，经国务院批准，省级政府可以在国务院确定的限额内，通过发行地方政府债券举借债务的方式筹措；除发行债券外，

---

① 一般来说，发生过债务危机或公共债务问题大面积暴露的国家，公共债务管理制度会趋于更加严格。

地方政府及其所属部门不得以任何方式举借债务，且不得为任何单位和个人的债务以任何方式提供担保。

美国宪法第一条第八款规定："国会有权……以合众国信用举债"。美国国会批准一定时期内的债务上限，州和地方政府拥有债务管理自主权，可以自主发行市政债券，但许多州的法律规定，州或地方政府本身不能决定举债，必须得到相关机构或全体居民的授权或批准。19 世纪 40 年代美国州政府发生了债务危机，许多州从此次错误中吸取了教训，开始修改本州宪法对政府举债行为进行限制（J. 理查德·阿伦森（J. Richard Aronson）和约翰·希利（John L. Hilley），1996）。目前，美国联邦、州和地方政府关于发债的法律规定已经十分完善。

在应对三次债务危机的过程中，巴西不断完善了对地方政府举债的法律法规。2000 年颁布的《财政责任法》规定，地方政府每年的预算必须与本地多年的预算计划以及联邦政府的财政货币规划一致；对地方政府财政赤字进行事前预防；对地方政府不良财政行为进行惩罚。巴西国家金融管理委员会还规定：中央政府应限制各银行向公共部门贷款，对于违规举债、突破赤字上限或者无法偿还联邦政府或任何其他银行借款的州，各银行禁止向其贷款。

各国通常也以立法的形式对债务的用途做出限制，遵守债务融资的"黄金法则"，即举借的债务只能用于公益性资本支出，不得用于经常性支出。我国《预算法》在 2014 年修订时加入了这一点，美国、日本、德国、加拿大、法国等国也都遵守债务融资的"黄金法则"。此外，各国还禁止中央政府为地方政府进行债务担保，明确规定举债主体的偿债责任，一旦违约中央政府没有救助义务。

2. 行政控制

由政府运用行政手段对公共债务进行管理的模式，即政府对债务规模、水平、结构、用途等进行事前的审批与事后的监管。行政控制有多种形式，有的是由中央政府对地方政府的债务水平进行控制，有的是对额外的举债行为进行管制，有的是对地方政府的举债行为进行审批，有的是通过中央政府转贷国债给地方政府。

我国中央政府对地方政府举债的约束除在《预算法》中有相应的规定外，还通过多种行政措施予以控制。2014 年 4 月，国务院发布了《关于加强地方政府性债务管理的意见》，其中就包含了多种行政控制措施。该《意见》规定了地方债的发行主体、债务规模、债务资金的使用方向、债务综合统计与报告制度、风险预警及行政问责等。发债主体方面，规定为省一级行政单位，省以下的地方政府只能通过省级代发；发债规模方面，规定由国务院确定全国债务总规模，由财政部确定分地区规模，并报各级人大审定；地方债务风险预警方面，规定由财政部建立针对各省的债务风险预警机制；偿债措施方面，规定地方政府出现偿债困难时，要通过控制项目规模、压缩公用经费、处置存量资产等方式，多渠道筹集资金偿还债务。

在 2006 年进行分权改革之前，日本地方政府债务管理主要是行政控制，未经中央政府批准，地方政府不得举债；中央政府制定年度地方政府贷款计划，明确地方债发行额度、用途、发行方式等。

3. 市场约束

通过金融、保险等市场对政府的举债行为进行约束，主要有信用评级、信息披露、债券保险、地方政府破产等制度。采取这种管理模式要求市场化程度较高、金融市场比较完善，同时要有明确的债务退出机制及政府债务信息的透明化。

美国政府在对公共债务进行法律法规及行政监控的同时，还依靠信用评级制度、信息披露制度和债券保险制度等市场手段对政府的发债行为进行约束。美国州和地方政府采用市场化方式通过发行市政债来举债，借贷双方完全按照自愿的原则借贷资金，债券利率完全由供求双方共同决定。这种市场化的举债模式为利用市场手段约束政府举债行为创造了条件，政府不当的负债会招致市场的反应，发行人信用度的下降直接会削弱其举债能力。美国的市政债券具有完善的信用评级制度，投资者一般依靠评级机构的信用评级判断市政债券的信誉程度；市政债券保险制度则明确在债券发行人实际未支付债券本息时，由保险公司承担偿付义务；地方政府发行市政债要向市场披露信息，遵循政府会计

准则委员会确立的政府债务报告标准，向投资者报告政府债务相关信息，并按
照证券监管法规披露信息。

对于地方政府发债造成的债务危机，一般由地方政府自行解决，美国联邦
政府不干涉或救助。地方政府无力偿债时，技术性或暂时性的可由政府与债权
人直接协商解决；地方政府还会采用设立新税种或调高原税率等形式筹措偿债
资金。但在多种补救措施都无法解决问题的情况下，依据联邦破产法的规定，
可由发债政府提出破产请求，实施地方政府破产程序。美国地方政府破产制度
的核心原则是在确保公共服务的基础上对政府债务进行重组。在破产状态下，
地方政府财政行为受到各种限制，限于维持基本的公共服务提供，在投资新公
共事业、购买公共资产以及聘用新公务人员等方面受到诸多限制。通过债务重
组与财政调整，地方政府摆脱财政危机的情况下，可以向法院申请终结破产
状态。

（二）公共债务管理工具

1.债务指标控制

指标一般有负债率、债务担保率、偿债率、资产负债率等，每个指标都从
不同的角度反映了债务风险的大小。各国在指标控制方面的标准不太一致。关
于指标的判断标准使用较多的是《马斯特里赫特条约》中提出的"指导线"，
即年度财政赤字率不能超过 3%，政府债务率不能超过 60%。

2.财政风险预警

财政风险预警借鉴了国民经济预警理论，把预警的指标分为经济总量
指标、财政总量指标、显性财政风险指标和隐性财政风险指标，根据这
四类指标划分红灯区、绿灯区和黄灯区三个警度，根据指标所属区间做出
预警。

2007 年，为防范债务风险，日本颁布了新法案来提升地方政府债务状况，
其中融入了新的监控指标和风险预警体系。

表1　日本早期预警和财政重建计划的限制

财政监控指标	早期预警	财政重建
财政赤字率 （赤字额 / 标准财政收入）	都、道、府、县①3.75%	都、道、府、县5%
	市、町、村，根据财政收入规模不同从11.25%—15%不等	市、町、村25%
综合实际赤字率 （赤字额 / 政府综合财政收入）	都、道、府、县8.75%	都、道、府、县15%
	市、町、村，根据财政收入规模不同从16.25%—20%不等	市、町、村30%
实际偿债率 （用于偿还债务的一般财政收入 / 标准财政收入）	都、道、府、县和市、町、村25%	都、道、府、县和市、町、村25%
未来债务负担率 （债务余额 / 标准财政收入）	都、道、府、县和政府指定区域400%	—
	市、町、村350%	

数据来源：根据张志华等（2008）《日本地方政府债务管理》整理。

哥伦比亚1997年358号法（"交通灯"法）、2003年795号法和819号法（《财政透明与责任法》）中关于债务指标预警的设置是财政风险预警的一个典型案例（财政部预算司课题组，2009）。根据795号法，哥伦比亚选择两个指标来评估地方债务风险。

表2　哥伦比亚地方政府债务评价体系的预警指标

指标	绿灯区	红灯区
债务利息 / 经常性盈余（流动性指标）	小于40%	大于40%
债务存量 / 经常性收入（持续性指标）	小于80%	大于80%
借债规则	地方政府自行举债	禁止地方政府举借新债

---

① 都、道、府、县是日本的地方行政区划，日本设47个中央以下行政区（1都、1道、2府、43县），所有市、町、村及特别区都是都、道、府、县以下的次级地方行政区。

3. 国家资产负债表

国家资产负债表是用以衡量国家在某一时点的资产负债规模、结构以及分布状况的表，通常包括政府、居民、金融企业与非金融企业等部门。政府资产负债表是国家资产负债表的一个组成部分。早在 1963 年，就有学者对美国的国家资产负债表进行了系统的研究，并编制了详细的美国国家资产负债表。20世纪 70 年代起，美国、加拿大、澳大利亚等国也开始编制本国的资产负债表。目前，绝大部分 OECD 国家都会编制国家资产负债表。我国于 1995 年把国民资产负债表核算正式纳入国民经济核算体系，1997 年国家统计局编制发布了《中国资产负债表编制方法》，并编制了 1997—2005 年的国家资产负债表。近年来，国内一些研究机构也开始探索编制国家资产负债表，代表性的有以马骏为代表的中国银行研究团队、以曹远征为代表的复旦大学研究团队和以李扬为代表的中国社会科学院研究团队。

按照联合国、国际货币基金组织等国际组织联合制定的国民账户体系（SNA2008），一国的资产负债表可划分为六个部门，即金融部门（包括中央银行）、非金融企业、政府（包括各级政府、社保基金和政府控制的非营利机构）、居民、面向居民的非盈利单位以及国外部门。

4. 政府财务报告制度

政府财务报告是以财务会计信息为主要内容、以财务报表为主要表现手段、系统完整地反映政府受托责任履行情况，以供信息使用者做出决策的综合性报告。政府财务报告能够以财务报表和附注的形式分别提供财务信息和非财务信息。在西方政府财务报告改革中，主要有三种模式：美国政府财务报告主要以信息使用者特别是外部信息使用者的需求为导向；澳大利亚、英国政府财务报告是双重导向，不仅为使用者做出及评估公共部门资源配置决策，也为报告主体管理所属机构解除受托责任；德国、法国政府财务报告则主要为服务预算管理的需要。

美国联邦政府财务报告主要由财务报表及报告附注、管理层讨论与分析、公民指南、未审计的补充信息、政府托管信息等组成。财务报表包括资产负债表、净运营成本与统一预算盈余调整表、财务状况变化表、统一预算和其他业务现金和筹资情况表。而报表附注则提供了政府或有负债等表外信息，以更好地说明财政的风险防控能力。除政府财务报告外，联邦部门还提供《绩效与受托责任报告》作为绩效评价信息供使用者评价政府受托责任履行情况。

我国目前还未建立起权责发生制的政府会计制度和报告制度，但近年来一直在推进此项工作。2014 年 12 月，国务院发布了《权责发生制政府综合财务报告制度改革方案》，确立了建立健全政府财务报告体系、政府财务报告审计和公开机制、政府财务报告分析应用体系等改革任务。2015 年 12 月，财政部印发了《政府综合财务报告编制操作指南（试行）》，明确从 2017 年起开始编制 2016 年度政府财务报告；政府综合财务报告包括财务报表和财务分析，财务报表包括会计报表和报表附注，会计报表包括资产负债表、收入费用表、当期盈余与预算结余差异表和资产差异表；财务分析主要包括资产负债状况分析、运行情况分析、相关指标变化情况及趋势分析等；在政府部门资产负债状况分析部分，要求分析政府部门债务规模和债务结构等信息，并运用资产负债率、现金比率、流动比率等指标，分析评估政府部门当期及未来中长期财务风险及可控程度及需要采取的措施等。

（三）现行公共债务管理模式强调用制度约束公共部门的举债行为

从上述公共债务的管理模式及管理工具看，核心都是通过制度来约束公共部门的举债行为。法律规制模式是通过法律条文规定政府必须怎么做或必须不怎么做，一般是允许政府举债，但又通过规模、水平、方式、结构、程序等方面做出限制；行政控制模式也是用制度规定的形式，要求地方政府遵守举债规则，在举债的事前、事中或事后接受中央政府的审批与监管；市场约束虽然是利用市场的力量，市场工具的使用也是由一系列的制度规定来规范的，无论是信用评级、债券保险，还是信息披露、政府破产，都有明确的制度规定，市场在制度的规范下自行运作。依据制度主义管理模式所运用的公共债务管理工具，自然脱离不开制度的轨道，债务指标控制虽然一般不写入制度条文之中，但往往形成了约定俗成的管理规则。管理工具实质上成了制度的细则。

（四）现行公共债务管理制度假定公共债务是确定的

一般来说，制度主要是约束确定性的行为，在行为不确定的情况下，制度的约束由于没有对象便会"失灵"。因此，上述以制度主义为核心的公共债务管理模式便有一条隐含的前提假定，即政府举债的行为是确定的，公共债务的规模是可量化的。对政府举债行为的法律规制一般都会规定政府应当或不应当举债，应当通过什么途径举债，不应当通过什么途径举债等；行政控制措施则是对地方政府的举债行为由中央政府进行审批；市场手段也是运用市场工具对政府的确定性举债行为进行约束，只是不像法律与行政手段那样刚性。不管是法律规制、行政控制还是市场约束，前提都是针对确定性的政府举债行为，当政府通过一种创新或隐蔽的方式进行举债时，上述模式往往就失灵了。各种公共债务管理的工具强调对债务的规模与水平进行控制，其前提是公共债务的规模与结构是可以被量化的；如果公共债务不可被准确测度，指标控制与预警便失灵了；政府资产负债表与政府财务报告都是对公共债务的透明度要求，其原理也用确定性的数字指标表示公共债务的风险程度。

二、作为政府应对公共风险的工具，公共债务具有不确定性

（一）政府的双重主体身份与多重责任

现代社会政府或国家具有双重主体身份，既是一个经济主体，也是一个公共主体（刘尚希，2004）。作为经济主体，政府与企业、个人等经济主体在法律上处于平等的地位，拥有相应的权利与义务。政府拥有自己人力与财产，也有自己的责任，要受到私法约束与调节，其与企业或个人签订的合同就受私法保护。如果政府侵害了其他经济主体的权益，政府要做出赔偿。另一方面，政府还是一个公共主体，拥有公共主体的权利，也要承担相应的公共责任。这些权利与义务不仅包括法定的，也包括法律没有规定或认定，即推定的责任和义务。

政府的双重身份是对政府的一种双重约束。政府是公共权力的拥有者和执行者，为约束政府不侵害其他经济主体的权益，就必须在法律上给政府设定一种身份，即规定政府"怎么做"，把它视为一个普通的经济主体与法律主体。另一方面，为解决政府的不作为问题，还必须从法律上给政府另一种身份，让政府去承担社会其他经济主体所无法承担的公共风险，以公共主体的身份承担"兜底"的作用。政府以其经济主体的身份，是以经济理性来面对所有的风险，严格维护公共产权的经济利益，承担作为经济主体的风险；作为公共主体，政府必须从平等、公平、正义等原则出发，以"公共理性"来面对所有的风险（刘尚希，2004）。

责任从内涵上来说，可分为法律责任、经济责任、契约责任和道德责任。政府作为市场经济中的经济主体，按照经济规则与合同履行经济与契约责任是其分内之事，在履行责任的同时，政府也拥有相应的权利。政府的法律责任则是强制性的，是宪法和法律明确规定的政府应当履行的责任，法律在规定政府履行责任的同时，也赋予了政府相应的权力。但道义责任则是在没有明确的责任主体的情况下，政府作为公共主体应当履行的责任，道义责任没有相对等的权利。也就是说，法律、经济与契约责任是对称性的，而道德责任则非对称性的。

（二）风险社会中的公共风险

与传统社会相比，现代社会的风险不是减少而是大大增加了。社会分工在促进人类社会进步的同时，也使得风险分散化，风险主体更难以界定。传统手工业生产中，一个生产者操作所有的生产流程，生产者有包揽全部工序的责任，风险集中但责任也集中。社会化生产条件下，一个生产过程被细分成多个过程，每个过程由不同的人负责，各个环节的衔接就存在诸多不确定性，风险的责任也难以准确界定。传统社会的风险主要来自于自然界，而现代社会的风险则更多地具有"人化"的特征，人类在提高自身应对自然风险能力的同时，也在改造自然中衍生出其他领域的风险，经济运行、社会管理、国际交往等领域都存在风险。

刘尚希（2004）认为，风险社会至少具有这样几个特征：一是风险无处不在、无时不有。任何经济主体都无法回避风险，风险已经由一种偶然现象变为一种普遍现象。二是经济风险对人类社会的影响已大大超过自然风险。人类应对自然风险的能力大大提升，但经济运行的复杂化使得一些经济危机的影响要远远超过自然灾害。三是风险累积速度加快且具有传染性。分工的细化使社会生产过程中的链条越来越长，每一个环节面对的不确定性都在增加，传统社会一个环节或领域的风险分散到多个环节或领域之中，使得风险出现了倍增的态势；而随着人与人之间、地区之间、国家之间的交往日益紧密，风险传导的途径更加顺畅，其传染性显著增加。

依据风险发生的领域可分为私人风险和公共风险。私人风险发生于私人领域，一般表现为一种相对孤立的事件，不会产生社会性影响。这类风险一般需要个体承担，或者通过市场机制将风险在时空上分散、转移。公共风险则是发生于公共领域、产生公共性影响的风险。公共风险一方面具有内在的关联性，使得个体相互影响；另一方面是不可分割的，个体无法游离于公共风险之外。公共风险的这些特征使得其难以通过市场机制来转移与分散，需要政府和公共部门加以应对。因此，政府的存在意义在于提供公共产品与服务，而提供公共产品与服务的很大一部分是用于管理与应对公共风险。

现代风险社会的另一个特征是私人风险大量转化为公共风险。当多数社会公众认为私人风险应当由政府出面救助或承担最基本的支出责任时，私人的事务就变成了社会的事务，即私人风险转化成了公共风险。政府对私人风险的救助一旦变成法律的规定，就成为政府法定的公共责任与义务。贫困、失业在历史上曾经是纯粹个人的事情，在现代社会，都需要政府给予最基本的救助（刘尚希，2004）。

私人风险主要是通过个体应对与化解风险的行为渠道向公共风险转化的。现代社会，居民或企业可以通过一系列的市场或社会手段应对生产、生活与经营中的不确定性，进而化解风险，但个体不确定性减少、风险降低的同时，公共风险却相应增加了。可以说，风险也遵守一种"守恒定律"，某个个体或领域的风险减少了，不是风险凭空消失了，而是转向了其他个体或领域。企业在通过金融创新化解市场风险的时候，这种风险不是消失了，而是转化成了公共风险，而这种公共风险一旦爆发，由于其公共性，它的影响远比个体风险更大；居民通过社会保障体系化解个人不确定性风险，个人风险也不是消失，而是转化成了公共风险。

（三）政府对公共风险有着法律和道义上的责任

理论上来说，只要风险能够界定其责任主体，就能够有效地应对。但现实中具有公共性的风险难以界定其责任主体，政府作为公共产品与服务的提供者，对公共风险具有法律上与道义上的责任。私人风险一般由个体来承担，公共风险则由作为公共主体的政府来承担，私人风险转化为公共风险后也由政府来承担。也就是说，法律规定的公共事务中的风险是由政府承担的，但法律没有规定的，在风险责任人难以界定或风险责任人能够界定但个体无法承担的情况下，政府有着推定的"兜底"责任。自然灾害作为公共风险主要由政府来承担，但个人与企业的破产作为私人风险，在产生公共影响时，政府也有着救助的道义责任。

（四）举债是政府应对公共风险的重要工具

政府不具有经营性质，其收入主要来源于税收，而政府具有应对公共风险的责任，在税收收入不足以应对公共风险的情况下，举债便是必然的选择。因此，政府适当举债是承担公共风险的表现也是促进经济社会可持续发展的手段，公共债务管理也不是研究如何彻底消除债务风险，而是如何识别并控制风险程度。

从风险代际责任的视角来看，政府举债也有其合理性。公共风险按照时间跨度可分为当代风险与代际风险，前者是目前人们所面对的公共风险，但当代风险有时会对后代造成影响，有些风险则是跨代的。当期的税收主要用来应对当代的风险，但当风险具有跨代特征时，当期的税收既不足以也不应当主要用来应对跨代风险。举债，即用未来的税收收入应对现时的跨代风险便是唯一的选择。这也是各国普遍把公共债务用于资本性支出，而限制其用于消费性支出的原因。资本性支出主要是基础设施建设投入，基础设施建设具有代际受益特征，当期的税收收入不仅不足以承担一次性巨大投入的基础设施建设资金需求，也不应当用挤出当代人消费性公共支出的方式建设代际受益的公共基础设施。

（五）公共风险的不确定性意味着政府举债行为难以准确预测

公共风险的不可预测性意味着政府的举债行为是不确定的，举债行为的不确定性也就意味着公共债务的规模、结构与使用方向是难以准确预知和测度的。不确定性是风险的基本特征，我们不仅无法预知私人风险，更无法预知公共风险。在无法预知风险的情况下，作为应对公共风险的举债行为也具有不可预知性。政府无法预知何时会发生自然灾害，进而无法预知自然灾害的损失程度及政府需要救助的支出；政府也无法预知何时经济和社会风险会爆发，进而产生经济和社会危机，政府也无法预知需要多少支出用来救助经济和社会危机。近年来各国公共债务的快速增长，就与金融危机的突然爆发有关。2008年之前，没有哪个国家的政府能够预知危机的发生及对本国经济社会发展的影响，也无法预测应对危机需要多少财政支出。我国公共债务的快速增长主要源于2008年后的一揽子经济刺激计划，虽然存在许多遗留问题，但它的确是政府在履行应对金融危机带来的公共风险的责任；危机爆发之前，没有人能够预测到它对中国经济社会的影响程度如何，政府应当因此增加多少支出。

政府在以公共主体身份应对公共风险的过程中，面临着两个方面的不确定性：公共资源的不确定性和支出责任及义务的不确定性（刘尚希，2004）。这两个方面的不确定性是不对称的，前者在法律范围之内，而后者却超出了法律的范围，即包括法律规定的支出责任的不确定性和社会道义支出责任的不确定性。因此，公共资源的不确定性在一定程度上是可以预测的，可以大致计算其变动的可能范围；而支出责任的不确定性是不可预测且无法计算的，所以政府在编制支出预算时往往要安排一笔不指定用途的"预备费"或"机动费"。但"预备费"或"机动费"只能应对小规模的公共风险，当大面积或大规模的公共风险暴露时，用举债的方式来应对是政府难以回避的责任。

三、公共债务的"冰山模型"

传统的公共债务管理理论隐含着一个前提假定，即公共债务是确定性、可计量的，政府公布的债务数据与实际状况一致。但实践证明这一假定并不成立。白海娜（1998）就认为一些国家的政府将大量赤字转化为隐性负债，针对传统理论的不足，提出了新的财政风险分析矩阵。

表 3　财政风险矩阵

债务	直接负债	或有负债
显性 （由法律规章和合同所确认的政府负债）	1.国家主体的内债和外债（包括贷款以及政府债券） 2.政府支出责任 3.法律规定的长期性支出（公职人员工资和养老金计划）	1.国家对次级政府或其他经济实体债务的担保（国家发展银行） 2.国家提供的各类保护性担保 3.其他国家担保（对私人投资、贸易和外汇以及外国政府贷款的担保） 4.国家保险体系（存款保险、最低退休金保证、农作物自然灾害保险、战争保险等）
隐性 （反映公众利益和利益集团诉求的政府责任）	1.政府投资项目未来的现金流需求（项目运行与维护） 2.暂时未纳入保护的未来养老金需求 3.暂时未纳入法律的未来国民医疗和社会保障资金需求	1.次级政府、公共实体、私营实体未担保负债的违约 2.私有化的债务清偿 3.银行破产（保险未负担的部分） 4.未担保的养老基金、就业基金、社保基金及中小企业保护基金的破产 5.中央银行债务违约（外汇合约、国际收支差额、货币保护） 6.私人资本外逃时的政府求助 7.环保、灾后重建、军费支出

白海娜将隐性债务和或有负债纳入公共债务研究范围，而不是单纯从预算表的会计视角出发，对于公共债务研究是一个重大突破。隐性债务与或有债务，虽不是政府目前需要偿还的债务，但从长期看，还是会构成政府的支出义务。因此，从持续性的角度，将或有债务、隐性债务包括在公共债务风险控制

的范围之内是合理的。上述财政风险矩阵虽然囊括了比较全面的公共债务用途，但由于各个国家的情况千差万别、公共风险也具有其历史特征，现实的举债需求要大于表中列举的项目。

（一）公共债务的"冰山模型"

由于公共风险的不确定性，导致政府的举债行为部分是确定性的，大部分则是不确定性的，我们尝试用一个"冰山模型"来表述公共债务问题。

冰山上层的债务是确定的，它包括直接显性债务和或有显性债务，由于它是法律或合同所确认的，我们能够确定相应的政府举债行为，也能够相对准确地测度其规模、水平与结构。这部分债务主要是由政府提供一般性公共产品与服务所举借或积累的债务。

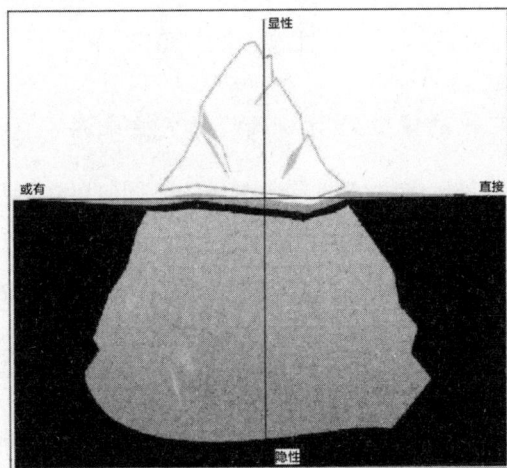

图1 公共债务"冰山模型"

冰山下层的债务是不确定的，它包括直接隐性债务和或有隐性债务，由于它反映的是公众利益和利益集团诉求的政府责任，而利益诉求则是多元和变化的，我们难以确定相应的政府举债行为，也难以比较准确地测度其规模与结构。这部分债务主要是由政府应对公共风险所举借或积累的债务。

用"冰山模型"来表述公共债务问题，是公共债务矩阵的一个补充。因为在公共风险不确定、政府举债行为不确定、公共债务难以准确测度的情况下，用公共债务矩阵把所有的现实的与潜在公共债务都列举出来是十分困难的。把更多不确定的政府举债行为与难以度量的公共债务以底层冰山的形式展示出来，更能够警示政府在有效应对公共风险的同时，更加关注公共债务的风险。

（二）确定性债务只是公共债务的一小部分

如上述模型所展示，确定性的举债行为与可量化的债务规模只是公共债务的一小部分。由于具有确定性且可度量，其风险容易控制。国际经验也表明，债务危机的爆发很少来自于确定性公共债务。发达国家的高债务率就没有必然带来危机，源自希腊主权债务危机的欧债危机也主要是希腊隐性债务显性化导致的；我国的公共债务风险也不在于确定性债务，中央政府有着良好的资产负债结构，地方政府确定性债务风险也处在可控范围之内。

（三）不确定性的债务是财政风险的主要来源

不确定性债务与确定性债务有着本质的不同，确定性债务是财政运行的直接结果，不确定性债务则不是财政本身的问题，它是政府在应对政治、经济、社会发展中的诸多公共风险所造成的。由于它是不确定性的，政府无法提前预知其风险的来源及大小，也就无法提前进行相应的财政安排。这部分债务不是财政管理能够控制的，但最终却要求财政来负担，这种不对称性的责任才是财政风险的主要来源，也更加需要管理的协同性。我国当前的财政风险就主要来自于地方政府债务中的融资平台债务。由于融资平台作为企业，其举债行为与规模更加不确定，在不加以控制的情况下，更容易受到经济波动、房地产市场的影响，一旦风险爆发，容易产生连锁反应，产生区域性或系统性金融风险，在财政"兜底"的情况下又会演变成财政风险。

四、确定性的思维模式难以解决公共债务的不确定性

（一）制度主义的公共债务管理模式不仅无法应对不确定性债务的积累，也难以有效地控制确定性债务的增长

现行公共债务管理制度无法有效应对不确定性债务的增长。从国际经验来看，政治家所持有的财政机会主义立场使得政治家往往存在一种道德风险，即过度积累财政隐性风险的一种倾向（白海娜，2000）。很多国家的财政状况表面上看没问题，但其背后却可能掩藏着政府利用预算外资金或在预算外向金融市场融资的行为，或以担保、推迟支付等形式维持财政账面虚假平衡。

但仅从财政机会主义的角度解释不确定性债务的增长是偏颇的。公共债务的增长通常与经济周期有关。经济衰退时，公共风险进一步增加，为使公共风险不进一步演化为公共危机，遵守公共债务管理规则与应对公共风险相比显然处于下风。如下图所示，美国 2008 年以来公共债务的增长，就与政府应对金

—— 政府债务负担率

图 2　1960—2014 年美国政府债务负担率

数据来源：Wind 资讯。

融危机有关，突破指标上限、持续调整国债上限，不是不遵守财经规则，而是与遵守财经规则相比，政府应对公共风险的责任更加紧迫。

专栏 1：债务指标控制"失灵"

欧债危机的爆发，使我们有必要反思公共债务管理模式，其所确定的债务控制指标并没有提高公共债务监管的有效性，依据这些指标所做出的信用评级反而成为债务危机的推手之一。

《马斯特里赫特条约》和《稳定与增长公约》确立了欧盟各国的公共债务约束框架。但随着信用经济的不断发展与扩张，上述框架中的债务监管预警指标在实际运用中过于刚性，尤其是在欧债危机进一步发酵的情况下，各国财政赤字和公共债务占 GDP 的比重与警戒线指标的背离程度也越来越大。意大利、西班牙、比利时等国的债务负担率始终处于 60% 以上，欧元区两大重要经济体德国与法国，也相继出现债务负担率超过标准的问题。德国作为"《稳定与增长公约》之父"，其债务负担率自 2003 年增至 60.8% 后，就几乎再没有回到 60% 的标准内。2009 年欧债危机爆发时，德国和法国的债务负担率分别为 72% 和 79%，赤字率为 3.3% 和 7.5%。当指标控制一而再地

图 3　1995—2014 年欧元区平均债务负担率

数据来源：WIND 资讯。

突破时，就应对其有效性进行反思。事实上，由于每个国家的具体情况千差万别，用一个恒定的指标并不一定对每个国家都合适（奥波斯特菲尔德（Obstfeld）和若戈尔（Rogoff），2002）。

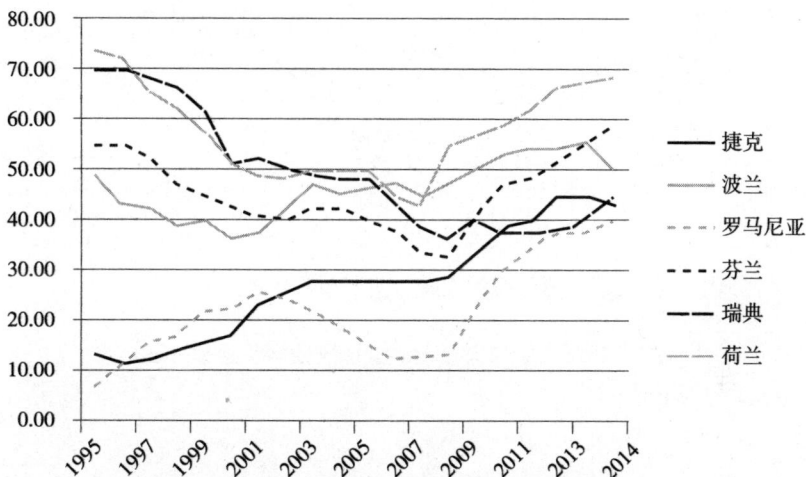

图 4 1995—2014 年部分欧盟国家债务负担率（一）

数据来源：WIND 资讯。

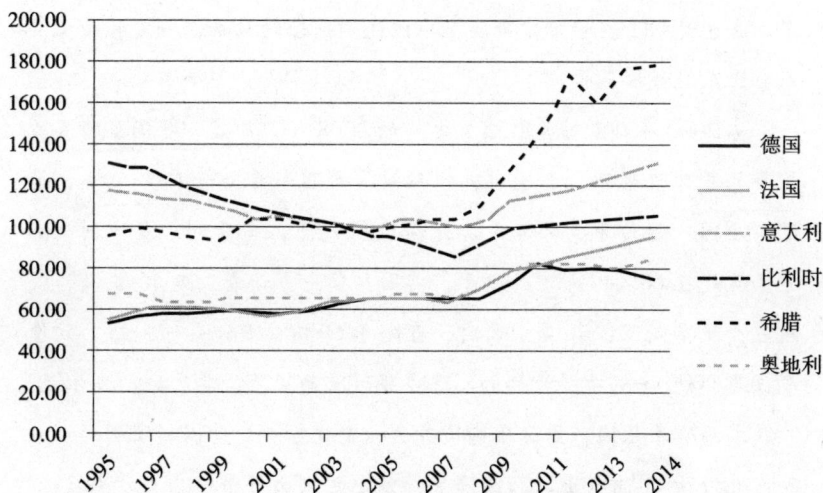

图 5 1995—2014 年部分欧盟国家债务负担率（二）

数据来源：WIND 资讯。

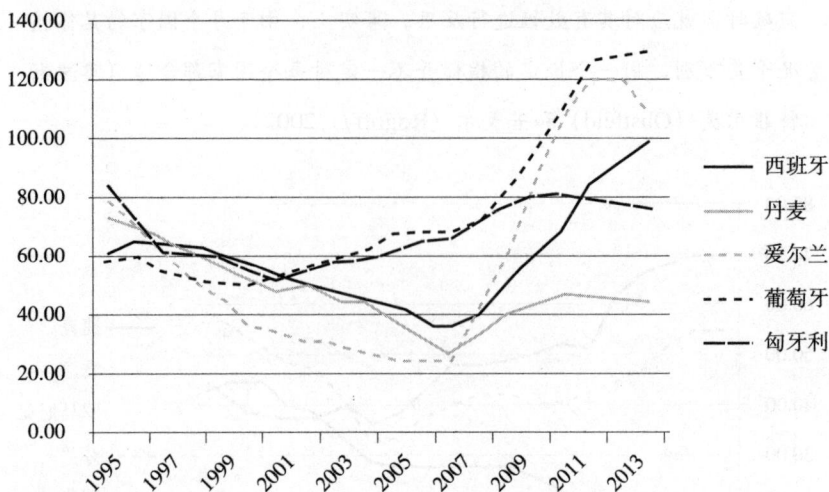

图6 1995—2014年部分欧盟国家债务负担率（三）

数据来源：WIND 资讯。

1995—2014 年间，欧元区的平均债务负担率都是处在 60% 的监管警戒线之上，但 2006、2007 和 2008 年则是比较接近警戒线的年份。如果按照这一指标判断，欧债危机爆发之前欧洲的债务风险反而降低了，这也说明了监管标准事实上难以达到预警的效果，一定程度上反而会让人们放松警惕。

从 2000 年到欧债危机爆发之前的 2008 年，欧盟一些国家债务负担率的总体表现是，意大利、比利时、希腊一直处于 60% 以上，德国、法国、葡萄牙大部分年份处在 60% 以上，匈牙利、奥地利少部分年份处在 60% 以上，西班牙、英国、捷克、丹麦、爱尔兰、荷兰、波兰、罗马尼亚、芬兰、瑞典一直处于 60% 以下。我们知道，欧债危机是 2009 年从希腊开始的，逐步蔓延至葡萄牙、意大利、爱尔兰、希腊、西班牙等国。但从各国债务负担率指标看，德国和法国大部分年份也处于 60% 以上，而西班牙、爱尔兰则大部分年份处于 60% 以下。单从指标看，在 2009 年之前很难准确预警到哪些国家会发生债务危机。由此可见，债务负担率的高低与债务违约及债务危机的爆发并无必然联系。另一方面，2006—2008 年，大部分欧盟国家的债务负担率都有所下降，危机爆发前债务负担率反而下降也说明预警失灵；2008 年之后各国债务负担率则大幅上升，按照预警指标，危机爆发后的后几年反而是风险更大了。总体来看，《马约》所设定的预警指标基本上失灵了。

债务指标控制往往是与经济周期逆向而行的。经济衰退时，实施积极的财政政策，指标控制反而限制了财政政策发挥作用余地。在国际社会遭受金融危机冲击，世界经济增长速度放缓之时，欧洲各国在不能使用独立的货币政策时纷纷重启赤字财政政策，力求通过财政工具刺激国内需求。赤字财政复归的后果是赤字率的迅速提升，导致欧洲国家的债务负担率纷纷超过欧盟使用的债务风险警戒线——国债余额/GDP 的 60%，且呈现居高不下的态势。国际评级机构根据现有监管指标降低欧洲各国的债务评级，信用评级的下降对欧盟各国的经济和金融运行又造成了严重冲击。

欧元区国家用《马斯特里赫特条约》中的债务监管警戒线作为公

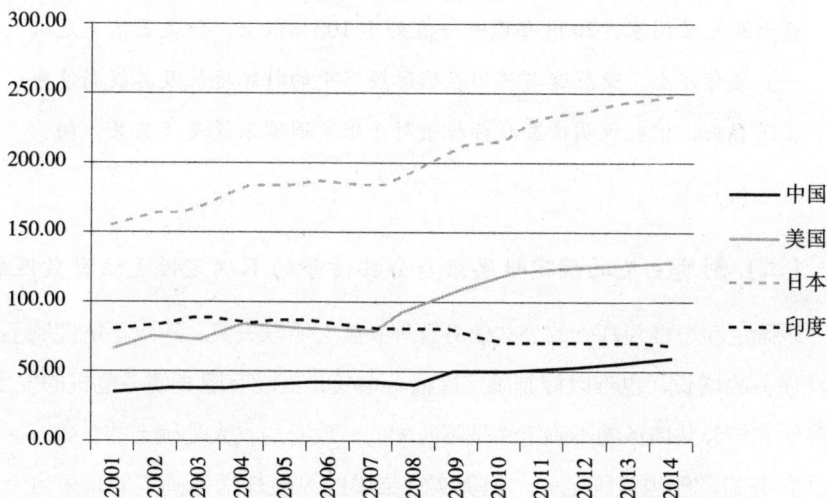

图 7　2001—2014 年中国、美国、日本及印度债务负担率

数据来源：Wind 资讯。

共债务的控制指标，很多非欧元区国家也参考这一指标。近 20 年来，由《马斯特里赫特条约》和《稳定与增长公约》所确定的债务风险监管标准逐渐成为国际公认的政府债务警戒线，世界上绝大多数国家以及主要的评级机构都将这条警戒线的值作为衡量债务风险的权威标准。我们选择欧盟之外的代表性国家进行分析。

在欧债危机爆发的前后几年，美国、日本和印度的债务负担率都是超过 60% 的，中国的虽然低于 60%，但呈现快速增长的态势，风险也受到各方关注。而到目前为止，这四个国家都没有出现债务危机。从日本来看，其政府债务负担率一直处于高位，远远高于任何发生债务危机的欧元区国家且持续保持增长态势，2014 年已接近 250%，依据现有的债务风险监管指标，日本早就应该发生严重的债务危机了，现在也应该处于严重的危机状态。但日本的政府债务一直处在可控制的范围内。日本多年来政府债务的规模一直居于世界前列，但国债利率却一直保持特别低的状态，其 10 年期国债收益率在 2012 年 5 月已低于 0.9%。这种较低的国债利率保证了日本政府一直以较低的成本扩大举债和融资。从美国情况看，其债务问题似乎也不亚于欧元区国家，2008 年以来一直处于 100% 以上，但美国债务危机一直没有发生。虽然这与美国在国际经济中的特殊地位及其提高债务上限有关，但也说明债务指标控制对于很多国家来说是"失灵"的。

（二）制度主义的确定性思维与公共债务的不确定性无法有效匹配

以确定性思维为基础的公共债务管理制度之所以失灵，不仅不能控制不确定性债务的增长，也难以控制确定性债务增长，更没有阻止债务危机的发生，就在于它与公共债务的不确定性是不匹配的。政府的收入是确定的，政府提供公共服务的责任也是确定的，但现实社会中的风险却是不确定的，来自于各个领域的风险，最终都要政府这一公共主体来"兜底"，以确定性的制度去框定不确定的"兜底"责任，不仅不确定的行为游离于制度之外，所框定的确定性的行为也会扭曲。事实也证明，公共债务管理制度只框定了确定性的举债行为，但对不确定性的举债行为却无能为力；制度对举债行为的框定，不仅不能限制举债行为，反而限制了应对公共风险的举债需求，可以说其失灵是"双重"的：一方面没有有效控制债务的增长，另一方面又在一定条件下限制了政府应对公共风险的能力。

（三）化解公共风险、履行公共责任使得政府有着强烈的举债需求与意愿

任期制条件下的财政机会主义是政府举债需求的重要原因，但并不能解释所有的公共债务增长问题。如前所述，举债是政府履行公共主体责任、应对与化解公共风险的主要工具，举债的需求与公共风险的大小及其爆发的程度是紧密相连的。国际经验就表明，在经济繁荣时期，政府的债务水平往往是下降的，公共债务爆发式的增长一般是在经济衰退时期，就是因为经济繁荣时期是公共风险消散并积聚的时期，经济衰退期才是公共风险爆发和消退期。显然，公共风险的分散与积聚并不需要政府的应对，最多只是识别与预警；公共风险爆发后，才是政府公共主体责任必须履行的时期，通过扩大财政支出，把公共风险爆发的影响降低到最低限度并逐步释放风险。

（四）制度的刚性约束指向政府的确定性举债行为，并没有解决政府应对公共风险的无限责任和机会主义行为

现行的公共债务管理制度主要是通过法律、行政及市场等手段约束政府的举债行为，并没有考虑经济周期与公共风险的问题。在经济稳定增长时期，制度约束是有效的，而在经济下行时期，公共风险逐渐暴露，政府责任更加凸显，在突破制度约束与应对公共风险之间，政府往往选择后者。因为突破制度约束的后果要远远小于公共风险向危机转化的后果。

制度只能约束少数人，当大部分人都突破制度时，制度便是失灵的，即所谓的"法不责众"。《马约》规定的债务控制指标，当大部分欧元区国家突破时，它就"失灵"了；我国 1994 年的《预算法》规定地方政府不得发行债券，当

大部分地方政府绕开它，利用融资平台举债时，它也就成为一种形式；美国法律设定了国债上限，但由于美国政府长期的赤字财政，国债上限持续提高，也证明了制度约束的无力。自1960年至2011年，美国债务上限已经上调了79次，几乎平均每隔8个月就要上调一次。其中，2001年至2011年，美国国债上限上调了11次，仅奥巴马总统的第一任期就上调了3次。

专栏2：举债需求大、偿还能力强的地区反而受到约束

一般来说，越是发达的国家或地区，其政府应对公共风险的责任越大，举债需求就越大，债务水平也越高，另一方面偿还能力也越强；经济相对落后的国家或地区，其公共风险还未充分向各领域扩散，政府应对公共风险的责任相对较小，举债需求就小，债务水平也相对较低，另一方面其偿还能力也相对较弱。但现有公共管理模式往往是"一刀切"，用一套指标来控制所有的国家或地区的债务水平。这一方面会弱化经济发达国家或地区政府应对公共风险的能力，也会强化经济不发达国家或地区的债务风险。还有一个必须关注的事实是，越是经济发达的国家或地区，其公共债务的透明度就越高，确定性债务相对大，不确定性债务相对较小；相反，越是不发达的国家或

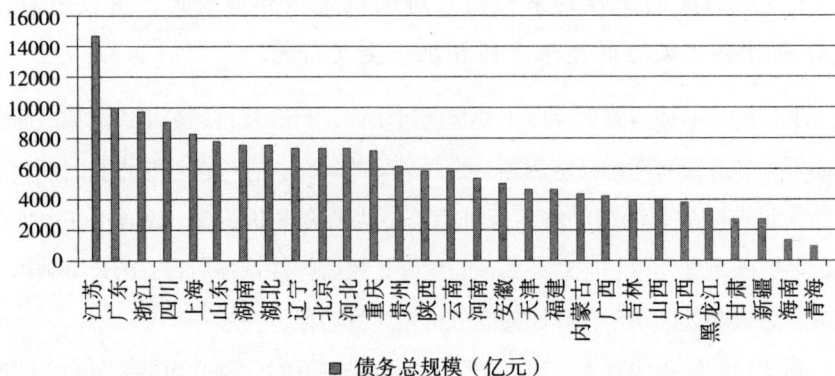

■ 债务总规模（亿元）

图8 2013年中国29个省区市地方政府债务余额规模排序

数据来源：各省区市审计局政府性债务审计结果。

地区，其公共债务的透明度也较低，政府举债的行为更加隐蔽化，不确定性债务相对较大。因此，仅从公布的统计数据管理公共债务也是偏颇的。

从中国地方政府债务规模看，越是发达的东部地区规模越大，江

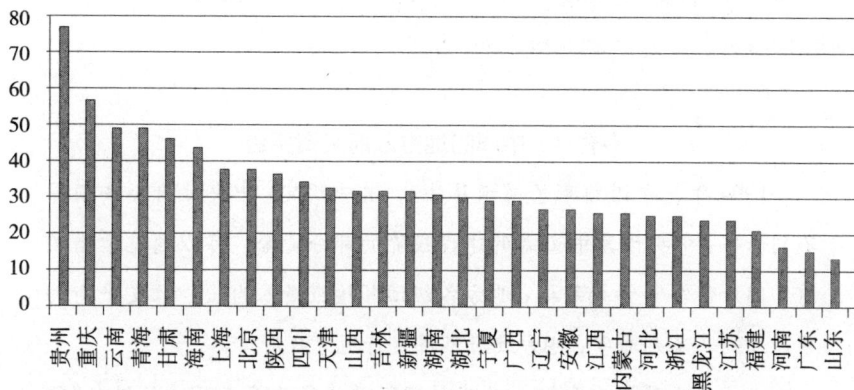

图9　2013年中国30个省区市地方债务与地区生产总值之比排序

数据来源：各省区市审计局政府性债务审计结果；《中国统计年鉴2014》。

苏、广东和浙江排前三位；越是相对不发达的中西部地区规模越小，甘肃、新疆、和青海排在后几位。

从地方政府债务与地区生产总值之比来看，西部地区省份反而居于前列，贵州、重庆、云南、青海和甘肃居前五位；东部发达地区省份则排在后面，如江苏、福建、广东和山东就处于最后五位。

如果采用统一的公共债务管理模式，用公共债务规模、负债率或偿债率等指标"一刀切"地针对所有地区，对经济发展潜力好、举债需求大但偿还能力也强的地区就会形成限制。

（五）制度之外的举债手段反而强化了财政风险

制度失灵不是它没有约束住政府的举债行为，它在很大程度上还是限制了政府的举债行为，否则债务危机可能会更加严重；制度的失灵主要表现在它无法避免游离于制度之外的举债行为。一方面是制度的刚性约束，另一方面是政

府庞大的公共主体责任，一方面限制"开源"，另一方面无法"节流"，势必造成政府支出缺口，在合规的手段无法弥补支出缺口时，规避制度便成为政府无奈且现实的选择。《马斯特里赫特条约》在确定政府债务风险监管的量化标准并把它确定为加入欧元区的门槛后，一些国家为了能够加入欧元区，就采取了各种隐蔽的方式降低本国的赤字率和债务负担率；中国地方政府债务的最大部分则是由融资平台这一绕过法律规制的融资方式形成的。

专栏 3：中国的地方政府融资平台

1994 年，中国颁布了《预算法》，其中规定：中央政府公共预算不列赤字；中央预算中必需的建设投资的部分资金，可以通过举借国内和国外债务等方式筹措；地方各级预算按照量入为出、收支平衡的原则编制，不列赤字；地方政府不得发行地方政府债券。

上述禁止性规定和地方政府的实际举债行为存在不一致性，《预算法》对地方政府债务融资的约束软化。在合法融资渠道不畅通的情况下，地方政府采取了各种变通方式实现对公共支出的融资，使得地方政府债务隐性化。各种变通方式中尤以地方融资平台的形式最为突出。各级地方政府通过注册成立各种投融资公司，搭建地方融资平台，由这些企业通过发行企业债、向金融机构借款等方式融资。加之中国预算体制是以收付实现制为基础的，各级政府的预算报表无法全面反映其实际负债情况。

地方融资平台，是一些资产规模与财务状况都达到融资标准的公司，它们一般由地方政府控股，以特许收益权、财政补贴以及偿债基金等作为保证，向银行贷款或发行企业债，举债款项一般用于基础设施建设或公益性项目。中国国家审计署 2013 年的公告显示，截至 2013 年 6 月，地方融资平台债务 69704.42 亿元，占所有地方政府债务的 39%。

在中国现行财政体制下，地方政府以融资平台举借债务也有其必然性。1994 年分税制改革后，中国地方政府支出责任有所增加的情况下，财政收入则更加向中央倾斜，导致地方政府收支缺口日益增

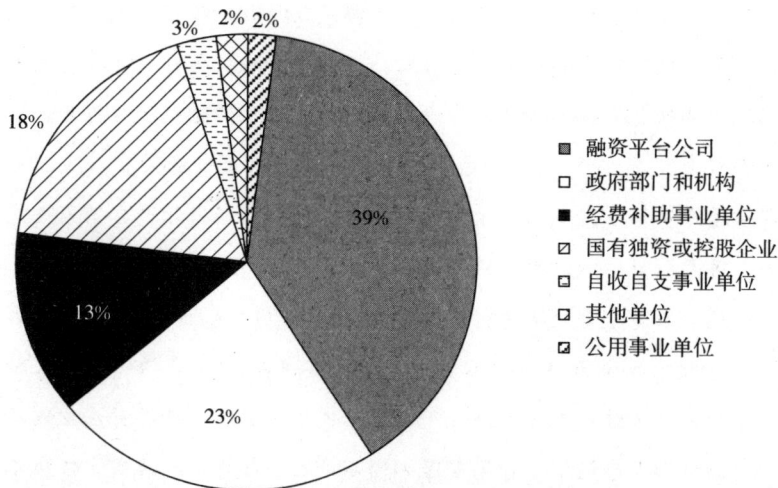

图10　2013年中国地方政府债务结构（亿元）

资料来源：《全国政府性债务审计结果》（审计署2013年第12号公告）。

加。另一方面，《预算法》又限制了地方政府发行债券的权限。为推动当地经济发展，应对地方公共风险，地方政府要履行相当的事权，存在着巨大的融资需求。一方面法律禁止，另一方面有巨大的需求，这就使得地方政府另辟蹊径，规避法律的限制，把举债行为隐蔽化。地方融资平台就是地方政府以企业的名义对外举债。与地方政府发行债券的融资方式相比，隐性化的地方融资平台的风险反而更大了。

从金融风险看，地方融资平台采取银行信贷、债券、信托产品等多渠道融资，看似分散了金融风险，但从金融体系看，商业银行依然是主要的风险承担者。商业银行不仅为融资平台提供贷款，还是融资平台发行债券的承销商和主要购买者，在依托产品发行中也扮演了重要角色。由于对地方政府融资平台的融资规模缺少约束，很多地方都最大限度地提高杠杆率，把信贷资金通过一定渠道转化为其他融资平台的资本金，一旦出现系统性金融风险，将会对中国的银行体系带来巨大的冲击。

从财政风险看，地方融资平台实际上是地方政府的融资代理人，无论怎么变化融资方式，其增信方式都是政府财政收入，地方财政是融资平台风险的兜底人。因为有财政担保，金融机构对融资平台项目的风险评估也大多不按业内标准规范进行，融资风险往往被掩盖。融资平台最主要的手段是土地抵押融资，与房地产市场紧密联系，一旦房地产价格下行，土地出让价格下跌，就会削弱融资平台的偿债能力，进而引发地方财政风险的连锁反应。

地方融资平台的融资行为还存在道德风险问题。融资平台的背后是地方政府，平台的负责人由政府任命，并接受政府的领导。在融资还款由财政统一承担的情况下，资金使用、管理与偿还存在主体不一致的问题，有的资金使用管理部门不承担还款责任，造成责任感不强、资金使用效率低的问题。另一方面，宏观经济的波动及地方政府的任期与更替也会增加道德风险。融资平台中的中长期贷款与政府官员的任期并不一致，存在"前人借钱、后人还债"的情况，由于任期内没有还款压力，政府官员的举债行为就容易扩大化。

结语：风险社会的不确定性导致公共债务管理"制度失灵"，公共债务管理应更加关注政府应对公共风险的不确定性行为

现实世界充满各类不确定性且不断变化，作为制度设计者难以掌握全面的信息，只能依据所掌握的信息用相对确定的方式来设计制度。制度的本意是提供一种确定性的规则，但现实的复杂性难免出现"制度失灵"的尴尬局面，制度设计者认为出台的制度可以实现其初衷，制度涉及的行动各方将共同遵守规则，这只是一厢情愿的想象，以确定性来捕捉不确定性本身就是一个不可解的问题。因此，公共债务过度增长的问题，如果不能放到公共风险的视角去解决，制定再多的制度可能最终都会失灵。只有通过政府治理体系的优化，更加明确地界定风险责任、更加有效地识别和预警公共风险、更多地利用市场和社会的力量协同治理公共风险，通过分散风险、共担风险、转移与转化风险，适当减少政府应对公共风险的责任，才是减少公共债务的治本之道。

参考文献：

1. 财政部预算司课题组：《约束地方的财政责任法：哥伦比亚》，《经济研究参考》2009 年第 43 期。

2. 李萍：《地方政府债务管理：国际比较与借鉴》，中国财政经济出版社 2009 年版。

3. 李扬等：《中国国家资产负债表 2015：杠杆调整与风险管理》，中国社会科学出版社 2015 年版。

4. 刘尚希、于国安：《地方政府或有负债：隐匿的财政风险》，中国财政科学出版社 2002 年版。

5. 刘尚希：《财政风险及其防范问题研究》，经济科学出版社 2004 年版。

6. Hana Polackova Brixi、马骏：《财政风险管理：新理念与国际经验》，中国财政经济出版社 2003 年版。

7. 张志华等：《日本地方政府债务管理》，《经济研究参考》2008 年第 62 期。

8. Hana Polakova Brixi, *Gontingent Government Liabilities: A hidden Risk for Fiscal Stability*, The World Bank, 1998.

9. Hana Polakova Brixi, *Gontingent Government Liabilities: A Fiscal Threat to the Czech Republic*, The World Bank, 2000.

10. Hana Polakova Brixi, Allen Schick, *Government at Risk: Contingent Liabilities and Fiscal Risk*, The World Bank, 2002.

11. J. Richard Aronson, John L. Hilley, "Financing State and Local Government", Washing ton, DC: *The Brooking Institution*, 1996:160.

12. Mattea Kramer, John Silver, *The Federal Budget*, Northampton, Massachusetts: Nterlink Publishing Group, inc, 2012.

13. Maurice Obstfeld, Kenneth Rogoff, *Global Implications of Self-oriented National Monetary Rules*, University of California, Working Paper 2002, No.C01–120.

14. Raymond W. Goldsmith, Robert E. Lipsey, *The national Balance Sheet of the United States During the Postwar Period*. In Studies in the National Balance Sheet of the united states, Volume1, Princeton University Press, 1963.

15. Teresa Ter-Minassian, Jon Craig, *Control of Subnational Government Borrowing*, Fiscal Federalism in Theory and Practice, 1997.

（此文发表于《管理世界》2017 年第 1 期，作者：刘尚希、石英华、武靖州）

宏观金融风险与政府财政责任

阅读提示:《宏观金融风险与政府财政责任》一文对宏观金融风险和微观金融风险做了区分,指出"宏观金融风险属于公共风险,其责任主体是政府,而微观金融风险属于个体(私人)风险,其责任主体是金融机构"。文章认为政府防范宏观金融风险需要改变"一事一议"的个案方式,迫切需要建立防范和化解金融风险、金融危机的应急反应机制,并把宏观金融风险纳入国家财政风险管理框架,以避免政府财政责任变为仅仅是"事后买单"。在一些发达国家如美国,金融监管属于财政部门的重要职责,其背后的逻辑就是财政对宏观金融风险具有兜底责任。本文深刻阐述了金融风险与公共风险和财政风险的关系,提出了防范和化解宏观金融风险的财政机制,运用公共风险理论厘清了金融部门、财政部门与政府之间的关系。

金融风险是指金融交易过程中因各种不确定性因素而导致损失的可能性。从层次论来分析,可分为宏观金融风险和微观金融风险。这两者在风险主体、形成机理、经济社会影响以及风险管理等方面都有明显的区别,尽管二者有广泛的联系。宏观金融风险的主体是国家,或者说是整个社会公众,而微观金融风险的主体是金融机构。风险承受主体的不同,也就决定了二者具有不同的性质及其应对方式。宏观金融风险属于公共风险,无疑地需要政府来承担相应的责任;微观金融风险属于个体风险,自然要让市场主体来防范和化解。我们在讨论金融风险时,长期来是没有作这种区分的,以至于对金融风险防范的责任边界十分模糊,甚至出现"错位",把政府的责任交给了市场主体,而本属于市场主体的责任却又由政府揽过来，给出了错误的信号，从而引发逆向选择。自 1997 年东南亚金融危机以来，我国政府对金融风险的防范十分重视，但由于上面的原因，成效并不十分理想。本文正是因现实中的问题而导出了金融风险的层次论，并据此来展开分析。

只有宏观金融风险才属于公共风险，与政府的财政责任有内在的关联性，构成财政风险的重要来源。而微观金融风险，如利率风险、汇率风险、信用风险、流动性风险等，则是个体风险，主要是金融机构内控的日常任务，与政府的财政责任无直接的关联性。只是当微观金融风险向宏观金融风险转化时，才会与政府的财政责任产生逻辑的联系。

一、宏观金融风险的界定

风险是金融活动的基本特征和属性，其基本原因在于金融交易较之于其他交易具有更大的不确定性。这种不确定性可能给金融交易造成损失，甚至可能造成金融机构破产，并可能引发金融危机，这种可能性就是金融风险。

对金融风险的分类可以有多种，如按照金融行业划分，可分为商业银行风险、证券市场风险、期货市场风险、信托业风险和外资外债风险等；按照金融风险的来源又可分为信用风险、流动性风险、市场风险、内控风险、政策性风险、国际风险等；按金融风险的不同成因，还可分为体制性金融风险、市场内生的金融风险等。总之，研究目的、研究对象不同，研究者可以采取不同的分类。在这里，是从另一个角度把金融风险分为两个层次：一是微观金融风险，二是宏观金融风险，其依据是风险后果的影响范围及其相应的承担主体。如果金融风险带来的后果是孤立性的、个体性的，不产生连带性影响，则是微观金融风险，如利率风险、汇率风险、信用风险、流动性风险等一般情况下都不会产生关联性；如果金融风险带来的后果与此相反，是整体性的、关联性的，则是宏观金融风险。

顾名思义，微观金融风险是指微观主体即金融交易人的金融风险。金融交易人既可以指法人，如银行、证券公司、信托机构、保险公司等金融机构，也可以是自然人，如股票、期货、债券、外汇等金融资产的投资者。自然人金融风险可归结为个人理财的范畴，谈到防范金融风险时，在一般语境下多指向金融机构。微观金融风险转化成现实所产生的影响有：一是损失。如资产缩水、投资损失、收益减少、严重亏损等。二是破产。如果风险失控而日益累积就会导致这种结果。另外某种突发性事件也可导致金融机构破产，如巴林银行的倒闭就是如此，究其原因是原有的风险控制机制在新的不确定性面前失效了。在现实生活中，损失类风险是经常发生的，如出现呆账等。也可以说，只要有金融交易，这类风险就不可避免，风险防范的目标是使之控制在可承受的范围之内。而破产类风险出现的频率则相对要低得多，某个金融机构一旦达到这种风险状态，也就可以说该金融机构已经面临危机。

宏观金融风险是从微观金融风险转化而来的。转化的条件：一是损失类风险在行业内普遍累积，并已达到破产的临界点。如我国的银行业积累了大量的不良资产，各个银行自身已经无力化解，实际上已到了破产的边沿，不得不由国家出面来剥离。再如证券业大量挪用客户保证金，全行业形成巨额亏损，面临着整个行业倒闭的风险，不得不由政府出面来实施大规模的关闭、重组。二是破产类风险引发连锁反应。如某一个金融机构破产可能会引发社会预期改变，产生存款挤兑风潮、资产价格急剧波动、外资大规模流出、货币大幅度贬值等等。尤其当单个金融机构达到相当大的规模时，其利益相关者也会构成一个巨大的群体，在这种情况下，无论该机构是公有还有私有，如果任其破产就会带来巨大公共风险，政府救援不可避免。21世纪初美国政府出面挽救私人所有的"量子基金"就是一个典型例证。上述两个条件，只要具备任一个就意味着微观金融风险已经转化为宏观金融风险。一旦转化为宏观金融风险，就表明金融风险的性质发生了变化，从个体（私人）风险变异为公共风险，风险承担主体相应地也就从微观主体，即单个金融机构转变为政府。我国政府采取大规模的金融救援行动，也就是基于这种判断。当然，这其中还有所有者这一层关系的存在也是导致政府采取救援行动的原因。政府防范和化解宏观金融风险的行动给金融机构造成了某种期待，只要有事政府会来兜底。这使金融机构对防范微观金融风险的动机和动力不足，甚至不顾风险而盲目交易。这就需要政府对此实行严格的监控，并通过多方面的改革来强化金融机构的避险动机和提高避险能力。中国建设银行创设"首席风险官"职位，是金融机构防范风险方面的一个标志性事件，表明我国金融风险的防范在微观主体层面已开始从理念变为机制和制度。

微观金融风险的分析很多，并都有相对比较成熟的工具和方法，由于都是市场领域的风险，西方金融机构的许多做法都可以借鉴。而宏观金融风险的分析在我国缺乏深度和广度，也是由于它与一国的经济体制、社会结构、发展历史和文化传承有更为紧密的关联性，可借鉴的少，故这方面的研究相对薄弱。因此，宏观金融风险的研究更需要立足于国情来进行创新性探索。

对政府、对公众而言，金融危机直接来自于宏观金融风险。《新帕尔格雷夫货币与金融大辞典》对金融危机的定义就是"金融危机是社会的金融系统中爆发的危机，它集中表现为全部或大部分金融指标急剧、短暂和超周期地恶化，这些恶化的金融指标包括短期利率、证券、房地产和土地等资产的价格、企业破产数和金融机构倒闭数"。防范和化解宏观金融风险，就是为了避免金融危机的爆发。不言而喻，宏观金融风险管理的对象是整个金融体系的稳定性，其表现形式为银行危机、货币危机、债务危机、资产价格泡沫化等宏观态势出现的可能性。

应当说，理论界已经在关注宏观金融风险的研究。如美国经济学家克罗凯特（Crokett A., 1977）注意到这种现象，提出了金融系统性风险的概念，"由于金融资产价格的异常、剧烈波动，或由于许多经济主体和金融机构负担巨额债务及其资产负债结构趋于恶化，使得它们在经济冲击下极为脆弱，并可能严重影响国民经济的健康运行"。[1] 国内学者在探讨这个问题时，有的将宏观金融风险直接定义为系统性金融风险。也有的重新定义，如尹音频（2001）认为，宏观层面的金融风险是指由于经济制度缺陷与宏观调控偏差所导致的金融

---

[1] Crokett A.,1977. "The Theory and Practice of Financial Stability", *Essays in International Finance*, No.203,April,1997. 引自李心丹、钟伟：《国外金融体系风险理论综述》，《经济学动态》1998 年第 1 期。

风险，它是指整个金融体系面临的风险。也有学者从区别于系统性风险的角度来重新定义，其理由在于金融系统性风险是从金融风险在金融系统的表象上对全局性金融风险进行描述，而宏观金融风险则是从经济与金融的多视角、多层面对能够影响经济、社会、政治稳定的金融风险形成和发展的分析（刘立峰，2000）。其实，关键不在于用什么词语，而在于观察的角度。站在个体的角度来看，金融系统性风险也是微观金融风险的分析范围，在做出各种金融决策时，是不能忽视的重要方面，特别是在金融全球化环境中，他国的系统性风险是各个金融机构需要深入研究的重大问题。而站在宏观角度观察，金融系统性风险则就转换为宏观金融风险的研究内容，是与"金融危机"相联系的。研究宏观金融风险是为了更好地定位政府在其中的责任，尤其是财政责任。因为金融风险一旦上升到宏观层面，其性质就发生了变化，成为公共风险，其风险责任主体也就转换为政府。就此而言，研究宏观金融风险是为政府决策服务的，而研究微观金融风险则是为金融机构等微观主体的决策服务的。

二、中国宏观金融风险：分析与判断

（一）现象分析

中国目前宏观金融风险仍集中在国有商业银行。虽暂时不会出现金融危机，但现阶段的金融安全是有条件的，随着我国金融业对外开放和资本项目可自由兑换的推进，我国的金融安全将面临严峻的考验。

银行业的风险因素主要表现在以下几个方面：一是不良贷款比率仍居高不下。据银监会的资料，2004 年 9 月末，我国银行业不良贷款余额 1.7 万亿元人民币，其中国有银行占 92%，股份制商业银行占 8%，以"不良贷款 / GDP"这一指标来衡量，已经接近 20%。二是资产盈利能力低。银行业长期形成的单一经营模式依然如故，甚至愈加严重。在全部营业收入中，传统贷款利息收入占到 66%，资产收益来源单一。2003 年我国境内 14 家商业银行的平均资产收益率仅为 0.23%，净资产收益率为 7.29%，远低于发达国家或地区的银行业。三是商业银行的资产负债期限结构匹配不合理。据中国人民银行的资料，我国全部金融机构活期存款余额与定期存款余额比例从 2000 年的 39.4% 上升到 2004 年的 9 月末的 54.4%，提高了 15 个百分点。而与此相对，同期中长期贷款余额与全部贷款余额的比例从 23.7% 上升到 38.1%，提高 14.4 个百分点[①]。银行业资产长期化，而负债短期化的趋势，势必增大银行业的流动性风险、利率风险和信用风险。四是银行业的组织结构、治理结构仍滞后于市场化的进程，特别是 2006 年之后外资银行进入的限制被撤销所带来的巨大挑战扩大了银行业的风险。组织结构和治理结构是银行业整体变迁中的慢变量，但又居于核心地位，相对于快速的市场变化，成为至关重要的长期风险因素。特别是随着加入 WTO 过渡期的结束，外资金融机构将享受同中资金融机构同等的国民待遇，市场竞争将愈发激烈，国有商业银行的传统市场份额、客户质量、储户结构乃至管理人才、创利能力等将会受到严重挑战。

证券市场的风险日益凸现。2002 年 5 月底，118 家证券公司净资产额为 917 亿元，不良资产却高达 460 亿元，不良资产率超过 50%。近两年证券公司接二连三的关闭重组，如大鹏证券、汉唐证券、五洲证券、南方证券等等案例，实际上已经充分证明了风险的严重性。

保险市场相当脆弱。标准普尔信用评级发表的题为《中国保险业信用前瞻 2005—2006》的报告中指出，目前中国保险业发展迅速，总体进步较大，但在如定价、准备金水平和公司治理等方面还不成熟，尤其考虑到日趋激烈的市场竞争和潜在增长所需的资金，中国大部分保险企业的资本基础依然偏弱[②]，应对风险的能力较差。目前保险机构的基本财务状况不佳，据钟伟等人研究，这主要表现在：一是中国保险机构盈利能力低，靠自身的积累化解资本金不足和不良资产的可能性不大；二是中国保险机构的不良资产比率难以估计，早在 2001 年 10 月，中国各保险企业的不良资产就已经达到 114 亿人民币，三是中

---

① 转引自《大公国际：银行业风险正在增加》，《经济展望》2005 年第 4 期。

② 《东方早报》2005 年 6 月 25 日。

国保险机构的资金运用能力低[①]。监管层实际上也已经意识到了问题的严重性，提出了"以风险为基础的动态监管"理念[②]，但要真正变成一种制度安排，则还有很长的路要走。

地下金融市场的隐性风险不小。据中央财经大学一个课题组的调查表明，中国地下金融的信贷规模介于 7400 亿—8300 亿元之间。在全国 20 个被调查省、区、市的地下金融规模与正规金融规模的比例平均为 28.7，也就是说，被调查地区的地下金融规模已接近正规金融规模的三成。尤其在农村地区，超过半数的借贷来自地下金融[③]。地下金融的"发达"是自然融资契约对现行垄断制度的一种无声抗议，随着民间金融的逐步放开，地下金融有浮上水面的迹象，隐性风险将会逐渐地显性化。

国际资本流动的风险。据估算，我国 1987—1997 年的 11 年中，资本外逃数额累计达 2457.62 亿美元，平均每年外逃 223.42 亿美元；按照世界银行法与摩根担保法估计出的数值为 2032.47 亿美元和 1529.11 亿美元，平均每年外逃额为 184.77 亿美元或者 139.01 亿美元。最严重的 1997、1998 年资本外逃额就为 364.74 亿美元和 386.37 亿美元，2000 年则高达 480 亿美元左右，比外商对华实际投资的 407 亿美元还要多。从世界范围来看，我国已成为仅次于委内瑞拉、墨西哥和阿根廷的第四大资本外逃国[④]。这种状况至今未有好转，2004 年资本外逃 2062.11 亿美元，2005 年的资本外逃规模略低于 2000 亿美元[⑤]。资本外逃是隐性的资本流出，如果资本项目放开，显性的资本流动规模可能会更

---

① 钟伟等，《中国金融风险评估报告》《中国改革》2004 年第 3 期，转引自 http://www.usc.cuhk.edu.hk/wk_wzdetails.asp?id=3149。

② 《21 世纪经济报道》2006 年 2 月 11 日，转引自 http://news.ins.com.cn/2006/02/11/09171085.html。

③ 《中国新闻周刊》2005 年 1 月 19 日，转引自 http://finance.sina.com.cn/g/200501192323130 6451.shtml。

④ 顾列铭：《资本外逃：中国金融之大患》，见 http://std.xjtu.edu.cn/html/xinxi/2004/04/5749.html。

⑤ 《中国经营报》2006 年 1 月 7 日，转引自 http://news.cnfol.com/060107/101,1277,1632790,00.shtml。

大，其风险是不言而喻的。

（二）成因分析

中国的宏观金融风险除了金融行业本身的风险特性之外，与体制转轨密切相关。体制转轨不可避免地使金融业的风险呈现出一种"叠加效应"：行业风险＋改革风险。体制转轨过程中，财政减税让利，财力拮据，银行和股市实际上成为政府的两大融资工具，为"改革""发展"和"稳定"提供财力上的支撑，直接承担了相当一部分体制转轨成本。同时，作为国有企业的四大商业银行和主要的证券公司，又有一般国有企业的缺陷：风险责任模糊、预算约束软化、逆向选择严重，这客观上扩大了宏观金融风险。

长期来，财政与银行被认为是政府的两个"钱袋子"，一旦这种认识变成了一种制度安排，要改起来就不是轻而易举的事情。国有银行有明确的行政级别（非银行金融机构大体也是如此），一直类似于行政机关。商业化改革进行了多年，现在又在进行股份化改制，但原有的行政机关性质至今也未能从根本上去除，一条腿在市场，而另一条腿仍站在行政机关的序列，履行着不属于商业银行的职能。如在产业结构调整过程中，各级政府都采取各种行政措施要求银行向一些指定的行业给予资金的支持，形成了大量指令性贷款。据人民银行估计，上世纪 90 年代以来，指令性贷款约占国家银行贷款总量的 1/3，大多形成银行不良资产。此外，政府为维护社会安定还要求银行发放本应由财政弥补的国有企业亏损贷款和安定团结贷款，把有偿性的银行资金作为公共资金来加以分配，其结果是进一步增大了银行等金融机构不良资产比率。对各种金融机构的紧急救援，近年来成为央行的重要职能，实际履行的是公共财政职能。这种把银行当成政府"钱袋子"的做法成为我国宏观金融风险扩散的一个重要原因。

由于财政这个"钱袋子"在长期的减税让利政策导向下，一直是囊中羞涩，财力拮据，只能是挤信贷资金，导致信贷资金财政化，扭曲了金融与财政的关系。1998 年之后，财政收入实现了快速增长，但财政又承担了拉动经济和扩大公共服务的重责，长期扭曲的财政—金融关系并未得到调整。这是赤字货币化在中国转轨环境中的一种隐性表现形式，也是赤字货币化的一种特殊转化机制。对政府来说，利用银行这个"钱袋子"有许多的好处，一是成本低廉，二是不列入赤字，无序经过人大审查程序。在短期化动机驱使下，由于财政脆弱，利用银行等金融机构来实现政府意图的倾向至今没有扭转，有些地方甚至还在进一步强化。这无疑会扩散宏观金融风险，并最终将回归到财政自身。

在这样的体制环境中，势必产生双向的道德风险，即资金的供应者和需求者都依赖于政府，漠视风险的存在，更谈不上通过健全内控机制去规避风险。资金需求者靠政府获得资金，一开始就没有偿还贷款的意图，甚至是当成财政资金来使用；而资金的供应者，即贷款人知道有政府最后兜底，尤其是那些指令性贷款更是不用担心，随意贷款也就在所难免。这就造成了一种"风险大锅饭"的体制性存在[①]。上一届政府实行的贷款责任人终身负责制，实际上就是针对此而采取的措施。但这种追求零风险的做法又有矫枉过正之嫌疑，不符合市场化的基本规则，实际上走到了另一个极端。曾经一度出现的"惜贷"与此有关。如果银行的资产运用受到不正当的限制，资产与负债不匹配，银行实力受损，最终也会加大宏观金融风险。因此，在银行等金融机构未成为真正的市场主体的条件下，无论政府采取什么样的干预措施，都会成为宏观金融风险扩散的重要成因。

总之，宏观金融风险扩散是由多种因素综合作用所致。虽然从定义来看，某个金融机构的风险属于个体风险，而不属于性质上定位为公共风险的宏观金融风险，但从我国金融业的实际状况来观察，单一金融机构的风险演变成为宏观金融风险是很容易的事情，因为我国的银行集中度很高，尤其是国有银行，任何一家国有银行出现问题都有可能演变成一场宏观金融风险。在这样的高危情境下，国有银行的改革无疑地成为我国宏观金融风险的重要风险因素，如果改革不成功，其后果将不是某一个金融机构的损失，而是产生全面性的冲击，危害经济、社会的稳定。因此，国有银行改革的风险应视为新时期宏观金融风险的重要内容，而不宜简单地把国有银行改革看成是防范宏观金融风险的重大

---

① 详见拙作：《中国财政风险的制度特征："风险大锅饭"》，《管理世界》2004 年第 5 期。

举措。

在体制转轨过程中，政府与市场的关系处于不确定性状态，国有银行的商业化在未彻底完成以前，其职能难以有清晰而准确的定位，时而发挥政府"钱袋子"功能的情形难以避免，这构成了国有商业银行风险责任不明晰的体制基础。市场体系的发育和完善是一个循序渐进的过程，尤其是金融市场的发育需要更严格的体制环境，当体制还未完善时，不可能有完善的金融市场和规范的市场主体行为。金融机构内部控制机制的不健全是市场不完善的结果，实际上也是整个体制变迁过程中出现制度"真空"的结果。通过分析宏观金融风险的成因，使我们不难发现，政府的体制安排与宏观金融风险的关系更为密切。

三、中国防范宏观金融风险的回顾与评价

（一）防范宏观金融风险的政策措施

20 世纪 90 年代以来，我国在防范宏观金融风险方面采取了一系列措施。在制度建设方面，如 1994 年出台了《中国人民银行法》（2003 年修改，自 2004 年 2 月 1 日起施行），从法律上保持了中国人民银行的相对独立性；2000 年以后国务院严令各行降低不良资产率，为防止国有商业银行的不良资产扩大，国家又出台了贷款责任人终身负责制制度。在补救措施方面，财政部发行特种国债以补充国有独资商业银行的资本金；加快国有商业银行呆账的冲销，并改革了提取和冲销银行呆账准备金的方法；商业银行逾期一年贷款的应收未收利息不计入商业银行营业税税基；农业发展银行逾期贷款的利息，由地方政府财政偿还；商业银行和其持股的证券公司、信托投资公司脱钩，其股权采取无偿划拨的方式；中央财政承担中央银行损失的部分老贷款及其利息；中央财政直接偿付被关闭金融机构的主权外债；中央财政完全承担资产管理公司（Asset Management Companies，下称 AMC）的最终损失；之后又动用 450 亿美元外汇储备向中国银行和中国建设银行注资，以利于其股份制改造；动用 150 亿美元外汇注资工行，并进行财务重组，等等。

自 20 世纪 90 年代中期以来，我国金融机构出现一股重组浪潮。与发达国家的金融机构重组不同，我国金融机构重组主要是为了化解宏观金融风险。1995 年，中银信托被责令停止整顿，1996 年广东发展银行收购其债务和分支机构，同年申银万国证券公司合并，光大国际信托公司实施债权转股权，永安保险公司被人民银行托管、重组、增资扩股。1997 年，海口 33 家城市信用社被海南发展银行收购。1997 年 1 月中农信公司被关闭，由中国建设银行托管债权债务和分支机构。1998 年 1 月中创信托投资公司被关闭，由人民银行托管；1998 年 1 月海南发展银行被关闭，中国工商银行托管；1998 年君安证券公司与国泰证券公司合并；1998 年 10 月广东国际信托投资公司被关闭，1999 年 1 月进入破产程序；1999 年 2 月中国投资银行被国家开发银行收购，1999 年 3 月其分支机构由光大银行收购；2003 年 12 月，新华证券被撤销；2005 年 4 月，老牌南方证券宣布破产清盘，如此等等。国家清理整顿信托投资公司、城市信用社、农村基金会和证券公司，中国人民银行发放了数以千计的再贷款，用于解决自然人的债务清偿，并由财政部门提供担保。

表 1　政府在金融机构关闭、重组方面采取的财政性措施

1. 注资	1998 年 3 月，中国财政部发行了 2700 亿元特别国债，用于补充国有独资商业银行资本金。地方政府在地方性信托投资公司、城市商业银行和城市信用社的增资扩股中也注入一部分资本金，以缓解支付困难。 2003 年，政府动用 450 亿美元外汇储备向两家国有商业银行注资，以加速其股份制改造进程。 2005 年，政府动用 150 亿美元外汇储备给工行注资，并同时进行财务重组。
2. 债务转股权	1996 年 10 月，中国光大信托投资公司不能支付到期债务，中央银行决定将约 50 亿元的债权转为股权，从而避免了信托公司的倒闭。 1999 年成立四家资产管理公司，专门处置国有独资商业银行不良资产，同时实施"债转股"。
3. 金融化的财政措施	在处理金融机构关闭、破产或者为化解金融机构的支付危机中，中央银行往往再贷款予以支持。中央银行的再贷款损失实际也属于中央财政损失。

4.地方财政的支持	在地方金融机构破产后，地方财政出资偿付自然人的存款债务，如广东国际信托投资公司境内自然人存款的偿付； 动员地方国有企业注资有问题的金融机构，缓解支付危机； 对本地有支付危机的金融机构予以税收减免； 以其他优惠条件让本地企业收购金融机构的不良资产变现。
5.中央财政的暗补	国有商业银行在接受被关闭金融机构的资产债务后，减免该银行一定期限内应交的中央银行贷款利息，减免的部分实际上属于中央财政的补贴；或者，该银行上交的利润减少了，相应减少了中央财政收入。
6.中央财政直接偿付	中央财政偿付被关闭金融机构的外债，这些外债多为应付国际金融机构的主权债务。

（二）评析

回顾政府防范宏观金融风险的过程，不难发现有两个明显特征。一是政府高度重视。二是力度很大。特别是几次向国有商业银行大规模注资以及剥离不良资产种种措施，都反映出政府在防范金融风险方面的决心。应该说，政府防范宏观金融风险的效果是明显的。我国这些年经济持续高速发展，经济没有出现大的波动，金融平稳运行，与政府防范宏观金融风险的一系列政策措施分不开。但同时也有不少地方需要我们反思。

1.政府的财政责任

政府作为公共主体的责任是化解公共风险。其途径有二：一是通过建立新的制度安排来化解，二是通过财政兜底[①]。对于前者而言，主要是指通过改革来打破"风险大锅饭"，对各行为主体的风险责任界定清楚，尤其是金融部门与财政部门的风险责任要做出制度性的安排。这就涉及在改革、发展、稳定方面二者各自应当担负什么样的风险责任以及能担负什么风险责任。可以说，在理论上对此是没有说清楚的，因而在实践中也就出现了种种"错位"，金融部

---

① 关于政府双重主体假定的论述，参见拙作：《财政风险：一个分析框架》，《经济研究》2003 年第 5 期。

门履行了财政的职能，而财政部门履行了金融的职能。这一方面就导致了风险责任的混淆和部门之间的相互推诿，另一方面，使政府在决策时更容易采取"哪个顺手用哪个"的机会主义策略，而难于做到"桥归桥，路归路"，一开始就分清各自应该履行的职能。当风险达到一定程度并转化为公共风险或公共危机时，通常会出现"病急乱投医"的情景，或由央行再贷款，或由财政买单，实际上最后都是由财政用纳税人的钱来买单。这就涉及了财政兜底的问题。从理论上讲，不论是什么原因所致，也不问银行的所有制成分，也不管是银行还是其他的金融机构，只要其风险已经构成公共风险，政府财政就要承担化解的使命。这就是说，让金融部门去化解公共风险，眼前减轻了财政压力，但终究性是"政策性"的事务，最终会回归到财政自身，只不过是时间上的早晚问题。中央银行作为货币政策制定和执行部门，对稳定货币负有日常监控的重要责任。如果货币稳定真有什么风吹草动的话，财政也是难以置身事外的。因此，从财政兜底的基本属性出发，由央行来化解和承担宏观金融风险，并以此来减轻财政负担，那实际上就是让央行通过印钞票来承担财政功能，即隐性财政赤字货币化。偶尔为之，也许不会有太大的问题，但长期如此，势必引发恶性通货膨胀，甚至导致货币危机。这种局面是谁也不希望看到的。

2. 处理的方式方法

我国防范宏观金融风险的明显特征是个案处理法，"一事一议"，针对某家银行，某个信用社，或某家证券公司来逐个处理，缺乏可以预知的一般规则和处理流程。在宏观金融风险来临时，有关方面通过协商谈判来解决。可以说是头痛医头，脚痛医脚。这种防范宏观金融风险的方式，具有较大的随意性，有明显的长官意志偏好，其缺陷极其明显。一是缺乏系统性，没有从制度上明确规定相关方的责任和处理原则，更谈不用上用法律的手段来解决。二是方法比较原始，缺乏国外一系列风险评估的手段。三是没有前瞻性。临时化解风险的后果是金融或财政成本巨大，并且缺乏效率。2005 年，由央行首次发布的《中国金融稳定报告》称，"近十年来，国家用巨大的财力和人力化解金融风险"，才保持了金融体系稳定。估算结果表明，从 1998 年至今，中国为了保持金融稳定，大体上投入了 3.24 万亿元的成本。这种稳定成本今后还将少不了。因此，注重宏观金融风险处理方式的系统性、前瞻性和方法的先进性，也应当成为今后宏观改革的重要内容。

四、防范宏观金融风险的财政措施

（一）强健国家财政

我们已经步入风险社会，如果没有一个强健的国家财政，那整个社会都会变得十分脆弱[①]。从防范金融风险的角度来看，至少有两个方面的意义：一是减少职能错位。一些本该由政府财政承担的事务而难以承担，除了理论认识不清的原因外，不少是现实财力拮据而给逼出来的，不得已而为之。财政强健了，因财力困扰而导致的"职能错位"就可以大大减少，进而减少金融部门承担的政策性事务，有利于界定部门风险责任，打破风险大锅饭，为防范宏观金融风险扩散奠定体制基础。二是增强化解宏观金融风险的能力。打铁需要自身硬。国家财政实力雄厚，就能及时有力克服宏观金融风险带来的种种冲击。如果财政脆弱，防范和应对宏观金融风险和危机的能力就会大打折扣。这从国外化解金融危机的过程中可明显看出这一点。1997 年东亚金融危机发生时，泰、韩两国应对金融危机的重要措施就是积极启动财政手段，包括扩大赤字、大规模减税、向遭受沉重打击的金融部门注入公共资金等等手段，较快地恢复了经济发展。危机爆发后，由于韩国的财政实力明显大于泰国，韩国政府财政有能力实施大规模的救助措施，不良贷款的消化速度较快，结构重组的成效较为显著。相反，泰国的财政能力相对不足，因此在危机爆发后，尽管政府财政倾力相助，但仍感力不从心，不得不依赖国际援助，妨碍克服危机中的主动性。因此，建立"稳固、平衡和强大的国家财政"，既

[①] 时任瑞典财政大臣佩尔·努德 2005 年 11 月 25 日在中央党校以《公正、增长与全球化——瑞典的经验》为题发表的演讲中曾专门谈道："强健的公共财政不仅可以减少经济的脆弱性，同时也保证了经济增长质量、低通胀率和较高的工资水平。"见财政部国际司《外事简报》2005 年第 59 期。

是防范宏观金融风险扩散的重要前提，也是政府能够应对风险和危机不可或缺的手段。

（二）健全赤字和债务管理

财政赤字和财政债务的扩张会威胁金融稳定。对财政赤字与货币危机的经典解释是克鲁格曼 1979 年提出的国际收支危机模型。他认为，一国赤字过多，会使货币当局不顾外汇储备无限制地发行纸币，为维持固定汇率制，货币当局又会无限制抛出外汇直至外汇储备消耗殆尽，使货币制度崩溃，引发货币危机。

东南亚国家在 1997—1998 年金融危机爆发之前，财政保持了盈余，认为"财政赤字"与货币危机无关。其实问题的关键是如何认识"财政赤字"。研究发现，许多国家未将现金支付纳入预算内，而且在现金支付和财政对银行提供援助之间有很长的时滞。通过使用"扩展的财政赤字（Augmented Fiscal Balance）"概念，可将主要的可量化的财政成本纳入当期预算内以消除这种时滞。霍米·卡拉斯（Homi Kharas）等则提出了"扩展的财政赤字"的局限性，比如不能反映未来宏观经济状况变化对财政的影响、赤字计算方法是基于政府总负债而不是净负债，赤字度量方法未能将政府总（显现）负债变动的政府支出包括进来[1]。他们在此基础上，将赤字分为流量赤字和存量赤字（债务），并提出了"精算的预算赤字"概念，得出的结论是货币危机在统计上更显著地与精算的预算赤字相关。

霍米等的发现具有重大现实意义，即为了防止潜在的货币危机（宏观金融风险的一种），政府必须关注其全口径的财政赤字，有效监控政府债务，包括主权外债和其他形式的负债（包括或有负债）。

1. 政府主权债务可能诱发宏观金融风险和金融危机。1999 年初，巴西一个州政府的债务危机直接导致金融危机。2001—2002 年的阿根廷金融危机，

---

[1] ［美］霍米·卡拉斯等：《隐性赤字与货币危机》，载世界银行：《财政风险管理：新理念与国际经验》，梅鸿译，中国财政经济出版社 2003 年版，第 18—40 页。

是在其债务危机之后 1 个月爆发的。巴西和阿根廷的金融危机已经过去，但政府外债规模依然过于庞大，至今仍困扰着这两个国家。拉美国家的教训已证明，政府主权债务规模要适度，并且政府的举债权限应当集中到中央政府。我国实行分级财政，不少人主张放开地方公债，但对此应持谨慎态度，以避免地方政府行为短期化和地方债务危机而引致金融危机。

2. 有必要对中央政府预算外的显性债务和各级地方政府的显性债务进行全口径预算管理，对公共机构和国有企业的各种欠账、挂账、亏损、不良资产等隐性和或有债务进行有效监控。为此，要做好政府预算会计的基础性工作，逐步编制各级政府的债务预算。要从制度上控制或有负债引致的风险。

（三）把宏观金融风险纳入财政风险管理框架

宏观金融风险与微观层面上的金融风险最大的不同之处在于，前者对社会的辐射面和影响较大，因而本质上属于公共风险，理应纳入财政风险管理框架。由于财政风险管理的内容和因素较多，政府财政部门又不可能像过去那样拘泥于仅以个案方式来处理金融事件，而应更多地考虑宏观金融风险对财政总体状况的影响。相应地，财政部门对金融的管理模式也要进行革新，即从国有银行的财务管理提升为对整个金融体系的宏观风险管理，并从动态上监控金融风险向财政的转化。

1. 财政部门应对不同层次、不同类别的金融机构和金融市场进行动态监测，提前进入"角色"，以摆脱事后被动买单的局面。这要求根据不同时期的经济、金融形势，通过全面深入的分析找出财政监控重点，分门别类，区别对待国有金融与民间金融；商业金融与政策金融；正规金融与非正规金融；直接融资与间接融资；资本市场、货币市场和保险市场，探测其中存在的宏观金融风险。

2. 应设计一套财政风险管理程序，来规范政府财政部门对金融体系的负债和其他风险的控制。在制订风险管理程序方面，我们可借鉴加拿大和荷兰的经验。在这些国家，中央机构的审查和实施担保程序包括许多步骤，并强调了减轻政府风险的重要性。在执行程序方面，可将执行风险控制程序交给财政部①，也可像瑞典、泰国和哥伦比亚那样将责任划给债务管理（或类似）办公室②。无论是哪种情形，最重要的是确保执行财政部的风险控制部门有足够的权限和资源，以便能采取措施降低风险。当然，中央银行作为保持流动性的"最后贷款人"，其维持金融稳定方面的职能也应得到保证。这就要求建立财政部、中央银行和各监管部门之间的制度性的协调机制。在应对突发性事件和处理金融危机方面，更需要一套事先约定的制度。即使在日常宏观金融风险的监控过程中，也需要不断的信息交流和磋商，才能避免监管的重复和真空，以及政策上的矛盾和反复。

3. 建立健全财政对金融监控的组织机构。财政是政府职能的重要组成部分。国家财政在整个国民经济中的地位决定了其监控的对象非常广泛，即凡有财政收支、财政管理业务、执行国家财务会计政策的领域，就必然有财政监督，或者说，凡是需要财政最后兜底的领域，就是财政监控的领域。金融业接受财政部门的监控，不只是道理上说得通，而且也有法律的依据。这在《公司法》《会计法》等法律中有明确规定，而且在《人民银行法》《商业银行法》中也有明确表示。

就财政对宏观金融风险的监控机构而言，至少有两个方面要加强。其一，对地方金融风险的监管。过去，财政部对国有商业银行的财政监管委托各地财

---

① 例如，在美国，财政部与联邦储备委员会、联邦存款保险公司、货币管理署等机构共同负责银行的监控。自 1985 年起，美国财政部金融局（OCC）对联邦立案银行的监管，是通过风险评估方式，将为数众多的社区银行以其预警系统——社区银行评分系统（Community Bank Scoring System，简称 CBSS）来判定经营状况是否稳定，若测出的银行属高风险群，须采取较严格的监管，财政部派遣检查人员长驻该机构，透过密切沟通及信息取得，可迅速得知该行的重大事件及风险状况，或提高金融机构之检查频率等。其余社区银行若实地检查被评为第四和第五级，则自动列入问题银行管理范围，若被评为第一、二、三级银行，则利用其预警系统测试该银行状况是否稳定，不稳定者采取项目管理（董小君，2004）。

② 参见［美］艾伦·希克：《建立一套财政风险管理的准则》，载世界银行：《财政风险管理：新理念与国际经验》，梅鸿译，中国财政经济出版社 2003 年版，第 349—357 页。

政监察办事机构就地负责，但地方财政部门过去一直没有专门机构和人员实施地方金融监管，监管力量非常弱。为进一步加强对金融业的财政监管，1998年财政部组建了金融司，专司负责对金融企业的财务监督和管理，各省市也应加快相应的组织机构建设。其二，应设立专门负责对宏观金融体系和宏观金融风险的监管部门，而不仅仅局限于对与财政收支有关的具体财务监督上。这一点，对于中央财政部来说尤为重要。

4.在具体的预算编制问题上，为了全面地反映政府的金融资产负债状况，建议逐步采用权责发生制方法。我国目前实行的是以收付实现制预算会计制度为基础的财政收支管理模式，财政部每年向全国人大报告的上一年度财政预算执行情况和当年财政预算草案，只是对政府的财政收支安排做出说明和总结，并不包括全面衡量政府资产负债状况和评估财政风险的内容。而采用权责发生制的政府会计基础，按一定的标准确认和反映政府的承诺和负债情况，有助于纠正财务信息失真的弊病，能较真实地反映政府的资产负债状况，并有利于动态分析政府面临的金融风险可能给财政带来的冲击，以此预测宏观金融风险的发展趋向，从而达到有效防范宏观金融风险的目的。

（四）建立化解宏观金融风险和金融危机的应急反应机制

考虑到宏观金融风险和金融危机可能向财政的转化以及对财政预算的冲击，有必要在我国建立公共财政的应急机制（或者叫做财政的应急预算）。显然，建立这种预案的目的是强调对宏观金融风险的前瞻性研究，尽力减少过去那种只有等到宏观金融风险或金融危机到来时才仓促出台应对措施，最大限度地避免头痛医头、脚痛医脚的被动局面，减少财政成本，增强化解风险的效率。

宏观金融风险和金融危机的应急预案内容包括可能的突发性支出和应急的收入来源，可能的财政应急措施。从形式上看，它与滚动预算相似——每年编制，滚动修改，但其侧重点不同。前者侧重于可能的危机状态的预算编制，后者侧重于通常状态下各公共支出项目在各年度之间的衔接。应该说，应急预案是对平时滚动预算的一种补充。

与公共财政的其他应急预案相同的是，需要综合考虑多种因素，如经济运行、社会反应等等。不同之处在于，这种预案所动用的财政资源通常较大。2003 年爆发"非典"危机，中央和地方财政也只不过拿出 100 多亿元；而要应对宏观金融风险和金融危机所需的资金将是千亿元级。

因此，有必要建立"公共风险准备金制度"，实行基金化管理。其来源可考虑：（1）提高预备费。根据《预算法》第 40 条的规定："各级一般公共预算应当按照本级一般公共预算支出额的百分之一至百分之三设置预备费，用于当年预算执行中的自然灾害等突发事件处理增加的支出及其他难以预见的开支。"[①] 建议按照法律规定的上限提取，当年应对自然灾害等突发性支出之后的余额纳入准备金，以尽量增强财政的风险应对能力。（2）从中央增发的国债收入，或者每年从财政超收收入中提取。清理回收的财政周转金、国际组织或外国政府的非专项性援助，也可作为准备金来源。（3）各项政府资产收益，如国库库低资金市场化运作收益、公共风险准备金自身的投资收益、土地资产收益、其他无专门用途的资产收益等。

参考文献：

1. 刘立峰：《宏观金融风险》，中国发展出版社 2000 年版。

2. 谢平：《论防范金融风险的财政措施》，《财贸经济》1999 年第 9 期。

3. Crokett A.,1977. "The Theory and Practice of Financial Stability", *Essays in International Finance*, No.203,April,1997. 转引自李心丹、钟伟：《国外金融体系风险理论综述》，《经济学动态》1998 年第 1 期。

4. 钟伟等：《中国金融风险评估报告》，《中国改革》2004 年第 3 期。

5. 尹音频：《财政运行机制与金融风险探析》，《财经论丛》2001 年第 3 期。

6. 董小君：《美国金融预警制度及启示》，《国际金融研究》2004 年第 4 期。

7. 刘尚希：《财政风险：一个分析框架》，《经济研究》2003 年第 5 期。

8. 刘尚希、陈少强：《构建公共财政应急反映机制》，《财政研究》2003 年第 8 期。

9. 傅志华、陈少强：《美国防止地方财政危机的实践与启示》，《国际经济评论》（双月刊）2004 年第 4 期。

---

① 2014 年预算法做了修正，预备费的提取比例不变。

10.《大公国际：银行业风险正在增加》，《经济展望》2005 年第 4 期。

11. 顾列铭：《资本外逃：中国金融之大患》，《国际商务》2002 年第 7 期。

12. 刘尚希：《中国财政风险的制度特征："风险大锅饭"》，《管理世界》2004 年第 5 期。

13. 世界银行：《财政风险管理：新理念与国际经验》，梅鸿译，中国财政经济出版社 2003 年版。

（此文发表于《管理世界》2006 年第 6 期，作者：刘尚希）

第三篇
论财政是国家治理的基础和重要支柱

财政改革、财政治理与国家治理

阅读提示：《财政改革、财政治理与国家治理》一文运用公共风险理论，指出"国家治理的本质是风险的治理，追求的目标是公共风险的最小化。这既是一种风险思维，也是一种底线思维"。公共风险最小化，就是避免公共危机的产生，这是政府的责任边界，也是财政发挥基础作用的逻辑基础。党的十八届三中全会提出了"财政是国家治理的基础和重要支柱"的论断，将财政与国家治理联系起来，但如何理解这一命题，不同的学者从不同的角度有不同的解读和理解。本文从公共风险的角度揭示了国家治理的本质，并以此为基础阐述了财政发挥基础作用的逻辑，具有很强的说服力。

习近平总书记在党的十八届三中全会上指出："全面深化改革，财税体制改革是重点之一"。全面深化改革是系统性、整体性的改革，涉及经济、政治、社会、文化、生态文明、党的建设和军队等各个方面，而其中的改革重点是三个：经济改革、财政改革、司法改革。从中可以看出，财政改革在全面深化改革中占有非常重要的地位。财政改革的重要性不是规定出来的，而是基于财政自身的属性以及当前改革的历史进程所决定的。从历史上看，财政问题从来都被视为治国安邦的大事。财政治理的水平，从基础层面决定了国家治理的水平。我国历史上的多次变法，几乎都肇始于财政问题。国外的多次革命与战争都与征税权的纷争有关。财政涉及方方面面，要理顺政府与市场的关系、政府与社会的关系、与社会的关系，财政都是其中的关键性因素。财政改革，既牵一发而动全身，又受其他方面改革的影响。正是财政的这种全局性牵引力，财政改革才成为全面深化改革的重点之一。这需要深化财政理论研究，站在新的历史起点上，创新财政理论。

一、财政在国家治理中发挥基础性作用

党的十八届三中全会通过的《中共中央关于全面深化改革若干重大问题的决定》（以下简称《决定》）有十六个部分，其中第五部分是讲财税改革；《决定》具体有 60 条，其中有 32 条与财政改革有关。可以说，关于全面深化改革的内容中有一半与财政改革直接关联。《决定》指出："财政是国家治理的基础和重要支柱"。这与过去我们常讲的"财税改革是经济改革的中心环节"是完全不同的，是在新的历史条件下对财政新的认识。这个认识突破了传统的经济学思维，把财政放在治国安邦的高度去认识。过去我们以经济改革为主，那个时期财税就是经济改革的中心环节。现在是全面深化改革，是整体性的改革，也可以说是系统性的全方位改革，其目标是国家治理体系和治理能力的现代化。从这个角度来看，说财政是国家治理的基础，就表明财政改革是实现全面深化改革总目标的基础。这就意味着，财政不仅应在经济领域，而且应在社会领域、政治领域等国家治理的各个方面发挥其功能作用。

如何理解财政的这种重要性，可用"改进的木桶原理"来说明。木桶原理是指一个木桶能装多少水是由最短的那块木板的长度决定的。以系统论的观点来分析，每一块木板是同等重要的，共同决定木桶的功能。如果把国家治理比作木桶，那么，财政在其中不是竖着的木板，而是底板。对于木桶功能而言，底板与竖板的重要性有重大区别，前者决定整个木桶功能"有与无"的问题，桶底一旦有漏洞，或者掉了，整个木桶功能就丧失了；后者决定木桶功能"大与小"的问题，一旦出现短板，木桶功能就会大打折扣。显然，财政作为国家治理这个木桶的底板发挥基础性作用，若财政治理出了问题，就会动摇整个国家治理，甚至导致国家治理失效。

从现实来看，财政治理的碎片化、不规范、不统一等问题已经相当严重。例如税费的征收，法定原则远未落实，妨碍市场在资源配置中发挥决定性作

用，抑制了微观活力和创新动力。在财政资金的分配和使用上，预算与政策两张皮，各部门争取财力的积极性很高，但干什么往往不清楚，造成钱花了不少，但效果低下，损失浪费现象相当普遍。在钱没有变成一种责任，而是仅仅成为一种权力，争取资金越多，意味着权力越大。这种异化使政府职能的转变变得越来越艰难。财政治理的脆弱性，也弱化了国家治理，给国家治理带来越来越大的潜在风险。

二、财政是公平与效率的融合机制

党的十八届三中全会《决定》里面有一句话："科学的财税体制是优化资源配置，维护市场统一，促进社会公平，实现国家长治久安的制度保障。"这句话内涵丰富，实质上是对财政功能作用的精辟表述。资源配置、市场统一是效率问题，而社会公平则是现阶段社会关注的焦点问题。长期以来，效率、公平成为跷跷板的两端，成为理论和现实中很纠结的问题。其实，效率与公平不是哪一个优先的问题，而是从一个社会整体来看，实现二者的有机融合。在一定程度上，国家治理能力的强弱，可以用效率与公平的融合程度来衡量。融合程度越低，越是一边倒，就表明公共风险越大；融合程度越高，越是有机结合，就表明国家治理越是有效。那么，效率与公平怎样实现有机融合？在国家制度结构中，主要依靠财政制度安排去实现。纯粹的市场机制无法解决公平问题，市场本身产生"马太效应"。公平问题，靠"无形之手"难以解决，主要靠政府这只"有形之手"。学术上把公平和效率对立起来，实质上是市场与政府在理论界长期对立的逻辑延伸。从整体来衡量，市场与政府是有机的统一，效率与公平要有机融合，财政是不可或缺的载体。财政就是一个机制，像一根扁担，一头挑着效率，一头挑着公平，只有这个担子挑平了，才能往前走，挑着的担子才不会掉下来。这就是说，公平和效率就有机结合了。只有这样，经济才能发展，社会才能进步。

但从现实来看，财政融合效率与公平的功能并不强，或者，财政这方面的功能并没有真正发挥出来。这既与理论认识有关，也与财政改革不到位相连。

就此而言，深化财政改革，创新财政制度，是促进效率与公平相融合的必要条件，也是降低当前国家治理风险的前提。

三、财政要平衡两个"钱袋子"

从国家与老百姓的关系来看，财政制度安排关系到两个"钱袋子"：国家的"钱袋子"和老百姓的"钱袋子"。这两个"钱袋子"通过财政这个管道连接在一起，财政的任何制度安排都会对其产生影响。国家多收，国家的"钱袋子"就会鼓起来，可以提供更多的公共服务，避免更多的公共风险；但老百姓的"钱袋子"就会瘪下去了；相反，国家少收，老百姓的"钱袋子"就会鼓起来，国家的"钱袋子"就会瘪下去，可以提供的公共服务就会减少，公共风险可能扩大。这就涉及国家的"钱袋子"和老百姓的"钱袋子"的平衡问题，必须依据不同发展阶段的特定经济社会条件，找到一个黄金分割点。

从个体的角度来看，当然是自己的"钱袋子"越鼓越好，对税费产生一种本能的抗拒，或者说个体天生就有逃避税费的心理。故而说，征税是拔鹅毛的艺术。那么，两个"钱袋子"怎么来平衡呢？矛盾的主要方面不是哪个"钱袋子"的多与少的问题，而是判断多与少的依据。从理论上看，长期以来有个流行的理论，即社会福利最大化。这个理论最大的问题是福利是没有上限的，从人性来看，趋向多多益善。如此一来，在政治家与老百姓的共同"努力"下，社会福利最大化往往会失去约束，要么造成多收，税负重；要么赤字扩大，债台高筑。这对国家治理而言，无论哪一种情况都不是福音。从西方国家的实践来看，这个理论已经带来严重的危害。欧洲主权债务危机已经产生严重的后果。这个理论有误导的嫌疑。从我国来看，需要理论创新，通过新的理论来指导我们的实践，平衡好两个"钱袋子"。

国家治理的本质是风险的治理，追求的目标是公共风险的最小化。这既是一种风险思维，也是一种底线思维。政府的责任是托底，使老百姓无法承担的公共风险最小化，使老百姓承受最小的公共风险，而不是福利的最大化。公共风险，就是社会个体无法化解，而需要集体的力量、国家的力量去化解的风险。公共风险最小化，应该是衡量国家"钱袋子"要装多少钱的标准。社会福利最大化理论，无论从逻辑，还是从实践来看，我认为都是有问题的。公共风险最小化，就是避免公共危机的产生，这是政府的责任边界，剩下的事情都是老百姓自己可以解决的。

党的十八届三中全会提出"改革税制，稳定税负"。这是基于当前现实条件提出的一个改革原则，也是当前条件下平衡两个"钱袋子"的原则。稳定税负，实质是稳定市场、社会的预期，表明财政收入增长要和经济增长相适应。依据经济增长的潜力和公共风险化解的迫切需要，财政收入的过快增长或者过低增长都不现实，都可能造成更大的公共风险——要么是因加重税负造成经济进一步滑坡，要么是因公共服务缩减造成民众的更加不满。在当前条件下，稳定税负是改革风险最小化的原则，也是公共风险最小化的原则。

四、实行两级治理，发挥中央与地方两个积极性

党的十八届三中全会的《决定》再次重申了要"发挥中央和地方两个积极性"。这是一句老话，毛泽东早在《论十大关系》中就讲了要发挥中央与地方的积极性问题。之所以从过去到现在一再强调，其背后还有深意。

大国治理、大国财政与小国治理、小国财政具有质的区别，不可同日而语，不能相提并论。发挥中央、地方两个积极性，既是我们国家治理的一个重要原则，也是大国财政的必然要求。我们在讨论行政体制改革和财政体制改革的时候，大多是从五级政府的角度来考虑的。这使我们陷入一个严重的误区，认为政府级次、财政级次太多，应当缩减。其实，政府级次与国家治理的级次是两个不同的问题，而且性质不同，因为二者存在的依据不同，不能混为一谈。从国家治理的角度来观察，我国作为一个单一制国家，国家治理在纵向上是两级架构：国家（中央）与地方。与此相应，我国的财政分权改革也是两级，而不是五级。一级是国家层面的，由中央国家机关来治理；另一级是地方层面的，由地方国家机关来治理。我国实行中央和地方两级立法体制，但地方的立法体制只赋予到省一级，省以下没有立法权。在这里，"地方"是一个整体，

属于独立的法律实体，也是市场经济条件下独立的利益主体和发展主体。与此相应，司法体制也将向两级过渡，地方作为整体是一级司法，在国家层面是一级，国家再设巡回法院和专业性法院来解决司法独立审判的问题，促进司法的审判公平。从这个角度来看，国家治理的两级架构非常明显。税收的征管也是两级架构，不是每级地方政府都有税务局，征税权是两级，而不是五级的概念。我们过去说，一级政府一级财政，但是征税权并不是有一级政府就有一级征税权。当然，我国的征税权在地方一级体现得并不充分，并无税种的开征、停征。从国家治理架构来看，我国是两级财政，而不是五级财政的概念。这就是什么总是强调两个积极性，而不说五个积极性的原因所在。

因此，财政体制改革应抓住主线，即从国家治理两级架构来考虑，从两个层面来搞好财政体制改革的总体设计：一是在国家层面处理好中央与地方的财政关系，再一个就是在地方层面处理好省以下的财政关系。地方层面的财政体制与国家层面的财政体制是不同的，如何改革应分开设计，不能混同。在国家层面的分权和地方层面的分权也是不一样的。地方治理、地方财政体制怎么搞是另外一个层面的问题，它们的性质和任务是不同的。只有明确了这条主线，财政体制改革才能避免微观化陷入误区而不知。

（此文发表于《理论视野》2014 年第 1 期，作者：刘尚希）

财政与国家治理：基于三个维度的认识

阅读提示：《财政与国家治理：基于三个维度的认识》一文在阐释国家治理内涵的基础上，从经济社会发展的视角，着眼于全面深化改革和建设包容开放、共建共享社会，提出国家治理的三个维度：国家与市场（企业）的关系、国家与社会（个人）的关系、中央与地方（城乡区域）的关系。并提出这三个维度是财政在新时期发展和改革的坐标系，财政活动、财政改革、财政法治都深深嵌入到国家治理的这三个维度之中。本文是对财政与国家治理关系的深入阐述，不仅强调了国家治理的本质是公共风险治理，同时对财政作用于国家治理的维度和机制进行了论述，这篇文献在学术界引起了很大反响。

党的十八届三中全会《决定》中提出："财政是国家治理的基础和重要的支柱"。这是一个站在历史和理论的高度提出的论断，对当前财税改革具有十分重要的长期指导意义。我们应该怎样去认识和理解，又如何与我们的财政实际工作结合起来，这是当前财政领域面临的一个关键问题。只有在认识上、理论上搞清楚了，才有可能转化成我们行动的指南，不至于搞成两张皮，变成标签和空洞说词。正是本着这样一种想法，从国家治理的内涵入手，我尝试着从国家治理的三个结构性维度阐释财政为什么是国家治理的基础和重要支柱，希望形成一个逻辑上自洽的认识框架。

一、从企业（公司）治理到国家治理

（一）企业利益主体多元化孕育了企业（公司）治理

要正确理解国家治理的内涵，首先要清楚"治理"这一概念的由来。它来自于企业（公司）治理，是微观概念在宏观上的应用，是把私人领域或者市场领域的概念借用到公共领域。当企业所有者只有一个的时候，例如家族式企业为主的时期，利益主体限于老板与员工之间，被关注的更多是企业管理，怎么来有效管理企业，从过去的泰勒式管理到现代的人性化管理，形成了你方唱罢我登台的多种企业管理理论。随着企业的股份化，企业向法人股份制公司演变。股份制意味着所有者与经营者分离，委托代理关系产生，企业的组织架构就要相应改变，以包容多元主体和多元利益关系。虽然股份制在 19 世纪就已经产生，但直到 20 世纪 80、90 年代，治理的理念才突显出来，公司治理结构的研究成为热门话题，这显然与多元主体与多元利益关系的变迁是紧密联系在一起的。股东、董事会、经理人、员工之间的责、权、利关系，以及信息、契约不完备条件下的委托代理成为公司治理的核心问题。

从企业发展的过程来看，治理的概念很显然是因为多个主体出现了，而不同的利益相关者之间要形成一种共建、共担、共享的利益共同体，就需要创新企业组织形式。企业制度转向以公司制为代表的法人治理形式，也就渐渐形成了多元、包容、平等、互动、开放的法人治理结构。

（二）社会利益主体的多元化催生了国家治理

从过去主要谈企业管理，到现在同时又讲治理，这个变化对我们认识国家治理是有启发的。可以说，现在提出"国家治理"这个概念，是对国家的一种新认识、新理解。我们过去理解国家，传统的理论就是从阶级斗争、阶级划分这个角度去认识的，国家就是一个暴力机器，是一个阶级对另一个阶级的专政。统治和被统治、管理和被管理，是传统国家理论的基本认识框架。在这种认识框架中，其中的主体相对来说是单一的，公共利益与个体（集团）利益关系也相对简单。

而国家发展到今天，尤其是市场经济的发展，不同社会阶层、利益群体逐渐形成，经济社会主体日渐多元化，并变成为关系紧密的利益相关者，仅仅依靠传统的统治、管理方式已经不相适应，需要一种新的国家结构来包容越来越复杂的利益关系、协调越来越多的各种利益冲突，尤其是公共利益与个人利益之间的协调就变得至关重要。否则，国家发展和社会文明进步可能停滞，甚至倒退。为防范化解这种公共风险，一种新的国家结构就应运而生，表现为国家治理结构或国家治理体系。现代国家自然需要与之相匹配的现代治理体系。

（三）国家治理是基于社会共同体理念下的多元主体共同治理

多元利益主体的形成实际上是历史进化的过程。利益主体过去主要表现为两个阶级，利益关系也主要是两者之间的利益关系，由此形成了统治阶级和被统治阶级、管理者和被管理者。现在再用阶级分析的这种思维来看社会和国家已经不合时宜，社会是多姿多彩的，应当承认一个社会共同体中存在各种不同的利益。存在多元利益，经济社会也才有活力。这在现实生活中就表现为多元的利益主体，比如有国家、企业、居民，有城市、乡村，有不同的区域，还有中央、地方，诸如此类。但无论有多少利益主体，基于社会共同体的公共利益始终存在。多元利益主体之间会产生复杂的利益博弈，要使这种多元的利益博弈不至于危害社会共同体的公共利益，就必须有一种能包容多元利益的治理结构，规范各自的责、权、利和行为。

在参与治理的众多主体中，国家是一个核心的主体，在某种意义上就像一个股份公司，国家是一个大股东。在不同的历史时期，参与主体是不一样的，构成不同的国家治理结构。就现在来看，国家依然是一个大股东，发挥主导性作用。国家结构的这种变化，从更深层次的动因来分析，是公共风险导致的。利益主体越是多元，社会就变得越是复杂，内生的不确定性和公共风险就会越大，就越有可能危害整体的发展。利益主体之间是相互竞争博弈的，这就需要找到一种有效的解决方式不至于让这个社会共同体在竞争博弈中崩溃。这种解决方式只能是用一种包容性的国家结构去替换传统的排斥性的国家结构，共同治理的理念由此形成。

这种治理理念的形成，以及新型国家结构的产生，其背后的东西是社会共同体内部产生的公共风险。追求善治，也就是追求公共风险的最小化，保证国家发展和文明进步的可持续，这是最大的公共利益。今天强调治理，其实是强调我们处于一个社会共同体之中，在同一艘船上，比任何时候都需要同舟共济，使多元利益主体之间的竞争博弈转化为发展的合力——动力，而不是转化为导致共同体停滞的斥力——阻力。无论全球治理，还是国家治理，在这一点上是相通的。从中不难看出，治理和公共性是内在关联的，治理的对象都是基于社会共同体的公共性问题。

（四）国家治理与国家统治、国家管理不是相互替代的

党的十八届三中全会提出"治理"这一概念后，很多学者解读为治理替代了统治，替代了管理，这种看法是片面的。

治理、统治、管理这三者之间不是一个相互替代的关系，而是互补的。其实在任何一个国家，这三样东西都依然存在，它既有统治，还有管理，当然也有治理，但是它们处于不同的层次。从历史上来看，在不同的历史时期是以不同的方式来管理国家的。在阶级划分为主的历史阶段，强调阶级斗争，更多强调的是阶级统治。当下凸显治理，淡化阶级统治，不等于说统治本身会消亡。有公共权力、有国家存在，就会有国家统治。国家统治是国家的底线，平时是隐形的，当遇到外来侵略、社会骚乱和动荡的时候，统治的作用就要凸显出来，否则，国家就会陷入无序混乱状态。

而国家管理是随着社会的分工复杂化和公共化而产生的，管理与被管理的关系永恒存在，就像一个乐队总是需要一个指挥一样。国家管理应当是基于公共性的宏观管理，这在我们国家是相当缺位的。管理需要科学精神与人文情怀，是在一定治理结构下来展开的，就像公司管理是在一定的公司治理结构下来开展一样，治理无法替代管理。当前强调治理，并不是说我们现在不要统治和管理了，而是长期来缺乏共同体理念及其相应的国家治理结构。开放、包

容、平等的社会，需要的是共建、共担和共享，使经济社会主体的权力、权利、责任和义务处于一个更合理的结构之中。在这个意义上，国家治理也是国家的"再组织化"和"再结构化"。但无论怎么变化，国家统治和国家管理都不会消亡，改变的只是其实现形式。统治退居幕后，治理走向前台、管理在治理下运行。我国进入全面深化改革和全面依法治国的新时期，国家治理体系的现代化就是要形成一个现代化的国家治理结构，同时具备很强的治理能力，这样国家才能往前走，中华民族复兴才不会半途而废。

统治、管理和治理三者有共同的基础，即公共权力，只不过公共权力的使用方式不同；三者有相同的功能，即秩序，统治是要维护底线秩序，或基本秩序，管理也是为了秩序，治理也是为了要有一个秩序，区别在于统治更加强调的是以一种外在的力量去维护这个秩序，而治理强调的是共治，是多元主体共同来参与，是一种内生的秩序。在这个意义上，治理是生成秩序，统治和管理更多的是维护秩序。在经济社会转型和文明发展转型时期，旧的秩序已经不相适应，需要一种新的秩序，而这种新秩序只能在内部产生，不能靠外部强加，内生秩序的治理也就变得更加重要而凸现出来。

二、国家治理的三个维度，构成财政的新坐标

过去讲的改革主要是经济改革，或者叫市场化的改革，主要是改变政府与市场的关系，让市场在资源配置中发挥更大的作用。而当前的改革是全面深化改革，涉及经济、政治、社会、文化、生态文明、军队和党建。在市场经济不断发展的这个基础上，社会结构及其整个上层建筑都发生了极大变化，形成了极其复杂的利益关系。我国的全面深化改革实际上就是构建一个以国家形式存在的社会共同体新结构——包容开放的、共建共享的社会，实现多元利益与公共利益的相互包容，让中国特色社会主义旗帜上写的"平等"二字更鲜艳和更饱满。

（一）国家治理的三个维度

在当前复杂的利益关系中，我们可以抽出三条主线：一是国家与市场（企业）的关系。过去三十多年的改革主要在这方面做文章，放权让利，让企业成为独立利益主体，成效显著。但改革任务仍未完成，计划经济的惯性依然存在。二是国家与社会（个人）的关系。这不是过去改革的主战场，而对当前的我国来说却是变得越来越重要。国家与社会的关系全球都在调整，尤其在社会保障和公共服务方面。三是中央与地方（城乡区域）的关系。这是过去一直想解决但未能解决好的难题，对于我国这样一个发展中的巨型单一制国家来说，中央与地方的关系极其重要，又是极难的问题。这三条主线构成新时期国家治理的三个维度。

如果把这三个维度划成一个几何图形，就构建为一个立体的坐标，国家与市场构成一个维度，国家与社会构成一个维度，中央与地方构成一个维度。三个维度结构为一个有机的整体，这就构成了新时期的国家治理结构。对于抽象的社会共同体，我们可以从这里找到现实的感觉。作为全面深化改革的目标，国家治理体系的现代化，也就主要体现在这三个方面关系的调适状态及其相互协调性。缺少任意一个方面，都谈不上国家治理体系的现代化。

（二）财政的新坐标

从国家治理来看，三个维度是国家治理结构的描画，也是社会公共性的一个简化模型；从财政来看，这三个维度则是财政在新时期的坐标系，财政活动、财政改革、财政法治都深深嵌入到这三个维度之中。新时期的财政改革既要靠这个新坐标来导航，而由这个新坐标系标注的国家治理结构又要以财政为基础。财政作为国家治理的基础，是以社会复杂利益关系的交汇点而存在的。财政先天就是公共利益的化身，并与社会多元利益主体相关联。上述三个维度，都是一个利益交集，并又汇集财政于一身，成为全社会的利益交集。也可以说，三个维度是三个利益总阀门，可调节社会各个阶层、各个集团、各个区域的利益关系。财政之所以牵一发而动全身，因为财政牵扯着全社会所有利益神经。

公司治理中的核心是公司剩余索取权的安排。同样，对国家治理来说，社会剩余控制权的安排是其根本。这恰恰是财政的职责。社会共同体得以维系，也在于此。财政从三个维度影响国家治理结构的变迁，也决定着国家治理的成效。善治与否，也取决于财政上的作为。历史上，横征暴敛导致国家衰亡；而在近现代，财政整治带来国家兴盛。正是财政对国家治理的这种基础性作用，故而无论是过去单一维度的经济改革，还是当前三维的全方位改革，财政都被选为改革的突破口和排头兵。

三、国家治理体系：三个维度的分权

把上述三个维度综合起来看，全面深化改革实际上是国家治理的改革，目标就是形成一个现代化的国家治理体系或国家治理结构。这在十八届三中全会的《决定》中做了清晰的阐述。若以综合的方法从整体来观察，国家治理改革就不仅仅是经济改革，也不仅仅是社会、文化的改革，而是涉及各个领域、各个方面的整个国家治理结构的改革。相对于过去较为单一性的经济改革相比，当前这种综合性的改革可简称为治理改革。治理改革是系统重构，不是修修补补，要搭建一个以前不曾有的新的体制框架——具有包容开放特点的国家治理结构，以完善和发展社会主义制度。

（一）从经济分权到全面分权改革

"国家治理"的概念尽管是 2013 年 11 月的十八届三中全会才正式提出，但国家治理改革的实践却早已存在。从三维治理结构这个框架来观察十八届三中全会以前三十多年的改革，以市场化为导向的经济改革无疑是国家治理改革的一个重要维度，即便当时没有明确提出，历史却把它纳入到了国家治理改革之中。若不以概念，而以历史演进逻辑来看，昨天的治理改革是自发的，而今天的治理改革则是自觉的。再往前看，20 世纪 90 年代市场化改革的自觉，也是以之前十多年的探索为铺垫。改革不是先知先觉的，没有先验性的改革。之所以要强调这一点，不是为了谈历史，而是放在高度集权体制的大背景下来看，当今的治理改革，依然没有改变过去改革的基本方向：分权。就此而言，中国改革的基本逻辑依然没有改变。只不过从经济分权，转向了更广泛的全面分权改革，这就是当今治理改革的基本内涵，即向市场分权、向社会分权和向地方分权。

(二) 经济改革：向市场分权

1978 年改革开放，就开始了国家与市场维度的分权，属于经济性分权，即让市场从发挥更大的作用，到发挥基础性的作用，再到现在提出的发挥决定性作用。很显然，经济性分权改革还得继续，并成为当前改革重点之一。改革之艰难由此可见一斑。不过，从计划体制下的放权，到市场体制下的分权，再到当前国家治理框架下的分权，国家与市场关系的内涵也发生了变化。这不仅是市场（企业）主体地位的形成，而是国家与市场的关系从对立开始走向分工与合作。治理不是制造对立，而是实现多元融合。在国家治理框架下的向市场分权，不是否定国家的作用，回到亚当·斯密时代，而是通过进一步的经济性分权让国家与市场形成最大的发展合力。毋庸讳言，这最大合力的实现条件至今仍是不清楚的，仍需要长期的探索。这不仅是中国的难题，也是全球性的难题，但好在已经起步了。

(三) 社会改革：向社会分权

国家治理结构的改革，除了经济的维度，还有社会的维度。当前的改革已经触及了国家与社会的关系，这种属于社会性分权的改革，也可简称为社会改革。与经济改革相比，社会改革更复杂，至今也没有一个关于社会改革的完整理论框架，其中存在的误区、误解自然不少。如担心国家失控、担心影响社会稳定、担心政治化等等。社会改革不只是涉及社会组织的地位和发展问题，而且与社会主流价值观、伦理道德、国家凝聚力、公民的自我约束和管理等等紧密地联系在一起。如果说经济改革是经济的再组织化，那么，社会改革也是社会的再组织化，也是一种重构。当前正展开的教育体制改革、医疗卫生体制改革、社保体制改革、科技体制改革、事业单位改革等方面，实际上都是社会改革的重要组成部分，但都没有纳入社会改革的统一框架来设计和实施。而这些改革与公共服务、民生改善、国家创新、社会和谐都是一体的。以民生改善为重点的社会建设，需要社会改革来推进，正如经济建设需要经济改革来推进一样。

与经济改革建立社会主义市场经济体制的明确目标相比，社会改革的目标是不清晰的。改革目标的模糊导致社会改革左右摇摆，在以碎片化方式推进。经济改革涉及的是经济组织，经济组织的目标就是追求盈利，而社会改革涉及的是社会组织，即非营利组织，是不追求利润的。比如，事业单位就是非营利组织，当前体制下是一种官办的社会组织。当前在事业单位改革上，没有明确的顶层设计，各个部门、各个领域都是各管各的，各自在寻求突破，有一些点上的经验，如三明医改，但无法在面上推广。教育、医疗、科技、慈善、养老等各领域的体制改革都涉及一个共性问题：非营利组织，既有官办的，也有民办的，到底怎么定位？这个基本问题没有解决，上述各个领域的改革都面临同样难题：政府怎么管？到底赋予它了一个什么样的法律地位？种种的不明确导致社会改革很难往前走。就连社会办医、办学、养老等等，都引发诸多的争议，巨大的分歧使社会改革共识难以形成。经济改革是发挥市场的自组织功能，让它更有效地配置资源，而社会改革是要发挥社会的自主治理功能，让社会有更大空间，更多地自我管理、自我约束、自我提供，包括公共服务和社会秩序在内。

（四）中央与地方关系改革：向地方分权

1994 年分税制改革启动了向地方分权的改革，分税制一直稳定到现在，应当说改革成效非常明显。但是，向地方分权的改革还没有真正完成。按照我们过去的理解，向地方分权改革，主要是从集权与分权的关系上去认识，强调分权的必要性，即要调动地方的积极性，就要给地方更多的权限，而不是从寻求一个合理的国家治理结构的角度来认识的。从国家治理的角度来看，中央向地方分权，就应让地方成为一个有效的、相对独立的治理主体，使国家治理从集中治理到分级治理，从一级治理到两级治理：一个是在中央层面，也就是国家层面，一个是地方层面。既然中央和地方是两个主体，那它们就有各自的利益。对此，我们无需讳言。

从我国宪法和历史传承来看，纵向的国家治理结构应是中央、地方两级，这与我们时常提到的五级政府是不同的概念。国家的公共权力不是均匀地在各级政府之间划分，有些权力只在中央与地方之间划分，也就是说，在地方省市县乡之间不能再继续划分。例如立法权，按照我们现行中央主导下的两级立法体制，可以赋予地方立法权，也包括一些省会城市和 2015 年《立法法》修改中提到的设区的城市，但整体上看，两级立法体制没有改变。立法权原则上只能赋予省级人大机关，不能按照政府级次再一层层分下去，除非法律另有规定。显然，到了市县乡是没有立法权的。司法权也是如此。我们过去认为每一级政府都拥有司法权，结果产生了严重问题。当前正在实施的司法改革就是要理顺司法权的划分，由过去的五级司法改为两级司法体制。再如征税权，并不是每一级政府都有这个权力。原来这个权力完全归中央，正在实施的财税改革也考虑把一部分征税权让地方来分享，但也就是到地方省级为止。与此相对应，我国的征税机关也是两级，即国税局和地税局，不是每一级政府都设有税务机关。由此不难看出，相对于中央，地方是一个集合概念，是一个完整的治理主体。从国家治理这个角度来看财政体制，我国实行的是两级体制：国家财政体制和地方财政体制。这两个层次的财政体制，显然不能以"政府间财政关系"这个笼统说法来涵盖。

由于过去我们没有治理的理念，没有从治理的角度去观察，所以老是谈五级政府之间的财政体制，这就把治理级次和政府级次的问题混淆了。财政体制首先应当解决的是在治理层面上的体制问题，就是说在国家层面要处理好中央与地方的关系，这是第一个层次，第二个层次就是地方内部省市县乡之间的关系。地方作为一个相对独立的治理主体，其体制应当是因地制宜的，地方应设几级政府，是四级政府，还是三级政府、两级政府，不应一刀切。而从现实来看，也已经向这个方向调整，如海南就是三级政府架构。也只有这样，才能适合于我们国家区域之间地理环境、经济社会、历史文化差距差异很大的这么一种现实状况，有效的地方治理也才可能真正形成。两级治理、五级政府，这是两个不同的概念，不能再混淆。1994 年分税制改革，主要是针对中央与地方财政关系，地方内部之间怎么改革，实际上是交给地方因地制宜去做的。有的地方搞了分税制，而有的地方就没搞分税制。在学术界有一种观点，总觉得地方没搞分税制就是不规范的表现。现在看来，需要对这个问题重新认识。

从治理的角度看，我国的两级分权与以美国为代表的联邦制国家是不一样的。美国实际上比我们多了一层分权，即政治性分权。就是说美国联邦和州之间是平起平坐的关系，都有主权，是双主权体制，各自有制定宪法、法律的权力，州在不违背联邦宪法、法律条件下可自行制定宪法和法律。由于这种政治性分权的存在，在理论上，如果州的老百姓同意，任何一个州就可以脱离联邦。我们作为单一制国家，没有政治性分权。与之对应，我国中央与地方之间的分权是行政性分权。那么，地方内部省市县乡之间怎么分权？与中央地方之间分权的性质不同，地方内部的分权是一种事务性分权和管理性分权，其事权划分主要遵循效率原则和受益原则。

四、财政嵌入到国家治理体系的每一个维度

作为国家治理的基础，财政嵌入到了国家治理体系（结构）每一个维度的方方面面，就像血管一样分布在生命有机体全身。但从不同维度来观察财政，其景象是不同的，对财政的认识也会不一样。

（一）从经济的维度来看，财政与市场的关系是主脉，关键词是"效率"

在这个维度，相对于市场作用领域而言，形成了公共领域，也就有了公共财政。作为过去财政改革导向的"公共财政"，就是在经济市场化改革的基础上形成的对财政的认识。这个改革导向就是为了让政府财政从市场领域退出来，为市场开辟道路，让市场更多地发挥作用，也就是为市场化创造条件。经济维度的改革形成了公共财政理论，维护市场，其目的是为了促进经济增长，

做大经济蛋糕。

（二）从社会维度来观察，财政与社会的关系是主脉，关键词是"公平"

相对于社会可以发挥作用而言，公共领域不由财政来独占，应该让社会来更多地参与。这个维度的财政模式就不是"公共财政"，对应的是"民主财政"或社会参与式财政。一些地方实行参与式预算、政府委托社会组织提供公共服务等等，都改变了财政独占公共领域、包揽公共服务的传统观念。一些地方正在探索，怎么让社会来参与财政决策，比如温岭、焦作都在尝试。提升财政透明度，实际上也是一种社会的参与。

（三）从中央与地方维度来观察，集权与分权的关系是主脉，关键词是"适度"

这是公共部门内部的纵向关系，对应的财政模式应是"分级财政"。分级治理与分级财政需要保持内在的一致性，不能错位。事权与支出责任相匹配，就是这个要求的具体化。国家治理对应的是国家财政，而地方治理对应的是地方财政。在分级治理模式下，地方财政是一个相对独立的主体，不是中央财政的附庸。地方自主治理与地方财政的相对独立性关联在一起，但如何来界定这种相对独立性，包括权力、责任和利益，是当前治理改革中需要去创造性解决的问题。

（四）从治理来分析，需从立体的角度整体来把握，公共利益与个人利益的关系是主脉，关键词是"包容"

全球倡导的包容性增长、普惠性金融，其实不只是为社会公平，而是需要公共利益与个人利益的相互包容。与此对应的财政模式应当是"民生财政"，也就是以人为本的财政，它不是以追求物质财富增长为目的，而是为了人的自由全面发展。实现包容性的根本途径是树立共同体理念，"共建、共担、共享"。

每一个维度在不同的时期侧重于不同的方面，所以就形成了不同的财政改革的导向，实际上也形成了不同的财政模式。在当前国家治理的背景下，应树立一种以人为本的民生财政理念。当然，这个民生财政与我们日常所讲的民生支出、民生工程是不一样的。我认为，民生财政是一种价值观，这种价值观下，财政的出发点和落脚点，不是促进物质财富的增长，而是最终要落到人的发展上来。平时所讲的民生支出这个说法，从财政实际工作的角度来说，无法自圆其说。如果民生支出的比例越来越高，那意味着其他的支出科目就要趋于消失，显然，其他支出科目并非可有可无。问题是一旦作为一种口号提出来，老百姓就认为所有的钱都要用到"民生支出"上来，没有用到民生支出的钱都是不恰当的，这就自己给自己挖了一个坑，造成以后的财政工作非常被动。其实，财政所有的支出都应当直接或间接地有利于民生，促进人的发展，而并非只是一部分支出。

人既是最可宝贵的资源和资本，也是一切发展的目的。只有以人为本的财政才是可持续的财政、稳固的财政。

（此文发表于《经济研究参考》2015年第38期，作者：刘尚希）

财政与国家治理：基于不确定性与风险社会的逻辑

　　阅读提示：《财政与国家治理：基于不确定性与风险社会的逻辑》一文以不确定性世界观为基础，从风险社会的逻辑视角出发，对财政与国家治理的关系进行分析。我们观察到，不确定性思维已经深入到各个领域，颠覆了确定性的世界观。与此同时，人类也迈入了风险社会。以治理思维通过注入确定性来应对不确定性，是风险社会的基本逻辑，也是风险社会人类生存和发展的根本出路。国家治理的本质是公共风险的治理，是通过注入确定性化解国家发展中的不确定性和公共风险，从而实现国家进步、人民和谐。提高公共理性水平是注入确定性的前提，而财政则是提高公共理性水平的基础，同时财政还发挥着公共风险"蓄水池"、国家治理变革的"发动机"、协调各方关系的"总中枢"等作用，因而成为国家治理的基础与重要支柱。基于此，必须善于用风险治理思维考虑财政问题，发挥财政在国家治理中的"定海神针"作用。本文是对财政与公共风险、国家治理等关系较为全面和深入的分析。

　　长久以来，学术思想一直被确定性世界观所统治。经典力学思维的确定性世界观主导着自然科学领域，同时也占据着哲学社会科学领域，传统的自然和哲学社会科学无一不接纳经典力学思维的确定性世界观。这种情况正在改变，自然和哲学社会科学都在发生革命性变革，不确定性的世界观逐渐树立。财政学是哲学社会科学的重要组成部分，从不确定性视角进行分析，财政作为国家治理的基础和重要支柱能得到更好的阐释。

一、从确定性到不确定性：世界观的嬗变

爱因斯坦曾经说过，一种理论前提越为简练，涉及的内容越为复杂，使用的领域越为广泛，那这种理论就越为伟大。[①] 当今时代，不确定性观念已不再被自然科学的意识所驱逐，而是被广泛接受，且日益成为广泛普适性理论的世界观基础。不确定性虽然脱胎于自然科学研究，但如今已横扫自然与社会科学领域。

(一)"黑天鹅"事件是对确定性世界观的颠覆

在 20 世纪前，由牛顿创立、拉普拉斯等进一步开拓的经典力学被认为是整个自然科学的基础，自然科学的规律最终会归纳到力学定律中几乎成为共识。从认识论上看，经典力学将各种现象描述为一个复杂的钟表机构，拥有对过去和未来的完整、客观的描述。这种世界观对人类的影响是巨大的，人们往往将科学思维与经典力学思维等同起来。

在社会领域，经典力学思维世界观认为社会发展进程是线性、连续性的，它的每个发展阶段有迹可循、一环扣着一环，可以轻易地判断逻辑因果。在确定的规律下，社会的发展、演变、前景是精心编排的戏剧，按既定剧本向前演绎，犹如经典物理运动一般有序、简明，符合我们现有的思维逻辑。但是现实却总是有"剧本"以外的"黑天鹅"事件发生。例如，疯牛病、金融危机、恐怖袭击等突发事件让我们措手不及，自认为早已掌握的社会规律一再被打破，客观的、独立于观察者的和决定论的经典力学思维在科学研究中乃至日常生活中已不再适用。量子力学中不确定性原理，非线性动力学的混沌概念，混沌学科的奇异吸引子等证据，表明世界本质上是不确定性的。

---

① [美] 杰里米·里夫金、特德·霍华德：《熵：一种新的世界观》，吕明、袁舟译，上海译文出版社 1987 年版。

（二）不确定性思想在自然科学研究中的体现

自然科学研究中较早体现不确定性概念是量子力学，1925—1926 年，德国物理学家海森伯和奥地利物理学家薛定谔分别从不同的方向建立了量子力学的基本方程，海森伯提出的不确定性原理成为量子力学的基本定理。对于系统基本观测量坐标 q 与动量 p，算子 $\hat{p}$ 与算子 $\hat{q}$ 满足对易关系，坐标表象中动量算子满足公式：$\hat{p} = -\dfrac{i\hbar\partial}{\partial q}$。

单纯数学形式未免繁琐，罗伯森证明的定理提供了更加直观的理解，该定理表明，如存在两个可观测对象，在系统任意态 $|\varphi\rangle$ 中同时测量，其测量结果方差满足公式：$\overline{(\hat{A})^2}\,\overline{(\hat{B})^2} \geqslant \dfrac{1}{4}\,\overline{i\,[\hat{A},\ \hat{B}]}^2$。

若微观客体的任何一对互为共轭的物理观测量，如坐标和动量，则它们就不能同时测准，这种不确定性的大小用约化普朗克常量 $\hbar$ 来表示。$\hbar$ 的引入导致"量子化"这一新概念的诞生，成为连接经典力学与量子力学的桥梁。如果 $\hbar \to 0$，则表明不存在不确定性，整个理论过渡到经典力学，反之亦然。

不确定性思想体现比较充分的另一个重要领域是复杂性科学。作为 20 世纪后半叶系统科学的新兴学科和前沿领域，复杂性科学揭示了复杂系统中存在的不确定性，其分支学科耗散结构理论和混沌学对不确定性研究尤为深入。耗散结构创立者普里高津认为，以经典物理学根本特征的确定性为基础的自然法则已经走到尽头，新的自然法则将为可能性、不确定性和概率留下空间。在完全确定性与纯粹机遇性之间需要一种"必要的张力"，建立起关于从不确定性走向确定性的以概率为基础的新的自然法则。[①] 混沌学科更是对经典力学决定论观点的根本颠覆，认为"确定性的随机性"思想是真实世界运动体系的反映，为我们更加完全地反映世界的本质提供了一个新的基础。美国气象学家兼数学家洛伦兹（Lorenz 3. N.）于 1963 年发表的经典文献《确定性的非周期流》为混沌学科树立了崭新的标志，也是我们熟知的"蝴蝶效应"的理论来源。洛

---

① 李坚：《不确定性问题初探》，博士学位论文，中国社会科学院研究生院，2006 年。

伦兹将关于大气热对流问题冗杂的偏微分方程组简化为三元常微分方程组，即
Lorenz 方程。[①]

　　Lorenz 方程的参数决定系统的行为和运动轨道。当参数不同时，方程组
所代表的系统行为变动飘忽不定。在一定参数值下，方程组出现奇怪的输出，
输出数据描绘的是一条怪异的连续的光滑曲线——它在三维空间里似乎无序地
左右回转，而又并不自我相交，呈现莫比乌斯环状，又像拍动翅膀的蝴蝶。[②]
这种现象被称为"洛伦兹吸引子（Lorenz attractor）"。洛伦兹在进行计算机数
值计算时，曾经发现了这样一种情况：当把上一次的输出结果作为下一次的输
入时，如果输入数据因四舍五入等原因出现微小的误差，那么，计算机的连续
运算将会使最终的输出结果出现迥然不同的巨大差异，这和"近似准确的输入
导致近似准确的输出"的经典科学"近似假定"根本对立，[③] 出现了"失之毫厘，
差之千里"的结局。

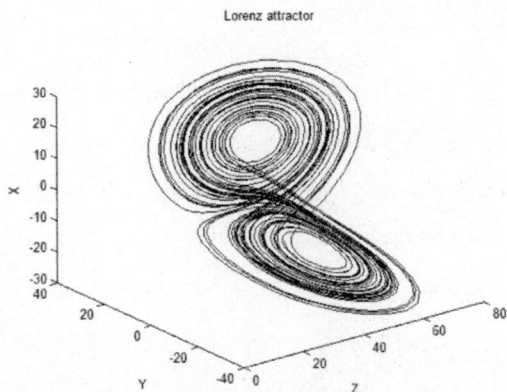

图 1　洛伦兹吸引子

---

①　Lorenz E. N., *Deterministic Nonperiodic Flow*, Springer New York, 2004:25–36.

②　李坚：《不确定性问题初探》，博士学位论文，中国社会科学院研究生院，2006 年。

③　[美] 詹姆斯·格雷克：《混沌：开创新科学》，张淑誉译，高等教育出版社 2014 年版。

（三）不确定性世界观进入社会科学领域

长久以来，哲学社会科学的世界观与自然科学的世界观是一样的，认为人类社会实践是客观的，人虽然有主观能动性，可以有目的地去影响人类社会实践，但社会发展与自然界一样，是有规律可循的。这点在经济学领域表现特为突出，经典力学确定性世界观一度支配经济理论的发展，李嘉图之后的绝大多数经济学理论总是有一个确定的前提，而经济分析只有排除不确定性和变动才能进行。[①] 直到奈特（Frank Hynemar Knight）在 1921 年出版的《风险、不确定性和利润》中引入不确定性后经济学界才开始正视不确定性，就此开启不确定性在经济学中的理论拓展。奈特就不确定性和风险做出明确的界定，并讨论了人们就不确定性可能产生的反应及处理方式进行讨论，推动了 1950 年以后对不确定性的经济学研究。凯恩斯则在奈特之后系统研究了不确定性，并认为经济行为是受不确定性和不可决定性支配的。凯恩斯在《就业、利息和货币通论》中对新古典经济理论进行批判时强调指出："人类行为影响着未来，不管是个人行为、经济行为还是政治行为。但是，人类行为不可能依赖于严格的数学预期，因为这种计算的基础并不存在"。[②] 过去的半个世纪里，不确定性对经济学影响尤为强烈，不确定性世界观比确定性的假设更加符合经济现实。

过去几十年中自然学科中的不确定性思想一直在向社会科学领域渗透。爱因斯坦提出的随机游走概念直接推动投机市场期权定价模型诞生；马约拉纳发表关于物理和社会科学统计法的基本类比的论文后，大量与经济学相关的论文在物理、数学期刊上发表；混沌学作为一门新兴科学甚至进入了音乐、美术等艺术领域，取得了一些价值很高的应用成果。[③] 在这里，不确定性思想不仅是描述微观世界的一种方式，它成为替代人类直觉，能够洞察世界的理论工具。

---

① 汪浩瀚：《不确定性理论：现代宏观经济分析的基石》，《财经研究》2002 年第 12 期。

② ［英］凯恩斯：《就业、利息和货币通论》，李欣全译，北京联合出版公司 2015 年版。

③ 周金勇：《混沌时间序列预测模型研究》，硕士学位论文，武汉理工大学，2009 年。

正如埃德加·莫兰（Edgar Morin）所言，"没有思想的变革就没有其他的变革。思想的变革是发生于思想结构本身中的革命"。[①] 不确定性世界观不仅可以使许多复杂的自然科学现象得到合理解释，同样也使人们加强对社会问题的认识。

二、应对不确定性应有治理思维：风险社会的逻辑

世界是不确定性的，在风险社会之前这一命题还不是很突出，但进入风险社会之后则变得明显。

（一）人类进入风险社会

美国学者丹尼尔·贝尔（Daniel Bell）把人类历史分为三个发展阶段：前工业社会、工业社会和后工业社会。丹尼尔·贝尔对后工业社会的特征进行了描述，但并未从风险社会的角度做思考。德国社会学家乌尔里希·贝克（Ulrich Beck）则根据观察和研究，对所生活的时代社会性质进行了全新理解和阐释，提出了风险社会的概念。英国著名学者安东尼·吉登斯（Anthony Giddens）从反思现代性的角度进一步发展了贝克的风险社会理论。他认为，"我们今天生活于其中的世界是一个可怕而危险的世界"。[②] 现代社会暴露在风险威胁下，适用"风险环境"的领域不断扩大，危机强度空前加剧。风险在吉登斯的理论中被区分为"外部风险"和"被制造出来的风险"，"外部风险"是"来自外部的、因为传统的或者自然的不变性和固定性所带来的风险"，如干旱、洪涝等，这类风险可以按照时间序列为依据作出估计和预防。[③] 后者是"被制造出来的风险"，是"由于我们不断发展的知识对这个世界的影响所产生的风险，是我们没有多少历史经验的情况下所产生的风险"。[④] 该风险往往是人的行为经时空演

---

① ［法］埃德加·莫兰：《复杂思想：自觉的科学》，陈一译，北京大学出版社 2001 年版。

② 郎友兴：《安东尼·吉登斯：第三条道路》，浙江大学出版社 2000 年版。

③ 刘军、蔡春：《风险社会、不确定性与信任机制研究》，《商业时代》2007 年第 10 期。

④ 刘军、蔡春：《风险社会、不确定性与信任机制研究》，《商业时代》2007 年第 10 期。

化对自然甚至环境的失控影响而导致的。因此某种意义上说，在开拓更多新的活动领域的同时，我们在不断创造出新类型的风险。极端的干旱与人类过度抽取地下水，频繁使用人工降雨；土地的沙化与砍伐森林、过度放牧；超级病毒的传播与抗生素的滥用；人民的贫困与国家政权的腐败。自然的野兽关进了笼子，人自身却创造了"恶魔"。

工业社会追求齿轮与齿轮间的严丝合缝，人们各司其职占据相应的社会地位。从一个主导工业延伸到上下游相关领域，主导工业发展吸引工人再到各种生产生活设施不断完善，进而吸引更多的服务辅助人员，整个社会的一切都是为工业生产服务，包括人。在风险社会面前，传统工业发展规律不再适用，社会不再是线性、渐进式的发展，而是非线性、突变式的发展。作为一个广义的有机体，风险社会是以非线性方式运动变化和发展，它的运动方式相比水的无机相变远要复杂，在一定程度上往往超乎人类想象。非线性相互作用的存在，社会系统有可能随某一参数的改变而由一个失去平衡的状态分支出若干个新的平衡状态。

（二）风险社会的不确定性

风险社会的不确定性体现为：首先，社会系统内生的不确定性占据主导。在风险社会，人成为社会的中心所在，不再像工业时代那样为了社会生产而服务，而是为了人自己而服务。同时，风险不再全部是受自然影响的、外源的，社会发展进程中滋生的风险已远远超过自然带来的威胁。如何应对社会系统的不确定性是风险社会的主题。其次，局部风险可能迅速蔓延为整体风险。在风险社会，人与人之间的联系更加紧密，不可分割。风险因社会群体的高度的关联性而升级，局部风险演化为全局风险的速度和威胁程度在上升。社会越来越发达，个体做出某些举动，都会在一瞬间影响和传递到世界每一个角落。信息化与网络化将每个人距离无限拉近，个体的行为产生层层波澜向社会各面传开，这些因果链中的一部分将反馈到他人身上，最终波及自身，你中有我，我中有你，局部的风险足够导致系统性瘫痪。

（三）风险社会的风险源于治理结构的脆弱性

从风险社会角度来看，风险是"经济、社会的稳定与发展受到损害的一种可能性"，[①] 它与危机发生的可能性相关，是不确定的事件。防范风险即防止不确定的事件转化为确定的负面结果。

社会治理结构是为社会生产与生存服务，当制度无法满足生产力与生产关系的良性互动与足够的张力，就具有产生风险的可能。风险社会治理结构的脆弱性使得风险不可避免，甚至孕育更为复杂和更加严重的制度性风险。从社会治理结构与风险的关系的角度，我们认为风险社会的不确定性是社会治理结构内生的不确定性。

风险社会治理结构的脆弱性体现为社会治理结构与不确定性存在不匹配关系：一是社会系统的管理与制度不足，无法提供足够的力量来应对本应可以解决的风险；二是社会机构因被迫吸收和承担不断增加的风险，变得臃肿低效，产生新的风险；三是复杂的社会制度削弱了集体行为应对风险的努力，这意味着现代化风险的来源不再是无知而是已知，不再是因为对自然缺乏控制而是控制太完善了。就如2013年诺贝尔经济学奖得主彼得·汉森（Lars Peter Hansen）所说的那样，"设计的规则越是复杂而难以理解，它越可能会成为新的不确定性的来源。这对我们的经济可能造成新的伤害"。[②]

（四）治理的作用在于向风险社会注入确定性

近几十年来，人类社会所面临的不确定性和突发的风险都在加剧，正如德国社会学家乌尔里希·贝克所提出的"风险社会"，如何治理风险成了社会永恒的话题。在风险社会，科技水平提升给予人类面对风险更多的处置能力与容忍程度。但当社会形态快速演进，社会治理结构仍在艰难转身，不仅无法实现以往的风险治理效果，制度本身产生了更具威胁的制度风险。这些风险不断吞

---

① 刘尚希：《财政风险：一个分析框架》，《经济研究》2003 年第 5 期。
② 王宇：《太过复杂的监管规则会扼杀经济活力》，《当代金融家》2016 年第 5 期。

噬人类文明的努力成果，已掌握的力量落后于不断膨胀的风险。

风险是社会系统因突发行为而产生的变动。它的形成、酝酿、爆发同时由社会的不确定性程度所决定。不确定性是风险社会的本质所在，就如量子力学的根基是建立在不确定性上一样，社会是非线性、非因果决定论的，这决定了我们不可能预料到社会所有的突发因素。取暖器不当使用可能导致火灾，也可能导致人烧伤，反过来说，导致火灾的原因可能是取暖器不当使用，也可能是乱扔烟头。不同的突发因素可能带来的风险并非一一对应，不能一概而论，这一特点使得风险与突发因素的情况变得复杂。在此情况下，扑灭取暖器上的火源是有必要的，但以更宽的时间跨度来看，难以保证每次都能及时且有效地扑灭火源，唯一能够长久的措施通过强化和创新制度措施实行动态的"不变应万变"，即通过制度创新注入确定性。在一个复杂、不确定的环境中，防止系统性风险的唯一的安全方式是对整个社会系统的结构治理，而不是在单个时间点采取行动。就如在避免沙堆崩塌的风险时，对每粒沙的尺寸和形状设置限制没有意义，而采取措施重塑沙堆本身的结构，才有可能在一定程度上为沙堆注入确定性。社会应对风险确实要面对诸多突发因素的挑战，也要正确及时地处理各种风险，这仅仅是"治标"。但唯有强化治理结构，不断注入确定性，才能有效避免突发因素形成风险，在一定范围保持稳定。

（五）应对不确定性应持续推动治理制度创新

社会治理结构为集体行动不断创造着可能性，通过集体努力向社会注入确定性，对冲不确定性，化解风险。随着外部环境变迁，社会机构和制度日益庞大与复杂，运用制度对抗自然的副作用开始显现，社会成员的集体努力被制度本身剥夺。社会系统因接连迸发的危机而无序滋长，应对危机的能力愈发低下，以致威胁到部分或整个社会的正常运转。复杂升级的体系应对风险的反应能力和效率降低，维护体系吞噬了巨大的集体努力，系统内部利益冲突激化到无法腾出足够的精力应付风险。古代埃及、美索不达米亚、罗马以及远东各河流哺育下成长起来的文明皆是这种发展历程的牺牲品。①

随工业社会以来的科技进步，急速提升的集体力量为整个社会系统注入新的确定性，某种程度上掩盖了社会治理体系劣化带来的风险。我们沉溺在以往治理的手段已足够应付未来一切风险的乐观中。然而，这种乐观的看法正在被打破，风险社会的不确定性高涨盖过确定性的集体努力，让世人见证了诸如金融危机、超级病毒、政权腐败等社会风险的威力。历史学家认为在社会文明发展的不同阶段，会出现一个普通化的过程。人们会借助制度与治理手段相互协调，共同应对各种突发风险。直到现有社会治理体系无法再平息复综错杂的危机，这个社会就开始走上了分崩离析的道路。迈入新阶段的社会，唯有不断适应、更新的治理思维与手段，才能应对每一次所面临的新危机。

三、财政发挥国家治理的基础作用：注入确定性

不确定性是风险社会的本质所在，即国家治理所面临的问题本身是不确定的。风险社会中风险的复杂程度与影响范围决定其必须从国家层面来解决，国家治理的本质是公共风险治理。国家治理的逻辑是"改善社会治理结构——注入确定性——治理公共风险"。在这一过程中，财政本身特点决定它位于经济、政治制度发挥作用、自我更替的中枢。从这个角度看，国家治理的本质得到揭示，财政作为国家治理的基础和重要支柱的地位也不言而喻。

（一）风险社会背景下的国家治理本质是公共风险治理

党的十八届三中全会将国家治理作为总目标提出，却未作出明确的解释，特别是国家治理的本质，学术界就此问题进行了不同角度的研究。俞可平认为，国家治理体系是一个制度体系，国家治理体系的三大要素，即治理主体、治理机制和治理效果。现代国家治理体系是一个有机、协调、动态和整体的制

---

① ［美］杰里米·里夫金、特德·霍华德：《熵：一种新的世界观》，吕明、袁舟译，上海译文出版社 1987 年版。

度运行系统。① 王浦劬主张，国家治理的基本含义就是在中国特色社会主义道路的既定方向上，在中国特色社会主义理论的话语语境和话语系统中，在中国特色社会主义制度的完善和发展的改革意义上，中国共产党领导人民科学、民主、依法和有效地治国理政。② 徐湘林从政治系统论的角度研究国家治理，强调国家治理的价值目标是国家的基本秩序和稳定，发展国民经济和提供公共服务。③ 包刚升则认为，国家治理体系的核心同样是设计一组激励相容的合约，来确保政治家和官员要基于公民共同体的利益行事。④

以上从宏观、微观层面对国家治理给出不同的看法。不同观点之间遵循理论基础不同，分析方式也各有差异，最终得出的国家治理目的殊途同归。无论是"引导、组织、协调的活动"，"维护政治秩序……提供公共服务"还是"实现社会管理规则和政策的良善性"都显露出对秩序的追求，而追求秩序是追求确定性的理性化表达。

在风险社会，任何一个社会领域都有引发公共风险的可能，各种风险交织、联系，涉及的层面与影响程度大大超过传统意义上的灾难。而这一风险往往个人无法应对的，人与人相互关联，无人能置身事外。因此，运用集体的力量，在国家的层面统筹治理，通过优化和完善国家治理结构，不断注入确定性，防范和化解公共风险，实现国家进步和长治久安以及人民和谐幸福，这是国家治理的本质所在。

（二）国家治理的路径：认知不确定性和注入确定性

国家治理面临复杂多变的社会环境，实现善治与良治离不开对国家治理本质上的把握。国家治理的本质是公共风险治理，而治理风险通过注入确定性实现，为社会注入确定性等同于治理风险。通过完善国家治理结构，为社会注入

---

① 俞可平：《推进国家治理体系和治理能力现代化》，《前线》2014 年第 1 期。

② 王浦劬：《国家治理、政府治理和社会治理的含义及其相互关系》，《国家行政学院学报》2014 年第 3 期。

③ 徐湘林：《"国家治理"的理论内涵》，《人民论坛》2014 年第 10 期。

④ 包刚升：《国家治理与政治学实证研究》，《学术月刊》2014 年第 7 期。

确定性，从而降低社会的不确定性，实现治理公共风险的目标。

从这个角度来看，国家治理的路径应为：认知不确定性——注入确定性——再次认知不确定性。国家治理的起点应是认识不确定性。认知不确定性不可能消除不确定性，但可以增进不确定性的认知，可能减小不确定性，重点在于解释而非预测。

国家治理的核心是通过注入确定性以实现社会制度体制改善。这个过程中，有四个关键的阶段：认知改变——政策制定者在微观和宏观层面的变化观念，通过认知不确定性来达到，创造了一个有利于改变的环境；政策结合——对不确定性认知的与社会状态的理性化表达，分析不同领域的不确定性，并准备向实际政策措施推进；制度改变——实施政策措施改善社会制度，改善不确定性；社会变化——制度变革逐渐从程序变革阶段转向实质性变革阶段，带来实质性的社会变化。通过以上四个阶段实现了从观察、探索到实践的结合，由社会机制体制的改变推动社会变化，从而达到注入确定性的效果。

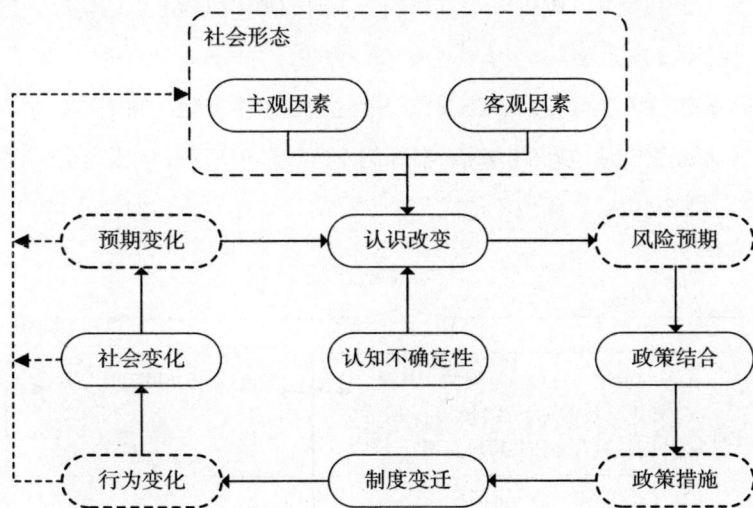

图 2 注入确定性

国家治理注入确定性的关键是再次认知不确定性，认知不确定性——注入确定性不是一个线性过程，而是一个循环过程，不断受到主观和客观的反馈和适应。这一进程受到宏观和个人两个层面因素的重要干预作用的影响。这些因

素包括风险预期、政策措施，以及行为变化和预期变化等。认知不确定性是在
"原有"社会形态基础上的认知，制度变迁会导致社会形态在循环过程中的改
变，这种变化会在人的行为抉择、资源分配、心理预期方面发挥强大的作用。
这些因素作用于社会形态的主观与客观因素，使社会走向新的状态，也为社会
带来了新的不确定性，这意味着新风险的可能。新的不确定性需要再一次进行
研究，通过认知不确定性步入新一轮的循环。这需要突出认知不确定性的核心
作用，突破原有路径依赖，驱动循环过程持续为社会治理结构优化带来新的
需求。

（三）国家治理注入确定性的前提：提高公共风险理性水平

不确定性以及由此引发的公共风险既是人类社会发展的天敌，又是人类社
会发展的原动力。人类社会在与不确定性和公共风险竞赛过程中，自身应对和
防御不确定性和公共风险的风险理性水平也在不断提高，表现为知识的进步、
技术提升、公共制度的改进以及集体创新能力和集体风险意识的提高，这些都
是注入确定性的过程。

当不确定性发生改变时，公共风险理性也要发生变化，原来的应对不确定
性的公共制度不能适应新的情况。在新的不确定性情形下，如果还沿用过去的
老思路、老制度应对，不但不能防范公共风险，反而可能会加剧公共风险。这

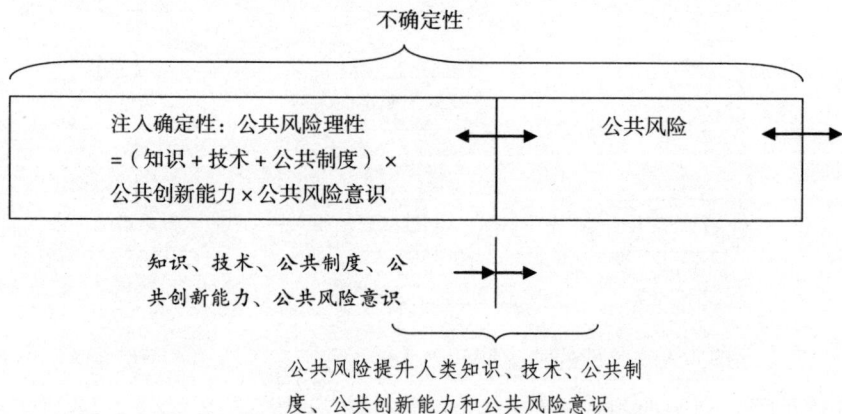

图 3　提高公共风险理性可以注入确定性

个时候就要顺势而为，进行公共制度创新，以提高公共风险理性水平。这就解释了，历史上为什么有改朝换代，就是因为一个朝代统治时间长了，公共制度容易僵化。僵化的公共制度难以应对随时改变的不确定性。只有善于学习，不断创新公共制度，才能提高应对不确定性的公共风险理性水平。从历史的角度来观察，我们只能从"可见"的公共制度"化石"（政治架构、文化传承、价值观念等）来了解当时曾经发生了什么样的公共风险。[1]

（四）为国家治理注入确定性：财政发挥定海神针的基础性作用

国家治理的核心是不断注入确定性的过程，在注入确定性的各种措施中，区别于其他措施，财政具有定海神针的作用，因此财政能够成为国家治理的基础与重要支柱。

第一，财政为提升公共理性水平提供基础。知识、技术、公共制度、集体创新能力和集体风险意识等公共风险理性每个要素都有相应成本，这些成本都需要财政承担。应对公共风险，需要对公共风险进行研究，加强对公共风险的预警，这有赖于知识的水平的提高，而这必须付出成本。为了抵御各种公共风险，人们需要制造和改进各类技术，这些都要付出成本。所有的公共制度，不管是显形制度，还是隐形制度，其形成和运行都是有成本，这些成本都需要财政来支撑。[2] 而国家本身作为最大的一项制度，以财政为经济基础，须臾不能

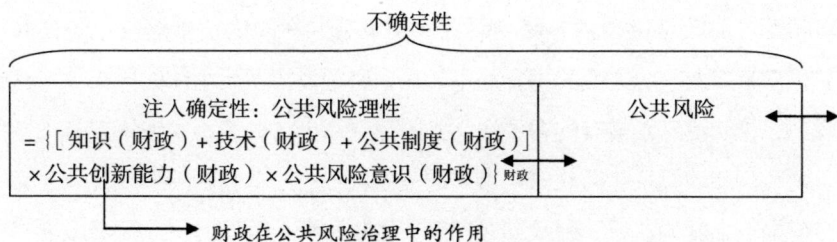

图 4　财政在提高公共风险理性中的作用

---

[1]　刘尚希：《论追求"确定性"——2008 年全球金融危机的启示》，《学习与探索》2010 年第 4 期。

[2]　刘尚希：《财政风险及其防范问题研究》，经济科学出版社 2004 年版。

离开财政的支撑。公共风险导致了制度结构的产生，那么，这种制度成本亦可看作是防范公共风险的代价。[①]

第二，财政是公共风险的"蓄水池"。现代财政制度发展出的信用制度、投融资制度等，为既定的制度框架内的社会风险找到暂时的安置点。从风险管理的角度看，分散的风险点比单一的风险点更加难以管理。由于风险点之间存在关联性，分散的风险点会产生系统性风险，使公共风险对经济社会的破坏力倍增。[②] 财政作为"蓄水池"的意义是为应对相关社会风险的制度改进争取时间，不同情况下的财政制度是灵活的，能迅速地依据风险类型选择弹性的财政收支政策，实现风险的转移与分散。财政风险虽然也有自身的限度，但是如果公共风险足够大，需要通过牺牲财政风险的时候，财政风险也必须做出让步。全社会的总体目标是公共风险最小化，财政风险是服务于公共风险治理的。这也就说明，财政风险要为公共风险承担最后的兜底责任。

第三，财政是国家治理变革的"发动机"。历史已经证明，影响统治政府盛衰更替的往往是由财政改革引起的，每一次财政改革都是由社会风险爆发引发，成功的财政改革能够很大程度上化解社会风险，给国家带来长治久安。历史上的财政变革，所要直接解决的问题是当时的政府财政危机，但财政危机背后是经济、政治制度无法与当时社会相匹配，而非单纯的财政问题。因此财政改革应是社会制度变迁的起点，逐渐向其他引发财政问题的根源领域延伸，与社会其他方面的改革配合，实现整体改善。

第四，财政是调动各方面力量共同化解公共风险的总中枢。化解公共风险，仅靠政府或某一方面的力量是不够的，必须发挥多元主体的积极性，这也是我们讨论"治理"常有的题中之义。财政在调节各种关系中发挥着基础性作用。财政调节的关系包括政府与市场的关系、政府与社会的关系以及政府部门和政府层级之间的关系。财政通过预算、税收和财政政策，可以调节政府与市

---

① 刘尚希：《公共风险视角下的公共财政》，经济科学出版社 2010 年版。

② 刘尚希、李成威：《基于公共风险与财政风险的公共服务评估——兼论财政是国家治理的基础和重要支柱》，《铜陵学院学报》2014 年第 5 期。

场以及政府与社会的关系；通过财政体制，可以调节政府部门和政府层级之间的关系。财政通过这些关系的调节，可以将各种力量的作用发挥最大，从而形成应对不确定性和公共风险的治理结构。

四、结论和建议：善于用风险治理思维考虑财政问题

基于上述分析，发挥财政在国家治理中的作用，应从不确定性和风险社会的逻辑出发，制定财政政策需要首先充分认知政策环境不确定性，关注社会环境变化，不断认知社会不确定性变化情况，做到财政政策与社会变化的互动以及反馈。

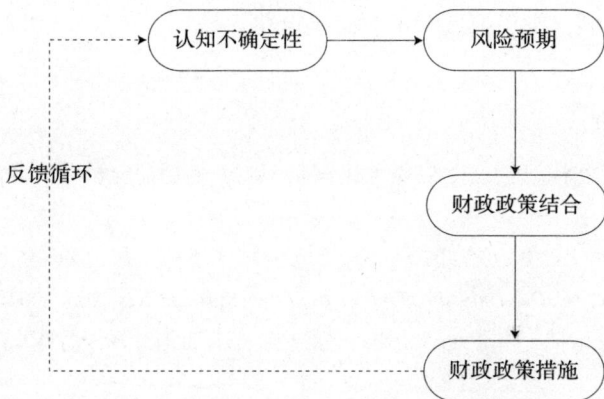

图 5　治理角度的财政政策逻辑

第一，对未来不确定性作预期评价，提高风险理性水平。风险预期使人们对复杂的政策环境进行深刻反省，从而使可能的变化及不确定性程度认识更加清晰，其作用在于能够对未来的评价有一个宽泛的评价，而不是猜测（或预测）下一个阶段的困境是什么。从这种意义上讲，风险预期能够给决策提前思考的意识，为应对突发事件做好准备。

第二，密切关注国家治理中不断出现的动态变化。许多线性的（或渐进性的）变化在短期内可以预期，但在长期这种变化或有很大的差别。这些变化是

相互影响循环的，变量之间的因果关系有可能颠倒反应甚至被终止。财政政策在某个时间点上理解现有的社会状态，依据手中尽可能多的现时信息，预期未来的社会状态"坍缩"① 状态，制定应对措施。决策时间点上做出的判断可能无需怀疑合理性与恰当性。但随时间推移，面对复杂且时刻处于动态变化的风险社会，决策者需要思考每个阶段的财政政策是否仍能实现政策目标，政策目标恰当与否。

第三，着眼于注入确定性完善财政制度和实施财政政策。需要一定的灵活性与适应性，每一步制定与计划的过程需要创造性，不能拘泥于严谨的、缺乏灵活性的组织过程。在过程中需要主动认知、探索冲突与张力，对变化进行实际规划不可能减少所有的不确定性。社会的不断发展都会伴随着大量的张力，决策者的首要认识就是在重重不确定的前景中寻找一条前进的道路，实施举措从而使整个社会对冲不确定性，增进确定性。

参考文献：

1.[美] 杰里米·里夫金、特德·霍华德：《熵：一种新的世界观》，上海译文出版社1987 年版。

2. 李坚：《不确定性问题初探》，博士学位论文，中国社会科学院研究生院，2006 年。

3. Lorenz E. N., *Deterministic Nonperiodic Flow*, Springer New York, 2004:25–36.

4. [美] 詹姆斯·格雷克：《混沌：开创新科学》，张淑誉译，高等教育出版社 2014 年版。

5. 汪浩瀚：《不确定性理论：现代宏观经济分析的基石》，《财经研究》2002 年第 12 期。

6.[美]凯恩斯：《就业、利息和货币通论》，李欣全译，北京联合出版公司 2015 年版。

7. 周金勇：《混沌时间序列预测模型研究》，硕士学位论文，武汉理工大学，2009 年。

8. [法] 埃德加·莫兰：《复杂思想：自觉的科学》，陈一译，北京大学出版社 2001 年版。

9. 郎友兴：《安东尼·吉登斯：第三条道路》，浙江大学出版社 2000 年版。

10. 刘军、蔡春：《风险社会、不确定性与信任机制研究》，《商业时代》2007 年第 10 期。

11. 刘尚希：《财政风险：一个分析框架》，《经济研究》2003 年第 5 期。

---

① "坍缩"是量子力学概念，这里用来比喻未来不确定的社会状态出现一个单一的结果。

12. 王宇：《太过复杂的监管规则会扼杀经济活力》，《当代金融家》2016 年第 5 期。

13. 俞可平：《推进国家治理体系和治理能力现代化》，《前线》2014 年第 1 期。

14. 王浦劬：《国家治理、政府治理和社会治理的含义及其相互关系》，《国家行政学院学报》2014 年第 3 期。

15. 徐湘林：《"国家治理"的理论内涵》，《人民论坛》2014 年第 10 期。

16. 包刚升：《国家治理与政治学实证研究》，《学术月刊》2014 年第 7 期。

17. 刘尚希：《论追求"确定性"——2008 年全球金融危机的启示》，《学习与探索》2010 年第 4 期。

18. 刘尚希：《财政风险及其防范问题研究》，经济科学出版社 2004 年版。

19. 刘尚希：《公共风险视角下的公共财政》，经济科学出版社 2010 年版。

20. 刘尚希、李成威：《基于公共风险与财政风险的公共服务评估——兼论财政是国家治理的基础和重要支柱》，《铜陵学院学报》2014 年第 5 期。

21. 俞可平、薛晓源：《治理与善治》，社会科学文献出版社 2000 年版。

22. 刘尚希：《积极财政政策为经济社会注入确定性》，《中国高新技术产业导报》2009 年 8 月 17 日。

（此文发表于《财政研究》2018 年第 1 期，作者：刘尚希、李成威、杨德威）

公共风险与财政抉择

　　阅读提示:《公共风险与财政抉择》一文从我国的公共风险呈现的趋势谈起,得出我国公共风险扩大的直接原因在于经济转轨中的制度缺陷。本文除了探索财政与公共的关系,还提出了财政化解公共风险的路径,提出"财政要以市场为导向来防范公共风险"以及"组织市场和规范市场的过程是财政职能的实现过程,亦即化解公共风险的过程"等观点,并明确提出"财政与市场不是对立的,二者之间并非泾渭分明"。

一、目前我国的公共风险呈现扩大趋势

　　财政天生就是承担公共风险的。在制度结构合理,尤其是市场制度比较完善的情况下,财政所承担的公共风险主要是限于市场不能达到的领域。而在我国经济转轨的现阶段,财政所承担的公共风险则是全方位的,且呈扩大的趋势。以下几个方面表现最为突出:

　　一是国有企业的财务风险。按照政企分开的思路,把国有企业推向市场,那么,国有企业的财务风险应当是通过市场机制来化解,但由于目前我国市场机制还不够健全,现代企业制度改革也不够彻底,这类风险还得靠财政承担。目前国有企业普遍靠负债经营,亏损严重。第三次工业普查结果表明,2234家大中型工业企业中,有 745 家已经资不抵债,负债已经超过资产 16.9%,负

债率最高的企业，负债相当于资产的 3.8 倍。这其中国有企业占到 84.4%，资产占到 88.6%（李启明等，1997）。1996 年 8 月末，全国国有工业企业亏损面达到 49.7%，其亏损额 1—8 月累计达到 461 亿元，比上年同期增加 54.3%。1997 年 1—4 月预算内国有工业企业实现利润只有 25.7 亿元，比上年同期下降 32.9%，而亏损额达到 257.79 亿元，比上年同期增加 2.1%。1998 年 5 月国有工业企业的利润已经变为负数。企业财务状况恶化，致使有 800 万职工领不到足额工资，有 2000 万职工在亏损企业就业，有几百万退休职工领不到足额的退休金（吕福新，1998）。尽管财政由于自身财力紧张，客观上无力承担，但国有企业的亏损迟早都要落到财政头上。

二是金融风险。金融风险引起了社会的普遍关注，但大多未意识到金融风险是一种公共风险，最终是要靠财政来承担的，在以国有独资银行为主的我国尤其如此。1998 年财政向国有独资商业银行发行 2700 亿元的特别国债，专项用于补充国有独资商业银行的资本金，实际上就是银行风险向财政转移。改革开放以来，银行的作用大大增强，金融机构贷款余额增长远远超出了同期 GDP 的增长。伴随着金融机构资产的迅猛增大，大量资金脱离了中央银行的监控，在体外循环，这在 1992—1993 年房地产热时最为显著，其后遗症至今还未消除。而体内循环的资金有相当一部分变成了挂账、欠账、呆账和死账。如 1992—1995 年四年中，工业企业累计亏损 2600 多亿元，除了财政补贴一块以外，剩下的部分由银行挂账（刘尚希等，1997）。此外，国有企业长期来状况下佳，造成了大量信贷资金呆滞，有相当一部分变成了收不回的死账。金融机构不良资产不断增加，信贷资金周围速度减慢，加之企业大量欠息，使整个金融系统陷入亏损的边缘。为此，1995 年以后国家采取了许多措施，如强化国有商业银行的经营责任和贷款损失责任；对非银行金融机构实行重新登记，撤并金融机构；实行分业经营，与所属的信托投资公司脱钩；禁止银行信贷资金进入股市等等。这些制度上的改进对抑制金融风险收到了明显成效，但上述状况仍没有根本扭转，金融风险实际上仍在不断扩大。

三是经济衰退的风险。自 1996 年宏观调控国民经济实现软着陆以来，我国经济增长呈不断下滑之势，1997 年 8.8%，1998 年 7.8%，1999 年预计是 7%。

尽管人民银行从 1996 年开始放松银根，逐渐加大了资金支持力度，1996 年 5 月、8 月两次降息，1997 年 10 月又一次降息，1998 年 3 月、7 月、12 月再次连续 3 次降息，1999 年又一次降息，其幅度之大，前所未有，但效果并不理想。面对这种状况，从 1998 年 8 月起实施了以增发 1000 亿元长期国债为标志的积极财政政策，加大基础设施投资，扩大内需，以拉动经济增长。1999 年仍以实施积极的财政政策为主来扩大内需，刺激经济增长。在防范经济衰退风险方面，财政政策比货币政策更为有效。

四是失业风险。企业转制和经济滑坡使就业岗位相对减少，导致社会失业人员急剧增加，对社会稳定构成严重威胁。据估计，我国目前城镇失业率达到 5%—8%，约有 1200 万—1400 万城镇劳动力处于失业状态（刘国光，1997）。1997 年底，全国国有企业分流下岗职工达到 1274 万，占国有企业职工总数的 12%。预计到 2000 年，每年仍将有 300 万—400 万下岗人员（张卓元，1999）。若再考虑到各种隐性失业，农村大量的剩余以及人口基数大等因素，可以看到，我国失业的风险正日益增大，这对财政构成了沉重的支出压力。1998 年，中央财政在资金十分紧张的情况下，安排 164 亿元资金用于下岗职工的生活补贴和再就业补助。不难预料，今后财政这方面支出还将不断扩大。

五是外债风险。1994 年我国外债余额突破 1000 亿美元大关，成为发展中国家继巴西、墨西哥之后的第三大债务国。自此以后，外债规模一路攀升，到 1998 年 6 月，我国外债余额达到 1379.6 亿美元。虽然短期外再度所占比重较小，但增幅很快，比 1997 年同期增长了 31%，超过外债总规模增幅约 1 倍。再过 2—3 年，我国外债偿还将达到高峰。目前外债余额占 GDP 的比重达到 13.6%（陈坚，1999），而 1998 年财政收入占 GDP 的比重只有 12.4%。1998 年底，中央政府外债及被视同主权债的各部门外债余额约 700 亿美元，折合人民币达到 5800 亿元。这对财政来说，是难以置身事外的。

上述公共风险最终都会反映到财政上来，如果财政自身状况不能很快得到改善，则结果只能是导致财政赤字和债务规模的扩大。1998 年财政赤字从 1997 年的 558 亿元扩增到 960 亿元，债务发行规模（包括内外债）从 1997 年

2475 亿元扩增到 3311 亿元，若加上转贷给地方的 580 亿元和 2700 亿元的特别国债，则 1998 年的债务达到 6591 亿元。这种跳跃性扩增，实际上就是上述风险因素在 1998 年转化为现实的结果。另外，财政的税收能力相对低下，自身困难不断加剧，这实际上是更为严重的另一种公共风险，因为这表明整个国家公共风险的能力在不断下降。

二、公共风险扩大的直接原因在于经济转轨中的制度缺陷

公共风险之所以在目前呈现出急剧扩大的趋势，直接的原因是经济转轨过程中的制度缺陷。从计划经济转向市场经济，是全面而深刻的社会变革。这种变革没有任何模式可以套用，不可能像盖房子一样，按照某种设计图纸来进行，只能是运用"试错法"，一步步摸索。因此，在摸索的过程中，新旧制度并存，导致制度结构的整体功能下降，使从前不曾显现的公共风险因素在转轨过程中显现出来，从而呈现出公共风险的扩大。如金融风险，在传统体制下是不可能显现出来的，因为行政管制导致金融抑制，进而也抑制了金融风险。但国民经济的市场化改变了国民收入分配格局，家庭部门所占的收入份额不断上升，储蓄率也相应地提高，融资活动的规模以前所未有的速度扩展，而金融制度的创新却没有相应跟进，尤其是金融监管，直到 20 世纪 90 年代中期才被提上议事日程，致使金融风险不断累积，以致今天到了无以复加的程度。

国有企业财务风险的扩大，一方面是由于旧的制度失去了约束企业行为、防范风险的能力，如所谓"内部人控制（Insider Control）"在旧的企业制度下是不可能发生的，但旧体制中那种依附关系却依然存在，风险责任无法明晰。而另一方面，新的企业制度对企业行为确实产生了明显的激励作用，但由于新制度尚未完全确立，因此对市场风险的化解能力还不够强，使本应在市场中解决的问题却推到了市场外，因而导致了公共风险的扩大。因此，只有加快企业转制的步伐，完善新的企业制度，才能防范公共风险的进一步加大。

当前经济衰退的风险与其说是经济周期规律的作用，倒不如说是制度缺陷所造成的。经济滑坡看似由于内需不足，其实是供给不合理。没有不合理的需

求，只有不合理的供给。供给过剩反映出产业结构已经与需求结构不相适应，因为供给是慢变量，在短期内是难以改变的，故对政府而言，只能从需求方面打主意，以扩大内需的办法来消化过剩的供给。但深究一步可以发现，不合理的产业结构很大程度上是投资者的错误理解所致。而投资者的错误却与决策体制相关，亦即投资决策者不承担风险责任。许多投资项目建成投产以后才发现产品没有市场，造成产品积压。尤其是重复建设，导致了生产能力的大量过剩。据国家信息中心公布的材料，全国 900 多种工业产品生产能力，有半数利用率在 60% 以下。其中 82 种主要工业品生产能力达到满负荷的只占 11%，利用率在 80%—90% 的占 25%，利用率在 5%—70% 的占 40%，利用率在 50% 以下的占 22%（吕福新，1998）。这表明，眼前的经济衰退风险并不是经济运行的自发作用，而是由于制度不能及时化解风险而引致的风险累积，是长期来投资体制的缺陷造成的。投资错误产生的风险当时没有显现出来，但却通过产业结构的固化积淀而累积下来，达到一定的临界值，便转化为经济衰退的风险。从这里可看出，公共风险具有很大的隐蔽性。

财政自身状况不佳，固然与制度结构的整体功能缺陷导致的公共风险扩大有关，但更与政府分配自身的缺陷紧密相连。一是政府统一的分配权被部门分割，导致了政府分配秩序的极度混乱，"三乱"（乱收费、乱摊派、乱罚款）泛滥成灾，以致到了民怨沸腾的地步。这不只是造成政府财力分散，更重要的是加大了公共风险，削弱了国家的风险防范能力。二是政府统一的融资权被部门把持，致使政府融资陷入无序状态。为加快社会基础设施的建设，强化基础工业，由相关政府部门或政府机构发行一些债券来筹集资金是可行的，也减轻了财政集中性融资的压力。但问题是必须统筹规划，严格控制。因为政府部门或政府机构的债务都是属于公共债务，与财政部发行的国债并无实质性的区别，可称之为"准国债"。量在实际操作过程中，各自为政的现象非常普遍，发债的积极性很高，至于能否归还则考虑不多。这样，政府的实际债务规模就很容易失去控制而陷入债务危机。现在实际上已经面临着这样的危险。因此，矫正政府分配制度的缺陷，也是防范公共风险的重要一环。

三、财政要以市场为导向来防范公共风险

从前面的分析可以看出，公共风险的大小直接取决于整个制度结构的完善程度。从市场化改革这个角度来分析减少公共风险，关键是如何进一步规范市场，完善市场机制。这要求政府财政以市场为导向来组织市场、规划市场和约束市场（戴维·奥斯本（David Osborne）等，1996），而不是让市场自己"自发"地去完善。财政完全可以改变传统"计划方式"，而采用"市场方式"来实现财政收支过程。"计划方式"满足于按计划来收税和拨款，至于收支过程会对市场运行产生什么样的影响，则根本就没有顾及。这时，财政成了真正的"出纳"，一手收钱，一手付钱。这样的工作完全可以让机器来完成。"市场方式"则要求在充分考虑市场特性的基础上，通过收支过程来实现对市场的规范。在当前社会经济发展过程中，财政面临着许多新的挑战：如社会基础设施短缺、城市公用设施不足、基础教育滞后、社会保障落后、穷人和失业者增多，如此等等，如果按照"财政就是拿钱"的思路来考虑这些问题，那所需要的资金会达到天文数字，由此产生的公共风险就无法化解。而"市场方式"则可以运用市场机制的力量来防范公共风险的积累，从而减轻财政的压力。事实上，这种探索已经开始，如社会基础设施的建设采用 BOT 方式，就使市场的力量和政府的力量实现有效的结合。公路收费也是运用市场力量来实现政府的目标。如果所有的公路建设都要等着财政拨款来实施，则我国至今恐怕还没有一条高速公路。我国电讯业之所以能得到迅猛发展，也是与这种方式有关。这种探索是在财政十分困难的情况下逼出来，并非是政府有意识地在运用市场的力量来化解公共风险。当然，在这种探索的过程中，也出现了一些问题，尤其是在运用收费手段时出现了明显的混乱，以致不少人指责收费，认为只有税收才能实现规范化。税收确实是影响市场的重要手段，可以利用税收鼓励或限制某种市场行为，也就是通常所说的规范或调节市场。但除了税收以外，收费也是一个重要的手段，在某些方面甚至比税收更有效、更灵活，关键是如何运用。收费可以组织市场，BOT 方式即是；还可以约束市场，减少需求，如公路

拥挤就可采取收费的办法来缓解。此外，在改变公共投资方式、共担风险、创造需求等方面，也都可以起到通过市场机制来化解公共风险的目的。

组织市场和规范市场的过程是财政职能的实现过程，亦即化解公共风险的过程。这应当成为我们考虑财政问题的一个基本出发点。面对市场，我们可以有两种选择：一是撇开市场，二是运用市场，前一种选择使财政化解公共风险的过程独立于市场以外，这意味着财政要承担全部风险。如传统观点认为，社会基础设施只能是由财政来承担，市场是不可能介入的。这是把财政作为市场的对立面来看待的，因而在市场与财政之间人为地划了一条鸿沟，致使财政永远陷于入不敷出的境地。而后一种选择使财政化解公共风险的过程借助于市场的力量，这意味着强化了市场机制化解风险的能力，从而减少了财政承担的公共风险。这种选择暗含着一个观点，即财政与市场不是对立的，二者之间并非泾渭分明。在某种意义上，财政是市场的延伸。流行的看法是，市场存在缺陷，故需要政府去弥补。这实际上仍是一种对立的观点。按照这个思路去行事，恐怕财政规模无论多大都会嫌不够。西方福利国家陷入困境，不能说与这种理论没有关系。与其说市场存在缺陷，倒不如说是我们对市场认识不够，对市场组织不够。对于市场范围以外的领域，我们不能说市场有缺陷（或失灵）。如公共安全，是市场所不能解决的，但不能据此认为市场存在缺陷。这就像汽车不能起飞，我们不能据此认为汽车存在缺陷（失灵）一样。西方经济学里的"泛市场主义"分析方法，结果反而模糊了对市场的认识。现在看来，问题不在于市场是否有缺陷，而在于怎样去认识市场、组织市场和规范市场，甚至创造市场。如果政府在这方面能取得突破性进展，强化市场机制化解公共风险的作用，那么，财政防范公共风险的压力就可以大大减轻。

主要参考文献：

1.[美] 戴维·奥斯本、特德·盖布勒：《改革政府——企业精神如何改革着公营部门》，周敦仁等译，上海译文出版社 1996 年版。

2. 刘国光：《中国经济适度快速增长的理论与对策》，《经济研究》1997 年第 10 期。

3. 张卓元：《中国的国有企业改革与公共政策变迁》，《财贸经济》1999 年第 2 期。

4. 刘尚希、隆武华、赵全厚：《财政风险：我们一些看法和建议》，《研究报告》1997 年第 17 期。

5. 吕福新：《关于我国经济风险的现状、成因和对策》，《管理世界》1998 年第 2 期。

6. 陈坚：《外债对我国经济安全形成压力》，《经济预测》(内部报告版)1999 年第 5 期。

7. 李启明、周学文：《给亏损企业把把脉》，《经济日报》1997 年 6 月 19 日。

（此文发表于《财贸经济》1999 年第 10 期，作者：刘尚希）

公共支出范围：分析与界定

　　阅读提示：《公共支出范围：分析与界定》一文认为，现代西方经济学用"市场失灵"解释公共支出的逻辑存在严重缺陷，并提出"不是市场失灵，而是公共风险，使公共支出有了终极存在的合理性和必要性"。文章建立了一个新的理论假设：政府存在的天然合理性在于防范和化解公共风险（在不同历史条件下，其表现形式不同），并以此为逻辑起点，提出了两个基本观点：一是公共风险决定公共支出；二是公共支出的使命是防范和化解公共风险。在此基础上，文章构筑了界定公共支出范围的两种基本方法——风险归宿分析法和反向假设分析法。这篇文章是运用公共风险理论分析和阐述财政问题的重要文献，说明公共风险理论对财政问题具有很强的解释力。

一、分析框架

　　引发我对公共支出范围这个问题进行思考的缘由不是书本，而是我国的现实经济生活。改革开放以来，尤其是进入 20 世纪 90 年代以后，在我国的现实经济生活中，出现了一种非常奇特的现象，例如：一方面，许多地方的公职人员（如公务员、教师等）工资不能及时发放、9 年制义务教育得不到足额的政府拨款；而另一方面，各级政府把不少资金用于一般企业的挖潜改造和亏损补贴，甚至新办起不少企业（公司）、宾馆（招待所）。面对这种现象，我国的学术界把它通俗地概括为财政"缺位"和"越位"。

在这种概括的背后实际上潜藏着这样一个问题：公共支出范围是由什么来决定的？极端的观点是归结于政治，认为公共支出的配置是在作为经济学科分支的公共财政范围之外决定的，公共支出的决策是政治性的，不属于理性的分析和讨论。布坎南（James M.Buchanan）在分析传统财政原则时批判了这种观点，并认为这会大大地限制公共财政理论的有用性（布坎南，1991 中译本）。

实际上，这个问题至今没有解决好。从政府与市场的关系出发来进行分析是一个有益的观察视角。西方财政学中关于国家的职能，或者说政府对经济的干预，都是从这个视角进行分析得出的结论。亚当·斯密最早对政府的职能做出了界定，认为政府有三项职能：一是保护国家不受外来侵略，二是保护社会成员不受任何其他人的侵害和压迫，建立公正的司法机关，三是必要的公共工程建设。公共支出范围由此决定。至于政府的职能是由什么决定的，斯密并没有作进一步的阐述，而是运用"排除法"和经验观察直接得出的。即假设自由市场经济是天然合理的（具有公平与效率），在这个前提下，只有市场无法发挥作用的领域，才是政府活动的范围，也就是公共支出配置的范围。所以，斯密以"市场能干的，政府就不要去干"为标准，判定政府应只是一个"守夜人"。如果市场不存在失灵的领域，那么，按照斯密的逻辑，政府也没有存在的必要。西方财政学后来的发展基本上都没有离开斯密的这个逻辑，只是充实了一些新的内容。这主要有两个方面：一是福利经济学。从社会福利最大化的角度，承认自由市场经济不能达到帕累托效率，需要政府来干预。这给政府职能的决定提供进一步的规范性解释，即借此可以回答"政府应该干什么"以及公共支出应该配置到什么范围。但注重规则和过程而不看重结果的布坎南对此表示强烈反对，认为"社会福利"是一个虚幻的概念，不存在所谓的"社会福利函数"。因此，在布坎南撰写的《公共财政》一书中丝毫见不到福利经济学的影子。二是公共产品（服务）理论。这在古典经济学的早期就已经萌芽，后经威克塞尔、马斯格雷夫、萨缪尔森等人的努力，公共产品理论才真正成型。公共产品具有"非竞争性"和"非排他性"两个特征，这决定了公共产品不可能由市场来生产和提供，这只能由政府来完成。

现在，公共产品理论实际上已经扩展为解释国家职能的理论，布坎南在他的《公共财政》一书中把共同防御、法律和秩序、环境控制、货币稳定、管理措施以及再分配都视为公共产品。这样，广义的公共产品理论给政府的存在以及政府干预提供了一个更详尽的解释。公共支出范围由此可以得到一定程度的说明。但这种在"市场失灵"基础上比照私人产品来分析公共产品的方法，依然没有摆脱"排除法"的局限性，即公共产品在逻辑上依附于私人产品而存在。把除"私人产品"之外的所有产品统统都归属于"公共产品"的思维逻辑，无异于说，公共产品决定于私人产品，进一步的推论就是，公共支出的范围决定于私人产品存在的范围。这使公共产品理论缺乏一个独立的稳固根基，而且也使对性质上与私人产品完全不同的公共产品的分析缺少独立的方法，导致市场分析方法滥用，以至于公共产品的"供应"问题一直未在理论上有新的进展。

其实，只要我们稍加分析就可以发现，公共产品与私人产品的性质完全不同，前者是不可能由后者来决定的。那么，公共产品的形成是由什么来决定的呢？或者说，为什么会存在公共产品？我认为，公共产品是由公共风险决定的，换一个说法，公共产品是化解和防范公共风险的一种结果。政府生产和提供公共产品的过程，也就是化解公共风险的过程。每一种公共产品都是为化解某一种公共风险而"设计"的。如果把公共风险比作危害社会的魔鬼，那么，公共产品就是一只魔瓶。只要公共产品存在，危害社会的魔鬼就会化解于无形。可一旦它被打破，公共风险这个魔鬼就会显露原形，危害整个社会。如"公共安全"是一项典型的公共产品，若是它被"打破"，将会怎么样呢？那就意味着生命与财产随时都有可能被剥夺。再如"环境控制"，如果取消关于环境的各种法规和措施，那我们赖以生存的家园都将遭到破坏。如果说，从历史的角度来看，现在已有的公共产品表现为一种结果，那么，从未来的角度观察，政府即将生产和提供的公共产品则是化解和防范公共风险的手段和工具。从这里不难看出，公共风险是推动公共产品"更新换代"的原动力。事实上，政府的职能在这里也得到了一种实证性的独立解释，政府职能及其变化同样决定于公共风险，而与虚拟性的所谓"市场缺陷"①无直接关联。这样，公共支出范围的决定一旦在理论上确定下来，解决现实中的问题——界定我国现行的公共支出范围就找到了依据和相应的方法。

二、我国目前公共支出范围的基本状况

我国目前的公共支出范围是历史地形成的。从政府的支出项目上来看，既有用于一般公共服务的，也有用于经济建设的，这主要有：基本建设支出、增拨企业流动资金、挖潜改造资金和科技三项费用、地质勘探费用、工交商部门事业费、支援农村生产支出和各项农业事业费、文教科学卫生事业费、抚恤和社会福利救济费、国防费、行政管理费、政策性补贴支出等。无论中央，还是地方，公共支出的范围几乎一样，不同的只是在支出结构上有一些差别。剔除政府之间的支出流动这个因素，整合起来看，目前的公共支出范围至少表现出以下几个特点：

一是支出重心摆在经济建设方面。从支出项目的排序和经济建设方面的支出项目在所有支出项目中所占的比例就可以看出这一点。经济建设方面的支出项目都排在首位，而且，用1/4的支出科目来反映经济建设方面的支出内容，这较之包含广泛内容的文化、教育、科学、卫生等社会性支出仅用一个科目来笼统地反映，表现出非常大的反差。也许支出科目的分类不足以说明问题，从实际的支出比例来分析，应当更有说服力。从表6-1看，在中央支出中，用于企业挖潜改造、科技三项费用和流动资金拨款三项支出占中央全部支出的比重达到2.91%，高于文化、教育、科学、卫生四项事业费支出所占的比重。在地方同类支出中，前一个比重低于后一个比重，但也达到5.84%，与各项支出相比并不算低。从总的来观察，在各个不同时期，经济

---

① 所谓市场缺陷或市场失灵，实际上是一个虚拟的问题，这就像因为火车不能在公路上运行，而判定火车具有缺陷一样。市场机制的作用本来就是有限的，把它作用范围以外无法解决的问题视为其"缺陷"，有点强加的味道，在实证逻辑上难以成立。这是"泛市场主义"或者说"市场扩大化"倾向导致的结果。

建设费占全部财政支出的比重是下降的，从 1965 年的 55.24% 下降到 1995 年的 41.85%，到 2000 年再进一步下降到 36.18%，但和其他支出项目相比仍然是遥遥领先。这说明，目前的公共支出范围仍是围绕"经济建设"这个中心而延伸开的。

二是范围宽泛，看不出明显的边界。套用一句老生常谈的话，"统支"的色彩很浓。公共支出无论达到多大的规模，公共支出配置的范围不可能是无限的，应有明晰的边界。反过来说，若在一个无明确边界的范围内来配置公共支出，则意味着所有的支出都被"摊薄"了，各项支出都处于短缺状态。2000 年的公共支出规模达到 15886.5 亿元，比 1990 年增长了 4 倍多，但发不出工资的现象反而愈加普遍了。这从一个侧面佐证了目前公共支出范围无明确边界的这个特点。

三是没有统一的规则。在现行公共支出范围内，没有一个统率全局的通行规则，各项支出存在抑或扩增的依据是各不相同的，很难用一个统一的尺度来衡量。如支持国有企业技术改造，其理由是国企技术落后；而扩大社会保障支出，其依据是稳定社会的需要。类似这样的依据和理由可以找出无数条，因而花钱的地方也就会达到无数个。这就是说，现行的公共支出范围被不同的规则割裂开来了，形成了许多小的支出范围。这使决策者产生幻觉，觉得什么都重要，什么都要保，结果使公共支出很难有效地进行控制。在这样的情况下，支出的正当性失去了统一的标准，支出的不合理配置当然也就无法避免了。

公共支出范围的这些特点是在特定历史背景下形成的。计划经济是政府主宰一切、干预一切的经济。在政府主宰一切的条件下，公共支出范围就没有必要划分边界，也无须有通行的统一规则。政府的需要就是最高的规则。市场化改革的推进，使政府走下了无所不能的神坛，变为一个"有限的政府"。这时，政府干什么，或者，不干什么，需要重新界定。多年的改革使市场的作用日益扩大，在资源配置中，市场已经处于基础地位。但由于这方面本土化的理论研究的滞后，政府究竟干什么，与市场的边界如何确定仍是十分的模糊。另外再加之政府是市场化改革的发动者和推动者，"政府的需要"仍是通行的标准，公共支出到底在多大的范围内配置，纳税人的声音很微弱，主要还是由政府（实际上是代表政府的各级行政长官）说了算。至此，我们不难理解，计划经济下形成的公共支出范围为什么能够一直延续到今天。

三、简要的评价

自 1978 年改革开放以来，政府的支出规模不断扩大，支出结构也发生了一些变化，但整个支出范围还是基本没变，与计划经济时期大同小异。这不仅反映在预算表格上，而且也表现在实际的支出中（参看表 2）。经济建设费、国防费的比重在下降，社会文教费、行政管理费的比重在上升。公共支出比重的这种变化，也许预示着公共支出范围的变迁，但还处于量变的阶段，公共支出范围并没有实质性的改变。

表 2　公共支出范围以及主要支出项目的比重变化

单位：%

年份	经济建设费	社会文教费	国防费	行政管理费	其他支出
1965	55.24	13.63	18.86	5.73	6.54
1985	56.25	20.40	9.56	8.52	5.27
1995	41.85	25.74	9.33	14.6	8.47
2000	36.18	27.61	7.6	17.42	11.19

资料来源：同表 1，第 354—355 页。

按照市场化改革的要求，市场在资源配置中发挥基础性作用，这就意味着政府与市场要有一个分工。价格信号可以发挥作用的领域，亦即竞争性领域应当交给市场来配置资源；相反，价格信号失灵的领域，亦即公共领域，这才是政府配置资源的领域。按照这一要求来衡量目前的公共支出范围，它不仅包括市场不起作用的公共领域，而且也涉及市场正在发挥作用的竞争性领域，表 3 粗略地描述了这种状况。

表 3　主要公共支出项目的领域划分

竞争性领域	公共领域
基本建设支出	国防费
增拨企业流动资金	行政管理费
挖潜改造资金	公检法司支出
科技三项费用	外交外事支出
地质勘探费用	武警部队支出
工交商事业费	文化、教育、科学、卫生事业费
支援农业生产支出	各项农业事业费
政策性补贴	抚恤和社会福利救济费
	社会保障支出

注：这种划分是十分粗略的，一些项目有交叉，如基本建设支出中有用于公共工程的经费，而
　　在划到公共领域的各种事业费中，也有属于竞争性的内容。

公共支出范围涵盖了性质完全不同的两个领域，使政府与市场的分工在决策中变得很模糊。在这种模糊的决策中，政府往往不经意地干了市场该干、也可以干好的事情，而一些完全应该由政府承担起的支出责任，却反而搁在了一边。公共支出的配置范围与我国市场化实际进程的背离（若把政府预算外支出考虑进来，其背离的程度及会更大），势必引发政府与市场的矛盾和冲突。当前经济、社会中的许多令人关注的热点问题，如农民负担、分配不公、工资拖欠、环境污染、失业增加、结构扭曲等等，实质上都是政府与市场的矛盾、冲突的反映。在市场化改革不断推进的过程中，公共支出范围调整滞后，使因市场化而显现出来的许多矛盾和风险难以及时解决和化解，以至于问题越积越多。归纳起来，至少已经呈现出以下三大问题：

——替代市场，妨碍市场竞争。这表现在两个方面：一是政府直接投资办企业。现有的国有企业一部分是在计划经济时期建立的，另一部分是在改革开放以后，甚至是近几年建立起来的。尤其是地方政府，以财源建设的名义搞了不少的非公共性项目。在预算内支出紧张的情况下，就利用预算外资金，或者以政府的名义来融资办企业。所办的企业，不仅有实体性企业，也包括非银行金融性企业，诸如各种信托投资公司，几乎全国遍地开花。这些企业现在多数

处于破产的边沿，已经给政府带来了沉重的债务包袱。如中国农业信托投资公司、广东国际信托投资公司的破产，就是十分典型的案例。二是给予各种各样的补贴。既有如税收减免、亏损补贴、贷款贴息或直接增加投入等生产性补贴，也还有针对流通领域的各种价格补贴，以及消费性补贴。这些补贴不只是加重财政负担，更重要的是干扰了价格信号，误导资源的流向与配置，妨碍市场竞争。我们已经习以为常的这些替代市场的做法，不但没有弥补市场的缺陷，相反还抑制了市场发育和经济效率的提高。与此有些关联的垄断经营、政府采购市场的非公平开放、不恰当的管制等也导致了市场的不公平竞争。因非本文主题，在此不展开论述。

——不利于社会公正与社会公平。随着国民经济市场化程度的提高，在资源配置不断优化和经济快速增长的同时，总是会伴随着"社会分层"的出现。由于个人禀赋、知识水平、机遇与环境的不同，在自由选择的市场竞争中，总会有一些人沉到社会的底层，构成弱势群体和低收入阶层。对这些社会成员及其家庭，需要政府来关注，给其提供各方面的帮助，如教育、医疗、培训、就业、救济、扶贫等。这既是人文关怀精神的体现，也是化解社会矛盾的需要。但由于公共支出范围调整的严重滞后，对市场化过程中出现的种种问题，没有体现出政府应有的作用。如农民负担问题长期得不到解决，与公共支出的配置范围过于偏向城市密切相关。不少县、乡长期拖欠现职人员和离退休人员工资，使目前的收入分配差距进一步拉大。许多地方的基础教育得不到保障，知识的缺乏，使相当一部分社会成员及其家庭缺乏基本的生存能力，拉大了未来的收入分配差距。同时，这也是导致暴力、犯罪、吸毒、卖淫等社会问题的基本原因。诸如此类的问题都是在市场化背景下产生的，这急需政府通过调整公共支出范围来应对。

——不利于经济、社会的可持续发展。如果说，市场化凸现出社会公正与公平的重要性，那么，工业化则提出了可持续发展的要求。工业化提高了生产率，充裕了社会财富，推进了物质文明。但与此同时，其负面效应也十分明显。废水、废气、废料的不断增多，带来了环境的污染与破坏。酸雨、臭氧层的变化、气候变暖、空气质量下降、水体污染等等，使我们的生存环境受到威胁。工业化、城市化的推进，导致可耕地不断减少，粮食与庞大人口之间的矛盾加剧。生物技术、基因食品、网络技术等工业化带来的高科技，其负面影响对人类生存安全和经济安全都构成潜在的威胁。我们是发展中国家，工业化还没有完成，追求工业化，必然要面对这些问题。在过去的工业化运动中，我们忽略了其负面效应，以至于引发了环境危机。现在，我们已经开始意识到了这一点。但传统的公共支出配置范围却难以满足可持续发展的要求，甚至产生了妨碍。市场可以推进工业化，却不能解决上述问题，唯有依靠政府。就此而言，公共支出范围的调整显得更为急迫。

四、重新认识公共支出的性质

公共支出的配置范围与其性质有关。一般地说，公共支出的性质决定其配置的范围。我国目前公共支出范围调整滞后，并导致上述种种问题，首先与对公共支出的性质缺乏认识有关。

西方国家对公共支出的认识，是以"市场失灵"为逻辑起点，来确认公共支出存在的合理性和必要性，并以此来界定公共支出的范围。既然市场失灵是公共支出存在的依据，那么，公共支出的配置范围就只能是在市场失灵的领域，即公共领域。如果在此之外配置公共支出，则改变了公共支出的性质，违背了公共支出自身的要求。如火车，只能是在铁轨上运行，若是把它配置到公路上去，则无疑地违背了火车运行的基本原理。这时候，要么改变火车的性质，把它改装成为汽车，使之符合在公路上运行的要求，要么就是翻车，造成事故，给铁路和公路运输都造成损失。在现实生活中，谁也不会把火车挪到公路上去，因为两者的不匹配是一目了然的事情。但对于公共支出，就不是那么易于把握，把它错位配置到非公共领域，就不是没有可能的。要是在理论上对公共支出性质的认识很模糊，错位配置的可能性就更大了。我国公共支出存在大量错位配置的情况，与此密切相关。

西方经济学认为，以下事务是市场不能解决的，属于公共领域的问题，需要政府承担起这方面的支出责任（即生产或提供公共产品）。

——法律秩序、公共安全等；

——生产和消费中的外部效应，包括负的外部效应，如污染，以及正的外部效应，如基础科学研究；

——垄断；

——收入分配不公；

——信息不充分；

——经济波动等。

这是西方国家在 200 多年的市场经济实践基础上，对政府的支出责任及其公共支出的配置范围，经过长期研究得出的理论解释。这种解释是有用的，对于正在市场化的我国来说，许多方面可以借鉴。

进一步分析，在这种解释的背后，隐藏着一个重要的理论假设，即市场经济有其天然的合理性，是一种价值尺度，是衡量和判别所有问题的基准。这样一来，市场经济本身就成为确定政府支出责任，界定公共支出范围的出发点和基本依据。甚至连政府存在的必要性和合理性，都是从市场（失灵）推导出来的。要不是因为市场失灵，政府也没有存在的必要。这就是现代西方经济学解释公共支出的逻辑。

若是改变上述理论假设，所有结论就会完全不同。假如政府配置资源具有天然存在的合理性，那么，市场存在就只有在"政府失灵"的领域才有必要。按照传统经济学的解释，政府是不会失灵的（或者说失灵的范围很小，市场只需起一个"补充"的作用）。以这种逻辑来推断，政府的支出责任是无限的，公共支出具有无限的可替代性，如替代企业支出、家庭支出等等，其配置的范围当然也就没有边界。从这里我们不难看出，我们目前的公共支出范围的确定，实际上是以后一个假设为前提的。这个假设前提不变，现行公共支出范围的调整不可能有实质性的变化。对目前公共支出范围"越位"和"缺位"的感性认识不是今天才有，大家都在提出这个问题，但为什么至今难有进展，其根源在于其理论上的假设前提没有变。也许在口头上，大家都在说，要借鉴西方市场经济国家的经验与做法，但骨子里的东西，对不少政府官员来说，仍是传统的。长期习惯了的思维逻辑总是会不由自主地冒出来，从政府自身出发来考虑和判别所有的问题。因此，要重新界定公共支出范围，那就要重新设定我们的理论假设。

在市场化背景下来探讨公共支出的性质，我们可以借用西方市场经济国家的上述理论假设，从市场经济的角度来观察和看待我们当前面临的各种问题。从逻辑上看，西方对公共支出的性质及其配置范围的理论解释在一定程度上是成立的。但这种解释是从规范意义上来阐述的，即：基于市场经济的社会价值观念来给出一种正面的肯定性的判断：政府"应该"承担什么样的支出责任，"必须"履行什么样的职能。

在此，我们提出一种实证性的理论说明，即：基于市场经济这个条件，给出一种反面的否定性判断，对于市场解决不了的问题（如前面所提到的），如果政府"不"承担相应的支出责任，那么，市场经济社会将会出现什么样的景象？可能会陷入一片混乱之中，导致诸如法律秩序丧失、生命与财产随时都有被剥夺的危险、相互欺诈、以邻为壑、环境污染、两极分化、经济动荡等等。概括起来，这些都是"公共风险"，可能会给社会全体成员都带来损害。这样的景象，当然是谁也不愿看到的。在社会历史进程中，由于公共风险未被当时的人们所认识而变成了事实的情况并不少见，资本主义初期的社会景象即是一个很典型的例子。最后的结论是，对于市场解决不了的问题——公共风险，还得由政府这个公共机构来承担起责任。在这个类似于几何反证法的过程中，显示出的意义似乎是殊途同归，结论一样，只是用了另一种方法来证明而已。

其实，真正的意义不在于这里最终得出的结论，而是通过反证法的过程，能使我们观察到公共支出存在的深层原因——公共风险。不是市场失灵，而是公共风险，使公共支出才有了终极存在的合理性和必要性。这种分析不是从既定事实来得出结论，而是依据不确定性的情况（公共风险）来考虑政府的支出责任及其支出范围，以防范上述景象变成事实。这就是说，不要让过去的东西牵着我们的鼻子走路，而应让不确定性的未来来引导我们前进的方向。只有未来的不确定性——各种风险，才是我们决策的真正依据。我认为，从这个角度来解释公共支出的性质，也许更具有说服力。

根据上面的解释，我们可以归纳出这样一种逻辑关系：公共风险——公共产品——公共支出。对这个逻辑关系式进行简化，则有：公共风险——公共支出。这比借助于市场失灵来解释公共支出的性质更具有直接性和客观性。一方面，公共支出是公共风险要求的一种结果，即公共风险决定了公共支出，它因公共风险的产生而存在，随公共风险的扩大而扩张。另一方面，公共支出又是化解公共风险的手段或工具，即公共风险是通过公共支出而化于无形的，故上面描述的极端混乱景象在现实生活中并未呈现出来。问题与解决问题的手段总是一同产生。但若没有了这个手段，那么，化于无形的公共风险就会完全地呈现在我们的面前。或者，当这个手段的配置滞后于公共风险的变化时，一部分公共风险同样会以各种不同的形式凸现出来。前面我们谈到公共支出范围调整滞后而导致的三大问题，实际上就是这一种情况的描述。这就像战争与军队的关系，前者决定了后者存在的必要性；而后者又是防范战争，求得和平的手段，可一旦没有了军队，战争可能就会马上来临。

公共支出决定于公共风险，同时，它的使命又是化解公共风险，使之遁于无形。这就是公共支出的性质，成为重新界定公共支出范围的基本理论依据。

五、以"公共风险"为导向来调整公共支出的配置范围

一个社会总是会面临着各种各样的风险。从性质上来分析，社会风险可以划分为两大类：一是私人风险，二是公共风险。前者是指产生"孤立"影响的风险。风险事件的发生是独立的、偶然的，在 A 发生，并不意味着在 B 也必然发生，不会产生连带性影响。这类风险可以将其责任进行明晰界定，由市场机制来承担和化解。如保险市场，通过将风险在时空上分散、转移，使企业和家庭的某种风险化于无形。市场经济可以说是风险经济，其基本规则是利益与风险对称。追求自身利益，就要承担相应的风险，对自己的行为负责。这个规则与私人风险的性质相吻合，因此，私人风险可以通过市场机制来防范和化解，公共支出无需涉足。

而公共风险则不同，是指产生"社会性影响"的风险，具有很强的外部性。它有三个特征：

一是内在关联性（或传染性）。公共风险在发生过程中，对企业和家庭来说，是相互关联、相互影响的，因而具有"传染性"。如癌症，是一种很可怕的疾病，但不会传染，是一种私人风险。而艾滋病则不同，有很强的传染性，危害社会，构成公共风险。

二是不可分割性。公共风险对每一个企业和家庭来说，是必然的，不可逃避的。如通货膨胀、环境污染、刑事犯罪等，在未来发生的时间、方式是不确定的，但社会成员遭受损害的可能性是同等的，谁也无可逃避。

三是具有隐蔽性。公共风险很难正面识别，往往累积到了快要爆发的程度才被发现、才引起重视。如分配不公导致的两极分化，其产生的公共风险——使社会陷入动荡、无序状态的风险——是人类历史上破坏性后果反复出现之后才被社会所认识。如环境污染引发的公共风险——威胁人类生存的风险——也往往是等到非常严重的地步才引起重视，采取措施。再如生物技术、网络技术，对人类社会未来发展带来的公共风险，现在还未被认识到，也许同样要累积到一定程度的时候，才能被社会所认识。因此，公共风险的防范和化解通常表现为亡羊补牢的事后行为。

上述三个特征决定了公共风险的属性，它与市场机制的规则——市场参与者的风险责任必须是明晰的——不相吻合，说明公共风险只能按照集体行动的逻辑，由政府来防范和化解，也就是要由政府来承担起相应的支出责任。

在市场经济社会，政府与市场的分工，实质上是不同性质风险的归宿划分。私人风险与市场相匹配，公共风险与政府相匹配。这种对应关系作为一种制度安排，应当说是一种有效的选择。这已为中外社会实践正反两个方面的经验教训所证明。很显然，这种对应关系是调整公共支出范围的基本出发点。

以此为起点，再结合前面关于公共支出性质的讨论，下面，我们将运用两种方法来分析公共支出范围的界定过程。

1. 风险归宿分析法

这一方法的理论依据来自"公共风险决定公共支出"的原理。按照这条原理，界定公共支出范围的关键在于公共风险的确定。不言而喻，只要把公共风险与私人风险区分开来，公共支出的范围自然也就随之确定了。但在现实经济生活中，要把两者直接区分开来并不是一件很容易的事情。尤其对于一些还未被我们所认识的风险来说，要直接分清它们是属于公共风险，还是属于私人风险就更难了。在此，我们可用风险归宿法来解决这个问题。

面对经济、社会中各种各样的风险，我们难以直接判别其属性。但风险总是有一个最终的归宿，在市场经济条件下，风险归宿一是市场，二是政府，或者两者共同承担。这样，我们就可以分以下几个步骤来分析：第一步，假设我们面对的所有风险都是私人风险，没有公共风险，都可以交给市场去防范和化解。做出这个假设的理由，来自市场经济的历史必然性和天然合理性。第二步，分析各种风险的具体内容及其属性。如教育，有普通教育、职业教育、成人教育、远程教育、留学教育、特殊教育、干部教育等等。其中普通教育又可以分为学前教育、小学教育、初中教育、高中教育、高等教育等。按照第一步的假设，所有这些种类的教育全部交给市场，政府不承担支出责任。这时候，我们对各种教育可能的状况及其导致的风险进行评估。下面我们以基础教育、高等教育和留学教育为例来做一个简单的说明。

表3　教育由市场负责情况下的风险状况

项目	可能的状况	风险内容	风险属性	未来支出责任
基础教育	短缺	文盲增多 劳动力素质下降 国民素质下降 扩大贫困	风险不可转移	政府承担
高等教育	不足	高级人才不足 国民素质不高 技术进步放慢	风险可以部分转移，如引进外部人才，鼓励自学等	政府与市场可共同承担
留学教育	充足	经营性风险	无关联性	市场承担

顺便指出，这里的风险评估与企业的风险评估有很大的差异，其目标、方法都是不同的。第三步，确定风险归宿。根据风险评估的结果，确定所有风险的归宿。若风险仍回归到政府，也就是说，政府现在不承担支出责任，将来还

得承担，则表明这种风险是公共风险，需要政府"马上行动"，现在就必须做出支出安排去防范和化解。这个过程可用识别"飞去来器"这种玩具来做个比喻。面对许多的玩具（表示风险），在分不清"飞去来器"（表示公共风险）的情况下，不妨假设，这些玩具中没有"飞去来器"（即全部是私人风险），然后，把这些玩具一件件甩出去，观察他们飞行的路线，若是发现一些玩具甩出去之后，又重新回到了原来的出发点，则可以确定，这些玩具就是"飞去来器"（公共风险）。上面例子表明，如果现在放弃基础教育的支出责任，虽会减轻现在的财政压力，但未来支出责任仍会回到政府身上，即风险归宿是政府，属于公共风险，因而政府在确定现行的支出范围时，应承担起基础教育的全部支出责任。而高等教育的风险归宿部分是政府，政府承担部分支出责任。而留学教育的风险归宿不是政府，故政府不承担支出责任。第四步，按照上面的步骤，对假设情况下的所有风险逐一作出评估，即可确定公共支出的配置范围。

2. 反向假设分析法

这一方法的理论依据来自"公共支出的使命是防范和化解公共风险"的原理。根据这条原理，界定公共支出范围的关键，是检验现有的公共支出是否已经全部用于防范和化解公共风险。下面，我们用反向假设分析法进行检验。

这个方法的基本内涵是：如果政府不承担某项支出责任，结果会怎么样？变坏——导致公共风险；不变或变好——没有导致公共风险。若是前者，表明政府承担的支出责任是正当的，符合上述原理；若是后者，则表明政府承担的支出责任是不正当的，因为它违背了公共支出的使命。这个过程可以分为以下几个步骤：第一步，假设所有的公共支出项目都是不正当的。做出这项假设的理由是，公共支出的配置范围不具有天然的合理性。第二步，对各项支出的正当性，用反向假设法进行检验。我们以公检法支出、挖潜改造支出和流动资金拨款三项支出为例来简单单说明。实际上，对于大类支出项目很难直接判断：正当或不正当，因为大类项目下还有许多的子项，只有当各个子项都被判定为不正当的条件下，才能说这个大类支出项目是不正当的。因此，正当性检验应从各个子项开始，先判定子项范围是否合理。为简化起见，这里仍是以大类项目来分析。第三步，对正当性检验的结果进行汇总，去掉非正当性的支出项目，新的公共支出范围也就确定下来。

表4　公共支出项目的正当性检验

项目	若取消，是否引发公共风险	风险内容	是否正当
公检法支出	是	犯罪率上升； 生命与财产没有保障； 失去社会公正等等。	是
挖潜改造支出	否	无	否
流动资金拨款	否	无	否

上述两种方法不是截然分开的，实际上是同一个问题的两面，因而这两种方法是互补的。第一种方法可以解决我们平常所说的"缺位"问题，通过对各种风险归宿的分析，"筛选"出公共风险，可以使所有的公共风险自然地与公共支出相匹配，从而弥补支出"缺位"。第二种方法可以解决"越位"的问题，通过反向假设检验，"越位"的支出项目自然消除，使所有的公共支出与公共风险相匹配。这样，"缺位"与"越位"没有了，公共支出范围的调整也就到位了。

3.扩展的分析

对这两种方法加以扩展，可以用于其他方面的分析，不只是用于界定公共支出范围。如可以用来进行公共支出的效率分析。事实上，运用上述方法界定支出的过程，同时也是一个效率分析过程。合理的支出范围，就可以保证最大的效率。西方国家流行的成本—效益分析有很大的局限性，只能孤立地说明这项支出的效益（或效应），无法指出它是否"越位"。微观效益无法说明该项支出的正当性。而上述两种方法则弥补了成本—效益分析的不足。

加入公共风险的排序分析内容，上述两种方法还可以用来对所有支出项目进行排序，帮助确定预算分配的重点和轻重缓急。

另外，和部门预算方法结合起来，可以用来编制长期预算。基数法是以"过去"为基础来编制预算，这很容易导致偏差累积，随着时间的推移，就会造成公共支出的"缺位"与"越位"。零基预算法，是以"现在"为基础来编制预算，这很容易忽视未来趋势，迷失方向和目标，造成新的偏差。而若用上述"风险归属分析法"和"反向假设分析法"两种方法来编制预算，则这些缺陷均可消除。因为上述方法是以"未来"为基础的。风险本身就是指向未来的，即通过对未来的分析来确定现在的预算。"未来决定现在"的逆向思维，可以使预算与未来趋势更加吻合。而且，预算目标内在于预算编制过程之中——防范和化解公共风险，使之最小化。编制预算的过程同时就是分析、防范和化解公共风险的过程，这样，预算编制就不会、也不可能偏离它自身的目标。

参考文献：

1.[美] 詹姆斯·M.布坎南：《公共财政》，中国财政经济出版社 2001 年版。

2.[美] 詹姆斯·M.布坎南、马斯格雷夫：《公共财政与公共选择：两种截然不同的国家观》，类承曜译，中国财政经济出版社 2000 年版。

3.财政部办公厅编：《财政支出结构优化与支出效率》，经济科学出版社 2001 年版。

4.冯秀华主编：《公共支出》，中国财政经济出版社 2000 年版。

5.冯秀华、李林池等：《关于建立我国政府公共支出预算体系的基本思路》，载《财部改革纵论》，经济科学出版社 1999 年版。

6.刘尚希：《论公共风险》，《财政研究》1999 年第 9 期。

7.[印度] 桑贾伊·普拉丹：《公共支出分析的基本方法》，蒋洪等译，中国财政经济出版社 2000 年版。

8.王雍君：《中国公共支出实证分析》，经济科学出版社 2000 年版。

9.张弘力、郑永福：《公共支出预算分配方法改革构想》，载张佑才主编：《财税改革纵论》，经济科学出版社 1999 年版。

（此文发表于《经济研究》2002 年第 6 期，作者：刘尚希）

论民生财政

　　阅读提示：《论民生财政》一文提出了"以人为本"的财政观。本文破除了传统狭隘的民生观点，鲜明地提出了"民生支出"不等于"民生财政"的观点。文章认为，民生财政的实质是着眼于化解消费率、消费差距以及私人消费风险所引致的公共风险。不难看出，民生财政的职能超越了经济领域，而同时涵盖了经济、社会和人类发展三个方面，这比仅仅从经济学角度来阐释的财政职能无疑地扩展了。

　　对于自由、民主、平等这些基本价值，已在全球达成共识。作为一种中国式表达，"民生"也是与之并列的普世价值。尽管在国际语境中没有"民生"这个词，但《联合国千年发展目标》事实上已经表达了关于民生价值的全球共识。建立在这个基础上的民生财政不是空泛的口号，而是财政理念的转折性变化：从以财富的生产为逻辑起点，转向以财富的支配使用为逻辑起点。这改变了自古典经济学以来形成的注重财富生产，而忽视财富使用的传统观念。民生财政的职能超越了经济领域，同时涵盖了社会领域和人类发展领域。与隶属于经济学的传统的"物本财政"相比，超越于经济学的民生财政是"人本财政"。

　　转向以人为本，这是一个时代价值取向的转变。这体现在作为人类理性工具的公共财政方面，那就是"民生财政"。它从一个概念日渐变为中国的现实，已开始扎根于经济社会发展之中，逐渐融于政府的决策理念之中，不断纳入深化改革的视野之中，也相应地体现在一组组数据之中。民生财政应该不再是一个口号，而是一种新理念、一种有别于传统的集体行动和一种面向未来的制度安排。"民生财政"这个概念的提出决不是字面上的"民生＋财政"，而是根植于深刻的历史和现实当中。

一、民生是一个永恒的主题

从字面意思看，"民生"就是指人民物质文化生活的一种状态，其主体是两个层面的，一是集合或整体意义上的"人民"或"国民"，二是个体意义上的每一个社会成员或自然人。从这两个层次来看，民生的改善和保障既是指宏观的总体人，即全体国民，也是指微观的一个个特定群体及其个人。民生的客体对象包括生活水平、生活内容、生活差距和生活安全等等，包含了从"温饱"到"福利"的丰富内涵。而其具体形态在不同的国家和不同时期是不同的。

（一）民生是中国语境下的独立基本价值

民生是中国当今社会各界普遍关注的重大公共性问题，放在中国改革开放30年取得巨大成就的这个大背景下来看，民生的社会价值，丝毫不亚于自由、民主、平等、博爱这些理念。人类社会进入 21 世纪，任何现代国家是离不开这些理念的，没有这些理念的导引，国家这艘航船就会触礁而沉没。民生的理念是人类文明发展成果的一种中国式表达，是在融合了本土的"温饱观"和西方的"福利观"基础上形成的一种新价值观。尽管，民生的内涵一定程度上包含在自由、平等、博爱这些公认的基本价值之中[1]，但民生作为一种基本价值

---

① 18 世纪欧洲启蒙运动，尤其法国大革命，使自由、平等、博爱等这些理念逐渐成为西方主流价值体系中核心价值观，但当时的思想家，甚至美国《人权宣言》和法国《人权宣言》都没有把涉及消除贫困这样的基本民生问题提出来，故而在西方的人权理念中，对民生是视而不见的。直到 2000 年《联合国千年宣言》中，才在关于自由、平等论述中提到了免于饥饿等基本民生问题，并单独提出了针对民生的千年发展目标。

的独立表达，对发展中国家来说具有特别的意义①，是保障基本人权——生存权和发展权的社会价值基础。

作为一个发展中的人口大国，作为取得举世瞩目经济成就、正在崛起的新兴市场经济国家，中国走了一条独特的发展道路，那就是从解决吃饭问题入手，从最基本的民生问题抓起。20 世纪 80 年代初期的农村改革，只几年的工夫，就一举解决了当时 10 亿人口的吃饭问题。经济的快速发展，使贫困人口迅速减少。从民生的基本问题切入，是中国经济持续增长，并成为世界第四大经济体的秘诀所在。这与中国的最大邻居俄罗斯相比，显然是一条具有浓厚中国特色的改革发展之路。那时尽管没有提"民生"，但却是实实在在关注和重视民生，并以此作为改革开放的战略突破口。如果说要总结中国改革开放的成功经验，我觉得，这是最重要的一条。可惜的是，在后来的快速增长中，这一条并没有始终坚持②，渐渐地陷入到了为 GDP 而 GDP 的异化增长状况，这才有了今天对民生问题的深切关注。

从 40 年的时间跨度来观察，对民生的认识不只是现在才有。进一步考察，从 100 年的时间跨度来看，革命先行者孙中山曾提出了民生、民主和民权的三民主义思想，并就民生的内涵，依据当时中国的实际状况，他界定为朴素的食、衣、住、行四要素。从千年的时间跨度来回溯，古代圣贤都十分看重民生，"民为贵，社稷次之，君为轻"③的民本理念流传至今。孟子曰："谷与鱼鳖不可胜食，材木不可胜用，是使民养生丧死无憾也。养生丧死无憾，王道之始也。五亩之宅，树之以桑，五十者可以衣帛矣。鸡豚狗彘之畜，无失其

① 孟加拉国的穆罕默德·尤努斯数十年来创建的小额贷款金融模式——无抵押小额贷款银行，即孟加拉乡村银行（格莱珉银行）已经协助数以百万计的孟加拉国贫民摆脱了贫困。对于一个出生在富裕家庭的尤努斯来说，如果没有民生情怀，是不可能去创办"民生金融"的。他因此而获得 2006 年的诺贝尔和平奖，这也许意味着民生作为一种独立价值观的普适性得到认可。
② 也许正是因为没有明确的"民生"价值观的导引，当时对民生的关注是无意识的，不是自觉的行为。
③ 《孟子·尽心下》。

时，七十者可以食肉矣。百亩之田，勿夺其时。数口之家可以无饥矣。谨庠序之教，申以孝悌之义，颁白者不负戴于道路矣。七十者衣帛食肉，黎民不饥不寒，然而不王者，未之有也。"[①] 这就是两千年之前，在社会生产力极其落后条件下的民生阐释。从中不难发现，关注和重视民生，不是一时的口号，而是永恒的具有独立意义的基本价值主题。

（二）民生是普世的基本价值

从世界范围来看，民生作为一种价值观逐渐凸现并形成共识。2000 年 9 月联合国千年首脑会议发布了《联合国千年宣言》和制定了"千年发展目标（Millennium Development Goals）"。在新千年开始之际举行的千年首脑会议，作为联合国的第 55 届会议，具有鲜明的划时代特征，那就是把基本民生问题置于会议的核心。虽然在《千年宣言》中对自由、平等、人权、善政、民主等问题做出了广泛的承诺，但核心是 8 项千年发展目标。这些目标是：一是消灭极端贫困和饥饿；二是普及小学教育；三是促进两性平等并赋予妇女权利；四是降低儿童死亡率；五是改善产妇保健；六是与艾滋病毒 / 艾滋病、疟疾和其他疾病作斗争；七是确保环境的可持续能力；八是全球合作促进发展[②]。依据这些目标，联合国制定了具体的数量指标，以便跟踪、记录和监测这些目标任务的完成情况。放在中国的语境下，千年发展目标多数都是被我们称之为民生的问题，针对这些问题，192 个成员国承诺采取各种有力措施，在 2015 年之前实现上述目标。从这项开始于 2000 年的全球行动可以看出，民生作为基本价值理念实际上已经具有独立表达的雏形，只是在国际语境中还没有形成"民生"这样一个概念来表达而已。这标志着民生理念事实上已经达成全球共识，并不再附庸于自由、平等、民主等基本价值理念。

如果对民生有了这样一种基于历史和现实的认识，那么，就不会觉得"民

---

① 《孟子·梁惠王上》。

② 参见联合国网站，http://www.un.org/chinese/ga/55/res/a55r2.htm。

生"是一个心血来潮的政治口号，而是与自由、民主、平等、博爱一样具有普世价值的理念，而且，这个理念是从中国的历史发展中总结出来的，也是经中国 30 年来的改革发展历程所验证的普适法则。什么时候重视民生，经济社会发展就会比较顺利；什么时候忽视了民生，经济社会发展就会遇到障碍，甚至发生危机。放眼世界，凡是那些追求自由、民主而民生问题成堆的国家，都没有取得成功，甚至陷入了泥潭而停滞不前；凡是从民生出发，以此为基础来推进自由和民主的国家，都渐渐地实现了现代化。那些标榜自由、民主的西方发达国家，实际上无一不是在有意或无意地重视和关注民生的基础上前进的。北欧的福利国家，如果换一个说法，实际上就是进入高级阶段的"民生国家"；西方广为流行的福利经济学①，也可以翻译为"民生经济学"，是对民生的另一种诠释和表达。只不过这些东西是在西方历史与文化的土壤中形成的，并经历大小经济社会危机和革命性的转折之后，逐渐构建了保障民生的制度和机制，这样也才有了资本主义今天的繁荣。对于中国这样一个正在全面建设小康社会的发展中大国来说，民生是经济社会进步和发展的逻辑起点，也是自由、平等、民主的前提和基础。

但从民生的终极价值来说，自由、平等、民主也不过是手段，只有"工具价值"，最终都必须服务于民生和有利于民生。在这个意义上，民生涵盖了自由、平等和民主，或者说这些东西本身就是民生的内容。自由也好，平等也罢，最终都必须是指向民生，即人的生存和发展状态，包括健康素质、知识素养、道德伦理、环境友好、社会和谐等等。要不然，皆是空谈。就此而言，民生既是经济、社会、政治发展的逻辑起点，也是它们发展的逻辑终点。

---

① 福利经济学的形成以 1920 年庇古（A. C. Pigou）发表的《福利经济学》为标志，其后经勒讷（A. P. Lerner）、希克斯（J. R.Hicks）、卡尔多、萨缪尔森等经济学家的努力形成了一个重要的经济学分支。其实，在此之前，早在 18 世纪和 19 世纪就有了"福利国家"和"福利经济"的思想，主张国家在老、幼、贫、病等方面发挥作用。当时总的背景是处在资本主义自由竞争时期，贫富悬殊造成的社会对立不断加剧，福利经济学和福利制度正是应此而生。

二、民生是国家财政的普照之光

（一）民生财政是"人本财政"

中国对民生的认识，不是靠理论来阐述和传播的，而是依靠实践来定义的。"民生财政"自然也是竖立在坚实的实践基础之上。

实行市场化改革，推行市场经济是中国的一个前所未有的伟大实践，中国经济的市场化程度已经取得了长足的发展，市场经济体系基本形成。但西方国家的实践告诉我们，市场经济带来了更多的经济自由，但不可避免地会导致经济不平等[①]。这既有财富、收入的不平等，也有消费的不平等。西方200年的市场经济发展史表明，财富和收入的不平等是无法消除的，而且其差距仍在拉大。经济合作与发展组织2007年出版的《经合组织就业展望（OECD Employment Outlook）2007》这份报告指出：过去10年中，在有数据的19个OECD成员国中有16个的收入差距扩大。其中，工资收入占国民收入的比例也从1980年开始不断下降，欧盟15国和美国都是如此[②]。根据美国官方数据，2007年财政年度，美国领取食品券的人数达到2650万；国会预算局预测，从2008年10月开始的财政年度，领取食品券的人数将达到2800万人，差不多占美国3亿人口的10%。这将是上世纪60年代以来实行食品援助计划以来人数最多的一年[③]。政府这只有形的手可以阻止财富差距、收入差距的迅速扩大，但无法逆转。政府能做的就是利用公共权力汲取公共资源，以此来为社会大众提供平等的公共服务，通过建立食品、失业、养老、医疗、教育等社会保障体

[①] 自由与平等，永远是相互对立的，在经济上的表现最为充分。市场化改革带来了更多的经济自由，但必然带来更多的不平等，对于这一点无须忌讳。为了强调市场化改革的正当性，而否定经济不平等与经济市场化有关的论调是典型的鸵鸟思维。我们要面对的是如何让经济自由与经济平等达到社会可接受的一种平衡，以避免公共风险和公共危机。

[②] 参见《21世纪经济报道》2007年6月27日。

[③] 转引自驻美特约记者尚未迟《1/10美国人靠救济券吃饭》，《环球时报》2008年4月7日。

系来提供公共消费，从而缩小社会成员之间的消费差距，包括食品消费的差距和教育、保健等方面的差距，从而使每一个社会成员都可以获得：一是基本生存条件，二是基本能力。而基本能力的平等有助于起点、过程和结果的平等。政府运用财政手段进行这样的干预，以推进人类发展，那也就可以说，政府实行的是民生财政。

从这里可以看出，民生财政不只是保障基本消费——吃得饱饭、看得起病、上得起学的财政，还应是防范社会差距过大，保障社会公平、正义的财政，也是促进人的发展，普遍提升国民素质和能力的财政。由此进一步扩展一下，也可以说，民生财政是"人本财政"而与以物为本位的"物本财政"相区分。

（二）"民生支出"不等于民生财政

在短缺的条件下，扩大生产，发展经济，那自然是解决民生问题的基础。因此，可以说，短缺经济条件下的"建设财政"，等价于民生财政。但随着物质产品的不断丰裕，如果政府仍是一味地着眼于扩大生产，增加 GDP，那这样条件下的"建设财政"就不再等价于民生财政，而是失去了终极目标的为生产而生产的财政。在这个意义上，民生财政是始终关注终极目标的财政，即以人为本，促进每一个社会成员全面发展，实现社会公平正义的财政。换用经济学的语言，民生财政应当是这样的财政：即促进经济增长基础上的国民消费水平(率)提高，防范消费差距过大，推进基本消费[1]平等化，增加社会总福利，提高社会幸福指数的财政。不论用什么概念或提法来表达，只要是始终关注社会的终极目标，那就是民生财政；否则，只要是偏离了终极目标，就不是民生财政。从当前的政府施政理念来看，没有把关注和重视民生视为化解经济社会矛盾的政治工具和政治策略，而是视为经济社会发展的终极目标。科学发展观的核心就是把自身当成目标的已经异化了的增长，转变为民生导向的增长，即以人为本的发展。政府的这种理念注入财政这个手段之中，财政的内涵也就发

---

[1] 现阶段的基本消费至少包括基本营养、基本保健、基本教育和基本住房。参见拙作《民生问题的要义：基本消费平等化》，《光明日报》2007 年 4 月 3 日。

生了深刻的变化，民生就成为财政的普照之光。

在民生这个普照之光的映射下，财政的转型就发生了整体性的变化。从理念、目标，到体制、机制，再到管理，都应当有一个质的变化，而不是仅仅体现在某些科目上增加了一些财政投入。正是有了民生这个基本价值理念的指引，政府支出结构才有较大的调整和变化，才有对当前重点领域投入的增加。但对民生财政的认识并不是整齐划一的，也不是一步到位的。现在，仍有不少文章和媒体报道把扩大教育、医疗、社保等方面的支出说成是"民生支出"而大加赞扬。其实，这是一种肤浅的认识，是对民生财政的误读，在逻辑上割裂了民生财政。说财政支出的多少比例用于民生，是为显示关注和重视民生，有的地方说40%的支出用于民生，有的说是70%，还有的说达到90%，这种种说法映衬出不少地方对"民生财政"的认识是机械的、数字化的和片面的。若政府财政支出只有一部分是用于民生的，那另一部分支出又是作何用途呢？若政府财政的另一部分支出不是服务于民生，与民生无关，甚至与民生相悖，那还是"民生财政"吗？还是以人为本的财政吗？进一步问，即使是增加了教育、医疗和社保方面的投入，就变成了民生财政吗？答案是：不一定。若是这些投入不能缩小差距，推动社会公平正义，那这方面的投入无论怎样增加，结果依然不是民生财政。再进一步，如果医疗卫生、教育等重点领域的投入，没有转化为大众健康素质、文化素质和生活条件的改善，没有转化为民众基本能力的普遍提高，那也不是民生财政。

可见，如果民生的理念没有贯穿到政策目标、财政决策、财政改革和财政管理之中，那所谓"民生支出"的扩大只不过是另一种政绩工程，当成了一时的"送礼"，那是把民生当成了手段和工具。

其实，整个财政才是真正的"工具"，是保障和改善民生的永久性工具，政府花的每一分钱都应当是服务于民生，有利于民生，体现以人为本的终极价值理念。花钱的方式可以不同，支出用途可以有别，在不同的时期，也可以有不同的支出重点，但最终都要回归到民生上来。例如，降低行政成本，也要围绕民生来做文章。不能把其中应当承担的成本转嫁给民众。有的地方在乡镇机构改革中就出现了这样的情况，算"财政账"，减少了支出，效果很好；算"社会账"，老百姓的成本增加了，办事情变得不方便了，政府公共服务的可及性降低了。这样的精简机构和降低行政成本，实际上是以增加老百姓隐性负担为前提的，反而有损民生。政府支出或是扩大，或是节减，都不能只算"财政账"，还要算"社会账"；不能只是着眼当前，而且还要看是否有利于民生的长期改善和长期保障。否则，政府的任何一项支出，支持经济发展也好，用于教育、卫生也好，都可能会迷失自身的目标而陷于盲目的状态——知其然，不知其所以然。如果把民生当作一种时尚标签来到处贴，那远不是真正的"民生财政"。

三、民生财政的基本职能

（一）民生与消费

作为一个公共性问题，民生通常被解读为社会建设的内容，从权威性的高层讲话和文献即可看出这一点。温家宝在 2007 年春节团拜会上的讲话中指出："关注民生、重视民生、保障民生、改善民生"，是人民政府的基本职责。党的十七大报告明确提出："加快推进以改善民生为重点的社会建设"，"必须在经济发展的基础上，更加注重社会建设，着力保障和改善民生"。在 2008 年元旦前夕的新年贺词中，胡锦涛再次强调："继续以改善民生为重点，加强社会建设，努力使全体人民学有所教，劳有所得，病有所医，老有所养，住有所居，促进社会和谐"。其实，民生并不与经济发展相对立，而是内在于社会再生产过程之中。民生的实质是对财富的消费，包括物质产品（劳务）的消费以及非物质文化产品的消费。离开消费，无所谓民生。而消费既是增长（生产）的目的，又是增长的动力。按照眼下流行的理论，消费需求构成社会总需求的重要组成部分，是拉动经济增长的"三驾马车"之一。就此而言，民生与经济增长具有内在联系。从历史上看，当消费严重不足的时候，就会导致经济危机。1929—1933 年资本主义世界发生的那场经济危机使资本主义经济体系受到沉重打击。究其实质，那场经济危机其实是由民生危机导致的。而化解那场危机的办法，如美国的罗斯福新政，首先就是从改善民生入手的，如救济穷人、促进就业、增加收入等，即扩大消费，进而渐渐地使经济走出萧条。自此之后，西方国家普遍地建立了包括失业、医疗、养老等方面的社会保障体系和公共服务体系，从制度上来保障和改善民生，亦即使社会大众的消费不至于因收入、财产的差距而过分悬殊。也许正是这种西方式的民生导向，才使得西方资本主义经济体系再也没有发生过 1929 年那样因消费不足导致的全面经济危机。

（二）民生财政的职能

从消费的视角来观察，民生是以消费为载体的，进而可以推论出民生财政的职能。综合起来看，民生财政应具有三项职能：

1. 促进消费水平与生产力水平相适应，或者说使消费与生产达到一种均衡。衡量消费水平的指标通常有国民消费率、非生产投资率[①]。国民消费率又可以分解为私人（居民）消费率和公共（政府）消费率。全社会最终用于消费的支出水平在一定程度上可以反映一定时期的人民生活水平。如果消费水平和生产力水平总是自动地达到某种均衡，则这项职能就可以交给市场来解决。问题是市场无法做到这一点，在现实中，生产系统总是存在脱离消费而自我繁殖、扩张的倾向，直到危机到来而进行强制性的调整。

2. 控制消费的差距，推进基本消费平等化。消费差距可用相对差距和绝对差距来衡量。过大的消费差距往往是导致消费率过低的重要原因，因此，通过控制消费差距有助于消费总水平的提高，尤其是公共消费对此具有直接的作用。基本消费的平等化是使每一个人免于饥饿；其次是使每一个人识字，获得基本的文化知识；再次是使每一个人有地方去看病，并看得起病；此外，使每一个家庭都有基本住房，如此等等。这些都是基本消费的内容，应当人人享有。从前面谈到的联合国千年发展目标来看，这些内容都被包含了。

---

① 这里指的是用于消费的投资，不带来现金流。如购买自用的住宅投资，在现有统计体系下是计入投资的，但是实质上是用于消费。

3.化解消费风险。这不只是消费对象的风险，如食品、药品、用品的风险，更重要的是消费行为过程的风险。消费风险有可获得性风险，即买不起的风险，如食品、教育、保健；可及性风险，即有钱也买不来的风险，如良好的环境、清新的空气和洁净的水。在这里，私人消费风险不仅包括了消费对象物的短缺风险及其安全风险，也包括了私人消费能力不足的风险。在市场经济社会，这些消费风险仅仅依靠个人和家庭是难以化解的，往往离不开政府来兜底，即承担边际风险。此时，政府是消费风险的最后承担者。

民生财政履行的上述三项职能都是公共性问题，实质都是着眼于化解消费率、消费差距以及私人消费风险所引致的公共风险。消费率偏高或偏低、消费差距过大或过小、消费不安全都会导致民生状况恶化，引发公共风险和公共危机。至于引致什么样的公共风险，则取决于问题的表现。若是主要在消费率方面，例如消费总水平过低，往往表现为消费需求不足，则易于引致经济领域的公共风险，如经济失衡、失稳、甚至转化为经济危机。若主要表现在消费差距方面，则易于引致社会领域的公共风险，如社会分化、阶层对立、共识破裂，积累到一定程度就会转化现实的社会危机。若主要是表现在私人消费行为风险方面，则易于引致人类发展领域①的公共风险，如营养不良（饥饿）、大众健康水平、文化素质和基本能力未能提高、预期人均寿命增长缓慢或缩短等等，甚至可以演变成人类发展危机。而民生财政的职能就是要为化解和防范上述这些公共风险和公共危机提供财力支撑。

不难看出，民生财政的职能超越了经济领域，而同时涵盖了经济、社会和

---

① 根据联合国开发计划署（UNDP）发布的全球人类发展报告，中国的人类发展水平（HDI）是不断提高的，从 2001 年世界排名第 104 位（其指数是 0.721）上升到 2004 年的第 81 位（其指数是 0.768），已经高于世界平均水平（其指数是 0.741），但与中国经济发展水平相比是滞后的。这个领域的公共风险仍处于发散状态。现在仍有约 1.3 亿贫困人口，其基本营养得不到保障；慢性病（指恶性肿瘤、心脑血管病、心脏病、高血压、肥胖症、糖尿病、精神病等）患者 2004 年达到总人口的 20%多，在北京市这个比例达到 35.9%。传染病的状况实际上在恶化。人均预期寿命，中国在过去 20 年的增长低于世界平均水平，低于发达国家和其他发展中国家。

人类发展三个方面，这比仅仅从经济学角度来阐释的财政职能无疑地扩展了。这主要是观察视角的变化而导致的。隶属于经济学的财政主要是从生产的角度来阐释其职能的，着眼于资源配置和 GDP 增长，即如何做大蛋糕；而民生财政主要是从消费的角度来阐释其职能的，着眼于人的基本生存条件和基本能力的获得，即如何享用蛋糕。以短期、静态和机械的观点来看，财富的生产和财富的消费是对立的，前者排斥后者；但若以长期、动态和有机的视角来分析，二者是统一的，互为条件，相互推进。民生财政的职能是以财富如何消费为逻辑基础的，当然也与财富的生产密切相关，但是作为实现目的的手段来看待的，其出发点和落脚点自然是"人"；而隶属于经济学的财政职能是以财富如何生产为逻辑基础的，其出发点和落脚点自然是"物"，尽管其中涉及消费问题，但不过是作为生产的手段或动力而言的。

（三）市场经济内生的矛盾

在市场经济条件下，买与卖在时空上脱节了，信息不对称产生的盲目性由此产生，从而埋下了危机的种子。若以宏观视角，从整个社会再生产过程来观察，这种买与卖的脱节就转化为生产与消费的相互脱节①。从社会再生产过程的四个环节来看，生产与消费的相互脱节是由"分配"这个环节来媒介的，表面上看，矛盾似乎集中在分配上。其实，马克思对资本主义初期市场经济的深刻分析已经告诉我们，分配关系是生产关系的反面，生产要素的分配决定了生产成果的分配②。如何分配，一开始就是由生产过程中的资本关系决定了的。因此，生产与消费相互脱节成为市场经济下永恒存在的公共风险。即使有一个完善的市场制度，也总是需要政府去防范和化解。

究其原因，是市场经济社会内在的三大矛盾导致的：

---

① 西斯蒙第在《政治经济学新原理》中指出了脱离消费为生产而生产的倾向，认为生产与消费的失衡是造成危机的原因。而在凯恩斯看来，这种脱节是基于人类的基本心理规律导致的边际消费倾向下降所致。

② 马克思在《政治经济学批判导言》和《哥达纲领批判》中都辩证地阐述了生产与分配的这种关系。

1.经济自由与经济平等的矛盾。市场机制发挥作用的前提是经济自由，各个经济主体可以自主地参与市场交易，生产者、投资者和消费者都可以在不违反共同规则的前提下自己说了算。就此而言，市场经济与自由经济是等价的。但这种由经济自由带来的竞争，总是处于不平等的状态，而且经济自由程度越高，不平等的程度也就越大。这种不平等包括起点、过程和结果。如在资本主义初期，经济自由化的程度很高，甚至允许奴隶贸易，实行丛林法则，弱肉强食。经济竞争的丛林法则一方面促进了当时的工业化，生产力大大发展了，但另一方面带来的是严重的经济不平等，使社会多数人陷入悲惨生活的境地，消费严重不足。19—20 世纪世界范围内广泛兴起的革命运动，与这种严重的经济不平等是紧密联系在一起的。在不同的发展阶段，经济自由与经济平等的矛盾有不同的表现形式。现代资本主义市场经济受到了政府多方面的干预，例如，反垄断①，对中小企业给予扶持，经济自由程度自然受到了更多的限制。这在一定程度上改善了经济不平等状况，避免了生产与消费的严重脱节。在我国的市场化过程中，这对矛盾依然存在，只不过表现形式发生了变化。如何既进一步推进市场化，也就是扩大经济自由，而同时又防止经济不平等的扩大，是摆在我国市场化改革中的一道难题。要缓解这种不平等，某些方面的经济自由就必然会受到一定程度的限制②。

2.资本与劳动的矛盾。马克思在《资本论》中对此做了深刻阐述。市场经济是资本"说了算"的经济，资本与劳动处于不对称的地位。搞市场经济，需要树立资本的权威，作为生产要素，劳动是从属于资本的。也可以说，市场经济就是资本经济；否定了资本，也就否定了市场经济。在市场经济下，在生产过程中

---

① 谢尔曼法是世界上最早的反垄断法，被称为世界反垄断法之母。1879 年美孚石油公司即美国石油业第一个托拉斯的建立，开始了美国历史上的第一次企业兼并浪潮，托拉斯成为不受控制的经济势力，使社会中下层处于严重不平等状况，在 19 世纪 80 年代，美国一度爆发了抵制托拉斯的大规模群众运动，这导致了 1890 年《谢尔曼法》（*Sherman Act*）的诞生。

② 如我国 1993 年 9 月颁布（2017 年 11 月修订，2018 年 1 月 1 日起施行）的《反不正当竞争法》，2007 年 8 月颁布的《反垄断法》也是对经济自由的必要限制。

处于支配地位的资本，其影响同样延续到了初次分配过程和私人消费过程。在劳动与资本之间，初次分配的天平总是会向资本一端倾斜，私人消费也总是会向资本拥有者倾斜。也就是说，在市场决定的初次分配中，"马太效应"无法避免，只拥有劳动力的劳动者总是处于不利的地位，劳动者的财产和收入在整个社会分配中的比重总是存在下滑的趋势，尽管在某些时候可能上升。这样，占人口多数的劳动者的消费，与一定时期的生产力水平相比较总是处于相对不足的状况。在对资本缺乏约束的资本主义早期，劳动与资本之间的分配是极度倾斜的，甚至导致了两大集团的对立，即资产阶级与工人阶级的尖锐矛盾。1842 年恩格斯发表的《英国工人阶级状况》一书对此作了全面深入的分析，揭示了当时资本支配下的工人阶级生活状况以及由此带来的经济、社会矛盾和冲突。

只要是实行市场经济，我国也不例外，上述矛盾就必然存在，是无法绕开和回避的。我国自上世纪全面推进经济的市场化以来，劳动与资本之间的矛盾不断累积和加剧，劳资关系紧张，利润侵蚀工资，"两个比重"① 下降，国民消费率不断下滑，其实就是劳动与资本之间的矛盾在我国特定条件下的表现。

3. 微观个体与社会整体之间的矛盾。斯密看到了微观个体的自利行为对整个社会带来的好处，其中蕴含着一种人人主观为自己（追逐利润），客观为社会（促进社会生产力）的财富增长机制，这种机制被称为"看不见的手"。这奠定了现代经济学的逻辑前提：自利的经济人假设。但他没有发现经济人自利行为所产生的内部性和外部性影响，包括正面的影响和负面的影响，而且这种影响随着社会分工的深化和工业化程度的提高而不断加深和扩大，尤其在资源、环境、气候方面最为显著。也许是因为在斯密的那个时代，内部性和外部性问题并不严重，因而可以忽略不计。人类历史进化到现阶段，内部性和外部性问题就变得极其重要。从马歇尔、庇古，到科斯，都在探讨解决外部性问题的办法，但至今也没有找到满意的解决办法。科斯主张用界定产权的办法来解决，但恰

---

① 指居民收入占国民收入的比重和劳动报酬占初次分配的比重。这两个比重自 20 世纪 90 年代初期以来是不断下降的。1994 年居民收入占国民收入的比重、劳动报酬占国民收入的比重分别为 64.10%、57.09%，2004 年分别降到 57.68%、47.15%。

恰是产权的界定同时带来了另外的问题。产权的界定不是一劳永逸和固定不变的，实际上是一个动态过程。这包括两个方面：一是产权的边界是变化的；二是产权的再界定，也就是对于已经界定了的产权重新界定。在市场竞争中，微观主体通过产权界定的变化产生两种行为倾向：一是收益内部化①，二是成本外部化；而另外两种行为是尽量回避的，一是收益外部化，二是成本内部化。从微观视角来观察，前面两种行为是互补的，可以扩大微观主体的利益，提高利润率；而后面两种行为是有损于其自身利益的。从全社会来看，收益内部化和成本外部化将会导致社会收益的减少和社会成本的增加，于整个社会是不利的。例如把绿地变为厂房，社会收益减少，企业收益增加；工业污水废气的自然排放，社会成本扩大，企业成本减少。再如技术的发展也是如此，有不少技术能大大提高生产力和利润率，却不利于人类自身的安全②，食品生产技术的发展最为典型。这种状况若不加以约束，就会导致人类自身发展的危机。

在市场经济下，收益内部化和成本外部化的行为倾向是内生的，无法消除。也就是说，在市场经济社会，微观个体与社会整体之间的经济矛盾是永恒的。问题的关键不在于消灭这两种倾向，而在于通过政府干预，如通过法律的强制、培养微观主体的社会责任感、道德约束等方式来减缓二者之间的冲突，从而减少财富生产过程对社会、对人类自身带来的风险和危机。

上述三个矛盾在市场经济的自然状态下会产生异化，即会导致财富的生产和财富的消费相互异化。在经济上表现为生产与消费脱节，生产系统脱离消费而

---

① 准确地说，是社会收益内部化，即针对本应是社会的收益通过产权的界定变为微观主体的利益。如处于自然状态的矿藏、风景、环境等是所有人的共同财富，微观主体可通过取得产权的方式变为其自身的收益。这是一个伴随市场经济发展始终的过程，如早期的资本主义原始积累，现在处于市场化过程之中的我国，这种现象都特别突出。中国许多亿万富翁的快速致富，都是充分利用了社会收益的内部化，其拥有的财富并非都是他们通过自身努力创造出来的。西方经济学家注意到外部性问题，而对于这种内部性问题基本上是避而不谈的。

② 随着科技的快速进步，人类对这种进步出现了适应性障碍，并对科技进展带来的各种可能后果缺乏预见，有可能使人类陷入危险而不知，而且难以自拔的境地。这需要人类整体的思维意识变革。

自我膨胀，如生产能力全面过剩，消费需求不足。在外需充分的情况下，这种生产的自我膨胀将会持续到外需饱和的状态。在社会层面，这种异化表现为生产与消费的对立，即生产不利于消费，甚至对消费产生危害。现代社会的生产体系对消费产生的危害[①] 不是在缩小，实而是在不断扩大。也就是说，现代社会的消费是在不安全的条件下扩大的。显然，这蕴涵着经济、社会与人类发展的公共风险和公共危机。民生财政的职能就是由这些公共风险和危机而催生出来的。

四、当前民生财政的政策重点

（一）民生财政的一般政策目标

政策是为履行职能服务的。若是按照现行的流行说法，财政政策目标包括了诸如促进增长和就业、稳定经济、调节分配、提升公共服务等内容。从民生财政职能的角度来看，其政策目标可以概括为三类：

1. 促进消费增长。在倾向于财富生产的政策视野中，消费的增长是经常被忽略的。尽管经济学中也研究消费，但从来不是重点，往往是当出现危机的时候才想起了消费。我国 1998 年的时候，提出了扩大内需的战略，采取了扩大消费的各种措施。但只要 GDP 增长趋好，消费就会被搁在一边，而不管生产的扩大是如何实现的。消费总是经常被视为扩大生产的手段，因而促进消费增长通常不在传统的财政视野之中。而对于注重民生的财政来说，就不能不关注消费。消费的增长毫无疑义地取决于 GDP 的增长，但 GDP 的增长不会自动地带来消费的增长，这不是依靠市场所能解决的问题。消费包括两部分：私人（居民）消费和公共（政府）消费，在现代社会，后者在总消费中所占的比重

---

① 随着人类改造自然能力的不断提高，给消费带来了两方面的风险：一是环境风险、二是产品与服务风险。改造自然的能力越强，这两种风险就越大，如全球气候改变、转基因产品、化学农业、保鲜技术、反季节蔬菜、快餐食品等，都对消费具有现实和潜在的危害。据卫生部 2008 年 4 月发布的全国第三次死因调查数据表明，癌症成为中国城市居民死亡的首先要原因。这也许是上述风险日渐变为现实的一种反映。

在不断提高。公共消费既可以直接带动消费增长，也能通过带动私人消费增长而间接促进总消费增长。

与以物质资本为核心的市场经济初期不同，现代经济的增长离不开物质资本，更依赖于人力资本、知识资本、社会资本①和良好的社会管理系统，而后面这些都来自于消费的生产。因此，在现代社会，促进消费的增长并非仅仅是促进财富消耗的增加，而同时也是培育可持续发展的"核心资本"。从长期看，促进消费增长比 GDP 增长更重要，更具有可持续性。

2. 调节消费差距。调节分配差距一直是传统财政理论的重要内容，这与自古典经济学以来寄希望于通过分配来改良资本主义制度的愿望密切相关。经济不平等体现在财产、收入和消费三个方面的差距，若不深究，这三方面的差距大同小异。其实，这三方面的差距具有实质性的区别。财产差距包括了动产和不动产等消费资料方面的差距，以及厂房、设备等实质资产和股票、债券等金融资产方面的差距，除非回到小商品经济时代，或实行全面的公有制经济，否则，财产差距无法缩小，而且，随着市场经济发展，这种差距仍会扩大。收入差距包括了劳动收入的差距和财产性收入的差距。显然，在财产差距无法缩小的情况下，财产性收入的差距也是无法缩小的。即使是劳动收入，由于劳动复杂性程度和所含知识、技术含量的不同，劳动收入的差距也在不断扩大②。不

---

① 这是西方经济学家提出的一个新概念，与马克思《资本论》中所说的社会资本是完全不同的。在这里社会资本是指诚信、互惠、合作、和睦、勤劳等元素构成的社会结构、社会关系和社会网络及其集体行动和组织行为的总和。这种社会资本对一个国家和地区的经济增长具有极其重要的作用。社会资本的形成包括先天的历史文化因素和后天的教育、教化因素，尤其是良好的国民教育体系对促进社会资本扩大具有越来越大的作用。

② 这在国内外都呈现这种趋势。例如曾被媒体披露的平安保险董事长马明哲年薪达到 6600 多万元，这个信息一经披露被炒得沸沸扬扬，争议很大。这较之素有中国 IT 业"打工皇帝"之称的唐骏相比，是小巫见大巫。2008 年 4 月中旬，他向外界证实，此次加盟新华都集团，将获价值 10 亿元的薪酬。从国外情况看，面对劳动收入差距的扩大，也是争议颇多。据研究机构企业图书馆（Corporate Library）的一份报告，2006 年标准普尔 500 强公司总裁平均薪酬为 1506 万美元。美国政策研究所发现，1980 年美国工资最高的上市公司总裁的平均年收入是普通职员的 40 倍，而 2006 年，其收入差距达到了 364 倍。

论其扩大是否合理，至少与按劳分配原则并不相悖。财产的差距和收入的差距是在市场竞争中形成的，面对财产、收入差距不断扩大的全球性趋势，各国政府都运用税收手段进行调节，如遗产税、个人所得税，但无法逆转，甚至反而刺激了在初次分配中财产、收入差距的快速扩大。因此，以财产、收入的差距作为政策调节目标实际上是不适当的。在这里，也许政府和公众都存在一种"税收幻觉"，只要这样去做了就得到一种满足，以为可以更加公平。

其实，以财产、收入的差距为调节对象，仍只是一个手段，最终必须落实到缩小消费差距上来，否则，这种公平没有意义。但问题是财产、收入差距的缩小是否意味着消费差距必然缩小呢？传统的分析恰恰是以此为假设前提的，而事实上并非如此。因为消费并不是一个孤立的个人行为，越来越涉及集体的行动，公共消费对个人（家庭）的消费状况起着越来越大的作用。消费差距的缩小，意味着生存条件和基本能力差距的缩小，这对任何一个"人"而言更有意义，对社会而言也更有价值，对市场竞争而言也更加平等。

3. 保障消费安全。这是与消费风险相伴随的。在以市场经济为基础的现代风险社会，任何一个人的消费都面临着风险，包括消费能力不足的风险和消费过程中的风险，这些风险都会损害人的基本行动能力和行为能力。如营养不良、不洁的饮用水和污染的空气以及流行性疾病会损害人的健康素质和降低全社会的健康水平；得不到良好教育、缺乏基本知识和技能，会降低人的行为能力，扩大社会差距。这些风险不是市场能化解和防范的，需要纳入政府的政策目标之中。尽管这些问题得到了前所未有的重视，但这种重视是由于严重的历史欠账引发的，例如对医疗卫生的重视得益于 2003 年的"非典"危机，并非形成了自觉的认识。在生产重于消费的理念下，对生产风险的重视程度远远高于消费风险，因而经济政策的研究远远多于社会政策和人类发展政策的研究。在传统财政理论中，财政主要被当作经济杠杆来使用，一说到财政政策很自然地联想到经济政策，故而在财政政策的视野中长期来是不包括消费安全的。从民生财政的视角来看，这是很自然地应当涵盖的内容。

（二）当前民生财政的政策重点

民生的内涵涵盖了从人的基本生存到全面发展，从生理需求到实现自我价值的多个层次。从社会整体来看，这包括了从解决温饱、基本小康、全面小康和富裕富足多个阶段。因此，在不同的发展阶段和不同的条件下，民生的重点是不一样的，民生财政的政策重点也是不同的。

在短缺经济阶段，民生的重点是吃饱肚子，解决基本生存问题。在物质产品较为丰裕的阶段，民生的重点是使每一个人获得基本的能力，包括良好的健康素质、文化素养和基本技能。经过 30 年的改革开放，我国生产力水平有了很大提高，经济有了长足发展，而社会建设相对滞后，因此，这个阶段的民生重点自然是着力解决"上不起学、上学难""看不起病、看病难"等迫切问题，扩大公共服务，努力实现"五有"，使发展成果让更多人分享。这就是当前全国面临的民生财政的具体要求，也是当前的政策重心。

我国区域差距和差异很大，对民生的要求也有很大的不同。对于贫困人口众多的地方来说，脱贫是最大的民生，服务于脱贫，那就是民生财政的政策重点。对于整体发展水平较高而经济社会差距较大的地方来说，缩小差距，推进公平，是民生财政的政策重点。对于经济发展较快，而社会发展滞后的地方来说，加快社会建设是民生的核心，财政围绕这个核心而发挥作用，也是民生财政政策重点的体现。对于生态脆弱、环境污染严重的地方来说，发挥财政作用，建设一个适宜的人居环境，提供安全的饮用水和洁净的空气，也是民生财政的政策重点。民生不是一个空泛的概念，而是有其实实在在的内容，要根据具体的条件来把握其重点。应当说，全国的民生财政政策重点和各个地方的重点是不同的。民生财政的政策重点不可一概而论，要看具体条件。

从全国来看，正是在民生理念的指引下，在现阶段民生财政的政策重点日渐清晰，在民生财政的结构改革不断深化的基础上，逐渐形成了民生财政的政策体系。

一方面，民生财政的结构改革不断深化。这既反映在财政职能结构的变迁上，也体现在支出结构的调整上和公共收入结构的变化上。以 GDP 增长为导向的财政职能结构转向了现阶段的以民生促发展的财政职能结构，为构建和谐社会提供了政府财政结构上的支撑。这种变化从一系列的数字中可以看得出来。从 2007 年的中央财政支出看，教育支出增长 76%、科学技术支出增长了 26%、医疗卫生支出增长了 296.8%、环境保护支出增长了 61%、农林水事务支出增长了 43%、社会保障和就业支出增长了 13.7%，如此等等，另外，中央财政用于税收返还和财力性转移支付增长了 21.2%[①]。这些支出项目连续多年的快速增长，反映出中央财政的支出结构在进行重大调整和改革。长期在体外循环的国企红利等公共产权收入 2007 年开始纳入财政视野，说明财政收入的结构也在渐渐变革，其民生导向日渐显现。从 2008 年的预算安排来看，也延续这种趋势。这些数字的背后是结构的变化，而结构的变化正是反映出整个财政在转向民生。

另一方面，民生财政的政策体系正在逐步形成。例如，在 2007 年，农村义务教育经费保障机制全面形成，对全国农村义务教育阶段学生全部免除学杂费，全部免费提供教科书，对家庭经济困难的寄宿生提高生活补助，提高中小学公用经费和校舍维修经费补助标准，等等。新型农村合作医疗制度覆盖面扩大到全国 86% 的县，参合农民达到 7.3 亿人[②]。在全国农村全面建立最低生活保障制度，进一步完善城市居民最低生活保障制度。再如，城市廉租住房制度初步建立，农村居民住房改造和补助也在起步探索。针对生态保护和环境治理，森林生态效益补偿基金政策不断完善，集体林权制度改革也在迈出新的步伐。涉农补贴制度不断改进，形成了包括农资综合直补、农机具购置补贴、良种补贴、粮食直补、农作物保险补贴试点等内容的补贴体系。除此以外，运用税收政策、政府采购政策、关税政策等手段，降低中低收入者负担，促进节能减排、资源综合利用、环境治理，

① 参见 2008 年《关于 2007 年中央和地方预算执行情况与 2008 年中央与地方预算草案的报告》。

② 参见 2008 年《关于 2007 年中央和地方预算执行情况与 2008 年中央与地方预算草案的报告》。

进一步推动经济发展方式转换，使人口、资源、环境与发展的紧张关系得到缓解。这些政策措施的出台，反映出民生的理念正在强化，并推动财政整体转向民生财政。

（此文发表于《财政研究》2008 年第 8 期，作者：刘尚希）

大国财政：理念、实力和路径

阅读提示：《大国财政：理念、实力和路径》一文认为大国财政是在全球化过程中维护国家利益的重要基础，也是维护大国在全球治理中地位、责任和权利的重要保障。大国财政是一个大国要在全球化过程中主动作为，在维护国家利益和治理全球风险方面发挥应有作用的重要基础。本文的意义在于将公共风险理论运用于国际间的财政关系问题研究，将一国的公共风险分析拓展为全球公共风险分析，从而为大国财政研究及大国财政的作用和路径找到逻辑基础。

中国尽管目前还是最大的发展中国家，但随着经济总量达到世界第二，在国际上的影响力也越来越大。在世界政治、经济和文化舞台上，中国不断展示着大国形象。大国不仅体现在体量上，更多地体现在国力、软实力和影响力等方面，而大国财政是其中重要的内容。

一、大国财政的背景和理念

对于大国财政，虽然我们一直在不知不觉地实践，但正式提出这一概念还不长。民众和学界对此的认识和看法也不一致。实际上，"大国财政"这个概念的提出是蕴含于时代背景之中的，而大国财政的理念与大国财政的时代背景相互关联。

（一）国家发展"新战略"与和平崛起的理念

过去几十年的发展打下了坚实的基础，下一步我们要向富强、民主现代化国家的目标迈进，实现中华民族伟大复兴的中国梦，这就是我们国家崛起的"新战略"。但要实现国家崛起战略也并非那么顺利，会遇到很多的障碍和困境，需要我们来克服。

首先是资源和环境的制约。中国人多物薄，人口占世界的 1/5，而耕地、水、能源、各种矿产等，按照人均来计算，都处于世界的末位。如石油，是世界平均水平的 1/10。若达到美国现有的消费水准，每年需要 50 亿吨以上，把全世界的石油给中国也不够。一方面，经济快速增长，另一方面，资源和环境的承载力已日益趋向极限。中国资源环境的脆弱性蕴含了极大的可持续发展风险，遇到来任何自然、经济、社会和国际方面不确定性的冲击，都会爆发严重的公共危机。①

其次是经济社会发展的结构性矛盾。过于追求 GDP 和发展速度，过分依靠政府投资拉动，粗放式发展导致的经济风险扩大，经济下行压力加大越来越严重。经济社会发展中的结构性矛盾越来越突出，生产和消费脱节、金融与实体经济脱节、科技与经济脱节以及教育与发展脱节等反映出我们面临严重的结构性问题。这些方方面面的问题都是整体性问题所致，从局部问题入手是无法解决的。

一个后发的大国，其崛起过程就如登山爬坡，前半程往往比较容易。但进入了中等收入国家再向富强、民主现代化国家迈进时，就如到达半山腰再往上爬，会面临更多的不确定性和风险。这些不确定性和风险有来自内部的（好比登山者的体能下降、预见不足等），也有来自外部的（好比氧气稀薄、风暴增多等），也有崛起过程中的风险（好比攀爬悬崖峭壁），这些都是需要大国财政来应对和防范的。

---

① 刘尚希、李成威：《基于公共风险与财政风险的公共服务评估——兼论财政是国家治理的基础和重要支柱》，《铜陵学院学报》2014 年第 10 期。

（二）国际环境"新平庸"与全球风险治理的理念

与我国经济发展阶段进入"新常态"相对应的是，我国经济社会发展所处的全球经济实际上也进入被称之为"新平庸"（New mediocre）时代。这表面上看是一种巧合，但其背后是有逻辑关联的。国际环境的"新平庸"主要体现在全球增长乏力、不确定性加剧，全球风险凸显。全球化的深入发展，使得全球联系和相互依存更加紧密，国际分工日益深化、细化。马克思在100多年前就预见到"大工业的发展使每个文明国家以及这些国家中的每一个人的需要满足都依赖于整个世界"。① 现代科技迅速发展，缩小了全球的时空距离。国际分工越来越细化，国际交往越来越密切，全球居民在享受地球村带来的好处的同时，全球性问题不断增加，全球公共风险愈发凸显。随着全球化进程的推进，以及大国参与全球化程度加深，全球面临的风险因素也会大大增加。2011年，世界经济论坛发布的《2011年全球风险报告》指出，人类在未来10年将在三个方面面临重大风险，包括：宏观经济失衡、非法经济以及资源环境和生存危机。② 随着我们用与技术发展相同的速度创造出无法测算的不确定性时，我们就进入了"全球风险社会"。③

人类命运共同体面临的公共风险越来越多。面对全球性公共风险，必须树立全球治理理念，建立全球治理体系。全球化是不以人的意志为转移的不可逆的进程和趋势。全球化过程不可避免，不确定性因素增加也是无法控制的。因此，只有提高全球化过程中的应对不确定性的公共风险理性水平，才能防范和化解全球公共风险，达到治理全球公共风险的目的。防范和化解全球公共风险的全球治理需要全世界各个国家共同参与。全球公共风险威胁整个人类的安全，公共风险的防范和化解突破了单一国家所能控制的界限和范围。面对国际事务与国内事务、内部风险与全球风险的相互交错和难以区分的现实，必须跨

---

① 《马克思恩格斯选集》第1卷，人民出版社1995年版。

② 世界经济论坛：《2011年全球风险报告》，2011年1月。

③ 安慧：《人类进入了全球风险社会吗》，《中国青年报》2011年3月28日。

越有形的国界，借助国际社会共同的力量，提高人类对全球化过程中不确定性的认知能力（知识）、集体行动的能力以及制度的有效性，形成全球治理有效的制度安排。

（三）大国治理"新思维"与一盘棋的整体观

党的十八届三中全会明确财政是国家治理的基础和重要支撑，同时强调要推进国家治理体系和治理能力的现代化。国家治理包含的内容非常丰富，但如果归结起来，国家治理的实质是公共风险治理。谈到治理，离不开三个关键词，即多元（多元主体、多元利益）、风险（共同应对风险）、结构（治理结构）。形象地说，治理结构就是一把伞或一个庇护所，协调多元利益并为多元主体抵御面临的各种风险。全球和国内利益主体多元化以及风险社会的来临，迫切需要用国家治理的理念，通过形成全球和国家治理结构，为人类和社会抵御和防范公共风险。

在封闭的发展环境下，国家治理是自己家的事情，但是在开放条件下，国家治理应该有内外一盘棋的整体观，把国家治理和全球治理统一起来综合考虑，这才是大国治理的思维。大国治理要以国家利益为根本出发点，但国家利益并非是狭隘的和封闭的利益。国家利益并不局限在一个国家内部，而是要放在全球视野来审视。在全球范围内，已经形成了一个利益和风险共同体，因此在一定意义上，维护全球共同利益也是在维护国家利益。全球安全、生态环境、国际经济、跨国犯罪和基本人权等人类面临的各种公共风险，不可能依靠单个国家能得以解决，而必须依靠国际社会的共同努力。当然，我们强调全球治理的各国共同参与，并非淡化主权原则，弱化民族国家作用。实际上强调全球治理与国家主权并不矛盾。当今世界并非大同，民族利益和国家利益仍为国际行为的宗旨和归宿。

二、大国财政的实力和差距

财政是大国治理的核心。大国财政作为全球治理体系和全球化过程中的制度安排，具有特殊地位和作用。大国财政是维护大国在全球治理中地位、责任和权利的重要保障。一个大国在全球治理中的地位，取决于大国财政的实力，包括财政规模等硬实力和政策影响等软实力。与大国的体量和全球治理中的要求相比，我国大国财政实力还存在一定的差距。

（一）财政是大国治理的核心

大国治理既包括大国崛起过程中的公共风险治理，也包括全球化过程中的全球公共风险治理。治理公共风险是财政的使命，不管是大国崛起过程中的公共风险治理，还是全球化过程中的全球公共风险治理，都离不开财政的核心作用。

财政为大国治理和大国崛起提供支撑，又是全球公共风险治理的物质基础。在全球化背景下，大国治理和大国崛起的目标是要实现国家现代化，即整体的现代化。而要实现国家在推动现代经济发展和现代社会关系重构中的作用，就必须使国家拥有与之相称的国家能力，包括：资源汲取能力、政治渗透能力和危机解决能力。[①] 这些能力的提升是以国家财政作为基础和支撑条件的。对于全球治理，财政的重要性更不可忽视。财政实力通常代表一个主权国家的实力，也代表一个国家在全球治理中的地位。不管是在经济领域还是军事领域，甚至在政治和文化领域，大国的财政实力和财政能力都渗透在各个方面，为国家参与全球治理提供基础和支撑。

（二）大国财政是大国影响力的体现

大国通过提供不可或缺的资金，可以强有力影响国际组织的运作和决策过程。国际组织的资金往往来源于会费和成员国的资源捐款，在大多数情况下，国际组织对西方发达国家尤其是美国有较高的依赖性。例如，2015 年，联合国会费约为 27 亿美元，其中美国承担 22%，中国承担 5%（2015 年年底提高到 7.9%）。大国财政支撑的军事实力是大国参与全球治理和影响全球安全的强

---

① 刘晓路：《现代财政制度的强国性与集中性——基于荷兰和英国财政史的分析》，《中国人民大学学报》2014 年第 9 期。

大后盾。2014 年中国国防费用占 GDP 的 1.3%，而世界主要大国的国防费用占 GDP 的比重基本上都是在 2%到 5%之间，美国在 4%左右，俄罗斯在 4%到 5%左右，其他主要大国都维持在 2%以上。理查德·比斯尔是研究美国与联合国关系的著名学者。他分析了美国如何采取财政手段提高本国在联合国中的影响力。例如，他曾提到：1978 年 9 月，美国国会在联合国机构中的会费设定了限制，禁止该项资金应用于技术援助行动（《赫尔姆斯修正案》）。美国国会对联合国不满的原因可以归纳为以下几点：美国与西欧国家在该组织中控制力的降低；与联合国大会的各种政治行动意见相左；发展中国家利用联合国提出倡导财富和权力重新分配的国际经济新秩序；技术援助项目的财政行为的性质；以及联合国及其专门机构的规模和预算的增长速度。难怪乎理查德·比斯尔发出感慨，联合国就是"美国的联合国"。[1]

（三）大国崛起需要大国财政支撑

在国际社会中，大国和小国在处理国家安全和国家经济利益方面的关系时，有不同的行为规则。对于一个小国，往往通过牺牲一定的国家安全换取国家经济利益；而对于大国来讲，通常会牺牲一定的短期经济利益，谋取在国家安全方面更大的保障和更大的话语权，并以此获得更长远、更巨大的经济利益。随着我国对世界经济繁荣和国际和平稳定的作用愈加突出，国际社会对"中国倡议"和"中国声音"的需求和期待也不断提高。[2] 这个时候更需要大国财政及其制度作为保障和支撑条件。

（四）大国的财政体系和制度安排是大国在全球范围内配置资源的基础

例如，美国的税制及支出，涉及的是全球范围内的美国利益问题。美国政

---

[1] Richard R. Bissell, "The United States in he UN: Past and Present", the US, *the UN and the Management of Global Change*, edited by Toby Trister Gati, New York University Press, 1983, p. 103.

[2] 陈东晓：《中国的"主场外交"：机遇、挑战和任务》，《国际问题研究》2014 年第 9 期。

府征收的企业税税率上限为 35%，从全球范围来看也属于高税率。同时，美国还实行"全球征税"，企业在世界各地获得的收入都需要向美国政府纳税。与个人相关的税收也一样，美国是全球唯一一个以"公民身份征税"的国家，绿卡持有者或美国公民在全球范围内所得到的收入，且不论身居美国境内或境外。征收范围包括：工资收入、投资收入、股东分红、股票、基金、退休养老金、政府补贴等等。只要是美国公民，哪怕不在美国居住，到了每年的报税季节，在世界各地所获得的收入和拥有的财产，都必须向美国国税局申报，应缴纳的税款一分都不能少，逃税就是犯罪。在铸币税方面，目前在全球流通的美元现钞超过 9000 亿美元，大约三分之二在美国境外流通，这意味着美国征收的存量铸币税至少为 6000 亿美元。美国平均每年能获得大约 250 亿美元的铸币税收益，二战以来累计收益在 2 万亿美元左右。[①] 美国太平洋投资管理公司（PIMCO）是全球最大的基金管理公司之一。该公司的高级顾问理查德·克拉里达（Richard Clarida）2015 年 10 月份在报告中引用美国财政部的数据指出，在 2002 到 2007 年的六年时间里，美国人光是通过美元贬值就净赚了其他国家 1 万亿美元的便宜。2014 年"中国反避税第一大案"，我国向微软补征了 8.4 亿人民币税款，这实际是我国大国财政全球意识的开端。[②]

（五）大国财政是大国引领人类文明的制度安排

以往，在国际上推行霸权主义的国家，其对外扩张的过程中通常会推行文化传播和扩张。文化成为迫使目标国臣服的重要工具。现在，虽然文化传播不会成为一个实行殖民统治的工具，但可以使其推行的价值观在目标国得到认同，这样他们就能实现其在政治和经济等方面的其他目的。美国建国仅 200 年就成为世界第一强国，这与其广泛吸引全球优秀人才的国家战略密不可分，而留学生教育正是其招贤纳士的重要渠道之一。美国开始大量吸纳留学生始于二

---

① 张明：《人民币国际化注定是一项长期、渐进的工程》，《21 世纪经济报道》2009 年 5 月 25 日。

② 刘尚希：《构建"大国财政"，应从转变观念开始》，《环球财经》2015 年 3 月 5 日。

战以后。由于欧洲在二战中遭受重大打击，美国迅速抢得先机，成为世界头号留学生输入国。赴美留学生的人数也从二战结束时的 5000—9000 人猛增到 2013—2014 学年的 886052 人。半个世纪以来，美国不断完善留学生政策，除了美国发达的高等教育体制外，很多优秀的人才还被美国丰厚的奖学金、多样化的打工和签证政策吸引而来。他们的到来不仅让美国的校园更加国际化，文化更具多样性，也让美国始终保持充足的人才储备。① 这些都是与财政分不开的。美国教育部每年支出 300 亿美元用于高等教育阶段的助学项目所需用款。教育部官员称，自 2008 年以来，美国对高等教育阶段助学项目的财政支出处于比较稳定的状态。据教育部提供的统计数据显示，2008 年，教育部用于高校的赠款为 23 亿美元，用于助学体系项目的支出额度为 276 亿美元，这其中包括 174 亿美元的学生助学金项目、96 亿美元的学生贷款项目以及 6 亿美元的学生日常管理项目。②

三、大国财政的路径和建议

大国财政与大国参与全球化的广度和深度是紧密联系的。随着全球化进程的推进，以及大国参与全球化程度加深，大国财政面临的风险和危机因素也会大大增加。危机既是"危"但也意味着"机"一样，风险又是一个"致力于变化的社会的推动力"，风险社会同时也产生推动变革的力量和机遇。它将促使人们反思现有的风险防御体系，创造一种新的文明，以便使自己的决定将会造成的不可预见的后果具备可预见性，从而控制不可控制的事情，通过有意采取的预防性行动以及相应的制度化的措施战胜种种副作用。③ 大国财政，提高风险应对和防范能力，要内外兼修。在提高自身财政能力的同时，要在全球化过程中主动作为，应对挑战，用新的文明来引领世界。

---

① 曹尔寅：《如果"鹰派"希拉里当选美国总统，中国学生赴美留学会否前景黯淡》，《留学》2015 年第 9 期。

② 戴正宗编译：《美国助学与财政支持》，中国财经报网，2014 年 9 月 2 日。

③ 文军：《人类正在迈进"风险社会"——纪念乌尔里希·贝克》，《社会观察》2015 年第 3 期。

（一）以风险观念和柔性思维为基础，力求在全球治理中发挥大国财政应有作用

观念是指导人类行为最深层的、也是最容易固化的因素。全球化过程中的大国崛起总是要求人们观念的革新，而改变观念是提升国家实力的重要途径。树立新观念，充分认识"不确定性是世界的基本性质"，是防范与化解公共风险的理论前提。[①] 这种新思维、新观念对指导全球化过程中的公共风险防范至关重要，它关乎是否能迈过"中等收入陷阱"。大国财政要着眼于建立健全全球化和崛起过程中的公共风险预警系统和应急反应机制，在全球"风险社会"中应对不确定性和防范公共风险就会更加从容。

全球化过程中的大国崛起会遇到各种挑战和风险，如何从容应对，其实我国古人提供了很好的思想和智慧，其中以柔克刚就是重要的法宝。以柔克刚就是针对对手咄咄逼人的架势、苛刻的条件，采用平和、柔缓的态度应对，使对方犹如重拳击海绵，没有效果。而己方则可以以静制动以逸待劳，挫其锐气，待对方烦躁、疲惫之时出击，最终取得斗争的胜利。在全球治理中发挥财政治理和大国财政的作用，同样需要运用好中国传统文化以柔克刚等思想和智慧。在国际交往中要吸取中国古代借力打力的智慧，通过交流与合作，提升自身影响力，同时在相互合作中提高全球治理水平。要发挥财政政策外溢性的影响力，把握主动权，把这种政策外溢性产生的影响力变为维护国家利益的软性工具。

（二）致力于构建新型大国关系，大国财政主动作为促进形成命运共同体

构建新型大国关系，包括处理好与主要发达国家及发展中大国的关系，这也是应对不确定性和防范大国财政风险，确保我国参与国际经济合作取得务实成果的重要基础。我们的优势在于同各方都有联系，同各方都有利益交汇点。

---

① 吴钦春：《对"不确定性"带来公共风险的探讨》，《郑州大学学报（哲学社会科学版）》2009 年第 7 期。

一方面，充分考虑美、英等西方发达国家在国际经济和金融体系中的主导作用，而且在一些重大问题上需要借助我国的力量，要在这些方面与发达国家进行充分合作，尽量在现行框架环境内处理好中国的国际诉求。例如，最近 IMF 宣布人民币纳入 SDR 就是一个重要的例子。另一方面，我们也要创新国际金融组织体系，通过"金砖银行""亚投行"等平台，加强与相关国家的合作，在国际经济和财政金融问题上寻求更广泛的共识，通过合作共赢实现利益最大化。

在快速发展的全球化进程推动下，在日益严重的全球问题特别是生态环境问题的倒逼下，各国联系日趋紧密，人类整体利益日益凸显，人类"命运共同体"正在出现，"命运共同体"思想也在逐步形成。在这样一种新的世界形势面前，自我中心主义的发展模式正步入"死胡同"，取而代之的则是以"命运共同体"思想为价值理念基础的共生主义的发展模式。从财政的角度来说，命运共同体强调的是一种更高形态的利益共同体，也就是说，世界各国之所以能成为命运共同体，关键在于各国之间具有共同利益、整体利益。而在具有共同利益或整体利益的世界各国之间，经济社会发展和财政之间存在着"荣损与共"、利益相连的"连带效应"。

（三）建设与大国地位相匹配的稳固财政，为大国治理提供有力支撑

打铁还需自身硬，一个大国在全球治理中的作用最终还是要靠实力说话。财政职能与国家职能的表里关系，财政能力与国家能力的互映关系，表明财政能力是国家职能保障程度的度量，是国家能力水平的真实刻画。中国的大国崛起之路要想以和平的方式实现，不战而屈人之兵的后盾是强大的国防实力，而强大的国防实力依靠稳固的财政。

财政从基础层面决定了大国治理的水平。财政涉及国家治理的方方面面，要理顺政府与市场的关系、政府与社会的关系、市场与社会的关系，财政都是其中的关键性因素。[①] 建设与国家治理结构重塑相匹配的财政，要以推动财

---

① 刘尚希：《财政改革、财政治理与国家治理》，《理论视野》2014 年第 1 期。

政改革为主线，围绕以下几个方面展开：一是保持必要的财政汲取能力和财力集中度，提升国家预算能力；二是统一国家财权，统筹财政资金、减少专项资金、取消各项挂钩支出、取消一般公共预算中以收定支的规定；三是深化财政体制改革，强化两级治理架构，国家层面的财政体制要与国家治理架构相适应，地方层面的财政体制要与地方治理架构相匹配；四是建立辖区财政责任机制，构建和完善地方税体系。

（四）着力推进区域财政金融合作

区域财政金融合作是大国财政的重要组成部分，也是我国大国财政可以发挥核心作用的重要平台。我国在地理、文化以及与周边国家的睦邻友好关系等方面有独特优势，有能力在区域经济、财政和金融领域等发挥更大作用。区域财政金融要在大国财政的总体布局之下，进行顶层设计，朝着区域经济、区域金融体系一体化的方向努力，统筹运用并着力拓展各种多边、双边渠道。进一步加大区域财政金融合作方面的资金和人力投入，巩固和提升我国在区域合作中的地位。根据区域经济、金融体系一体化发展方向和要求，推动相关国家在经济监测、金融市场发展和资金救助等方面开展务实合作。

（五）讲好中国发展故事，提升文化影响力

对外表达，包括财政方面的对外表达，是促进外国民众了解、认同中国的重要方式，在一定程度上关乎国家安全。塑造中国的国家形象，需要弘扬中国文化、阐明中国特色、讲好中国故事，这是表达中国的重要主题。国内外有一种错误认识，认为中国的成功缺乏自身的价值观，因而具有偶然性、不可持续性。对此，在全球宣传和推广我们的文化价值观也是大国财政的重要使命。必须讲清楚中国成功故事背后的价值根源、制度根源和文化基因，尤其是中国国家治理体系与发展模式，阐明中国故事背后的价值。

（六）建立统一协调的大国财政运行机制

财政发挥应有的作用，并不意味着其他部门无所作为。大国财政所需要的

体制调整，本质上是一个配合与协调问题。政府公共部门要进行合理分工，进而提高效率。最近几年，有中国公民的生命财产在诸如利比亚等国家遭遇危险，国家承担救护责任，及时撤退海外公民，给老百姓留下了很好的印象。但老百姓只看到了"国家出马"，并不清楚背后的财政运作机制。[①] 这就需要建立协调统一的大国财政运行体系和机制。要建立运行体系和机制，就需要纵览全局，并事先有战略考虑，再转变为可操作的政策，然后在预算中相应体现，并通过法律去监管执行。大国财政应当有能力从战略层面进行一揽子的考虑，有制度安排，有法律，有程序。一旦发生事情就启动相应程序，有条不紊地去做，不需要手忙脚乱。如果每件事都临时抱佛脚，不仅严重影响效率，也会导致一些做法的效果相互抵消。面向全球治理、应对全球风险的大国财政运行机制的建设仍任重道远。

参考文献：

1. 世界经济论坛：《2011 年全球风险报告》，2011 年 1 月。

2. 戴正宗编译：《美国助学与财政支持》，中国财经报网，2014 年 9 月 2 日。

3. 刘尚希：《公共风险视角下的公共财政》，经济科学出版社 2010 年版。

4. 刘尚希：《构建"大国财政"，应从转变观念开始》，《环球财经》2015 年 3 月 5 日。

5. 刘尚希、李成威：《国家治理与大国财政的逻辑关联》，《财政监督》2015 年第 15 期。

6. 刘尚希、李成威：《基于公共风险与财政风险的公共服务评估——兼论财政是国家治理的基础和重要支柱》，《铜陵学院学报》2014 年第 10 期。

7. 陈东晓：《中国的"主场外交"：机遇、挑战和任务》，《国际问题研究》2014 年第 9 期。

8. 刘晓路：《现代财政制度的强国性与集中性——基于荷兰和英国财政史的分析》，《中国人民大学学报》2014 年第 9 期。

（此文发表于《地方财政研究》2016 年第 1 期，作者：刘尚希、李成威）

[①] 刘尚希：《构建"大国财政"，应从转变观念开始》，《环球财经》2015 年 3 月 5 日。

第四篇
论财政政策

论中国特色的积极财政政策

　　阅读提示：《论中国特色的积极财政政策》一文从理论上给出了积极财政政策新的内涵，提出积极财政整就是要积极主动发挥财政在国家治理中的基础和重要支柱作用，增强财政政策的预见性和预防性，而不是被动应付、见招拆招。作为国家治理工具的财政，要更加积极主动地应对国内外各种不确定性，化解经济社会发展面临的各种风险，防患于未然，而不是等到风险甚至危机发生后才仓促应对；同时还是要抓住关键环节、关键问题，精准发力、对症下药，达到"四两拨千斤"的效果。文章提出"财政政策具有'定海神针'作用，作用在于能持续不断地为经济社会发展注入'确定性'"，这是对财政政策作用原理的深入阐释，不仅具有深刻的理论意义，也具有很强的现实意义。

　　2016 年底召开的中央经济工作会议提出，财政政策要更加积极有效。2017 年的《政府工作报告》也强调，2017 年继续实施积极的财政政策和稳健的货币政策，财政政策要更加积极有效。这是党中央、国务院综合研判国际国内经济形势、驾驭经济社会发展全局，着眼于保持经济平稳健康发展和社会和谐稳定而作出的科学抉择，也是发挥财政在国家治理中的基础和重要支柱作用、推进供给侧结构性改革的重要举措。2008 年国际金融危机爆发后，我国坚持实施积极的财政政策，取得了良好效果。党的十八大以来，在以习近平同志为核心的党中央治国理政新理念新思想新战略的指导下，我国的积极财政政策更加科学高效，展现出鲜明的中国特色。

一、蕴含着提高治理效能的深意

2017 年是实施"十三五"规划的重要一年，是供给侧结构性改革的深化之年。我国经济发展长期向好的基本面没有改变，市场活力持续释放，新动能不断成长壮大。但也要看到，当前我国正处于全面建成小康社会的关键时期和建设现代化强国"爬坡过坎"的关键阶段，经济社会发展中的不确定性因素增多，各种风险隐患不少。

从国际看，国际金融危机阴霾仍未散去，2016 年世界经济和贸易增速降至 7 年来最低，世界经济结构性调整的长进程仍未到头。当前，世界经济持续低迷，贸易保护主义强化、经济全球化风向逆转、国际金融市场波动加剧、民粹主义蔓延、地缘冲突增多等一系列国际经济、政治和社会问题凸显，全球风险明显扩大。

从国内看，我国经济发展进入新常态，表现出速度变化、结构优化、动力转换三大特点，经济增长内生动力仍需增强，结构调整和动力转换面临较多困难，金融、投资、外贸等领域遭遇挑战，人民群众对住房、教育、医疗、养老、食品药品安全、收入分配等还有不少不满意的地方，妥善应对各种不确定性、解决预期不稳定等问题的难度在加大。

继续实施积极的财政政策适应了在复杂国际国内经济形势下实现更好发展的要求，是保持经济平稳健康发展、完成各项既定目标的有效举措。"财政政策要更加积极有效"的要求，蕴含着提高国家治理效能的深意，是以习近平同志为核心的党中央治国理政新理念新思想新战略在财政领域的生动体现。所谓"积极"，就是要积极主动发挥财政在国家治理中的基础和重要支柱作用，增强财政政策的预见性和预防性，而不是被动应付、见招拆招。作为国家治理工具的财政，要更加积极主动地应对国内外各种不确定性，化解经济社会发展面临的各种风险，防患于未然，而不是等到风险甚至危机发生后才仓促应对。所谓"有效"，就是要抓住关键环节、关键问题，精准发力、对症下药，达到"四两拨千斤"的效果。在当前经济增速换挡期，财政政策更要发挥"定海神针"作用，持续不断地为经济社会发展注入"确定性"，稳住大局，推进供给侧结构性改革，确保稳增长、促改革、调结构、惠民生、防风险各项工作有效落实。

二、实现了财政政策思路的创新

党的十八届三中全会《决定》提出"财政是国家治理的基础和重要支柱"的重大论断，标志着我们党对财政运行规律和我国发展规律的认识达到了新高度，也刷新了我们对财政政策功能定位的认识，实现了财政政策思路的创新。

从关注总量性问题转向更加关注解决结构性问题。在宏观经济教科书和流行的宏观经济分析框架中，都是把财政政策作为一个总量性变量来讨论的，把财政放到消费、投资、出口"三驾马车"中予以分析，积极财政政策的主要作用是扩大社会总需求。而当前我国面临的突出矛盾是结构性问题。习近平同志对新常态下中国经济的判断一针见血：当前我国经济发展中有周期性、总量性问题，但结构性问题最突出，矛盾的主要方面在供给侧。因此，当前我国实施的积极财政政策，着力点在于推进供给侧结构性改革，解决结构性失衡问题。与货币政策相比，财政政策调结构的功能更强大。我国的积极财政政策从关注总量性问题转向更加关注解决结构性问题，所以坚决不搞"大水漫灌"式强刺激。

从侧重解决经济问题转向综合施策。过去实施积极财政政策，基本上是围绕宏观经济做文章，不是"拉"增速，就是"稳"增速。然而，经济增长并不是发展的全部。作为国家治理的一个工具，积极财政政策只着眼于解决经济问题是远远不够的。而且，在经济、社会关联日益紧密的新形势下，仅仅着眼于经济也难以解决好经济问题。积极财政政策只有把视野拓展到经济之外，注重综合施策，才能维护好经济、社会"双稳"的局面。习近平同志指出"抓民生也是抓发展"，这是对民生与发展关系的精辟论述，也为实施积极财政政策指明了方向。财政加大对基本民生保障、扶贫、教育、文化、健康、生态文明等重点领域的投入，增强对基本公共服务的保障能力，实际上改善的是公共服务的供给侧，是落实以人民为中心的发展思想的体现。从这点来看，财政政策不只是经济政策，也是社会政策，通过民生保障和提供公共服务，促进劳动者素质提高，为落实创新驱动发展战略夯实基础；还是一种不可替代的激励政策，通过税收、基金、补贴等政策手段产生分配激励、市场激励、行为激励和社会激励，既能激励科技人员发明创造和企业、个人创新创业，也能激励地方改革创新，还能激发社会活力，实现发展既"长个子"又"长精神"。

从倚重赤字和债务转向优化财政收支结构。过去，人们对积极财政政策往往以赤字率多高、政府债务多大来衡量。在总需求不足的情形下，提高赤字率、扩大债务能有效扩大社会总需求。但要解决结构性问题，这一思路就不再管用。而且，如果过度提高赤字率和债务，还会加剧财政风险。结构性问题必须用结构性办法来解决，应通过财政收支结构的优化拓展财政政策空间。正是基于这种思路，2017 年，我国积极财政政策将保持 3% 的赤字率，在减税降费的同时，中央和地方财政通过合理安排预算、盘活存量资金，确保重点支出强度不减。

从偏向宏观调控转向公共风险管理。从本质上说，宏观调控是政府的一种短期的、应急式的公共风险干预，是公共风险管理的一个重要方面，但不是全部。在经济发展新常态下，不仅要及时化解公共风险，而且要完善公共风险管理，防范公共风险的产生和累积。当前我国实施的积极财政政策，跳出了传统的宏观调控思维，在充分认识我国经济发展新常态特征的基础上，把财政政策纳入国家公共风险管理体系中，从偏重于当期风险化解转向风险管理，在防范长期性风险和战略性风险的同时化解短期性风险。

三、在把握稳与进的平衡中提高政策实施效果

稳中求进是做好经济工作的方法论，也是做好财政工作的方法论。去年底召开的中央经济工作会议指出：稳是主基调，稳是大局，在稳的前提下要在关键领域有所进取，在把握好度的前提下奋发有为。实施积极财政政策，要在把握稳与进的平衡中提高政策实施效果。

稳大局：注入确定性，引导形成良好社会预期。财政政策的重要作用是减

少经济社会运行中的不确定性，防范化解公共风险，避免公共危机。注入确定性，是积极财政政策坚持稳中求进的重要体现。党的十八大以来，我国的积极财政政策为市场运行注入确定性，减少实体经济内部、虚拟经济内部以及实体经济与虚拟经济之间的不确定性，稳定国民经济；为社会运行注入确定性，降低消费、就业和社会心理的不确定性，保障民生，稳定民心；为改革注入确定性，按照党的十八届三中全会《决定》提出的"科学的财税体制是优化资源配置、维护市场统一、促进社会公平、实现国家长治久安的制度保障"定位，大力推动改革，稳大局，还要引导形成良好社会预期。良好社会预期是经济社会平稳健康发展的基石。对市场和社会环境有良好预期，人们就会有动力、有耐心去从事创新创业活动。而悲观的预期则会导致市场主体行为的短期化，倾向于投机炒作赚快钱。要引导形成良好社会预期，首先要保证财政政策信号清晰，各项政策措施越明确、落实越有力，社会预期就越好。其次要精准施策，政策措施一旦出台就不能"翻烧饼"，也不宜频频出招，防止政策多变、频出而扰乱预期。最后要树立底线思维。充分考虑现实中的各种不确定性因素，有预案、有底线，给经济社会主体吃下"定心丸"。

谋进取：推动实现供求关系新的动态均衡。结构性失衡的根源是资源错配、效率低下，产生大量无效供给，而优质供给不足。因此，积极财政政策的作用不是"大水漫灌"，而是精准施策、积极有效。一方面，积极支持"三去一降一补"政策的落实，并着力做好职工分流、培训、安置工作；另一方面，通过实施减税降费、鼓励研发创新、支持普惠金融、扶持中小微企业、改革重要农产品价格形成机制等措施，为市场机制发挥自组织功能创造条件，通过市场力量来矫正结构性失衡。与传统的扩张性政策不同，当前我国实施的积极财政政策不是政府直接发力扩大需求，而是通过激发市场活力来间接发挥作用，优化资源配置，扩大优质供给；不是通过政策来替代市场，而是让市场在资源配置中发挥决定性作用；不是单打一，而是认识和把握稳增长、促改革、调结构、惠民生、防风险等的系统联动关系，发挥财政政策在这些方面的整体效能。

四、深入理解当前我国的积极财政政策需要破除三个认识误区

误区一：积极财政政策只是需求管理的一个工具。很多人谈到当前我国的积极财政政策，往往将其放在凯恩斯理论的分析框架下，将积极财政政策作为需求管理的一个工具来看待。这是一个严重的误解。当前我国实施的积极财政政策显然不是凯恩斯理论分析框架中的那种政策，而是一种涉及经济、社会乃至整个国家治理的多维度的财政政策，可称之为"结构性的政策"。从总量性的政策转向结构性的政策，与之相伴随的还有一个转变，就是从单纯经济政策转变为综合性政策。这使积极财政政策的内涵更加丰富、实现形式更加多样化，如产业基金、政府和社会资本合作（PPP）模式、盘活存量资金、打破支出结构固化等，都是作为政策工具来使用的。同时，当前我国的积极财政政策注重与全面深化改革协调配合，财政预算安排突出重点、有保有压，着眼于推进供给侧结构性改革。可见，我国的积极财政政策已经大大超越了需求管理工具的传统定位，成为国家治理的一个重要工具，具有科学性和先进性。

误区二：继续实施积极财政政策会导致风险失控，甚至发生财政危机。2016 年，我国年初预算安排全国财政赤字 2.18 万亿元，其中中央财政赤字 1.4 万亿元，地方财政赤字 7800 亿元。考虑到地方各级政府的隐形债务等，有人认为我国目前的实际赤字率和负债率已经很高，2017 年继续实施积极财政政策会导致风险失控。实际上，从 2017 年国家预算安排来看，财政赤字率保持 3% 的水平不变，财政赤字规模 2.38 万亿元，这一规模是适度的，绝非大肆扩张。在债务方面，2016 年末，我国中央和地方政府的债务余额约为 27.33 万亿元，按照国家统计局公布的 2016 年 GDP 初步核算数计算，负债率约为 36.7%。即使考虑或有负债，综合估计我国政府负债率约为 40%。这在世界上属于较低水平，而且也在我们的承受范围之内。虽然地方的债务水平较高、还债压力不轻，一些地方甚至出现了社保基金支付困难、财政压力较大的问题，但这属于短期和局部困难，谈不上发生地方财政危机。从资产看，地方债务形成了大量优质资产，虽然在财务上不是都能变现的资产，但对促进地方经济发

展有实实在在的作用，今天的债务将换来明天的增长，加上大量可变现的国有资产资源，足以应对可能出现的任何风险。当然，这并不意味着不需要强化风险管理。加强地方债务管理，提高债务支出绩效，本来就是当前实施积极财政政策的内容之一。

误区三：企业反映税收负担重，积极财政政策不是"真积极"。最近，有学者提出"死亡税率"，引起了舆论的广泛关注。与此相联系的是，有人认为我国当前的减税措施不是真减税，积极财政政策不是"真积极"。这种认识是片面的。我国近年来实施了一系列减税措施，特别是 2016 年全面推开营改增试点，全年降低企业税负 5700 多亿元，这是实实在在的"真金白银"的减税。为了支持减税降费，各级政府坚持过紧日子，逐年压缩一般性支出。但是具体到每个企业，受投资周期、资本构成、盈利能力及其自身经营状况等因素的影响，获得感肯定有差异。如果我国真有所谓的"死亡税率"，那为何每天新增企业数达到 1.5 万户，数不胜数的企业实现了转型升级、创新发展，我国经济增速仍在世界名列前茅？所以，"死亡税率"的提法并无科学依据。给企业减税降费，是我国实施积极财政政策的重要措施。从 2017 年积极财政政策实施方案来看，会进一步实施减税降费政策，进一步减轻企业负担，全年再减少企业税负 3500 亿元左右、涉企收费约 2000 亿元，让市场主体更有获得感。需要强调的是，减税降费是为了减轻企业负担、提高企业活力，并不是为了维持"僵尸企业"。企业优胜劣汰本来就是市场经济的法则。

（此文发表于《人民日报》2017 年 4 月 6 日，作者：刘尚希）

积极财政政策的作用：注入确定性

阅读提示：《积极财政政策的作用：注入确定性》一文从一个新角度来思考当时的积极财政政策。文章认为积极财政政策重在减少经济运行和社会运行当中的不确定性，遏制因不确定性急剧扩散所导致的公共风险和公共危机，换句话说，就是给经济、社会注入"确定性"来对冲"不确定性"，以避免经济、社会的崩溃。文章提出面对国际金融危机的巨大冲击，财政政策真正的作用应是减少经济社会运行中的不确定性，化解外部冲击带来的公共风险，防范公共危机。社会总是处于不确定的状态，不确定性无时不有、无时不在。但在不确定性急剧放大的情况下，通过政府来注入"确定性"，以对冲经济社会运行中的"不确定性"，这是头等大事。本文的意义在于尝试运用不确定性思维和公共风险理论，对财政政策的本质和功能进行分析，表明公共风险理论既能揭示财政的本质与职能，也能解释财政政策的本质与功能。

积极财政政策效果如何，大家都很关注这个问题。但要把这个问题讲清楚却很难，这个效果到底怎么评价，从哪个角度来说，都没有现成的模型。我想，评价积极财政政策的效果，首先必须搞清楚什么是积极财政政策，其功能到底是什么？如果这些问题没有弄清楚就急着对它进行评价，恐怕会走偏。基于这种想法，我试图从一个新角度来考虑当前的积极财政政策。我的观点是：积极财政政策重在减少经济运行和社会运行当中的不确定性，遏制因不确定性急剧扩散所导致的公共风险和公共危机，换句话说，就是给经济、社会注入"确定性"来对冲"不确定性"，以避免经济、社会的崩溃。

第一个问题：如何理解当前积极财政政策。

从官方的表述来看，积极财政政策包括五个方面，一是扩大公共投资，加强重点项目建设；二是推进税费改革，实行大幅度的结构性减税；三是提高低收入群体的收入，促进消费需求；四是调整支出结构，保障和改善民生；五是支持科技创新和节能减排，推动经济结构调整和发展方式的转变。其实这五个方面可以浓缩为两个方面，一是扩大支出，二是减税，这两个方面就可以理解为当前积极财政政策的内容。但是，扩大支出也好，减税也好，仅仅是手段，还要再进一步深化对当前积极财政政策的理解。

从上面五个方面，我归纳为三个可观察的视角。第一，经济视角。从经济视角来看，积极财政政策毫无疑问是经济政策，其作用就在于扩大社会有效需求，维护经济稳定，这可以说是"中国版凯恩斯主义"的政策主张。第二，社会视角。从这个角度来看，积极财政政策同时属于社会政策，作为社会政策的作用，就是调整和改善社会利益结构，维持社会稳定。无论是扩大公共投资，还是扩张公共消费，都涉及社会利益关系。从这个意义上讲，积极财政政策实际上是非常重要的一项社会政策。我们讲保障和改善民生，实际上就是社会政策。从公共支出使用的方向上看，很多是用于社会建设，教育、医疗、社会保障等方面，是与社会建设紧密相连的，从这个视角来看，当前积极财政政策同时又是一项社会政策。第三，改革视角。积极财政政策属于促进改革的政策。以4万亿投资为主要内容的积极财政政策应当是促进改革的一个政策，它的作用就是要促进符合新要求的结构和体制机制的形成。这么巨额的公共投入如果不以改革的方式来实施的话，很难收到良好效果。不是说有了钱就好花了，花钱也需要一定的体制机制，比如说医疗卫生改革，三年8500亿元，这怎么花？在原有的体制机制下来花，还是构建一种新的体制机制？这也很重要。公共投资，从1998年社会基础建设的情况来看，有了钱不一定花得出去，项目储备不足，管理机制改革没有跟上，不一定花得出去。短时间内大量扩张公共支出，也可以说是"突击花钱"，这应该也只能是和改革紧密结合起来的。在社会公众高度关注的情况下，积极财政政策大规模的扩张支出和大规模的减税，毫无疑问对改革将产生推动作用。

从上面几个视角来观察，我认为当前的积极财政政策不是单纯的经济政策，而是涵盖了经济、社会改革这些内容的一项综合性公共政策。如果把积极财政政策仅仅从经济的视角、从凯恩斯主义的角度来理解，在执行过程中就可能使政策变形走样，注重 GDP 而忽视民生，忽略改革。当前积极财政政策不能仅仅理解为一个经济政策，它是一项综合性的公共政策，这对如何来发挥积极财政政策的作用是非常重要的。

第二个问题：积极财政政策的功能作用。

如何发挥积极财政政策的作用？是不是从前面所说的扩大社会需求、调节社会利益关系、推进改革入手就可以了呢？我认为，上述三个方面只是发挥其作用的途径，或者说是三个管道。面对国际金融危机的巨大冲击，财政政策真正的作用应是减少经济社会运行中的不确定性，化解外部冲击带来的公共风险，防范公共危机。社会总是处于不确定的状态，不确定性无时不有、无时不在。但在不确定性急剧放大的情况下，通过政府来注入"确定性"，以对冲经济社会运行中的"不确定性"，这是头等大事。这要从三个方面来看：

1. 减少市场运行中的不确定性。市场运行中的不确定性总是存在的，但是在国际金融危机的冲击下，不确定性突然放大，在这种不确定性急剧扩散的情况下就会带来公共风险和危机。

一是要减少实体经济内部的不确定性。在外部因素冲击下，实体经济上下游产业之间的投入产出关系变得不确定了，企业之间的产销关系变得不确定了，例如以前订有合同，后来违约了。实体经济内部这种不确定性突然放大就会导致各种商业活动和交易收缩。这就是实体经济内部的不确定性扩大所带来的公共风险。我国当前面临的就是这种情况。

二是要减少虚拟经济内部的不确定性。虚拟经济的不确定性放大表现为金融机构之间的资产、负债、权益关系变得不确定；资产的价格变得不确定，甚至无法定价；融资、拆借关系不确定。这种情况下什么都不确定，金融活动就会急剧收缩。从美国的情况来看，最难的就是资产价格没办法确定，美国政府想救市，收购银行的有毒资产，但以什么价格去收购？不确定。在金融活动的不确定性不断放大的情况下，金融危机就出来了。美国的金融危机实际上是因次贷而使虚拟经济内部的不确定性突然放大引发的。相比之下，我国的情况是外部冲击导致实体经济运行的不确定性急剧放大而开始的。

三是要减少实体经济与虚拟经济之间的不确定性。金融与经济是相互影响的。当二者内部的不确定性都处于放大状态时，这种内部的不确定性就会相互渗透，加速扩散，陷入一种恶性循环。在这种情况下，经济就处于一种恶化状态。在金融和实体经济之间的这种不确定性扩大并陷入恶性循环的情况下，危机就会不断加深、不断扩大，形成全面危机。这个危机的起点，有的可能是从金融开始的，然后扩散到实体经济，相互影响，金融危机变成经济危机，甚至是社会危机。目前，中国的金融是基本健康的，实体经济首先受到冲击，但实体经济不确定性的扩大会不会扩散到金融，这还要进一步观察，不可掉以轻心。危机的发生，起点可以不一样，但都是在不确定性突然放大的情况下出现问题，后果是经济萧条甚至经济崩溃。

在当前情况下，我国的积极财政政策主要是针对实体经济领域不确定性放大的情形而制定，以尽力阻止经济运行中不确定性的扩散和蔓延，稳定国民经济。

2. 减少社会运行中的不确定性。随着经济运行中的不确定性扩大，社会运行中的不确定性也会随之急剧扩大，这主要是由于破产导致的失业增加、收入减少、生活水平降低所带来的。这主要表现在以下几方面：

一是要减少消费的不确定性。对于没有储蓄、平时消费依靠工资的工薪族而言，一旦失业，生存问题马上就会到来，例如失去住房、无钱购买食品等这样的消费风险就会在社会上蔓延开来。二是要减少失业、就业的不确定性。经济活动的可预期性大大降低，对有工作的人而言，失业的威胁增加；对没有工作的人来讲，找工作的难度加大。在这种情况下，社会上处于失业状态的人数就会扩大。对失业的恐惧很容易变成一种社会情绪而蔓延开来，进而导致消费、投资、储蓄等经济行为改变，反过来会使宏观经济的不确定性扩大。三是要减少社会心理的不确定性。在经济下滑的情况下，社会的心理秩序被打乱，犯罪率可能上升，政府和公众之间的关系可能会变得紧张起来。这在欧洲一些国家很明显。显然，积极财政政策应当努力化解社会运行中这三个方面的不确定性。"保民生"即蕴含此意。

3.要减少改革中的不确定性。防止市场化改革因国际金融危机的冲击而走偏、停滞，更要防止因以美国为代表的自由资本主义模式的"崩溃"对市场经济产生"厌恶"而导致体制复归。我国的市场化改革仍没有完成，国际金融危机使我们更清醒地看到了市场机制的种种缺陷，不要崇拜市场、迷信市场，但也不能因噎废食，放弃市场化改革，毕竟每一个国家的市场经济都是独有的，是不可复制的。

总之，面对积极财政政策，面对巨额的公共投入，我们现在不仅仅是要花钱，从改革的角度来说还要花钱买机制。总体来讲，当前实施的积极财政政策就是花钱买增长、花钱买稳定、花钱买机制，但能不能"买来"，就取决于是否能减少经济和社会中的不确定性。

我为什么会做出这种判断？因为经济危机的本质是不确定性扩散导致信心崩溃。一是危机的发生根源在于经济运行中信息不对称（不充分）而导致的不确定性扩大、扩散。二是危机表现为一种公共的宏观形态，是微观领域各种不确定性叠加、累计的结果。传统的危机主要表现为过剩的危机，现代的危机表现为信心危机，越来越复杂的经济社会系统使信息越来越不对称，不确定性因素越来越多，社会心理和信心也变得越来越敏感。如2007年3月海南的"毒香蕉事件"、2008年四川"生蛆柑橘事件"等就给当地农民造成了巨大经济损失。日常生活中发生的许多踩踏事件而导致的悲剧，也是不确定性惹的祸。在财富越来越金融化的条件下，意味着财富越来越处于不确定性状态，任何消息都可能导致经济灾难。凯恩斯的三个心理规律实际上就是指不确定性所带来的信心不足而导致危机。现代社会最重要的是信心——对未来预期、对环境预期的相对可确定性，政治家凭着直觉发现信心最重要，温家宝说"信心比黄金还重要"，这有深刻的道理，揭示了现代社会危机与传统危机的本质区别。

信心是现代社会最重要的资源，抓住了信心就抓住了关键，政府应通过注入"确定性"来树立信心。信心应建立在减少时间和空间上的不确定性基础之上，如果不确定性通过相关政策措施(如积极财政政策)的调整依然没有减少，这个信心是没有办法树立起来的。政策措施与制度建设都具有减少不确定性的作用，但是政策主要是短期的，制度建设是长期的，在危机干预过程中，两者不可偏废。然而，积极财政政策的力度并非越大越好，积极财政政策是一味药，药不是吃得越多越好，这好比是人吃药，要考虑身体的承受能力，否则非但不能帮助恢复健康，反而可能带来长期的损害。政府过度注入确定性，就会损害市场经济自身的恢复能力，反而不利于国民经济健康成长。

（此文发表于《中国经济时报》2009 年 4 月 14 日，作者：刘尚希）

稳中求进的关键在稳定预期

　　阅读提示:《稳中求进的关键在稳定预期》一文指出,从国内看,经济社会发展矛盾多发易发,经济增长内生动力仍在培育,传统动能调整面临较多困难,特别是在金融、投资、外贸等领域遭遇前所未有的挑战,妥善应对各种不确定性、解决预期恶化等潜在问题的复杂性也在加大。在此背景下,加强预期管理,引导形成良好社会预期的重要性不言而喻。本文虽然是一篇时评文章,但背后有着深刻的理论含义,说明在应对不确定性、化解公共风险的过程中,良好的预期是注入确定性和提高公共风险理性水平的重要途径。

　　良好的社会预期,是经济平稳健康运行的基石。加强预期引导,做好预期管理,是党和政府领导经济工作能力的重要体现,是坚持稳中求进工作总基调的重要保障。

　　我们党领导经济工作的一个重要经验,就是使社会预期与经济发展相互促进、良性循环。预期的形成主要是基于人们对经济社会发展情况所作出的判断,同时,形成的预期也会直接影响人们的行为,通过改变消费、投资等经济活动来加大或者平抑市场波动,进而传导到经济社会发展的各个层面。因此,良好的预期能够转化为有序的经济行为,在一个可预期的市场和社会环境中,人们就会有动力、有耐心去从事创造和创新活动。而过于悲观的预期则会导致市场主体的行为短期化,投机炒作赚快钱,使得风险集聚、经济泡沫化,甚至引致重大经济或社会危机。

　　当前,稳定社会预期尤为重要,也更为不易。从国际看,世界经济仍处于深度调整中，贸易保护主义抬头、逆全球化态势显现，英国"脱欧"等"黑天鹅"事件频发，各国政策的溢出效应和回波效应急剧放大，我国经济发展面临的外部环境依然复杂多变，不稳定不确定因素明显增多。从国内看，经济社会发展矛盾多发易发，经济增长内生动力仍在培育，传统动能调整面临较多困难，特别是在金融、投资、外贸等领域遭遇前所未有的挑战，妥善应对各种不确定性、解决预期恶化等潜在问题的复杂性也在加大。在此背景下，加强预期管理，引导形成良好社会预期的重要性不言而喻。党的十八大以来，党中央准确解读新常态下我国速度变化、结构优化、动力转换的发展趋势，不断增强宏观调控政策的科学性、预见性和主动性，相继出台多项重大决策部署，让人们在转变中看到希望，让市场在转型中激发信心，为有效引导社会预期提供了政策的"定盘星"和改革的"定心丸"，有效激发了经济社会发展活力和发展潜力。中央经济工作会议强调，稳中求进工作总基调是治国理政的重要原则，也是做好经济工作的方法论。稳什么？既要稳速度、稳效益，又要稳政策、稳预期，而核心是稳政策、稳预期。

既要稳当前又要稳长远，既要稳经济预期又要稳社会预期。预期就是对未来的判断，稳定预期就是要使利长远的经济行为能够持续下去。因此，稳定预期既要稳住当前、排除短期因素干扰，又要强调发展的信心支撑和行为的长远打算，储备好各种应对手段，在稳的前提下要在关键领域有所进取，在把握好度的前提下奋发有为。同时，稳预期又是一项系统性工程，必须从全局和整体上考虑。既要稳住经济预期这个基础，又要越来越重视稳住社会预期。尤其是与民生、改革密切相关的预期，涉及对社会远景和中国未来的看法，最后又会转化为对执政党执政能力的信心。这就要求我们必须跳出经济看经济，跳出经济预期看稳定预期，综合考虑多方面因素以及它们之间的相互作用，使稳预期工作充分适应新形势下的新要求。

用稳定的宏观经济政策稳定社会预期。宏观调控本质上是预期管理。首先，政策信号要清晰。明确的政策信号，是稳预期的关键，各项宏观经济政策导向越明确，落实越有力，市场预期就越好。要继续实施积极的财政政策和稳健的货币政策。财政政策要更加积极有效，货币政策要保持稳健中性。其次，要保持战略定力。在稳定的政策总框架下，要采用灵活、渐进的方式，注重微调手段，把控精准指向，处理好"稳"与"调"的关系，按照主要经济指标随时间变化而变化的趋势与程度，确定预调措施的力度，防止政策大起大落扰乱预期。最后，要坚持问题导向、底线思维。要充分考虑政策风险给民间投资带来的影响，给民间投资服下政策的"定心丸"，将微观主体的投资积极性充分激发出来。

用重大改革举措落地增强发展信心。经验表明，稳预期的效果往往与改革进展正相关。党的十八大以来，政治生态得到净化，改革开放取得新突破，主要领域"四梁八柱"性改革基本出台，有利于形成良好的社会预期。全面深化改革是稳定预期的前提，如果对改革的信心不足，就会影响对我国未来发展前景的信心，稳预期也就无从谈起。只有改革的"进"才有经济和社会的"稳"，如果改革停滞倒退，"稳"就失去了支撑。因此，既要稳定人们对经济基本面的预期，又要树立对全面深化改革的坚定信心，通过加强对改革的整体设计和完善改革的推进方式，促进经济长期平稳健康发展和社会和谐稳定。

（此文发表于《求是》2016 年第 12 期，作者：刘尚希）

基于公共风险与财政风险的公共服务评估

——兼论财政是国家治理的基础和重要支柱

阅读提示:《基于公共风险与财政风险的公共服务评估》一文从公共风险和财政风险分析出发,构建了公共服务评估的分析框架,并根据这一框架对中国公共服务水平总体情况做了初步的定性评估,得出了一些探索性的理论分析结论和实证分析结论。文章认为公共服务的功能和实质是公共风险治理,公共收入是为提供公共服务治理公共风险筹集资金,财政风险是治理公共风险的政策工具。本文不仅对公共服务的本质进行了阐述,还提出公共服务评估的框架,认为公共服务评估是财政风险可控约束下的公共风险最小化实现程度评价。包括以下几个方面:(1)财政风险是否可控,是否还有空间;(2)既定财政风险水平下是否支撑了公共收入最大化;(3)所筹集的公共收入是否提供了合理的公共服务,公共服务的数量和种类是否符合公共风险治理的要求;(4)政府间公共服务配置是否合理等。上述研究为财政支出绩效评价提供了新的思路和标准。

传统理论将公共福利和市场失灵作为政府职能和公共服务分析的基本依据。在分析市场失灵时,传统理论要求发挥政府职能作用。在分析政府失灵时,传统理论又希望尽可能发挥市场机制以弥补政府失灵。在市场失灵和政府失灵的循环悖论问题上,传统理论走入了死胡同。因此,对政府职能界定和公共服务水平确定,必须跳出传统理论的思维定式,通过理论创新寻求更有解释力的分析框架。

一、公共服务评估：一个分析框架

为什么需要公共服务？多大范围和数量的公共服务是合适的？提供公共服务的钱从哪里来？公共服务水平受到什么条件制约？回答上述问题，需要从公共风险理论出发对公共服务及其相关概念的功能和实质进行讨论。

（一）公共服务的功能和实质：公共风险治理

对公共服务功能的讨论源于对政府职能的讨论。亚当·斯密最早对政府的职能做出了界定，认为政府有三项职能：一是保护国家不受外来侵略；二是保护社会成员不受任何其他人的侵害和压迫，建立公正的司法机关；三是必要的公共工程建设。[①] 至于政府的职能是由什么决定的，斯密并没有作进一步的阐述，而是运用"排除法"和经验观察直接得出的。即假设自由市场经济是天然合理的（具有公平与效率），在这个前提下，只有市场无法发挥作用的领域，才是政府活动的范围。所以，斯密以"市场能干的，政府就不要去干"为标准，判定政府应只是一个"守夜人"。如果市场不存在失灵的领域，那么，按照斯密的逻辑，政府也没有存在的必要。西方财政学后来的发展基本上都没有离开斯密的这个逻辑，只是充实了一些新的内容。这主要有两个方面：一是福利经济学。从社会福利最大化的角度，承认自由市场经济不能达到帕累托效率，需要政府来干预。这给政府职能的决定提供进一步的规范性解释，即借此可以回答"政府应该干什么"以及公共支出应该配置到什么范围。但注重规则和过程而不看重结果的布坎南对此表示强烈反对，认为"社会福利"是一个虚幻的概念，不存在所谓的"社会福利函数"。因此，在布坎南的分析中丝毫见不到福利经济学的影子。[②] 二是公共产品（公共服务）理论。[③] 这在古典经济学的早

[①]　Adam Smith, *The Wealth of Nations*. London: J M Dent and Sons, 1776.

[②]　[美] 詹姆斯·M. 布坎南：《公共财政》，中国财政经济出版社 1991 年版。

[③]　理论上，公共产品与公共服务是等价概念。为了与本文主题用词保持一致，以下均用公共服务的表述。

期就已经萌芽，后经威克塞尔、马斯格雷夫、萨缪尔森等人的努力，公共服务理论才真正成型。公共服务具有"非竞争性"和"非排他性"两个特征，这决定了公共服务不可能由市场来提供，而只能由政府来完成。现在，公共服务理论实际上已经扩展为解释国家职能的理论，布坎南在他的《公共财政》一书中把共同防御、法律和秩序、环境控制、货币稳定、管理措施以及再分配都视为公共服务。这样，广义的公共服务理论给政府的存在以及政府干预提供了一个更详尽的解释。

但这种在"市场失灵"基础上比照私人服务来分析公共服务的方法，依然没有摆脱"排除法"的局限性，即公共服务在逻辑上依附于私人服务而存在。把除"私人服务"之外的所有服务统统都归属于"公共服务"的思维逻辑，无异于说，公共服务决定于私人服务，进一步的推论就是，公共支出的范围决定于私人服务存在的范围。这使公共服务理论缺乏一个独立的稳固根基，而且也使对性质上与私人服务完全不同的公共服务的分析缺少独立的方法，导致市场分析方法滥用，以至于公共服务的提供问题一直未在理论上有新的进展。

其实，只要我们稍加分析就可以发现，公共服务与私人服务的性质完全不同，前者是不可能由后者来决定的。那么，公共服务的形成是由什么来决定的呢？或者说，为什么会存在公共服务？我们认为，公共服务是由公共风险决定的。政府提供公共服务的过程，也就是公共风险治理的过程。[①] 每一种公共服务都是为治理某一种公共风险而"设计"的。如果把公共风险比作危害社会的魔鬼，那么，公共服务就是一只魔瓶。公共服务的存在，使危害社会的魔鬼就会化解于无形。可一旦它被打破，公共风险这个魔鬼就会显露原形，危害整个社会。如"公共安全"是一项典型的公共服务，若是它被"打破"，则就意味着生命与财产随时都有可能被剥夺。再如"环境控制"，如果取消关于环境的各种法规和措施，那我们赖以生存的家园都将遭到破坏。如果说，从历史的角

---

① 公共风险是指产生"社会性影响"的风险，具有很强的外部性。它有三个特征：内在关联性（或传染性）、不可分割性和隐蔽性。参考刘尚希：《公共风险视角下的公共财政》，经济科学出版社 2010 年版。

度来看，现在已有的公共服务表现为一种结果，那么，从未来的角度观察，政府即将提供的公共服务则是公共风险治理的手段和工具。[①] 从这里不难看出，公共风险是推动公共服务"更新换代"的原动力。事实上，政府的职能在这里也得到了一种实证性的独立解释，政府职能及其变化决定于公共风险，而与虚拟性的所谓"市场缺陷"无直接关联。[②]

根据马斯洛需求层次理论，生理需求是级别最低、最基本的需求，包括对食物、水、空气、健康等的需求。而安全需求，同样属于低级别、基本的需求，其中包括对人身安全、生活稳定以及免遭痛苦、威胁或疾病等的需求。保障生理和安全的基本需求，需要通过个人自身的努力，但个人自身的努力又无法确保基本需求得到满足而不受影响，原因在于公共风险的存在。如食品安全、水和空气污染、公共卫生事件对生理需求的威胁，以及社会治安、经济危机、大病大灾对安全需求的威胁。当公民的生理和安全基本需求由于公共风险存在而无法满足时，就需要政府或社会提供公共服务，以抵御公共风险。公共风险是客观存在的。根据世界银行报告的观点，风险和机会是一对孪生姐妹。风险治理得当，意味着机会，风险治理不当，则意味着危机。[③] 公共风险存在的领域就需要对公共风险进行治理，也就说明该领域需要提供公共服务，因此公共风险存在的领域决定公共服务的范围。社会分工的细化和信息社会的脆弱性，公共风险领域拓展，使公共服务的范围越来越广。这样我们就得出以下逻辑关系：

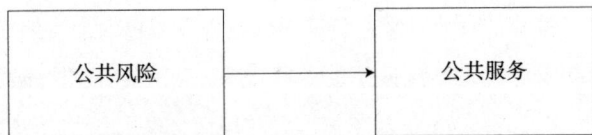

图1 公共风险和公共服务的关系

---

① 刘尚希：《公共风险视角下的公共财政》，经济科学出版社 2010 年版。

② 这也就解释了为什么国家治理的核心是公共风险治理，而财政又为什么是国家治理的基础和重要支柱。

③ 世界银行：《2014 年世界发展报告：风险与机会》。

（二）公共收入的功能和实质：为提供公共服务治理公共风险筹集资金

公共服务功能的实质是公共风险治理，而提供公共服务的过程实际则是公共支出的过程。这样就可以归纳出这样一种逻辑关系：公共风险——公共服务（公共支出）。该关系有两个方面的含义：一方面，公共服务（公共支出）是公共风险要求的一种结果，即公共风险决定了公共服务（公共支出），它因公共风险的产生而存在，随公共风险的扩大而扩张。另一方面，公共服务（公共支出）又是公共风险治理的手段或工具，即公共风险是通过公共支出而化于无形的。问题与解决问题的手段总是一同产生。但若没有了这个手段，那么，化于无形的公共风险就会完全地呈现在我们的面前。或者，当这个手段的配置滞后于公共风险的变化时，一部分公共风险同样会以各种不同的形式凸现出来。这就像战争与军队的关系，前者决定了后者存在的必要性；而后者又是防范战争，求得和平的手段，可一旦没有了军队，战争可能就会马上来临。[1]

提供公共服务（公共支出）需要有资金来源保障。理论上来说，公共服务包括政府提供和社会提供两种方式，但总体来说公共服务的政府提供占主体。[2] 因此公共服务的政府提供由公共收入来保障。另一方面，公共收入用于公共服务支出和非公共服务支出。理论上来说，从公共性来说，所有的公共收入都应该用于公共服务支出，但现实中可能存在政府越位的情况，公共收入中有部分用于非公共服务支出。

公共收入"取之于民，用之于民"。[3] 所谓"用之于民"指的是筹集公共收入的目的是用于提供公共服务，以达到治理公共风险的目的，避免公众由于

---

[1] 刘尚希：《公共风险视角下的公共财政》，经济科学出版社 2010 年版。

[2] 这里的公共服务是广义的公共服务，即治理公共风险的所有公共服务，而不是政府支出分类中所列的"一般公共服务"等狭义的公共服务。

[3] 需要说明的是，这里的公共收入是指用于满足公共支出的全部公共收入，包括弥补赤字的债务性收入，因为债务性收入也是构成公共支出的收入来源，用于提供公共服务，治理公共风险。

公共风险演化成危机而遭受损害。所谓"取之于民"则说明政府要集中社会的财富，要拿老百姓的钱解决老百姓的事，替老百姓消"公共风险"之灾。"取之于民，用之于民"还说明关于公共收入水平的公共选择过程其实质是公众对公共风险的认识和确认过程。当然并不是所有的公共风险公众都能意识和感知到，或者即便意识和感知到也存在"搭便车"心理，因此公众认可的公共收入水平往往低于治理公共风险所需要的公共收入水平。这也是民主社会容易产生公共支出缺口（赤字）的一个重要因素。因此，需要政府出面对公共风险进行全面评估，提出治理公共风险所需要的公共收入水平，并向公众做出解释，这就是为什么政府要在公共选择方面发挥主导作用的原因。这样我们就得出以下逻辑关系：

公共风险 → 公共服务（公共支出） → 公共收入

图2　公共风险、公共服务（公共支出）和公共收入之间的关系

（三）财政风险的功能和实质：治理公共风险的政策工具

治理公共风险，并非没有代价，通常会引发财政风险，也可视为必要的风险成本。通过公共服务治理公共风险的过程，是将分散的公共风险集中为财政风险，相当于用财政风险置换公共风险，将分散风险点置换为单一风险点，避免公共风险扩散。如果财政风险在可控范围之内，则财政风险可以成为治理公共风险的政策工具。从风险管理的角度看，分散的风险点比单一的风险点更加难以管理。由于风险点之间存在关联性，分散的风险点会产生系统性风险，使公共风险对经济社会的破坏力倍增。例如国际金融危机爆发前，美国金融衍生品的场外交易市场上存在着大量关联度极高的对冲风险，构成巨大的系统性风险，最终演化为国际金融危机，蔓延到多个国家。

财政风险作为主动干预公共风险的一种政策工具，并不是没限度的。财政风险的上升，不但给财政自身正常运行带来制约，而且也会在达到一定程度后，外溢影响到公共风险。这在欧洲主权债务危机中表现十分突出。[1] 财政风险的上升，体现为主权债务的积累和偿债能力的下降，通过国债市场渠道，直接影响金融市场，带来了更大的系统性风险，进而冲击经济体系。这说明，运用财政风险化解公共风险应该有一个适度比例，即财政风险可控条件下的公共风险最小化。

归纳起来，提供公共服务，治理公共风险，需要筹集资金，因此，公共风险最小化决定着公共服务的水平，也就决定着公共收入的规模。但公共风险最小化不是无条件的，而是有约束条件的最小化，这个约束条件是财政风险在可控范围之内。这样，公共风险、公共服务（公共支出）、公共收入和财政风险之间就形成了闭环的逻辑关系：

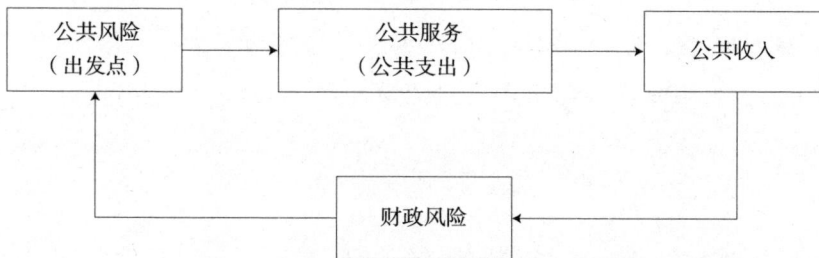

图3 公共风险、公共服务（公共支出）、公共收入和财政风险之间的顺时针闭环关系

在上图中，从公共风险出发，箭头所指方向是一种相生关系。[2] 由于公共风险的存在，提出了公共服务（公共支出）的需求；公共服务（公共支出）需求需要公共收入来保障；当对公共收入需求扩大，而正常的税收收入增长受到限制时，财政风险会扩大；当财政风险扩大到一定程度，又会产生风险外溢，最后又传递到公共风险，导致公共风险扩大，如拖累经济，或加大金融脆弱性。

---

[1] 财政部对外财经交流办公室：《从国际视角看财政风险管理作为政策工具的意义》，《外经要情与分析》2013年第26期。

[2] 这个与中国古代人"五行相生"理论相似，五行相生指的是事物的相互资生、促进或助长的关系，其规律为：木生火，火生土，土生金，金生水，水生木。

（四）公共服务评估的理论依据：财政风险可控约束下的公共风险最小化

提供公共服务，治理公共风险，往往伴生财政风险。尤其是在经济社会中的不确定性扩大条件下，更是如此。在上述逻辑关系中，公共服务是联结公共风险和财政风险之间的纽带。而在这个纽带的两头，所追求的目标是不一样的。公共风险的目标是最小化，这是政府所担负的公共责任。而财政风险的目标是可控，构成特定条件下的天花板，即成为公共风险最小化的约束条件。[①]这样，公共服务评估的实质就是，评价财政风险可控约束条件下，公共风险是否实现了最小化目标。从公共风险最小化目标出发，公共风险、公共服务（公共支出）、公共收入和财政风险之间是顺时针的逻辑关系，而公共服务的评估，则需要反推考察，即从约束条件出发考察最小化目标是否达成。这样一来，公共风险、公共服务（公共支出）、公共收入和财政风险之间形成逆时针的逻辑关系：

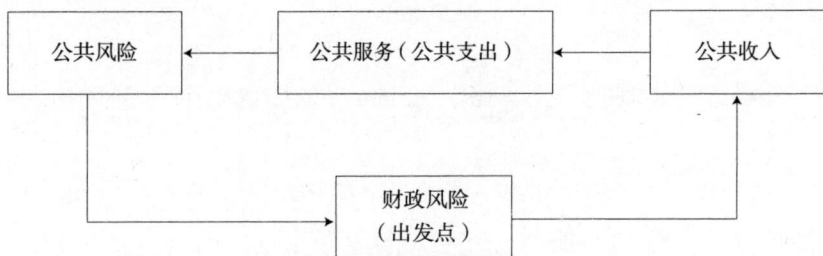

图4 公共服务评估逆时针闭环思路

这种逆向的逻辑关系体现的不是"引致"关系，即不是"相生"关系，而

---

① 财政风险虽然是约束条件，但这个约束条件不是常数，而是一个变量，或者说是一个函数。随着公共风险水平的变化，财政风险的容忍水平也要发生变化。例如，在欧债危机中，相关国家为了应对系统性金融风险，提高赤字水平。通俗地讲，财政风险虽然是一个天花板，但这个天花板在一定范围内是可以移动的，移动的限度取决于公共风险和财政可持续性的长期权衡。

是一种制约关系，即"相克"关系，类似于阴阳五行中的相克关系。① 财政风险虽然是一个可变量，但还是有限度的，财政赤字不可能无限扩大，即不可能通过借债来无限地扩大公共收入规模，也就是说，财政风险制约了公共收入的边界；以此类推，公共收入规模的边界制约了公共服务（公共支出）的水平；公共服务（公共支出）的水平决定了公共风险的治理能力和水平，并最终制约公共风险最小化目标的实现程度。对公共风险最小化目标的追求，对财政风险形成制约，往往要求财政风险这个政策工具得到最充分的利用，即达到可控条件下的最大财政风险。这取决于公共风险和财政风险的权衡，两害相权取其轻。

综上所述，对公共服务进行评估，即对财政风险可控条件下的公共风险最小化实现程度进行评估，这包括几个层面：

第一，财政风险是否可控，是否还有空间？财政风险可控，是通过公共服务治理公共风险，并使其最小化的约束条件。评估公共服务首先要对财政风险进行评估，要评估财政风险是否可控，是否还有空间。如果财政风险可控，说明公共服务水平还没有超过警戒线。而如果财政风险还有空间，则说明公共服务水平还可提升，公共风险实现最小化还有余地。

第二，在一定财政风险水平条件下，公共收入水平是否达到了最大可能性边界？从理论上来说，公共收入水平越高，可提供更多公共服务，从而使公共风险水平越低。但同时也意味着，财政风险水平也越高，可能是依靠更多赤字债务来支撑的。但逆向观察，既定的财政风险水平对应着不同的公共收入水平。这与公共收入的结构相关。如果公共收入中的赤字债务规模不变，而其中的税收、公共产权收益增长，则公共收入水平提高并未导致财政风险水平相应提高。这表明，相对于一定的财政风险水平，公共收入水平有一个可能性空间，不是一个固定值，而是一个区间。区间的最大值是公共收入的最大可能性边界。

---

① "五行相克"，指的是事物的相互克制、制约或抑制的关系，如木克土，土克水，水克火，火克金，金克木。

第三，所筹集的公共收入通过公共支出是否提供了有效的公共服务？公共服务的规模和种类是否符合公共风险治理的要求？公共收入的使用，体现为公共支出；公共支出形成的产出是公共服务，公共服务治理公共风险是结果。从公共收入到风险治理，这涉及多个环节，是一个复杂的链条。上下环节之间都存在逻辑上的钩稽关系，但由于不同环节的效率不同，上下环节之间不是简单的线性关系，而是一个类似联立方程之间的关系。在简化的条件下，公共收入决定了公共服务水平，也就决定了公共风险治理的规模。从公共风险治理的有效性来看，这不仅取决于公共服务水平，还与公共服务的结构相关。不合理的公共服务不但不能降低公共风险，反而会引发或扩大公共风险。

第四，中央与地方之间的财政关系，以及中央与地方之间公共服务配置是否合理？有效抵御公共风险，需要确立合理的政府间财政关系并在政府间合理配置公共服务，这是政府间事权划分的理论基础。政府间配置公共服务越合理，在既定财政风险水平下，通过公共服务治理公共风险的能力就越强、效率越高，否则，其能力就会越弱，效率就会或越低。

二、基于公共风险和财政风险的中国公共服务水平总体评估

依据上述理论分析框架，在这里，我们对中国面临的公共风险和公共服务水平从总体上做一个初步评估。

（一）中国面临的公共风险评估：基于不确定性和脆弱性的总体分析

人类对世界的认识，经历了一个从简单到复杂、从肤浅到深刻、从低级到高级的过程。自然科学告别牛顿时代，标志着确定性世界观的终结，代之而起的是不确定性的新认知观。人类正处于一个转折点上，正处于一种新理性的开端。在这种新理性中，科学不再等同于确定性，概率不再等同于无知。[①] 不确

[①]　[比] 伊利亚·普里戈金：《确定性的终结》，湛敏译，上海科技教育出版社 1998 年版。

定性虽然是一个中性的概念，本身对于未来事件的结果不产生唯一性影响。但不确定性是公共风险的根源，原因是自然界不可穷知性造成信息不完全、社会分工造成信息不对称、制度不完美造成不确定因素识别不及时。来自大自然、经济、社会、国际等领域的不确定性与机体自身的脆弱性相结合，是孕育和催生公共风险的重要因素。最近几年里，世界遭受了诸多危机。金融和经济动荡带来的收入下降、就业减少和社会稳定性丧失扰乱了世界经济。剧烈的自然灾害摧毁了从海地到日本的一个个社区，造成了生命和经济损失。对全球变暖的忧虑不断增加，同样不断增加的还有对致命传染病传播的担忧。①

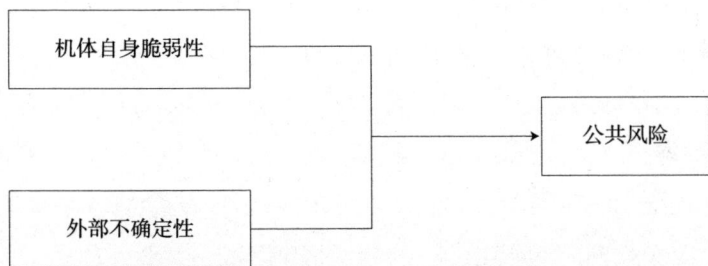

图 5　外部不确定性与机体自身脆弱性结合孕育公共风险

目前，中国经济社会发展过程中的主要脆弱性和其所蕴含的公共风险包括以下几个方面：

第一，资源环境脆弱性及其所蕴含的可持续发展公共风险。中国现有的人均 GDP 比发达国家低得多，还需要大力发展。中国人多物薄，人口占世界的 1/5，而耕地、水、能源、各种矿产等，按照人均来计算，都处于世界的末位。如石油，是世界平均水平的 1/10。若达到美国现有的消费水准，每年需要 50 亿吨以上，把全世界的石油给中国也不够。一方面，经济快速增长，另一方面，资源和环境的承载力已日益趋向极限。中国资源环境的脆弱性蕴含了极大的可持续发展风险，遇到来任何自然、经济、社会和国际方面不确定性的冲击，都会爆发严重的公共危机，如雨雪冰冻灾害的疲于应付和各种环境群体性

① 世界银行：《2014 年世界发展报告：风险与机会》。

事件的频发，都说明了这一点。

第二，经济脆弱性及其所蕴含的经济衰退公共风险。在目前中国经济领域，政府与市场的角色准确"归位"依然十分困难，自主创新能力明显不足，体制转换成本不断加大，与世界经济增长摩擦越来越大，要素成本不断上升，人口与人力资源的约束持续加重。经济领域的脆弱性随时有可能导致经济衰退的风险。例如，目前中国投资与消费已经出现严重失衡，且部分产业和行业出现产能严重过剩，这种趋势如果不得到有效抑制，中国经济将会面临严重的衰退风险。

第三，民生脆弱性及其所蕴含的社会分化、失序和动荡的公共风险。改革开放以来，中国的发展并不是齐头并进式的均等发展，而是表现出明显的差距，突出变现为城乡之间、区域之间以及不同社会阶层之间的差别。经济快速增长，而社会发展严重滞后，上不起学、看不起病的人依然存在。究其原因，这不是由市场分配差距扩大造成的，而是社会事业发展长期受到资源配置的约束所致。义务教育、公共卫生等领域资源配置不合理。此外，贫富差距相当大，且为富不仁者不在少数；政府官员脱离群众，吃、卡、拿、要之风盛行，官员腐败屡见不鲜；社会不正之风屡禁不止，且有与公权相勾结的趋势；人与人之间存在信任危机，唯利是图普遍。种种不合理的社会现象使得社会大众对强权者、为富不仁者产生心理上的憎恨，对社会公正合理产生怀疑，对社会前途抱有悲观思想。民生领域的脆弱性如遇到公共事件，极有可能引发社会对立、失序和动荡的公共风险。产业结构调整、社会保障体系、教育、卫生、收入分配、"三农"等方面暴露出来的问题，使得社会矛盾与冲突日益加剧。在一些群体性事件中，不少参与的群众，并不是有直接的利益诉求，而只是因怨泄愤。社会失序会造成社会动荡，阻碍改革发展的步伐。

（二）中国财政风险空间评估：财政风险是否可控

——评估判断：中国财政风险面前总体可控，但财政风险的空间已经很小。

从财政形势来看，虽然目前的财政总体状况保持健康，主要财政指标如赤字和债务等还在通常认为的警戒线范围之内，但赤字和债务呈现攀升之势，财政可持续性堪忧。从外部环境看，过去支持中国经济高速发展的因素趋于弱化，未来 10 年经济增速预计会放缓，加之中国财政收入对 GDP 增长特别是 PPI 变化的弹性较高，随着经济增速放缓，财政收入增速的下滑幅度更大。按照到 2017 年 GDP 年均增长 7%、通胀率年均上涨 3%、外贸进出口年均增长 8%测算，今后几年财政收入年均增长 8.5%左右，财政收入增速下降到一位数阶段。在收入增速大幅下滑的同时，支出刚性增长，导致财政赤字呈扩大趋势。2014 年，全国财政预算赤字 1.2 万亿元，预计占 GDP 比重为 2.1%。今后几年，在财政收入降速和支出刚性增长的情况下，预计全国财政收支缺口还将继续扩大，赤字率可能突破 3%。此外，2007 年以来地方政府性债务年均增长超过 20%，2013 年审计署公布的全国地方政府债务规模为 17.8 万亿元，个别地方已经出现债务逾期现象。上述情况和数据说明，从目前及今后的预测情况来看，中国财政风险总体可控，但未来不确定性因素很多，财政风险的空间愈益缩小。

（三）中国公共收入结构评估：既定财政风险水平下是否支撑了公共收入最大化

——评估判断：在既定财政风险水平下，公共收入没有达到最大可能性边界，公共收入结构还有较大优化空间。

根据取得收入的依据不同，公共收入可分为公共权力收入和公共产权收入两大部分。公共权力收入是依据国家的权力无偿取得的收入，公共产权收入则是依据国家财产权而取得的收入。[①]

最优公共收入结构，是指在既定财政风险水平下，能够在最小经济效率损失的情况下最大限度增加公共收入的公共收入结构。公共收入结构的优化，就是指实现最优公共收入结构的过程。其内涵应该包括以下几个方面：公共收入

---

① 刘尚希、杨良初、李成威：《优化公共收入结构：财政增收的重要途径之一》，《杭州师范学院学报》2005 年第 5 期。

的增长以经济效率损失最小为前提条件。这从最优公共收入结构的定义中就可以得出；各种形式的公共收入增长应该是协调的，它们在总公共收入增长中的贡献率应该是合乎比例的。每种形式的收入都与一定阶段的经济、社会结构密切相关，如果出现异常或不协调，必然就会对经济、社会结构产生扭曲性，带来双重后果：效率损失和社会不公。而且，畸形的公共收入结构会导致公共收入增长缺乏后劲，加大财政风险，最终制约经济、社会的协调发展。公共产权所带来的各种公共收入与公共权力带来的公共收入应处于同等重要的地位。比较而言，在数量上公共产权收入小于公共权力收入，但不能因此而忽视公共产权收入。不重视公共产权收入，不仅会带来公共收入的流失，更重要的是会导致公共产权虚置和社会不公。

目前，公共收入结构失衡。各类收入的增长不协调，对经济的扭曲性较大。主要表现在以下几个方面：一是公共权力收入（税收收入）的增长与公共产权收入的增长不协调，公共权力收入对公共收入的贡献远远大于公共产权收

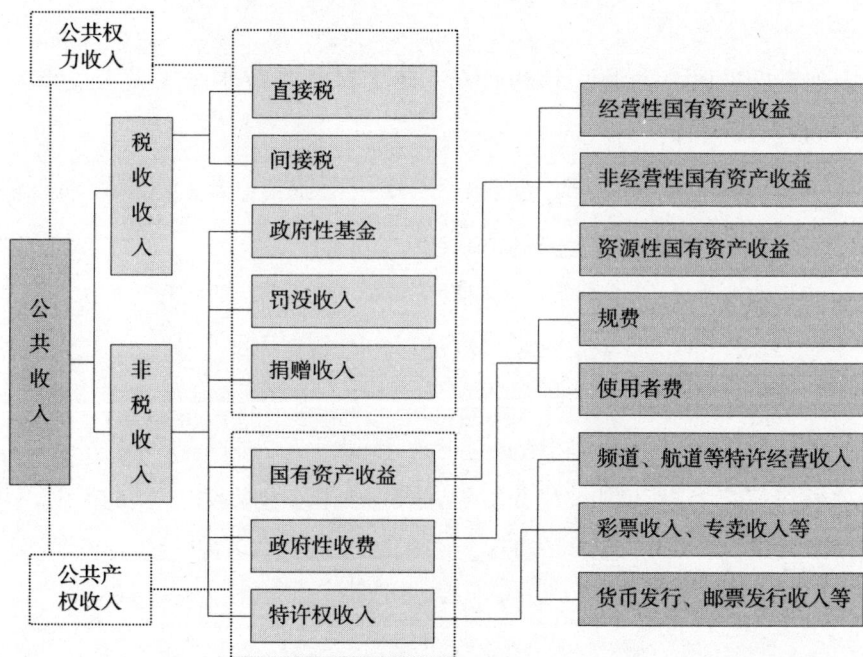

图6 公共收入的形式结构

人。在公有制条件下，这种公共收入结构一方面使宏观税负水平提高，纳税人的负担加重，对经济造成拖累，另一方面，本应依据公共产权取得的收入却没有取得，造成公共产权收入流失，如经营性国有资产收益、非经营性国有资产收益以及一些资源性国有资产收益的流失相当严重。此外，频道、航道等的特许经营权属于国家的公共产权，但并没有据此取得相应的公共产权收入。二是目前作为公共收入主要来源的税收没有体现中性化和简税制、宽税基、低税率、严征管的原则，制约了经济和社会的发展。三是从税收收入自身结构来看，财产税比重过低，适当提高财产税比重对财政收入增长还有一定空间。

（四）治理公共风险效能评估：所筹集的公共收入是否提供了有效治理公共风险所必需的公共服务

——评估判断：大部分公共收入提供了有效的公共服务，但也存在较为严重的浪费、效率低下等问题，公共服务成本偏高，治理公共风险针对性不强。

评估公共收入是否提供了合理的公共服务，需要引入公共服务成本的概念。公共服务成本是公共组织为治理公共风险，在处理公共事务、提供公共服务管理活动过程中所耗用的资源。依据公共服务成本是否产生绩效可以分为有效公共服务成本和无效公共服务成本。有效公共服务成本是指公共组织为治理公共风险，在处理公共事务、提供公共服务管理活动过程中所必须耗用的资源。无效公共服务成本是指公共组织不必要的资源耗用，这些资源的

无效公共服务成本 1：公共组织没有履行公共事务和提供公共服务而耗费的资源	无效公共服务成本 2：公共组织履行了无效的公共事务或者提供了无效的公共服务而耗费的资源	无效公共服务成本 3：公共组织在履行公共事务和提供公共服务过程中，在有效公共成本之外所耗用的资源
		有效公共服务成本：公共组织为治理公共风险，在处理公共事务、提供公共服务管理活动过程中所必须耗用的资源

图 7 公共行政有效成本和无效成本图解

资料来源：傅道鹏、李成威《公共行政成本相关问题研究》，内部报告，2010 年 3 月。

耗用不能达到治理公共风险的基本目的。无效公共服务成本都是对公共资源的浪费。

无效公共服务成本包括三个部分：一是公共组织没有履行公共事务和提供公共服务而耗费的资源；二是公共组织履行了无效的公共事务或者提供了无效的公共服务而耗费的资源，这样公共事务和公共服务不是公众所需要的，因此不能达到满足治理公共风险的要求；三是公共组织在履行公共事务和提供公共服务过程中，在有效公共成本之外所耗用的资源。[①]

近年来，财政的"公共化改革"不断推进，在各项支出普遍增加的同时，支出结构也得到改善，各级财政用于社会性、公共性支出的比重不断提高。特别是在城乡和区域基本公共服务均等化，改善民生，支持科技创新和环境保护等方面的支出比重明显上升。这说明，大部分公共收入提供了有效的公共服务，但也存在较为严重的浪费、效率低下等问题，治理公共风险针对性不强，对改革发展过程中衍生出来的风险没及时化解，以至于风险扩大、扩散。这主要表现在以下几个方面：

1. 治理资源环境脆弱性，化解可持续发展风险的力度不够。工业化提高了生产率，充裕了社会财富，推进了物质文明。但其外部化成本很高，生态环境面临危机。废水、废气、废渣不断增多，带来了环境污染与生态破坏。酸雨、臭氧层的变化、气候变暖、空气质量下降、水体污染等等，使人的生存环境受到严重威胁。工业化、城市化的推进，导致可耕地不断减少，粮食与庞大人口之间的矛盾加剧。生物技术、基因食品、网络技术等高科技，也加大了人类生存安全和经济安全的脆弱性。在过去的工业化运动中，忽略了其负面效应，以至于引发了环境危机。

2. 治理经济脆弱性，防范经济领域公共风险的认识不深。一是政府替代市场，妨碍市场竞争。政府在微观领域干预过多，向一般竞争性生产建设领域延伸过多，超出了财政职能的合理范围，除了对国有企业直接和间接的投入、补贴过多等老问题依旧外，近年来又出现了打着产业促进旗号，对民营企业补贴

---

① 参考傅道鹏、李成威：《公共行政成本相关问题研究》，内部报告，2010 年 3 月。

干预过多过滥的情况。一些本应由市场自我调节解决的问题，政府统统揽过来以财政补贴等手段干预，诸如广受诟病的"母猪补贴"等等。许多需要通过体制机制改革来解决的问题如能源价格等，不是靠深化改革寻求出路，而是靠财政"一补了之"。

二是宏观调控过度，而宏观经济管理职能弱化。长期以来，对宏观调控存在很多认识上的误区，将宏观调控"全能化"，自觉不自觉地抑制市场机制，把宏观管理的对象当作宏观调控的对象，把宏观调控的基础建设当作宏观调控本身。有关方面过于迷恋于批项目所能带来的"短期宏观调控效果"，认为其立竿见影，见效快，并误把这种行政管控当作是宏观调控。在应对国际金融危机中，这种行为表现得十分突出，被有关部门利用发挥到了极致。实际上，这种所谓的"调控"产生的后遗症巨大，某些上马的项目可能论证并不充分，导致资源配置上的低效甚至浪费，一些无效投资的项目在运行一段时间后，形成银行和财政的负担，加大公共风险。

3.治理民生脆弱性，预防社会分化和社会失衡公共风险的力度不够。随着经济市场化程度的提高，在经济快速增长的同时，总是会伴随着"社会分层"的出现。由于个人禀赋、知识水平、机遇与环境的不同，在自由选择的市场竞争中，总会有一些人沉到社会的底层，构成弱势群体和低收入阶层。对这些社会成员及其家庭，需要政府来关注，给其提供各方面的帮助，如社保、教育、医疗、培训、就业、救济、扶贫等。这既是人文关怀精神的体现，也是化解社会矛盾的需要。但政府在这方面的作用未能充分发挥出来，尽管这些年来政府投入不断扩大，但改善效果不明显，民众的满意程度不高。民生事关起点公平，应落实到社会成员素质与能力的提升上来。但当前民生的改善出现了一种"福利化"的倾向，以所谓"权利"和"资格"为依据来分配使用资金，能力提升的效果相当低，导致贫困阶层和贫困地区的固化。体制上的碎片化，也使资金分配使用碎片化，城乡区域之间的公共消费差距甚至反而加大了。如教育投入增长很快，但农村基础教育与城市的差距并未因此而缩小；职业教育、技能培训的政府投入力度也很大，但分散在各个部门办的各个项目上，钱花了不少，效果不彰。能力鸿沟未能缩小，意味着未来的收入分配差距仍会扩大。同时，这也是导致暴力、犯罪、吸毒等社会问题的基本原因。改善民生脆弱性，这急需政府通过调整公共服务来应对。[1]

4. 无效和低效成本多，公共服务提供效率较低。这突出表现在专项资金设置刚性化，缺乏激励相容的运行机制，部分领域出现财政投入与事业发展"两张皮""钱等项目"甚至"敞口花钱"问题，一些项目存在乱支、挪用、浪费等现象，导致公共服务提供碎片化、短期措施长期化、资金使用低效化等问题。

（五）中国政府间公共服务配置评估：政府间财政关系的合理性

——基本判断：政府间财政关系和公共服务配置与发展新阶段的要求不相适应，不利于公共风险的治理，甚至可能放大公共风险。

1994 年分税制改革，奠定了现行政府间财政关系的基础。放在一定历史条件下来看，现行政府间财政关系的历史进步性是显而易见的。一是建立了以分税制为核心的政府间财政分权框架。分税制改革构建了与市场经济要求基本相适应的政府间财政关系，初步建立了中央与地方、国家与企业之间较为稳定的分配关系，打破了长期的"放权—收权"的循环，为行政性分权和经济性分权改革的推进找到了切入点。财政分权给了地方财政自主权，提高了政府资源配置的效率，也有利于政府因地制宜提供公共服务。二是改变了包干体制下中央财政依靠地方上解的局面，形成了中央财力占主导地位的分配格局，为强化中央财政调节地区之间的财力差距创造了前提条件。三是财政分权激发了地方政府发展经济的积极性。这种积极性来自于分税制体制下财政自求平衡的压力和赋予了地方政府自主发展的广阔空间。财政压力使地方政府认识到了"必须"发展当地经济，以增加财源；自主空间带给地方政府"能够"大力发展经济的体制条件，地方政府可以自主地配置资源；而 GDP 考核的晋升机制，以及地方政府职能转换为以经济建设为中心，也使地方主要党政领导认识到"应该"大力发展本地经济。"必须""能够""应该"这三重因素叠加在一起，成为地

---

[1]　刘尚希：《公共风险视角下的公共财政》，经济科学出版社 2010 年版。

方发展经济的内在动力。

但也要看到政府间财政关系和公共服务配置依然存在诸多问题:①

一是财力与事权不匹配,基层财政一度陷入困境。财政分权,而事权则未做正式调整。地方普遍模仿中央与地方的财政关系,层层分税。一些穷的地方,工业基础薄弱的农业地区,即使赋予其一定财权,政府也难为"无米之炊",税源单薄,无法组织到与事权相匹配的财力。在这种情况下,即使是做到了财权与事权相匹配,也会出现财力与事权不匹配的结局,使一级政府难以正常运转。

二是各级政府财政行为"层级化"。各级政府以本级财政利益为中心、以本级财政预算平衡为目标、以"本级经济"为基础。"层级财政"的负面效用越来越明显。强调各级政府财权与事权的匹配,必然是从中央到乡镇,迫使每一级政府都以经济增长——当然是有利于本级财政增收的经济增长——为中心,从而加剧了资源配置的扭曲和资源、环境的破坏,而且使不具备开发条件的地方陷入了"越穷越开发,越是开发越穷"的恶性循环之中。

三是地方政府财政风险扩散。由于财力与事权不匹配,而履行事权又以各级政府的政治任务形式存在的情形下,地方各级政府别无选择,只能是千方百计找钱。一是扩大非税收入,二是债务融资。当各种行政事业性收费空间越来越小的情况下,出售公共资源以及用地方政府实际上所控制的资源来进行各种形式的债务融资就成为地方政府主要手段。地方政府进行债务融资,除了财政上的原因之外,追求政绩是主要的动因。但财力与事权不匹配的情形在边际意义上加大了地方政府债务融资的压力。显然,这会使地方财政风险扩散。

四是区域间基本公共服务差距扩大。我国区域间基本公共服务不均等的问题较为严重,各地基本公共服务水平差距很大,并呈现扩大的情势。公共服务的差距在当期反映为不同区域民生的差距,从长期来看,将会演变为各区域老百姓能力上的差距,其引致的公共风险将会扩散到经济、社会领域。这种情形

---

① 参考财政部财政科学研究所课题组:《建立有利于科学发展的政府间财政关系》,内部报告,2011 年 5 月。

已经在现实生活中显现出来。

五是不利于公共风险治理，甚至可能放大公共风险。现行政府间财政关系的核心是"分级吃饭"，要想"吃饱"，或"吃好"，就必须多收。而政府多收的基本前提是必须发展经济，开发财源，培养税源。这种体制设计对地方各级政府所带来的财政压力，最终转化为各地大力发展经济的动力。也可以说，这是财政分权对地方产生的激励。这种财政激励与以 GDP 为主要考核指标的官员政绩考核机制共同作用，形成了中国经济发展的强大动力。但发展的动力不会自动地带来科学发展。无论从逻辑上看，还是从实证过程分析，现行财政体制对科学发展也产生了诸多的制约性影响。这具体表现为：激励数量增长，不利于质量提高；激励粗放增长，不利于资源节约；激励城市发展，不利于农村发展；激励经济增长，不利于环境保护；激励物的生产，不利于人的发展。

三、结论与政策含义

本文从公共风险和财政风险分析出发，构建了公共服务评估的分析框架，并根据这一框架对中国公共服务水平总体情况做了初步的定性评估，得出了一些探索性的理论分析结论和实证分析结论。

（一）基本结论

公共服务的功能和实质是公共风险治理；公共收入是为提供公共服务治理公共风险筹集资金；财政风险是治理公共风险的政策工具；公共服务评估是财政风险可控约束下的公共风险最小化实现程度评价。因此，对公共服务进行总体评估应该包括以下几个方面：（1）财政风险是否可控，是否还有空间；（2）既定财政风险水平下是否支撑了公共收入最大化；（3）所筹集的公共收入是否提供了合理的公共服务，公共服务的数量和种类是否符合公共风险治理的要求；（4）政府间公共服务配置是否合理等。

基于实证分析，对中国公共服务定性评估的初步结论：

一是中国经济社会发展过程中的脆弱性和其所蕴含的公共风险暂未显现出

收敛的趋势。二是中国财政风险总体可控，但财政风险的空间在收缩。三是在既定的财政风险水平下公共收入没有达到最大可能性边界，公共收入结构还有待于进一步调整优化。四是公共服务存在较为严重的浪费、效率低下等问题，公共服务成本偏高，治理公共风险针对性不强。五是中国政府间财政关系和公共服务配置已与未来发展要求不相适应，不利于公共风险的治理，甚至可能放大公共风险。

（二）政策含义

财政是国家治理的基础和重要支柱，国家治理的核心是公共风险治理。一方面，财政通过筹集公共收入提供公共服务，治理公共风险；另一方面，财政风险可以成为治理公共风险的政策工具。目前中国资源环境、经济和民生等方面的脆弱性蕴含了较大的公共风险，说明公共服务存在较大的缺口。从当前的财政形势来看，通过放大财政风险来治理公共风险的空间较小，但通过优化公共收入结构[①]、提高公共服务的针对性和有效性、优化政府间财政关系和公共服务配置，实现既定财政风险约束条件下的公共风险最小化，还有很大的空间，这是今后深化财税体制改革、优化财政政策的理论和现实基础。

参考文献：

1. Adam, Smith, *The Wealth of Nations*. London: J M Dent and Sons, 1776.

2. [美] 詹姆斯·M. 布坎南：《公共财政》，中国财政经济出版社 1991 年版。

3. 刘尚希：《公共风险视角下的公共财政》，经济科学出版社 2010 年版。

4. 世界银行：《2014 年世界发展报告：风险与机会》。

5. 财政部对外财经交流办公室：《从国际视角看财政风险管理作为政策工具的意义》，《外经要情与分析》2013 年第 26 期。

6. [比] 伊利亚·普里戈金：《确定性的终结》，湛敏译，上海科技教育出版社 1998 年版。

7. 刘尚希、杨良初、李成威：《优化公共收入结构：财政增收的重要途径之一》，《杭

---

① 优化公共收入结构，可以在既定财政风险下增加公共收入水平，从而提高公共服务水平。

州师范学院学报》2005 年第 5 期。

8.傅道鹏、李成威：《公共行政成本相关问题研究》，内部报告，2010 年 3 月。

9.财政部财政科学研究所课题组：《建立有利于科学发展的政府间财政关系》，内部报告，2011 年 5 月。

（此文刊于财科院《研究报告》2014 年 5 月 4 日，作者：刘尚希、李成威，《China Finance and Economic Review》2014 年夏季刊以及 Ahmad, E 主编的《Fiscal Underpinnings for Sustainable Development in China，Springer Nature》刊登该文）

资源税改革应定位在控制公共风险

阅读提示：《资源税改革应定位在控制公共风险》一文认为，以资源投入为主的经济发展方式，衍生出了越来越多的公共风险，有的公共风险甚至已经演变为危机。一些资源性城市，因资源的发现而兴，也因资源的枯竭而衰。由于当年没有从资源开发的收益中建立资源补偿储备基金，资源枯竭性城市面临着转型的巨大风险。在资源开采、运输、使用过程中，导致水土流失、水体污染、空气污染、土壤污染、生态破坏以及各种地质灾难等，由此带来了巨大的社会成本。资源税重新定位，意味着要进行全面改造，而不仅仅是局部调整。资源开发使用导致的公共风险日益扩大，资源税的改革自然要转到这个方面来思考。本文阐明了公共风险理论不仅能用于揭示公共支出的问题，同时也是税收和税制改革等问题分析的重要逻辑支撑，具有重要的理论意义。

以资源投入为主的经济发展方式，衍生出了越来越多的公共风险和危机，有的甚至已经演变为危机。一些资源性城市，因资源的发现而兴，也因资源的枯竭而衰。由于当年没有从资源开发的收益中建立资源补偿储备基金，资源枯竭性城市面临着转型的巨大风险。在资源开采、运输、使用过程中，导致水土流失、水体污染、空气污染、土壤污染、生态破坏以及各种地质灾难等等，由此带来了巨大的社会成本。例如，煤炭资源的开发利用，我国每使用 1 吨煤，就会带来 150 元的环境损失；我国煤炭业 2007 年造成的环境、社会等外部损失超过 1.7 万亿元，相当于当年国内生产总值的 7.1%；每生产 1 吨煤就会污染 2.5 吨水；全国煤矿累计采空塌陷面积超过 70 万公顷，损失达到 500 亿元，我国每年遭汞等重金属污染的粮食达 1200 万吨，造成的经济损失达 200 亿元。随着对自然资源的深度开发和利用，人类对各种资源的依赖程度也不断加深，城市化的推进更是加深了这种依赖。一方面，极度依赖各种自然资源的开发利用，而另一方面，人类自身又被由此导致的各种公共风险所包围，威胁着人的生存和健康。

如何化解这种公共风险和危机？离不开经济发展方式的转变，其中资源税是一个有力的推手。但当前对资源税的认识存在误区，致使资源税的改革没有转到防范和化解公共风险的这个方向上来。

一、对资源税的传统认识和定位已经不合时宜

1980 年，第五届全国人大三次会议上审议通过的当年国家预决算报告中首次正式提出开征资源税。1984 年我国颁布了《中华人民共和国资源税条例（草案）》，开始征收资源税，当时资源税税目只有煤炭、石油和天然气三种。之后又加入铁矿石作为第四个税目。1986 年我国颁布了《中华人民共和国矿产资源法》，规定："国家对矿产资源实行有偿开采，开采矿产资源必须按照规定缴纳资源税和资源补偿费"并遵循"普遍征收、级差调节"的原则。1984—1986 年，资源税使用累进税率，以销售收入为税基，以销售利润率为累进依据。显然，当时开征资源税的目的旨在调节国有矿山企业之间由于资源丰度不同而带来的级差收益，以解决国企之间"苦乐不均"的问题。1994 年我国税制全面改革，资源税也在其中，其征税对象为开采应税矿产品和生产盐的单位和个人，征税范围扩大到 7 个税目：原油、天然气、煤炭、其他非金属原矿、黑色金属原矿、有色金属原矿、盐，并采用从量定额税率，不管企业是否盈利，都须交纳资源税。尽管之后对一些税目的税率做了较大幅度的调整，但资源税的整体框架一直延续至今。

不难看出，过去长期以来，我国对资源税的理解主放在调节级差收入方面。对资源税的定义就是为了保护和促进国有自然资源的合理开发与利用，适当调节资源级差收入而征收的一种税收。也有的还认为是休现国有资源的有偿

使用，对资源税的定义是以各种应税自然资源为课税对象，为了调节资源级差收入并体现国有资源有偿使用而征收的一种税。这后一种理解，进一步把资源税定位为收益税，认为资源税实质上是国家凭借其政治权力和对自然资源的所有权双重权力对开采者征收的一种税，是国家采用税收手段收取的自然资源所有权经济报酬。这种认识导致资源税的定位出现了偏差。

在矿产资源企业主要为国有企业，而且是国家定价的情况下，用资源税来调节国有企业之间的利润水平，是可以理解的。对资源税的这种定位符合当时的实际情况。但现在的情况发生了巨大变化，无须用税收手段去调节级差收入。至于认为资源税是国有资源所有权的经济报酬，体现国有资源的有偿使用，则完全是理论上的误解。征税体现的是国家公共权力或政治权力，而不是所有权或财产权利。在我国，矿产资源都是国家所有，在市场化改革过程中，国有资源的资本化会产生巨额溢价收益，这些巨额溢价收益本应为国家所有，但由于缺乏公共产权收益的管理体制和机制，多数都流失了，进了少数企业和个人的腰包。暴富阶层的形成与此密切相关。理论上的模糊，使不少人认为应当由资源税来担当起维护国家所有权权益的责任。这种定位显然是说不通的。

还有一种流行看法认为，资源价格偏低是由于资源税偏低所致。只有提高资源税，才能提高资源价格，体现资源的稀缺性。这显然是混淆了税收和价格的关系。价格高低是由供求关系决定的，不是由税收高低决定的。在价内税的情况下，购买者看不见价税分离，税高自然体现为价格高，但购买者支付的实际上是两部分：价格和税收。资源税一定程度上可以随着价格转嫁，但能转嫁多少取决于市场供求状况。在供不应求情况下，可以百分之百转嫁；在供过于求的条件下，则是相反，资源税不会随着价格转嫁到下游产业。资源税可以影响价格，但不能决定价格。正如下文所要分析的，资源税对企业来说只是增加其资源开发使用中的税收成本，从而影响生产行为和使用行为。

二、资源税应重新定位，彻底改造

资源税重新定位，意味着要进行全面改造，而不仅仅是局部调整。资源开发使用导致的公共风险日益扩大，资源税的改革自然要转到这个方面来思考。要通过资源税抑制这方面的公共风险扩散，需要考虑以下几个方面：

一是大幅度提高资源开发使用的税收成本，其临界点是要足以改变资源的开发、使用行为。对企业说，税收是国家强制加入的成本。在资源开发环节，意味着资源开发的门槛抬高，缺乏技术及管理水平作支撑的一般投资者和企业就难以进入，而从抑制乱采滥挖的现象，既有利于保护资源，也有利于控制污染物排放。这样，就可以使资源的开采成本，使用成本在企业个体和社会整体之间的差距缩小，实现外部成本的内部化。同时，也促使资源使用者节约资源，减少资源消耗和排放。

在资源价格不断上涨的情况下，资源的开发门槛相对降低，进入采掘业的投资者和企业越来越多，以至于一些不具备开采能力的企业不断涌入。例如，铁矿石的品位（含铁量）25%至35%为贫矿，25%以下为超贫矿。我国约有97%的铁矿储备的品位低于35%，属于低品甚至是超贫矿。超贫铁矿在过去是没有什么开采价值的，开采成本高于铁矿石的销售价格。随着铁矿石的持续涨价，原来没有开采价值的低品矿甚至超贫铁矿也有了盈利空间。2003年以前，30%品位的矿都挣不着钱，而现在即使品位在10%至20%，也能获利。资源开采门槛低、开采者蜂拥而入，资源开采无序，其后果是不言自明的。开采者赚钱了，而大量的污染治理、生态恢复等巨额的社会成本却要政府来买单。这无异于政府在实行一种负激励，刺激公共风险扩散。

二是通过资源税得到的价值补偿应等于资源开采使用导致的社会成本。当今工业社会，离不开资源的开发利用，开采水平再高，资源使用再节约，也不会零污染、零破坏。这就需要有相应的资金来治理环境、恢复生态，资源税带来的价值补偿就为此而提供了资金来源。如煤炭开采带来的地质生态破坏、环境污染以及水源流失、水体污染等问题越来越严重，煤炭运输、使用中的环境污染以及浪费现象也越来越多。这都带来巨大的治理成本，这些治理成本需要运用税收手段收回来，亦即通过提高煤炭资源税来让生产、运输、使用企业承担相应的成本。对于其他资源来说也是如此。

三是通过资源税实现资源收益的供销际分配。大量自然资源是不可再生资源，这代人开采使用了，下一代人就没有了。这显然是极其不公平的，给后代带来了巨大公共风险。资源枯竭性城市的转型风险就是这样造成的。在资源没有枯竭的时候，就应当以税收的形式提取给下一代人的资源补偿金，等到资源枯竭的时候使用。以资源税收入的一部分建立财政储备基金，对资源性城市和地区来说，是必需的。这既有利于代际公平，也有利于防范和化解资源枯竭所带来的公共风险。

由此看来，资源税改革的目的只有一个：那就是节约资源，保护环境，防范和化解公共风险。在这个意义上，资源税属于目的税。至于增加财政收入则是附带的副产品。在这个目标下，则会产生如下效应：一是实现外部成本内部化，使企业开采和使用成本提高，促使企业改进资源利用效率，从而达到节约和减排的目的。二是引导产业结构朝着节约和减排的方向发展。资源开采成本提高，提高了采掘业的进入门槛，可减少低成本进入导致的开采秩序混乱和浪费，同时，资源使用成本的提高，促进节能降耗的技术、设备和相关产品的研发，进而在全社会形成资源节约的生产体系和消费方式。三是运用税收手段收回的社会成本，为政府治理已经造成的生态灾害和污染提供了相应的财力。

显然，要达到以上目的，资源应从从量征收全部改为从价计征，使资源税的税负随着价格而动，避免资源开采使用成本在价格上涨中相对降低。同时，全面开征资源税，在现有基础上进一步扩大征收范围，对于日益紧缺的资源都应考虑列入资源税的征收范围。改变按照资源丰度来设计税率的方法，改用按照资源品种来设计税率。越是紧缺的资源，其税率越高；越是外部性大的资源，即开发使用过程中导致公共风险越大的资源品种，其税率就应越高。

至于资源税提高后给现有企业带来的困难，可采用临时补贴的办法来解决。从财政角度看，似乎是一手收钱，一手给钱，重复劳动，但重要的是形成长久的税收防范公共风险的机制，给现有企业和未来的进入者形成了另一种预期，而临时补贴办法随着情况变化可相应取消。

（此文发表于《中国发展观察》2010年第7期，作者：刘尚希）

责任编辑：曹　春　李琳娜

封面设计：木　辛

图书在版编目（CIP）数据

公共风险论／刘尚希 著．—北京：人民出版社，2018.4

ISBN 978-7-01-019039-6

I.①公…　II.①刘…　III.①财政制度-研究-中国　IV.① F812.2

中国版本图书馆 CIP 数据核字（2018）第 045271 号

公共风险论

GONGGONG FENGXIAN LUN

刘尚希　著

人民出版社 出版发行

（100706　北京市东城区隆福寺街 99 号）

北京汇林印务有限公司印刷　新华书店经销

2018 年 4 月第 1 版　2018 年 4 月北京第 1 次印刷

开本：710 毫米 ×1000 毫米 1/16　印张：26.25

字数：416 千字

ISBN 978-7-01-019039-6　定价：79.00 元

邮购地址 100706　北京市东城区隆福寺街 99 号

人民东方图书销售中心　电话（010）65250042　65289539